Bernd Guggenberger · Udo Kempf (Hrsg.)

Bürgerinitiativen und repräsentatives System

D1741802

Bernd Guggenberger · Udo Kempf (Hrsg.)

Bürgerinitiativen und repräsentatives System

Westdeutscher Verlag

CIP-Kurztitelaufnahme der Deutschen Bibliothek

Bürgerinitiativen und repräsentatives System
Bernd Guggenberger; Udo Kempf (Hrsg.). — 1.
Aufl. — Opladen: Westdeutscher Verlag, 1978.
    ISBN 3-531-11421-2
NE: Guggenberger, Bernd [Hrsg.]

© 1978 Westdeutscher Verlag, Opladen
Umschlaggestaltung: Horst Dieter Bürkle, Darmstadt
Satz: Vieweg, Wiesbaden
Druck: E. Hunold, Braunschweig
Buchbinderei: W. Langelüddecke, Braunschweig
Printed in Germany

ISBN 3-531-11421-2

Inhalt

IV Bürgerinitiativen − soziologische und sozialisationstheoretische Aspekte

V Literaturüberblick − Literaturverzeichnis

I Vorbemerkung

Einem oberflächlichen Betrachter bietet die Bundesrepublik gegenwärtig das Bild einer geradezu mustergültigen repräsentativen Parteiendemokratie: Sie hat von Bundestagswahl zu Bundestagswahl eine im Vergleich zu den übrigen westlichen demokratischen Staaten weit überdurchschnittliche Wahlbeteiligung aufzuweisen (bei der Bundestagswahl 1976 über 90 %); der Orientierungstrend der politischen Parteien geht deutlich zur Mitte; der wendige, ideologisch nicht fixierte, politisch „bewußte" und urteilsfähige Wechselwähler ist „König", ist vielumworbener Adressat parteiprogrammatischer Erklärungen und Verlautbarungen, die sich, mangels ernstzunehmender Konkurrenz auf der Rechten wie auf der Linken, vor allem an die „denkende Minderheit" in der Mitte des politischen Spektrums wenden, weil nur hier Stimmen zu holen sind. Wie stark die Mechanismen der Konkurrenzdemokratie den Trend zur Mitte und damit die zwangsläufige Verengung des parteiprogrammatischen Spektrums begünstigen, wird aus der absoluten Chancenlosigkeit der nicht im Parlament vertretenen Außenseiterparteien ersichtlich, die es bei der letzten Bundestagswahl 1976 zusammen auf noch nicht einmal ein Stimmprozent brachten. 99,1 Prozent der bundesdeutschen Wähler votierte für die drei „etablierten" Parteien CDU/CSU, SPD, FDP.

Wer außer professionellen Schwarzsehern wollte angesichts solch geradezu überwältigender wahl-empirischer Vertrauensbeweise die Stabilität dieser zweiten deutschen Demokratie ernstlich in Zweifel ziehen? Wer könnte mit Fug und Recht den Parteienstaat in einer „Legitimitätskrise" befindlich behaupten[1], wer sich überzeugend auf eine breite Staatsverdrossenheit im allgemeinen und Parteienverdrossenheit im besonderen berufen? Wieso sollte sich die „repräsentative Demokratie" hierzulande in einer Krise befinden, wo doch die parteivermittelte Repräsentation mit schöner Regelmäßigkeit vom Wahlbürger bestätigt wird? Sind die mehr als 99 % der Wählerstimmen nicht der beste Beweis dafür, daß sich der Bürger in seinen Interessen, Bedürfnissen und Ansprüchen von den drei Parlamentsparteien vollgültig „repräsentiert" findet?

Ist die enorme Ausdehnung der Parteienpräsenz im öffentlichen und halböffentlichen Leben der Bundesrepublik nicht ein Indiz dafür, daß wir auch die „politische Reifeprüfung" endlich geschafft haben, und es mit der „Parteienprüderie" (G. Radbruch) der Weimarer Zeit nun ein für allemal vorbei ist? Und ist es nicht ein allseits wünschenswerter Tatbestand, wenn die Parteien als die legitimen Träger der Staatswillensbildung, als die „Sprachrohre, deren sich das organisierte Volk bedient, um sich artikuliert äußern und Entscheidungen fällen zu können" (Leibholz), wenn diese Parteien die ihnen aufgrund ihrer objektiven Systemfunktionen zustehende öffentliche Anerkennung auch tatsächlich finden?

Müssen wir es nicht begrüßen, daß die parteienstaatlich geprägte Verfassungswirklichkeit sich nicht mehr so sehr in der Gefahr einer permanenten normativen Überforderung befindet, die sich aus dem irrealen Ausspruch der (mißverstandenen[2]) klassischen Repräsentationserwartung ergibt? Wenn man zu alledem noch das Faktum hinzurechnet, daß dieses Regierungs- und Parteiensystem bei aller Stabilität sich auch noch elastisch genug erweist, den Wechsel in der Regierungsverantwortung, die reale Chance des Alternierens zu verbürgen, — dann stellt sich wirklich die Frage, ob nicht Zweckpessimismus im Spiel ist, ob nicht bewußt mit dem Feuer spielt, sprich: auf die Krise setzt, wer von der Krise redet.

Nun, in der Tat, Dramatisieren ist fehl am Platz. Es existiert zwischen Krisenbewußtsein und Krisenrealität, zwischen Kritik und Krise ein so enger Zusammenhang, ein so dichtes wechselseitiges Bedingungsverhältnis, daß man sich vor dem inflationären Gebrauch dieses Begriffes hüten sollte.

Dennoch gefragt: Ist — im Sinne des obigen rhetorischen Fragemusters — wirklich alles „in bester Ordnung", oder befindet sich die repräsentative Parteiendemokratie in der Bundesrepublik nicht doch in einer tiefgreifenden Krise, welche sich den oberflächlichen Blicken z. T. entzieht, für deren Behauptung aber doch empirische Symptome und greifbare Indizien von hinreichender Plausibilität und Beweiskraft zu benennen sind? Diese Frage erübrigt sich selbstverständlich für denjenigen, der Wahlen als den alleinigen Gradmesser für Zustimmung und relative Systemeffizienz als einzigen Springquell der

Herrschaftslegitimierung gelten läßt. Für denjenigen aber, für den Bürger-sein nicht im Wahlakt sich erschöpft, für den umfassende politische Teilhabe *auch* ein „Wert an sich"[3] darstellt und wichtige sozialintegrative und legitimatorische Funktionen erfüllt, für den erscheint es nicht nur gerechtfertigt, sondern zwingend notwendig, genauer hinzusehen und beharrlich nachzufragen. Ja, es gehört geradezu zur klassischen Aufgabenbeschreibung des zeitdiagnostisch bemühten Sozialwissenschaftlers, „genauer hinzusehen", das Knistern im Gebälk, die Risse im Gestein sorgsam zu registrieren und stets aufs neue die Fundamente zu überprüfen, auf denen ein Gemeinwesen ruht.

Und in der Tat: Dem zweiten Blick bietet sich ein nicht unerheblich verändertes Panorama: Hohe Wahlbeteiligung und Stimmenkonzentration auf die „etatistischen" Parlamentsparteien rechtfertigen keineswegs bereits den Schluß auf einen hohen, im Volk fest verankerten Grund- und Meinungskonsens. Die Konsolidierung, welche wir im Bereich des Parteiensystems konstatierten, wurde, wie jüngst vor allem Gerhard Lehmbruch eindrucksvoll zeigte[4], überwiegend auf Kosten eines programmatischen Profilverlustes und — im institutionellen Feld — mit einer Verwischung der Verantwortlichkeit, dem Verlust der spezifischen Regierungs- bzw. Oppositionsfunktion, erkauft. Die Regierung vermag längst nicht mehr den Systembedarf an Führung abzudecken, wie sich am Schicksal einer Vielzahl von Gesetzesvorhaben nachdrücklich zeigen läßt[5]. „Regieren" ist zu einem höchst fragwürdigen Geschäft auf Gegenseitigkeit verkommen mit der fatalen Folge eines Verlustes an Zurechenbarkeit politischer Entscheidungen auf seiten des Bürgers. Die Folgen für eine systemgerechte Erfüllung der Oppositionsfunktionen sind nicht viel anders.[6] In Bonn regiert (aufgrund der Mehrheitsverhältnisse im Bundesrat, aber nicht nur deshalb) längst so etwas wie eine „heimliche große Koalition", eine informelle, letztlich führungs- und oppositionsunwillige Allparteienregierung, welche schon im Frühstadium das Gesetzgebungsverfahren in die Bahnen einer konturlosen Allparteienvereinbarkeit abdrängt. Die institutionellen Pflichten der Regierung wie die der Opposition geraten hierüber in Vergessenheit.

Die institutionell bedingten „Aushandlungszwänge", welche das bundesstaatliche Gefüge den Parteien auferlegt, die Kompromisszwänge des kooperativen Föderalismus,[7] welche alle Parteien nur zu

gerne vorschieben, und denen sie sich nur allzu willig beugen, sind
jedoch nur ein Grund dafür, daß das System alternativer Parteiregie-
rung seine oft gepriesenen Vorzüge — bei genauerem Hinsehen —
nicht wirklich zu entfalten vermag. Eine weitere wesentliche Ursache
für den Stil- und Umgangswandel zwischen Regierung und Opposition ist die grundsätzliche ideologische Konfliktunfähigkeit der
Parteien im Zeichen der Volksparteiendemokratie. Zwar schläft die
Opposition im volksparteienbeherrschten Wohlfahrtsstaat keineswegs
völlig ein. Sie lebt aber — programmatisch — so unverkennbar „von
der Hand in den Mund", ist so deutlich auf eine nur verbale Antithe-
tik eingeschränkt, daß ihre Glaubwürdigkeit und Überzeugungsfähig-
keit unübersehbaren Schaden nimmt. Es wird dem Bürger immer
schwerer, Entscheidungen zuzuordnen und Verantwortlichkeiten zu
fixieren. Die Limitierung der Herrschaft professioneller parteimä-
ßiger „Volksrepräsentanten" durch die Meinungs- und Wahlkontrolle
des Bürgers — einer der behaupteten Vorzüge der parlamentarischen
Parteienregierung — ist zunehmend infrage gestellt, eben weil es, als
Folge der programmatischen Angebotsbeschränkung der Parteien,
immer weniger Unterscheidungs- und Wahlmöglichkeiten für den
Bürger gibt.

Das herkunftsmäßig aus der historischen Frontstellung gegen die
Parteien des Klassenkampfs und der engen Konfessionszugehörigkeit
stammende Konzept der Volkspartei[8] ist seit dem Godesberger Programm der SPD von 1959 zum tragenden Grundzug unseres Parteiensystems geworden. Man war lange Zeit überzeugt, daß Stabilität,
Wohlstand und Integrationskraft der bundesdeutschen Ordnung sich
wesentlich mit auch dem hierzulande dominanten Parteitypus, der
Volkspartei, verdanke. Neuerdings sind die Parteien verstärkt „ins
Gerede" gekommen. Mit dem Auftreten der Apo, mit den ersten
breiten außerparlamentarischen und außerparteilichen Regungen
und Wallungen eines Teils der öffentlichen Meinung wurden auch
die Zweifel lauter, ob der demonstrative Ideologieverzicht, ob die
wahlkosmetisch sorgsam gepflegte programmatische „Unzurech-
nungsfähigkeit" und die sozialstrukturelle Nicht-Fixiertheit wirklich der Funktionslogik des Parlamentarismus gemäße Tugenden
seien.

Die Bürgerinitiativbewegung seit Beginn dieses Jahrzehnts und
mit ihr die Vielzahl an Bürgeraktivitäten im außer- und vorparlamen-

tarischen Raum ließen Zweifel entstehen, ob die Volksparteien, die „Jedermanns-" oder „Allerweltsparteien" (Kirchheimer), die es sich aus durchsichtigen Gründen mit niemandem verderben wollen, ihre angestammte Funktion im Rahmen der parlamentarisch-repräsentativen Demokratie auch wirklich zu erfüllen vermögen.

Denn die Hauptfunktion, welche die Parteien in der repräsentativen Demokratie zu gewährleisten haben, ist eine gründliche Problem-, Meinungs-, Interessen- und Bedürfnisrepräsentanz, d. h., sie sollen alle relevanten im Volke vorhandenen Meinungen, Anliegen, Bedürfnisse und Interessen auf der politischen Ebene „präsent" machen, was mindestens bedeutet, ihnen die Chance der öffentlichen *Erörterung* zu verschaffen. Und gerade hier liegt die gegenwärtige Hauptschwäche der Volksparteien begründet: Sie eignen sich Themen und Meinungen erst dann an, wenn diese mehrheitsfähig sind. Ihre programmatische Spannweite reicht also gerade nicht aus, die im Volk vorhandenen Bedürfnisse, Anliegen und Meinungen aufzugreifen und politisch zu thematisieren. Aufgrund dieser hier in Kürze umrissenen Konstellation (die in einer ganzen Reihe der hier versammelten Beiträge ausführlich behandelt wird) kann eigentlich keine Rede mehr davon sein, daß die Parteien ihre angestammte Transmissionsfunktion wirklich zureichend erfüllen. Die organisatorischen Leistungen im Bereich der Willens- und Meinungsbildung sind mangelhaft.

Der sichtbarste empirische Ausdruck für diesen hier skizzierten Defizienzbefund ist das Entstehen einer starken Bürgerinitiativbewegung im außerparlamentarischen Raum. Angesichts der oben genannten Stabilitätssymptome müssen Umfang und Reichweite dieser Bewegung verblüffen: Es sind gegenwärtig — wobei die Schätzungen notwendigerweise erheblich auseinandergehen — etwa ebensoviel Bürger in Initiativen tätig, wie es in allen Parteien Mitglieder gibt.[9] Noch erstaunlicher wird dieser Befund, wenn man die Differenz zwischen faktischem Bürgerengagement und potentieller Mobilisierbarkeit in die Betrachtung einbezieht: Verschiedene Erhebungen ermitteln in der Frage der Engagementbereitschaft auf seiten der Bürgerinitiativen, insbesondere in Verbindung mit der Kernenergiethematik, Werte von bis zu 60 % (!) der Wahlbevölkerung. In der Tat: Die Bürgerinitiativbewegung ist längst keine quantité négligeable mehr, sie ist, herausgefordert vom Zustand der Parteien und des

Parteiensystems, selbst zu einer echten Herausforderung für die repräsentative Parteiendemokratie geworden. Längst geht die Auseinandersetzung auch nicht mehr um kleinere bis mittlere Anpassungsreformen. Immer deutlicher zeichnet sich das schroffe Aufeinanderprallen zweier miteinander vom Prinzip her unvereinbarer Lebens- und Zivilisationsmodelle ab. Der Vorrat an vorpolitischer Übereinkunft und der verfassungspolitisch bestandsnotwendige Minimalkonsens sind gefährlich schmal geworden. Beide sind, zumal längerfristig, als gefährdet anzusehen. Das Fernsehwort eines Kenners der Materie, P.C. Mayer-Tasch's, vom „ökologischen Bürgerkrieg", in dem wir uns bereits befänden, ist, angesichts von Wyhl, Grohnde und Brokdorf, sicher nicht ganz ohne Plausibilität. An Stimmen, die sich, auf seiten der Bürgerinitiativen wie auf seiten ihrer Gegner, verstärkt in ganz ähnlicher Richtung äußern, ist kein Mangel.[10]

Wer oder was sind diese Bürgerinitiativen, wie vertragen sie sich mit der verfassungspolitischen Rahmenordnung? Bürgerinitiativen sind spontane, zeitlich in der Regel begrenzte, lockere Zusammenschlüsse von einzelnen Bürgern, die sich von politischen Maßnahmen, öffentlichen Planungen oder Unterlassungen, von Mißständen und befürchteten Fehlentwicklungen in der sozial-kulturellen wie in der natürlichen Umwelt meist persönlich betroffen wähnen, und die sich, sei es im Wege der unmittelbaren Selbsthilfe oder sei es durch Ausübung politischen Drucks infolge öffentlicher Meinungswerbung, um Abhilfe im Sinne ihres meist ganz konkreten, bewußt begrenzten Anliegens bemühen.

Der vorstehende Satz will der Vielzahl gleichermaßen unzulänglicher Definitionsangebote, die gegenwärtig für den Begriff der „Bürgerinitiative" gehandelt werden, keine eigene Variante hinzufügen, sondern lediglich eine erste Annäherung ermöglichen. Unzureichend müssen die gegenwärtigen Definitionsbemühungen vor allem deshalb erscheinen, weil sie unvollständig sind, d.h., weil sie einzelne Aspekte überscharf herausarbeiten und in den Vordergrund stellen, andere jedoch gänzlich vernachlässigen. Eine befriedigende und empirisch gehaltvolle Aussagen ermöglichende Definition müßte daher m.E. möglichst viele der wichtigsten bis heute herausgearbeiteten Definitionselemente umfassen und den Gegenstand unter möglichst vielen Frageaspekten beleuchten. Statt eines definitorischen Konkurrenzangebotes wird im folgenden der Versuch gemacht, die ganze Palette der vorhandenen Definitionsbemühungen aufzufächern, zueinander in Beziehung zu setzen und damit eine Art Klassifizierungsschema der gängigen Definitionselemente zu erstellen, wobei der jeweilige Frageaspekt, unter dem Bürgerinitiativen schwerpunktmäßig untersucht werden können, mit den in verschiedenen positionellen Bewertungen und Einschätzungen zum Ausdruck gebrachten Attributionen korreliert wird (vgl. S. 14/15).

Vor dem Hintergrund des folgenden begriffsschematischen Aufrisses liegt der Grundtenor nahezu aller in diesem Sammelband aufgenommenen Beiträge auf dem Problem der „Vereinbarkeit" der Bürgerinitiativen mit dem institutionellen, politischen und soziologischen Umfeld, in welchem sie sich bewegen. Dieser Band versucht durch eine systematische Erarbeitung des Ortes, der Möglichkeiten und der Reichweite des direkten Bürgerengagements unter den spezifischen Funktionsbedingungen des parlamentarisch-repräsentativen, parteienstaatlichen Regimes eine Antwort auf den ordnungspolitischen Resonanzboden" von Bürgerinitiativen zu geben. Dieser Aspekt, der den Zustand der parlamentarischen Parteiendemokratie als Ursachenkomplex für das Entstehen von Bürgerinitiativen ebenso mit einschließt wie die Frage nach den spezifischen Struktur- und Funktionsschwächen repräsentativer Demokratie, wird vor allem in den Beiträgen von Winfried Steffani, Udo Bermbach, Horst Zilleßen, Peter Haungs, Bernd Guggenberger, Theo Schiller und Erhard Eppler angesprochen.

Zwei weitere große Themenkomplexe dieses Bandes behandeln die Problematik von Nah- und Fernwirkung solchen Bürgerengagements. Sind Bürgerinitiativen als quasiplebiszitäre Medien basisdemokratischer Beteiligung mit den verfassungspolitischen Maximen und den erforderlichen soziologischen „Entsprechungen" der repräsentativen Rahmenordnung zu vereinbaren? Zielen sie zwangsläufig auf Systemüberwindung oder sind die Konsequenzen vielmehr mittel- bis langfristig eher die der Stabilisierung des Systems und der Effektivierung des Regierungshandelns?

Bedeutet ihr massenhaftes Auftreten eher die Zurückdrängung und tendenzielle Überwindung der parlamentarischen Willensbildung oder vielmehr eine systemkonforme Kompensation des repräsentativen Defizits der Parteiendemokratie und damit eine Revitalisierung der überkommenen Verfassungsstruktur nebst ihrer repräsentativen,

Klassifizierungsschema

Kriterium/Frageaspekt	Mögliche Bewertung/Einordnung/Einschätzung	
	positiv (Stärke, Vorzug)	negativ (Schwäche, Mangel, mögliche Gefahren)
1. Entstehungsweise	heterogene Zusammensetzung; Erfahrung persönlicher Betroffenheit u. kollektiver Machtsteigerung; konkrete Erfahrung von Fehlern u. Mängeln, Nichtberücksichtigung von Bedürfnissen etc.	Abnutzungserscheinungen; u. U. schneller Verschleiß
2. Sozialstruktur, Mitgliederrekrutierung	hoher Bildungsgrad; Sachkenntnis; Urteilsfähigkeit; relative Manipulationsresistenz; immun gegen anlaßfremde Ideologien	Mittelständische Überrepräsentation; „elitäre" Sozialisation
3. Organisationsgrad	Spontaneität; Flexibilität; geringe Oligarchisierungs- und Bürokratisierungstendenzen; Überschaubarkeit; politische Sozialisationseffekte	keine Dauerbeeinflussung politischer Prozesse; fehlende Kontinuität, Zurechenbarkeit, Verantwortlichkeit; personelle Fluktuation
4. Dauer	temporäres Engagement; keine Dauerverpflichtung	im Falle langfristiger Planungen diskontinuierliche Einflußnahme (s.o.)
5. Aktionsfelder	Vernachlässigte Problemfelder, vor allem im Umweltschutz- und im soziokulturellen Bereich	begrenztes Problemspektrum
6. Verfassungspolitische Einordnung	Strukturelle Ergänzung der repräsentativen Parteiendemokratie (vereinbar)	tendenzielle Außerkraftsetzung der Mehrheitsregel (tendenziell unvereinbar)
7. Adressat	überwiegend Administration/Exekutive aufgrund der im parlamentarischen System eingetretenen Machtverlagerung	befürchtete Vereinnahmung durch Kooperation; Wirkungsverlust

8. Politische Ein-schätzung	progressiv („neues" De-mokratieverständnis, Ge-meinwohlorientierung, alternatives Zivilisations-modell)	reaktionär (egoistische Interessenbefangenheit, partielle Zielsetzung, geringes politisches Be-wußtsein, Fortschritts-feindlichkeit)
9. aktiv oder reaktiv	initiierend, fördernd; Selbsthilfeaktion	Reagieren auf gefällte Entscheidungen; verhin-dernd, ablehnend
10. Programmspektrum	Orientierung am Einzel-fall (single-issue-Aktivi-täten); weitgehender Ideologieverzicht	fehlende program-matische Breite; bloße Symptombehandlung; fehlendes Zusammen-hangswissen und feh-lende Vorausschau
11. Politikebene	vorwiegend Kommunal-und Regionalpolitik (räumliche Nähe, Be-troffenheit)	mit Ausnahme z. B. der Kernenergie weitgehen-de bundespolitische Problemabstinenz
12. Aktionsformen	Information; Mobili-sierung der Öffentlich-keit (Demonstration); alle Formen politischer Einflußnahme; politi-scher Druck; volle Aus-schöpfung der legalen Mittel (der Meinungs-, Informations-, Ver-sammlungs- und Ver-einigungsfreiheit sowie der Rechtsweggarantie)	mögliche Grenzver-wischung zwischen le-galen und illegalen For-men des Widerstands; Gefahr einer systemge-fährdenden „Radikali-sierung"
13. Erfolgsgrad	Verbesserungseffekt; sub-jektives Erfolgserlebnis und andere sozialisations-politische Folgen (auch im Falle des Mißerfolges)	ggfs. Frustration; ggfs. Verlust der Kritikfähig-keit (Systemintegra-tion)
14. Klassenpolitische Zuordnung	systemtranszendente Qualität	systemintegrative und -effektivierende Qualität
15. Stellung zum Produktionsprozeß	bei Schwergewicht der Aktivität im Produk-tionsbereich — Verschär-fung des Grundwider-spruchs	bei Schwergewicht der Aktivität im Reproduk-tionsbereich — entpoliti-sierende Wirkung

parteienstaatlich modifizierten Entscheidungsregel? Was sind die verfassungspolitischen und kulturellen Veränderungen?

Auf diese und ähnlich zentrale, durch das gegenwärtige Haussieren der Bürgerinitiativen selbst aufgeworfene Fragen versuchen neben den o.g. Autoren Kurt Sontheimer, Uwe Thaysen, Roman Herzog, Wolfgang Jäger und Thomas Ellwein in ihren Beiträgen Antwort zu geben. Zwar ist an Darstellungen und Fallstudien zum Thema Bürgerinitiativen kein Mangel. Sieht man von der Monographie P. C. Mayer-Taschs einmal ab, die einige Aspekte unseres Themas schon andeutet, so ist aber das oben aufgezeigte Problem ein Desiderat geblieben.

Zusammen mit der Intention, nicht nur phänomenologisch „die Bürgerinitiative" zu untersuchen, sondern darüber hinaus das geistespolitische Umfeld (so u.a. der Beitrag von Sebastian Haffner), den soziologischen Kontext, den empirischen Befund (so Udo Kempf) und die institutionellen und politisch-rechtlichen Rahmenbedingungen auf den diversen politischen Ebenen miteinzubeziehen (so u.a. die Beiträge von Oscar Gabriel, Helmut Köser und Günter Trautmann), die Auswirkungen also dieser Bewegung auf das gesamte politische System zu untersuchen, stellt die „pluralistische" Konzeption des Bandes nach Meinung der Herausgeber ein breites Diskussionsspektrum sicher. Sie haben bewußt keinen einseitigen Meinungsband konzipiert, sondern waren vielmehr um die Wiedergabe des breiten in den Sozialwissenschaften gegenwärtig vorhandenen Diskussionsspektrums bemüht. „Extreme" Positionen blieben hierbei ebenso unberücksichtigt, wie andererseits eine gewisse „positive" Grundeinstellung gegenüber den Bürgerinitiativen — neben der gemeinsamen Fragerichtung — das einigende Band aller Beiträge darstellt.

Durch die Aufnahme eines Literaturberichts und eines umfangreichen Literaturverzeichnisses (vgl. den Beitrag von Wolfgang Welz) sowie eines Personen- und Sachregisters soll der Band zu einer handlichen Arbeitsgrundlage nicht nur für selbst in Bürgerinitiativen und in der Umweltschutzbewegung engagierte Leser werden, sondern darüber hinaus für alle von fach- und interessewegen gegenüber politischen Zeitfragen aufgeschlossenen Bürger.

Während der Einleitungsteil das ideenpolitische Umfeld, in dem sich Bürgerinitiaitven bewegen, aufzuzeigen versucht, liegt der Schwerpunkt des Bandes eindeutig auf der Fragestellung des III. Teils: „Bürgerinitiativen — die demokratietheoretische und verfassungspolitische Dimension des Phänomens". Hier finden sich an manchen Stellen bewußt mehrere Beiträge zu ähnlicher Thematik, um den Komplex so umfassend wie möglich auszuleuchten.

Die sehr wichtige Frage des IV. Teils nach den Sozialisationsfolgen der wachsenden Bürgerbeteiligung (siehe die Beiträge von Peter C. Dienel und Paul von Kodolitsch) konnte aus Raumgründen nur knapp umrissen werden.

Freiburg, im Mai 1978   *Bernd Guggenberger*
                                                      Udo Kempf

Anmerkungen

1 So etwa *J. Dittberner/R. Ebbinghausen* (Hg.) (1973).

2 Vgl. *W. Jäger* (1973), in: *Ders.* (1973), S. 108 ff, und *B. Guggenberger/ H.J. Veen/A. Zunker* (1976), S. 9 ff.

3 Vgl. *J. Habermas* (1973), in: *U. Matz* (Hg.) (1973).

4 *G. Lehmbruch* (1976).

5 So etwa am Schicksal des Bildungsgesamtplans, der Berufsbildungsreform, des Energiesparprogramms und der Verschärfung des Straf- und Prozessrechts im Zusammenhang mit dem Terrorismus („Terroristengesetze"); vgl. etwa *C. Offe*: Berufsbildungsreform. Eine Fallstudie über Reformpolitik, Frankfurt 1975, und *W. D. Narr/C. Offe* (Hg.), (1975).

6 Vgl. *H.J. Veen* (1976).

7 Vgl. *G. Lehmbruch*, a.a.O.

8 Vgl. hierzu *H. Kaste/J. Raschke*, in: *W.D. Narr* (Hg.) (1977), S. 26 ff.

9 Vgl. hierzu den Beitrag von *U. Kempf* in diesem Band.

10 Vgl. etwa *Kursbuch* 50 (1977); *R. Vogt*: Das Konzept der Grünen Listen greift zu kurz, in: Frankfurter Rundschau vom 5.5.1978.

II Bürgerinitiativen — das ideenpolitische Umfeld

Bernd Guggenberger

Krise der repräsentativen Demokratie?

Die Legitimität der Bürgerinitiativen und das Prinzip der Mehrheitsentscheidung

Alternative Fortschrittsbestimmung — der neue Fundamentalkonflikt

Die Bürgerinitiativbewegung hierzulande ist längst keine quantité négligeable mehr.[1] Dies gilt nicht nur in bezug auf ihre äußere, zahlenmäßige Stärke; bedeutsamer vielleicht noch ist der Hinweis auf ihre Auswirkungen im Bereich der politischen Kultur. Die Denkanstöße, welche diese Bewegung in die praktische Politik einbrachte, die Impulse und Motive, um welche sie die öffentliche Diskussion bereicherte, die mittel- und langfristig verhaltensbedeutsamen Einstellungsänderungen gegenüber zahlreichen bis dahin unbefragt gültigen politischen Grundaxiomen — all dies ließ die Bürgerinitiativbewegung ganz unübersehbar zu einer geistigen Herausforderung für Kräfte und Mächte der etablierten Politik werden.

Das Selbstverständliche wurde plötzlich erklärungsbedürftig. Gegenüber dem technischen Fortschritt in Gestalt unablässiger Erneuerung und Verwandlung der materiellen Lebenswelt des Menschen wurde die Rechenschaftspflicht eingemahnt. Das Neue war *als Neues* gegenüber dem Bestehenden nicht mehr zugleich auch immer schon als das *Bessere* ausgewiesen; es hatte, stets aufs neue, selbst die Beweislast zu tragen.

Die Bürgerinitiativbewegung hat das ideenpolitische Kampffeld um einen neuen Grundkonflikt bereichert: Weder spielt in der gegenwärtigen Auseinandersetzung der Gegensatz freiheitliche Demokratie versus politischer Totalitarismus — der tragende Grundkonflikt bis weit in die 60er Jahre — die entscheidende Rolle, noch gilt dies für den Gegensatz Kapitalismus vs. Sozialismus — den noch von der studentischen Protestbewegung[2] und den Theoretikern der Frankfurter Schule theoretisch geltend gemachten Grundkonflikt der späten 60er und der beginnenden 70er Jahre. Der *neue* Fundamentalkonflikt lautet vielmehr: ökonomisch-technisches Wachstum versus humane Lebensqualität.[3,4]

Weder die politische noch die ökonomische Ordnung erscheinen primär als diejenigen Formationen, welche für die Qualität gegenwärtiger Politik in letzter Instanz bestimmend sind. Es ist vielmehr die — im umfassenden Sinn — „ökologisch-humane Lebensordnung", welche das zeitgenössische Urteil über den Zustand des Gemeinwesens grundsätzlich und nachhaltig beeinflußt. Legitimität und Illegitimität politischer Entscheidungen werden daher weder vor allem daran bemessen, ob sie sich mit den Grundprinzipien parlamentarisch-repräsentativer Demokratie in Einklang befinden, noch vornehmlich daran, ob sie dem marktwirtschaftlichen Rahmengefüge kompatibel erscheinen. Der „Parteienstaat" ist gegenwärtig vor allem deshalb auf eine historisch völlig neue und unvergleichliche Art mit dem Problem des wachsenden Entzuges von Zustimmung konfrontiert, weil, neben und jenseits der geläufigen, *neue*, weder über das politische noch über das Wirtschaftssystem a limine abdeckbaren Legitimitätsansprüche geltend gemacht werden. Politik wird mit einem Mal an einer ganz anderen Elle gemessen. Die Grundlage von Freiheit, Gerechtigkeit, Kalkulierbarkeit, Frieden und Menschenwürde bildet nicht mehr in letzter Hinsicht allein die verfassungspolitische Ordnung, wie es für den bürgerlichen Interpretationskontext seit Locke im Kern unverändert galt; ebensowenig erscheint aber auch die Beseitigung des Eigentumsvorbehalts und der kapitalistischen Produktionsweise als eine hinreichende oder auch nur notwendige Voraussetzung von Sicherheit, Freiheit und Würde des Menschen, wie im marxistischen Bezugsrahmen. Der *Verfassungsstaat* erscheint genausowenig als Einbahnstraße des Fortschritts zu mehr Menschlichkeit wie der Sozialismus oder der Kapitalismus. Das heißt natürlich nicht, daß die Errungenschaften des demokratischen Verfassungsstaates geringschätzig abgetan oder gar

für obsolet erklärt würden. Der aus den bürgerlichen Revolutionen
hervorgegangene demokratische Verfassungsstaat bleibt mit seinen
fundamentalen Einsichten und Artikulationen, rechtlichen Garan-
tien und institutionell-verfahrenstechnischen Konsequenzen als
wichtige Voraussetzung für menschenwürdigen, d. h. nichtdespoti-
schen und nichtkatastrophischen gesellschaftlichen und politischen
Wandel bestehen. Nur — die verfassungs- und institutionenpolitische
„Leistung" wird ganz zweifellos beträchtlich relativiert durch die
aus persönlicher Betroffenheit erwachsene lebenspraktische Erfahrung, daß — unter den aktuellen Bedingungen — der demokratische
Verfassungsstaat keineswegs *per se* schon die Chancen vernünftiger
und humaner Problemlösungen umfassend zu verbessern, geschweige
denn sie dauerhaft zu garantieren vermag.[5]

Die Erfahrung, daß man auch „in Freiheit" und „demokratisch"
in die Katastrophe schlittern kann, daß die politischen und institutionellen Grund- und Menschenrechtsgarantien noch längst nicht die
bedrohlichen Schatten neuzivilisatorischer Inhumanität, ja des
gattungsweiten Rückfalls in die Barbarei zu bannen vermögen,
diese Erfahrung hat im ideenpolitischen Einzugsbereich der Bürgerinitiativbewegung jene demokratische Verunsicherung, genauer:
jene Verunsicherung des demokratischen Verfassungsbewußtseins
entstehen lassen, welche von oberflächlichen und/oder ideologisch
denkbefangenen Interpreten und Kritikern dieser Bewegung vielfach als offene Verfassungsfeindlichkeit, jedenfalls aber als bewußte
Verletzung der Bannmeile verfassungspolitischen Gemeinbewußt-
seins gedeutet wurde.[6] Diese Deutung verkennt indes, daß sich
Legitimitätszweifel, wie sie die Bürgerinitiativbewegung hervor-
brachte und in einigen ihrer Artikulationsformen selbst verkörpert,
keineswegs von vornherein auf die politische Rahmenordnung kon-
zentrierten oder auch nur an dieser Stelle ansetzten. Die Legitimitätszweifel und die konkurrierenden Legitimitätsvermutungen und
-zuweisungen kreisen nahezu allesamt um den Komplex „menschenwürdiges Dasein", sind also primär nicht auf personelle oder ver-
fassungsstrukturelle sondern auf inhaltlich-wertbezogene, d. h. *ent-
scheidungspolitische* Legitimitätsfaktoren gerichtet. Sie verarbeiten
die Erfahrung, daß es auch Gegnerschaften und Fronten *innerhalb* einer gemeinsamen Ordnung gibt, die sich als unüberbrückbar und prinzipiell unversöhnlich erweisen. Solche Gegnerschaften können mithin,

obgleich ihre ursprüngliche Stoßrichtung keineswegs eine „ordnungspolitische" war, auf Dauer gesehen als Sprengsätze dieser Ordnung
selbst wirken.

Obwohl also nicht ursprünglich auf die verfassungspolitische
Dimension bezogen, setzen die Mechanismen latenten Legitimitäts-
zweifels die Relativierungs- und Pazifierungsfunktion verfassungs-
politischer Gemeinüberzeugung zumindest partiell außer Kraft. Es
droht der Abbruch demokratischer Auseinandersetzung, obwohl
keineswegs prinzipielle Zweifel an Sinn und Wert demokratischer
Konfliktkanalisierung die ursprüngliche Stoßrichtung bezeichnen.

Die Bürgerinitiativbewegung verlagerte gegenüber der bisherigen
Systemkritik den Argumentationschwerpunkt deutlich auf die
Kritik der historisch wirksamen Fortschrittsbestimmung. Die hierin
zum Ausdruck kommende Neubestimmung des Verhältnisses Mensch
/Natur bedeutet zugleich eine Ablösung des dominanten Legitimitätskriteriums: Neben und jenseits des Fragehorizontes nach der
angemessenen, Frieden, Freiheit und Gerechtigkeit verbürgenden
verfassungspolitischen Ordnung und den jeweiligen Realisierungs-
bedingungen der Demokratie schiebt sich immer mehr der radikale
Rückbezug aller die *politische* Existenz des Staatsbürgers betreffenden Fragen auf den *Bedürfnis*kontext des Menschen und die Determinanten seiner Gesamtexistenz in den Vordergrund. Die „Lebensweise" der Menschen, die psychisch-sozialen und physisch-materiel-
len „Umwelt-Bedingungen" entscheiden zunehmend über die Recht-
fertigungsfähigkeit der politischen Ordnung. Wenn Legitimität die
innere Geltungsüberzeugung von der prinzipiellen Rechtmäßigkeit
des Staates und seiner Verfassungsordnung bedeutet[7], so gerät
diese Überzeugung immer deutlicher in direkte Abhängigkeit von der
subjektiven Wahrnehmung und Beurteilung der eigenen Lebenschancen und Lebensbedürfnisse. Hält man diese für gefährdet oder
bedroht, wie es heute bereits in vielen umweltrelevanten Entschei-
dungsbereichen der Fall ist[8], so schlagen sich solche Wahrnehmungen
auf Grund der Verschiebung des dominanten Legitimitätskriteriums
unmittelbar als Legitimitätszweifel nieder. Die vielfach politisch
veranlaßten, fast immer jedoch politisch (mit-) zuverantwortenden
Beeinträchtigungen humaner Lebensverhältnisse geraten somit in den
Rang eines Legitimitätsproblems.

Obwohl das politische Ordnungssystem zunächst gar nicht in Zweifel gezogen wird, ist es doch von der „fremdbewirkten" schleichenden Legitimitätserosion unmittelbar betroffen. In der Perzeption der neoaufklärerischen Fortschrittskritik auf seiten vieler Bürgerinitiativen gleicht der Verfassungsstaat immer mehr einer leeren Hülse, da er trotz seiner bürgerlichen Freiheits- und Grundrechtsgarantien nicht vermochte, menschenwürdiges Dasein zu gewährleisten. Er figuriert immer weniger als das unbezweifelbare Kristallisationszentrum politischer Loyalität; es fällt schwerer, einen grundsätzlichen Folge- und Gehorsamsanspruch zu begründen. Der Verpflichtungsfähigkeitsschwund der politischen Ordnung, welchen die Bürgerinitiativbewegung (aber nicht nur sie!) signalisiert, erscheint uns als ein deutlicher Hinweis, daß auch auf dem scheinbar so sicheren Untergrund von (relativer) gesellschaftlicher Stabilität, (relativem) Massenwohlstand und eines alles in allem „funktionierenden" Institutionengefüges unabweisbare Bedürfnisse in bestandsrelevantem Ausmaß entstehen und strukturelle und funktionelle Mängel sich zu einer krisenhaften Grundkonstellation verdichten können, welche sich erst dem genauer prüfenden Auge erschließt.

Die nämlichen Zweifel treffen im übrigen auch alle sozialistischen Leitbilder bzw. — mutatis mutandis — die gesamte Argumentationspalette einer marxistisch inspirierten Kapitalismuskritik. Wo Kapitalismus und Sozialismus eindeutig als siamesische Zwillinge auf der schiefen Bahn des Fortschritts identifiziert werden, ist auch dem Verweis auf alternative Produktionsverhältnisse allein kein zusätzliches Legitimitätsargument mehr abzugewinnen. Die Herausforderung der Bürgerinitiativbewegung vollzieht sich denn auch recht eindeutig *jenseits* der überkommenen politökonomischen Konfliktlinien. Eine gewisse Sozialattraktivität des marxistischen Ansatzes, welche häufig unterstellt wird, hat für die Bürgerinitiativbewegung in relevantem Ausmaß nie bestanden. Nicht die Kritik der politischen Ökonomie, sondern die Kritik der inhumanen Ökologie ist ihr Thema. Ihr Protest richtet sich gegen die totale Unterordnung der humanen Lebenswelt unter die technische Leistungswelt. Und unter diesem Aspekt bewegt sich der nach Plan wirtschaftende Sozialismus im Kontinuum der nämlichen abstrakten Fortschrittsbestimmung wie der marktwirtschaftliche Kapitalismus.[9]

Folgenirreversibilität — neue Reichweite der Entscheidungen

Unter den Bedingungen der „herrschenden" Fortschrittsbestimmung sehen wir uns in vielen Politikbereichen mit einem historisch neuen Typus politischer Entscheidung konfrontiert. Die „klassische" Staatstätigkeit des liberalen („Nachtwächter"-) Staates beschränkte sich weitgehend auf das Schlichten und Ordnen, das Sichern und Gewährleisten des rechtlich-politischen Rahmens. Für den modernen Sozial-, Leistungs-, Wohlfahrts- und Daseinsvorsorgestaat (oder wie immer die Epitheta im einzelnen lauten) ist dagegen die leistende, aktiv regulierende Intervention in nahezu sämtlichen gesellschaftlichen Bereichen hervorstechendes Merkmal.

Dieser Typus politischer Entscheidungstätigkeit, die regulierende (sozial-) staatliche Dauerintervention, ist vor allem dadurch gekennzeichnet, daß er sich an den gleichsam „naturwüchsigen" Prozeß des industriell-technischen und kulturell-sozialen Wandels einfach anheftet und allenfalls ex post korrigierend und ausgleichend eingreift, um die schlimmsten Folgewirkungen des unablässigen Fortschrittsprozesses abzumildern.

Wir sind heute, im „postindustriellen" Zeitalter[10], auch in unseren öffentlichen Bemühungen an einem Punkt angelangt, wo wir beginnen, den „Fortschritt" selbst zu planen, ihn als gesellschaftliche Veranstaltung bewußt und planvoll zu veranlassen. Die wissenschaftlich-technischen „Revolutionen" unseres Jahrhunderts: die „Betonrevolution", die „Auto-" oder „Fernsehrevolution" — sie haben das Gesicht dieser Erde und das Verhalten der Menschen wahrscheinlich entscheidender verändert und geprägt als die großen sozialen Umwälzungen der letzten Jahrhunderte seit der großen Französischen Revolution. Aber sie waren von niemandem als gesellschaftsweiter Veränderungsprozeß planvoll und mit Bewußtsein ins Werk gesetzt. Sie haben sich gleichsam „hinterrücks" durchgesetzt, und die Politik ist mit subsidiären, ergänzenden und folgenmildernden Maßnahmen „eingestiegen". Bisher hat der Mensch als Wissenschaftler, als Techniker, als Wirtschafter einfach stets gemacht, was ihm, gemessen an seinem Erkenntnis- und Informationsstand wie am jeweiligen technologischen Zeitniveau, jeweils möglich war. Heute jedoch stehen wir in vielen Fortschrittsfeldern angesichts historisch unvergleichlicher Möglichkeiten, wie der der Kernenergie, der Genbeeinflussung, der Datenerfassung und Kommunikationssteuerung, der Expansion in den Weltraum, der Waffentechnologie, der psychologisch-pharmakologischen Einwirkungen u. a. m., an einem Scheideweg, an welchem sich eine für den Fortbestand der Gattung Mensch möglicherweise alles entscheidende Frage in den Vordergrund drängt, die in der berühmten Formulierung Karl Löwiths lautet: „Gibt es für uns noch eine Instanz, die den an sich maßlosen Fortschritt begrenzen könnte, oder ist es unaufhaltsam, daß *der Mensch alles machen wird, war er machen kann?*"[11]

Was also historisch neu ist und unvergleichlich, das ist das *Bewußtsein der Irreversibilität*, welches sich mit einer wachsenden Zahl politischer (d.h. auf der politischen Ebene zu treffender) Entscheidungen verknüpft. Genau besehen gibt es natürlich weder im Maßstab des Individuums noch in dem einer ganzen Gesellschaft beliebig „reversible" Entscheidungen. Alle Entscheidungen waren und sind grundsätzlich irreversibel, weil sie sich *in der Zeit* vollziehen, und weil infolgedessen ein beliebiger späterer Zustand nie mehr in allem völlig dem ursprünglichen gleicht. Gleiches zur ungleichen Zeit kann gänzlich Verschiedenes bewirken. Die Einführung des Mehrheitswahlrechts heute, 1978, etwa hätte einen ganz anderen Stellenwert und wahrscheinlich auch ganz andere partei- und verfassungspolitische Konsequenzen als in der Situation von 1969 z. Z. der Großen Koalition! Dennoch: Auch wenn es Reversibilität im Sinne der Wiederholbarkeit einer Entscheidung unter absolut gleichen Handlungsumständen und -bedingungen nicht gibt, so existieren doch deutliche graduelle Unterschiede hinsichtlich der Korrigierbarkeit und Folgenmilderung im Falle etwa der Entscheidung für die „Freigabe" des Gewissens bei Wehrdienstverweigerern oder der Entscheidung für die dynamische Rentenformel und der Entscheidung für den forcierten Ausbau von Kernenergie. Die Entscheidung für Bau und Betrieb von Kernkraftwerken ist über Jahrhunderte hinweg in ihren Auswirkungen nicht mehr revidierbar, während sich etwa, wie wir jüngst gerade erleben konnten und können, die Berechnungsgrundlage für die Sozial- und Altersrenten relativ umstandslos auf die sozialstrukturellen und finanz- bzw. konjunkturpolitischen Gegebenheiten hin modifizieren läßt.[12]

Neu an der gegenwärtigen Situation erscheint uns also vor allem, daß in der um Planung und Vorbedenken des sozialen Wandels bemühten „postindustriellen" Gesellschaft zunehmend ein Entscheidungstypus an Relevanz gewinnt, der mit dem Bewußtsein der Folgenirreversibilität befrachtet ist.

Die Legitimität der Bürgerinitiativen

Auf seiten der parteiprofessionellen Quasi-Monopolisten der Willens- und Entscheidungsfindung schlug dieses Bewußtsein allerdings bislang nicht merklich zu Buche. Sie verblieben im großen und ganzen bis heute unbeirrt auf der Einbahnstraße des gewohnten machtopportunistischen Entscheidungsverhaltens, welches sich weniger von Überzeugungen und Einsichten in Zusammenhänge anleiten läßt, sondern, nach dem Gesetz des geringsten Widerstands, sich vorwiegend an den Machtmehrungsmaximen der Konkurrenzdemokratie ausrichtet.[13] Wäre es allein nach den Parteien gegangen, d. h. hätten sie in den vergangenen zehn Jahren tatsächlich — ohne die äußere, scheinbar systemwidrige Konkurrenz der Bürgerinitiativen — als die einzigen Mittler und „Repräsentanten" auf der politischen Bühne agiert, so hätten wir bis heute kein öffentliches Problembewußtsein, geschweige denn eine breite öffentliche Diskussion im Bereich der lebenswichtigen Zukunftsfragen. Wo spielte etwa im vergangenen Bundestagswahlkampf der Dialog mit dem Bürger über Chancen und Risiken, Wünschbarkeiten und Gefährdungen der nahen und nächsten Zukunft eine entscheidende Rolle? War die künftige Energiepolitik, der Zustand unserer Städte, waren die ökologischen Probleme, die sich mit einer forciert betriebenen Wachstumspolitik im Bereich des Industriesystems verknüpfen, waren die drängenden Fragen einer neuen Weltwirtschaftsordnung, die moralischen und politischen Notwendigkeiten einer weltumspannenden Solidarität mit den Völkern der Dritten und Vierten Welt etwa Themen, welche die Gemüter auf Parteiversammlungen erhitzten? Sie waren es nicht und sind es, zum überwiegenden Teil, immer noch nicht. Es erscheint symptomatisch für den Zustand unseres Parlamentarismus[14], daß es erst der systemperipheren, im Funktionskreis der repräsentativen Parteiendemokratie eigentlich gar nicht „vorgesehen" Aktivitäten der Bürgerinitiativen bedurfte, um die Parteiensolidarität der Ratlosigkeit und Problemignoranz zu durchbrechen. Ginge es bei den von Bürgerinitiativen thematisierten Anliegen nur um partielle Interessen und um nichtverallgemeinerungsfähige Wünsche und Einsprüche isolierbarer Einzelgruppen, so erübrigte sich jeder Vorwurf an die Adresse der Parteien. In Wirklichkeit aber hatte der von der Bürgerinitiativbewegung in ihrer Gesamtheit artikulierte Protest immer schon eine ganz andere Qualität, die in der gegenwärtigen Entwicklungsphase immer deutlicher zutage tritt: Hier wird über nichts weniger gehandelt, als darüber, *wie die Menschen künftig leben müssen, wenn sie überleben wollen.* Es sind die erstrangigen Überlebensfragen der heutigen und der künftigen Generationen, die *hier* und *nur hier öffentlich,* d.h. in einem für die Beeinflussung der politischen Verhaltensorientierung relevanten Raum, erörtert werden.[15] Die Bürgerinitiativen haben das von den Parteien sorgsam gehütete Anbietermonopol über die zur öffentlichen Erörterung „zugelassenen" Themen durchbrochen und das inhaltlich-programmatische Spektrum weit über das von der „offiziellen" Parteienprogrammatik abgedeckte hinaus erweitert. Die Bürgerinitiativen üben eine schneidende und in ihren Konsequenzen kaum zu überschätzende Zivilisationskritik, die eben deshalb so eminent „politisch" ist und „unter die Haut geht", weil sie nicht in der Sprache räsonierender Seminar- und Fernsehintellektueller vorgetragen wird, sondern im Idiom und aus der Augenperspektive der persönlich und lebenspraktisch Betroffenen. Die Wirksamkeit und Durchschlagskraft ihrer Kritik lebt gerade davon, daß sie keine abstrakten Einsichten referieren, sondern von ganz konkreten, im Einzelfall erfahrbaren Mißständen und Beeinträchtigungen ausgehen, die unschwer transparent werden für Deformationen und Fehlentwicklungen der gesamten politischen und gesellschaftlichen Ordnung.

Das Bewußtsein nicht wieder gut zu machender Folgen und Nebenfolgen politischer Entscheidungen regt sich also vorderhand weniger bei den von Rechts wegen zur Gemeinwohlverwirklichung Berufenen, sondern vor allem aufseiten der außerparlamentarischen Ökologie- und Lebensschutzbewegung. So war es zunächst nur eine moralisch und ästhetisch besonders sensible, sachlich häufig besonders interessierte und kundige Minderheit, die gegen die Beeinträchtigung und allmähliche Zerstörung der materiellen und psychischen Lebensbasis des Menschen Einspruch erhob, weil sie sich selbst und andere in ihren elementaren Lebensrechten beeinträchtigt wußte. Inzwischen sind die Bürgerinitiativen Teil einer umfassenden Alternativbewegung, ohne daß allerdings der „politische Durchbruch" in Gestalt einer umkehrverbürgenden Sensibilisierung der Entscheidungsträger und einer bevölkerungsweit „durchschlagenden" Problematisierung der Sachverhalte bereits gelungen wäre. Noch immer kann eine sich in den herkömmlichen Bahnen des Wachstums und des technischen Fortschritts bewegende Politik sich auf deutliche Bevölkerungsmehrheiten berufen. Was aber besagen Mehrheiten angesichts der „drohenden Vernichtung"? Was ist das, was apathische und ignorante Akklamationsmehrheiten und ihre Repräsentanten in solcher Situation tun, anderes als „Partei(nahme) für den Tod, die Vernichtung, ohne daß ihnen das voll bewußt (wäre)"?[16] Und vermag in einer solchen Situation der Hinweis auf bestehende Mehrheitsverhältnisse wirkliche, aus der Qualität der Entscheidung sich herleitende Legitimität zu begründen, oder hat er nicht vielmehr allenfalls arithmetischen und statistischen Wert für den „Vertreter eines (überholten) quantitativen Demokratieverständnisses"?[17]

Voraussetzungsgebundenheit der Mehrheitsentscheidung

In diesen zugespitzten Fragen kristallisiert sich nicht nur das Legitimitätsdilemma der Bürgerinitiativen, sondern auch die höchst problematische Stellung der demokratischen Mehrheitsregel unter der Bedingung einer bevölkerungsweiten Totalpolarisierung. Die „Krise" der repräsentativen Elemente im modernen Verfassungsstaat läßt sich also auch unter einem Aspekt fixieren, der bislang in der Literatur kaum Beachtung fand[18], nämlich aus dem Blickwinkel der Problematik des mehrheitlichen Entscheidungsprinzips in der modernen Demokratie. Die wachsende Bedeutung repräsentativer Versammlungen und die Zentralstellung des Mehrheitsprinzips gingen in der Entwicklung des demokratischen Verfassungsstaates

Hand in Hand. Das Mehrheitsprinzip fand sowohl bei der Bestellung der Repräsentanten (Abgeordnetenwahl) Anwendung als auch bei der Entscheidungsbildung innerhalb des Repräsentativgremiums.

Man hat jedoch lange zu wenig beachtet, daß der Grundsatz "one man — one vote", der Grundsatz allgemeiner Stimmengleichheit mit der Maßgabe mehrheitlicher Entscheidungsbefugnis, kein voraussetzungsfreies politisches Formprinzip darstellt, daß also keineswegs immer und in jedem Fall schon Mehrheitsentscheidung und Demokratie identisch sind. Die Bürgerinitiativbewegung zieht heute in einer Reihe von Entscheidungsfeldern die fraglose Rückbeziehung auf die Gesamtheit des Volkes in Zweifel, welche der Mehrheitsdoktrin zufolge durch das Parlament ermöglicht wird. Die Stellung des Mehrheitsprinzips als einer politischen Fundamentalregel der repräsentativen Demokratie ist damit keineswegs bereits nachhaltig erschüttert, aber sie erscheint doch unter einer Reihe von Aspekten vom Grundsätzlichen her in Frage gestellt. Die politische Herausforderung durch den wachsenden Bürgerprotest der letzten Jahre hat bewirkt, daß uns die Voraussetzungen, an welche die Geltung des Mehrheitsprinzips geknüpft ist, wieder deutlicher ins Bewußtsein treten.

Auch das Mehrheitsprinzip ist, wie die Repräsentation, dem Gedanken der Mäßigung verpflichtet. Es findet in totalitären Staatsformen keine grundsätzliche Anerkennung. Nur dort, wo auch der unterlegene Part aus übergeordneten Erwägungen heraus noch zustimmen kann, kommt der mehrheitlichen Entscheidungsfindung legitimierende Funktion zu. Die Bindungswirkung der Mehrheitsentscheidung entfaltet sich also nur dort, wo diese keine dauerhaften Minderheitspositionen, keine einseitigen, unveränderlichen Kräfteverhältnisse festschreibt, kurz: wo sie nicht *nur* Herrschaftsinstrument sondern zugleich institutionelles Medium grundlegender Übereinkunft ist.

Die Bürgerinitiativbewegung setzt, in einem grundsätzlichen Sinn, das Problem der Reichweite und der Grenzen politischer Entscheidungsfindung durch Mehrheiten auf die Tagesordnung, — ein funktionslogisch und institutionenpolitisch zentraler Themenaspekt im Rahmen einer jeden Demokratievorstellung, welche Demokratie *auch* als Herrschaftsform begreift und würdigt, welche also nicht von der rousseauistisch beeinflußten Vorstellung des Volkswillens als einheitlicher, vorgegebener, nur zu entdeckender Größe ausgeht. In den Leitbildern identitärer Herrschaftsgestaltung ist für die Mehrheitsentscheidung ebensowenig Platz wie für andere Elemente repräsentativer Willensbildung.[19]

Damit die kompetitive Mehrheitsregel ihre handlungspragmatische und legitimatorische Funktion zu erfüllen vermag, müssen eine ganze Reihe verfassungsrechtlich z.T. nicht normierbarer soziologischer und politisch-kultureller Voraussetzungen und Entsprechungen gegeben sein. Hierzu wären vor allem zu rechnen[20]: prinzipielle Gleichheit der Abstimmenden, d.h. Gleichgewichtigkeit jedes einzelnen Votums; Öffentlichkeit, d.h. Zwang zur möglichst „rationalen", mit Argumenten begründbaren und mitteilbaren Stellungnahme bzw. Zustimmungswerbung; Offenheit, Pluralität, d.h. jederzeitige prinzipielle Beeinflußbarkeit der Entscheidungsdeterminanten; das Vorhandensein und (Fort-) Bestehen eines der Mehrheitsdisposition grundsätzlich entzogenen gemeinsamen Rechts- und Überzeugungsminimums, welches zustimmungsermöglichend und mäßigend wirkt und die Reichweite politisch zulässiger Entscheidungen prinzipiell begrenzt.

In allen vier hier unterschiedenen Voraussetzungsbereichen lassen sich gegenwärtig Anhaltspunkte für eine tendentielle Infragestellung der Mehrheitsregel feststellen.

Gleichheit als Funktionsvoraussetzung

Die erste grundlegende Voraussetzung für die Geltung des Mehrheitsprinzips besteht in der prinzipiellen Gleichheit der Abstimmenden. Nur wo diese Gleichheit gegeben ist, können sinnvollerweise Entscheidungen nach dem Prinzip der Majorität gefunden werden. Eine Mehrheitsentscheidung zwischen Arzt und sachunkundigen Laien über die angemessene Therapie im Falle von Zuckerkrankheit ist erkennbar fehl am Platz, weil die Voraussetzung der Gleichheit der Abstimmungsbeteiligten nicht erfüllt ist. Ähnlich verhält es sich mit einer ganzen Reihe anderer gesellschaftlicher Betätigungsfelder auch. Das Mehrheitsprinzip ist zunächst ein *politisches* Formprinzip und als solches im gesellschaftlichen Bereich nur begrenzt verwendungsfähig[21], da wir nur als Staatsbürger, nicht aber als Glieder der

Gesellschaft „gleich" sind. Und auch im Falle der staatsbürgerlichen Gleichheit, der Gleichheit der Rechte und Pflichten als Staatsbürger, wird uns von einer ganzen Reihe von Bürgerinitiativen täglich und z.T. recht überzeugend demonstriert, daß wir hier mit einer Fiktion arbeiten, einer höchst wirksamen, aufgeklärt-fortschrittlichen demokratischen Fiktion, — aber eben im Kern doch mit einer Fiktion. Denn *realiter* sind die Staatsbürger, wenn sie sich *als Staatsbürger* äußern und betätigen, natürlich keineswegs „gleich". Es existiert keineswegs bevölkerungsweit die gleiche Qualität der Meinung, der Einsicht, des Urteils und der Überzeugungskraft in politischen Dingen. Die Befähigung zum angemessenen Urteil geht hier zwischen den einzelnen Beteiligten mindestens eben so weit auseinander wie in anderen Bereichen auch. Dennoch *zählen* wir im Bereich der Politik die Stimmen, statt sie zu *wägen*. Und dies ist, unter demokratischem Vorzeichen und zu politischen Normalzeiten, auch gut so. Geht es doch in den meisten Fällen um Interessen, um Bewertungen und Überzeugungen, über die diskutiert und für die — mehr oder weniger plausibel — argumentiert werden kann, für die es jedoch keine sachlich eindeutig „richtige" oder „falsche" Lösung gibt. „Sachkenntnis" allein hilft bei politischen Entscheidungen noch nicht weiter. Eigene glaubwürdige Überzeugung und Überzeugungswerbefähigkeit müssen hinzukommen.

Noch anders aber stellt sich die Situation dar im Falle der unversöhnlichen Dialektik zweier gesellschaftsweit miteinander rivalisierender Gestaltungsansprüche. Hier treten die Kriterien der inneren Richtigkeit, der moralischen Rechtfertigung und Zurechenbarkeit, der Betroffenheit und der lebenspraktischen Besorgung, der intensiven Beschäftigung und der hartnäckigen, leidenschaftlichen Auseinandersetzung und Durchdringung der Entscheidungsmaterie, treten Gesichtspunkte der relativen Manipulationsresistenz und der sozialstrukturellen und geistig moralischen Gemeinwohlbefähigung einer Gruppe als legitimitätsstiftende Faktoren ungleich stärker in den Vordergrund. Sie begründen in der politischen Auseinandersetzung einen unterschiedlichen Anspruchsrang und damit auch, unabhängig von der zahlenmäßigen Größe der jeweiligen Gruppe, einen unterschiedlichen Grad an Überzeugungskraft. Sie sind auch gegenwärtig ganz unzweifelhaft eine der Quellen des Legitimitätsanspruches der Bürgerinitiativen und zugleich eine der Ursachen für die Erosion einer der zentralen Funktionsvoraussetzungen der Mehrheitsregel: der Fiktion staatsbürgerlicher „Gleichheit".

„Aristokratisches" Selbstbewußtsein oder Elite mit Mehrheitsanspruch?

Die Bürgerinitiativbewegung ist als eine außerparlamentarische, über weite Strecken anti-parteienstaatliche Bewegung der unmittelbaren Selbstorganisation des betroffenen Bürgers von zwei auf den ersten Blick ganz widersprüchlichen legitimatorischen Argumentationsfolgen begleitet: Zum einen leitet sie ihre Existenz- und ihre Aktionsberechtigung aus einer Art „übergesetzlichem Notstand" und „Widerstandsrecht" ab, dort nämlich, wo sich ihre Mitglieder in ihrem Recht auf Leben und körperliche Unversehrtheit bedroht sehen. In der Tendenz dieser Argumentation liegt zunächst eine Vorstellung, welche den Staat als Hüter vorstaatlicher, der stimmungsbeliebigen Mehrheitsdisposition entzogener Grundwerte begreift und daher von ihm, d. h. vom Gesetzgeber und den Gerichten, fordert, daß sie Menschenwürde und körperlich-seelische Unversehrtheit gerade auch gegen die Anmaßungen der Tagespolitik und einer wankelmütigen Öffentlichkeit verteidigen. Hier werden also vor allem die Rechte der Minderheit geltend gemacht.

Zum anderen aber ist das Bemühen um Selbstrechtfertigung auch häufig vom Hinweis auf die präsumtive Mehrheitsposition der „Betroffenen" gekennzeichnet. In diesem Argument wird gerade unter Berufung auf das Mehrheitsprinzip versucht, den eigenen Standpunkt als gerechtfertigt, als legitim erscheinen zu lassen. Gegen die repräsentative Vermittlung, ja Verbiegung des Volkswillens wird auf den empirischen Mehrheitskonsens verwiesen oder doch stillschweigend von ihm ausgegangen. Diese Widersprüchlichkeit in der grundsätzlichen Anlage ihrer Argumentation und ihres eigenen Legitimitätsanspruchs macht es so schwer, die Bürgerinitiativbewegung im Rahmen des repräsentativen Verfassungssystems einzuordnen und angemessen zu beurteilen. Was jeweils im Mittelpunkt steht und wohin die Stoßrichtung zielt, läßt sich nur am Einzelfall erörtern: Geht es mehr um die Kritik der formaldemokratischen Hypertrophie des Mehrheitsprinzips im Namen einer ihrer ethischen

„Leistung" und ihrer intellektuellen Kompetenz bewußten Minderheit oder mehr um das Geltendmachen der Meinungen, Interessen und Bedürfnisse der von bestimmten Entscheidungen betroffenen Mehrheit gerade *gegen* den Repräsentationsanspruch einer Minderheit professioneller Parteipolitiker? Von beiden Attitüden, sowohl von der aristokratisch-elitären Attitüde des mit einem überlegenem Gestaltungsanspruch ausgestatteten „Spezialisten fürs Allgemeine" als auch von der eher populistischen Attitüde des Lobbyisten der schweigenden Betroffenen-Mehrheit, haftet den Bürgerinitiativen etwas an.

Der Verlust grundlegender Gemeinsamkeiten als Gefährdung der Mehrheitsregel

Die beiden nächsten von uns benannten Voraussetzungen für die Anwendbarkeit und Geltung der Mehrheitsentscheidung: der Öffentlichkeitsanspruch und die Pluralität der Einflußchancen, gehen zum Teil in der wohl grundlegenden Voraussetzung, dem Vorhandensein eines Minimums an interessenunabhängiger und entscheidungs-„vorläufiger" Gemeinsamkeit auf, bzw. sind in ihr mitenthalten. Wir werden daher diese drei Aspekte im folgenden im Zusammenhang erörtern.

Das von akutellen Mehrheitsverhältnissen völlig unabhängige Vor- und Fortbestehen grundlegender Gemeinsamkeiten ist die Kernvoraussetzung für die Gültigkeit der Mehrheitsregel.[22] Mit Mehrheit entschieden werden kann legitimerweise nur dort, wo sich alle im Rahmen einer grundsätzlich bejahten politischen und gesellschaftlichen Gesamtordnung auf den Modus mehrheitlicher Entscheidungsfindung verständigt haben. Die Willensbildung kann sich also nur dort nach dem Mehrheitsgrundsatz vollziehen, wo ein vorpolitischer Konsens das einigende Band aller an der Willensbildung Beteiligter darstellt. Auf das „Risiko" der Mehrheitsentscheidung können sich die Mitglieder eines Gemeinwesens nur deshalb relativ bedenkenlos einlassen, weil dieses „Risiko" jederzeit kalkulierbar erscheint: Der Entscheidungsspielraum der Mehrheit ist deutlich begrenzt. Es existieren eindeutige verfahrensrechtliche Restriktionen und unveräußerliche Grundrechte, über welche sich auch die Mehrheit nicht hinwegsetzen kann; ja überhaupt nur deshalb, weil sie in der Reichweite und der inhaltlichen Ausgestaltung ihrer gesamtverbindlichen Entscheidungsbefugnis der Beachtung eindeutiger Maßstäbe und der Einhaltung verbindlicher Regeln unterliegt, werden ihre Entscheidungen auch für die jeweils überstimmte Minderheit „akzeptabel". Überstimmtwerden stellt stets das kleinere Übel dar gegenüber dem völligen Verlust der Gemeinschaft. Unterliegen, zur Minderheit gehören, bedeutet ja nicht, in die signifikanteste Form der politischen Inhomogenität, den Bürgerkrieg, zurückzufallen. Im Gegenteil: Die Mehrheitsentscheidung hat überhaupt nur dort ihren Platz, wo zwischen den Gliedern der jeweiligen Gemeinschaft eine grundsätzliche Einigung und Übereinkunft möglich ist, welche es allen erlaubt, die Entscheidungsbefugnis der Mehrheit zu respektieren. Deshalb ist die Mehrheitsregel zwischen Einheiten, für welche diese relative Homogenitätsbasis nicht vorausgesetzt werden kann, wie etwa in den meisten Bereichen der internationalen Politik, nicht anwendbar. Hier sind vielmehr einvernehmliche Regelungen (Einstimmigkeit) am Platz.

Ein Mindestmaß an Homogenität in Form der gemeinsamen Verpflichtung auf eine der Entscheidungsbefugnis vorausliegende und ihr grundsätzlich entzogene rechtliche, politische und gesellschaftliche Grundorientierung ist also die wohl wichtigste Voraussetzung für die Anwendbarkeit der Mehrheitsentscheidung. Zugleich jedoch signalisiert der Mehrheitsentscheid selbst, daß die Homogenitätsschwelle in den einzelnen Bereichen unterschiedlich hoch ist. Hieraus kann sich für den einzelnen oder eine Gruppe die problematische Konstellation abnehmender Mehrheitsresonanz, d.h. schwindender Verpflichtungsfähigkeit mehrheitlich getroffener Entscheidungen ergeben.

Den spektakulärsten Fall schwindender Verpflichtungsfähigkeit der mehrheitlichen Entscheidungsregel erleben wir gegenwärtig in der militanten Zuspitzung des Bürgereinspruchs gegen den Bau von Kernkraftwerken. Zwar hat eine Volksmehrheit den Bau von Kernkraftwerken, wenn überhaupt, allenfalls indirekt, über die Wahl kernenergiebefürwortender Politiker und Parteien gebilligt, so daß der Protest dort, wo er zum wirklichen Massenungehorsam sich erweitert, sich auch gegen die repräsentative Form des Zustandekommens einer Entscheidung richtet, von der gar nicht als sicher unterstellt werden darf, daß sie auch von der Mehrheitsmeinung der Bevölkerung wirklich getragen wird.[23] Andererseits aber hat das regierungsamtliche Kernenergievotum ganz zweifellos auf den verschiedenen Ebenen die im Rahmen der repräsentativen Demokratie erforderlichen Mehrheitsfindungsprozeduren der formal legalen Willensbildung durchlaufen. Da die Repräsentationsvorstellung des Grundgesetzes, von Ausnahmen (Art. 29, Länderneugliederung) abgesehen, ein Sachplebiszit nicht kennt, drückt sich der empirisch einzig fixierbare und politisch maßgebliche Mehrheitswille stets im Mehrheitswillen des Parlaments aus. Unter der Bedingung des repräsentativen Systems wird also die Gültigkeit der Mehrheitsregel dort in Zweifel gezogen, wo der erklärte Wille des Parlaments oder der von der Parlamentsmehrheit getragenen Regierung ignoriert wird. Ganz gleich also, wieviel Bundesbürger zum jeweiligen Zeitpunkt wirklich für oder gegen den Bau von Kernkraftwerken sind, — auch bei vermuteter mehrheitlicher Ablehnung stellen etwa illegale Bauverhinderungsaktionen (z.B. Platzbesetzungen von Kernkraftgegnern) die Modalitäten und den Geltungsanspruch repräsentativer Mehrheitsentscheidungen grundsätzlich in Frage.

Zusammenhangswissen und „neue Brüderlichkeit"

In der neueren sozialwissenschaftlichen Forschung rückt der Bedürfnisbegriff immer stärker in den Vordergrund. Den meisten Konzeptionen liegt hierbei die Vorstellung zugrunde, es gäbe so etwas wie eine objektive Bedürfnisstruktur[24]: Unter der Voraussetzung des guten Willens aller Beteiligten und eines ausreichenden Zeitbudgets zur sachlichen Erörterung müßten die „richtigen" Bedürfnisse eigentlich jedermann einsichtig zu machen sein. Ganz ähnliches gilt auch für die Argumentation auf Seiten der Bürgerinitiativen und ihrer Befürworter. Auch sie sind davon überzeugt, daß die wahren Bedürfnisse „erkennbar" sind, daß also in sämtlichen Bereichen eine Differenzierung nach wahren und falschen Bedürfnissen prinzipiell möglich ist. Ein besonderes Schwergewicht der Bürgerinitiativbewegung liegt nicht von ungefähr auf selbstbestimmten und selbstorganisierten Sozialaktivitäten, da im eigenverantwortlichen Handeln am ehesten Lebenszusammenhänge sichtbar und damit wahre und falsche Bedürfnisse unterscheidbar werden und bewußtseinsstimulierende Bedeutung erhalten. Eben hierauf zielt die Überzeugung von der kommunikativen Herstellbarkeit allgemeiner Bedürfnisübereinkunft. Wer im Zusammenwirken mit anderen für die eigenen Bedürfnisse verantwortlich einsteht, wird der partikularen Interessenbefangenheit leichter entsagen, wird eine sozial-kommunikative, kaum eine nur privatistisch-materialistisch verkürzte Identität ausbilden. Die für die wohlfahrtsstaatlich geordnete Industriegesellschaft eigentlich schon totgesagte "Integration über Normen" (J. Habermas)[25] ist dabei, in Gestalt einer alltagspolitisch höchst relevanten „neuen Brüderlichkeit" wiederaufzustehen.

Die in den Alltag transponierte „Revolution" der ganz konkreten Einstellungen, Verhaltensweisen, des sozialen Umgangs und des kommunikativen Stils, der Freizeitgestaltung, der Eß-, Kleidungs-und sonstigen Lebensgewohnheiten, diese lautlose aber ungemein folgenreiche „Revolution"[26 a] markiert zugleich einen entscheidenden Schritt über die bloße fortschrittskritische Negation und Antihaltung hinaus. Bürgerinitiativen sind, wenn dieser Vorwurf sie denn überhaupt jemals treffen mochte, schon längst keine bloßen Neinsager mehr, und der oft vernommene Einwand in Gestalt des Hinweises auf egoistische St. Florianspolitik nach dem Motto: „Fliegen will ich zwar, aber keinen Flugplatz von der Haustür!", ist für ihre politischen Intentionen in der großen Mehrzahl aller Fälle sicher nicht kennzeichnend. Die allermeisten Bürgerinitiativen sind sich sehr wohl bewußt, daß Umweltschutz und menschenfreundlichere Lebensformen nicht zum „Nulltarif" zu haben sind. Sie erkennen auch immer deutlicher, daß ein isolierter Einspruch, ohne Vorbedenken seiner Konsequenzen und räumlichen und sachlichen Verknüpfungen kaum legitim und schwerlich plausibel erscheinen wird: Wer den Bau von Kernkraftwerken ablehnt, muß darüber nachgedacht haben, aus welchen anderen Quellen der Energiebedarf zu decken ist, bzw. wie er, auch unter Inkaufnahme von Opfern: Einschränkungen etwa des ökonomischen Wohlstands und Abstrichen an liebgewordene Gewohnheiten, drastisch gesenkt werden kann, kurz, wie eine Welt aussehen muß, die mit anderer und weniger Energie auskommt. In der Tendenz erfordert nahezu jeder singuläre Einspruch eine umfassend angelegte Begründung und Rechtfertigung, weil er, konsequent durchdacht und nach allen Seiten hin beleuchtet, den Richtungssinn des naturwissenschaftlich-technischen Fortschrittsprozesses infragestellt.

Und so entsteht auch im Hintergrund und oft am Rande der eigentlichen Hauptaktivitäten bei vielen Initiativen aus selbstverspürten Rechtfertigungszwängen Schritt für Schritt so etwas wie ein alternatives „Lebensprogramm" auf der Basis eines neuen, grundsätzlich und umfassend angelegten Wertbewußtseins. Erst die Suche nach einer „Antwort im Ganzen"[27] sichert die Glaubwürdigkeit und Überzeugungskraft bereichsspezifischer Verweigerungshaltungen. Das Bemühen um ein alternatives Zusammenhangswissens stellt für nahezu sämtliche fortschritts-, industrie- und wachstumskritischen Intiativen das einigende Band und die rechtfertigungspolitisch notwendige Ergänzung bzw. Erweiterung ihres zunächst räumlich und zeitlich einzelfallbegrenzten Engagements dar. Nicht zuletzt aus diesen Bemühungen speist sich die subjektive Überzeugungsgewißheit auf Seiten dieser Initiativen, im Ringen um die optimale Gemeinwohlverwirklichung die überlegenen Argumente vorweisen zu können.

Was aber, wenn die Bevölkerungsmehrheit bzw. die von ihr gewählten Vertreter diesen Vorstellungen nicht folgt? Gibt es für die Bürgerinitiativen als Trägern eines alternativen Wertbewußtseins eine äußerste Grenze für den Gültigkeitsanspruch und die Durchsetzbarkeit der − in ihren Augen − überlebten, lebensbedrohenden und zerstörerischen alten Wertordnung? Wo verläuft, wenn es sie gibt, diese Grenze, wo beginnt die Inanspruchnahme des Rechts auf Widerstand?[28]

Bereits John Locke, einer der ersten großen Theoretiker des modernen Verfassungsstaates, hat in seinen "Two Treatises" mit einer wohl seither nicht erreichten Klarheit und Schärfe die verfassungsrechtlich nicht normierbare Prämisse für die Gültigkeit der Mehrheitsregel herausgestellt: das Vorhandensein einer öffentlichen Kultur, die Existenz eines Fundaments an vorpolitischer Bürgergemeinsamkeit und lebenspraktisch verankerter politisch-kultureller „Homogenität" des Gesellschaftskörpers. Am Beginn des modernen Verfassungsstaates steht also die deutliche Einsicht, daß der *Wille der Mehrheit* nur dann sich mit der Chance der Anerkennung dauerhaft als *Wille der Gesamtheit* würde behaupten können, wenn auch für die im Einzelfall unterliegende Minderheit noch ein genügend breites

„Polster" gemeinsamer Interessen und Grundüberzeugungen verbliebe, welches, trotz entgegenstehender Neigungen, Meinungen und Interessen im Einzelfall, die grundsätzliche Anerkennung und Respektierung der Mehrheitsentscheidung verbürge.[30] Die „Motive der Fügsamkeit" (Max Weber) ergeben sich, grundsätzlich betrachtet, nicht so sehr aus der zustimmungsermöglichenden Gemeinsamkeit konkreter politischer Entscheidungsinhalte als vielmehr aus einer Art *generalisierter Zustimmungsbereitschaft.* Und diese wiederum resultiert weniger aus der Dignität der Mehrheitsentscheidung qua Mehrheitsentscheidung, sondern vielmehr aus der Verankerung und Einbettung der mehrheitlichen Entscheidungsfindungsmechanismen in eine vorgängige „ordnungspolitische" und geistig-kulturelle Übereinkunft, wie dies vor allem die Figur des Sozialvertrages belegt.

Der „ökologische Bürgerkrieg" als „ordnungspolitische" Herausforderung

Diese Basis einer politische Tageskonflikte überdauernden Gemeinsamkeit ist im Schwinden begriffen; denn „was wir gegenwärtig erleben, ist ja nichts Geringeres als ein öffentlicher Streit über Leben und Tod dieser Gesellschaft."[31] Das Wort vom „ökologischen Bürgerkrieg" (Mayer-Tasch) zielt auf diese orientierungspolitische Zerfällung der Gesellschaft und ihrer politikrelevanten Öffentlichkeitssphäre. Angesichts der Rigidität, der Unversöhnlichkeit und der Reichweite der von vielen Alternativgruppen propagierten Verweigerung und Abkehr von den herrschenden Kultur- und Sozialverkehrsnormen scheint dieses Wort nicht zu hoch gegriffen, wenngleich die Differenz zu manifesten Formen des Bürgerkriegs festgehalten werden muß. Wenn Bürgerinitiativen, die sich gegen die inhumanen Lebensbedingungen in den großen Städten, die Umwelt- und Landschaftszerstörung, gegen forcierte Industrieansiedlung oder allgemein gegen die Wachstumsbesessenheit und die industriell-technische Destruktion wenden, für sich selbst den Anspruch erheben, die „Partei des Lebens" zu sein oder als „Politiker mit menschlichem Antlitz" auf der „Seite des Lebens" wider die lebensbedrohenden Kräfte und Mächte der etablierten „Parteien des Todes" zu kämpfen[31 a], so erscheint die Assoziation des – zumindest geistigen – Bürgerkriegs sicher nicht gerade abwegig.

Dieser „geistige Bürgerkrieg" zerstört in wachsendem Maße die ungeschriebenen Funktionsvoraussetzungen für die Anwendbarkeit des politischen Formprinzips der Mehrheitsregel. In einer Reihe von politischen Gestaltungsbereichen zeichnet sich bereits heute ein Zustand ab, in welchem die funktionsnotwendigen Voraussetzungen für die Gültigkeit der Mehrheitregel nicht mehr gegeben sind.

Ebensowenig etwa wie man im Falle struktureller (z. B. ethnischer oder sprachlicher) Minderheiten durch einfachen Mehrheitsbeschluß weiterkommt, ebensowenig bieten sich dauerhafte Lösungen allein im Wege mehrheitlicher Entscheidung, wenn eine Bevölkerungsgruppe sich glaubwürdig auf ihr Verfassungsrecht zum Widerstand nach Artikel 20, Abs. 4 GG beruft, weil sie sich durch eine (Mehrheits-) Entscheidung in ihrem Grundrecht auf Leben und körperliche Unversehrtheit elementar gefährdet sieht.[32] Wo relativ verfestigte Gruppen mit nicht kompromißfähigen Anschauungen und Bedürfnissen sich gegenüberstehen, bleibt am Ende nur der Weg vertragsförmiger Vereinbarung[33], will man den Bürgerkrieg vermeiden. Das Beharren der Mehrheit auf ihrer Entscheidungsbefugnis bringt keine grundsätzliche Klärung der Fronten, solange der unterlegene Teil die für ihn existentielle Entscheidung mangels einer die Gegensätze relativierenden fortbestehenden Gemeinsamkeit unter keinen Umständen zu akzeptieren bereit ist.

Im Zusammenhang mit der Frage der Anwendbarkeit der Mehrheitsregel und der prinzipiellen Hinnahme der Mehrheitsentscheidung unabhängig von ihrem Inhalt verdient noch ein weiterer Aspekt Beachtung: das Problem der vielberufenen Toleranz. Die Aufforderung zur Toleranz, welche aus Politik und Publizistik immer wieder an die Adresse der Bürgerinitiativen ergeht, übersieht etwas Grundlegendes: Zwischen zwei sich wechselweise auf Toleranz berufenden und selbst verpflichtenden Wettbewerbspartnern muß ungefähre *Einflußchancengleichheit* bestehen. Deshalb ist die exakte Fixierung des Status quo als des zeitlichen und räumlichen Ortes, von dem aus Toleranz gelten soll, so bedeutsam. Für denjenigen, der hierbei alle Vorteile auf seiner Seite weiß, liegt es nahe, die Toleranzforderung in den Mittelpunkt seiner Argumentation zu stellen. Denn Toleranz, prinzipielle Hinnahme, Duldsamkeit gegenüber dem anderen und seinem Anliegen, nützt stets demjenigen mehr, welcher in der Verfolgung seiner Absicht bereits deutlich in Front liegt. Bei

einer solcherart ungleichgewichtigen Ausgangsposition wird strikte
Toleranz leicht zum Schutzzaun des ohnehin schon Mächtigen und
Starken. Die Geschichte der Bürgerinitiativbewegung ist reich an
Beispielen, die zeigen, daß erst eine partielle „Intoleranz" vermochte,
ihre Ausgangsbedingungen entscheidend zu verbessern. Wer sich, wie
etwa die Landesregierung und die Kernkraftwerksbetreiber im Falle
Wyhl, mit dem „Status quo" im Bunde wissen konnte, wer sich also
auf den entscheidenden Etappen des atomrechtlichen Genehmigungsverfahrens die Punktvorteile im Vorhinein auszurechnen vermochte, für den mußte die gegnerische Toleranzbeachtung als eine
willkommene, den eigenen Sieg endgültig sicherstellende „Drein-
gabe" erscheinen.

Die Toleranzformel bedeutet für den Schwächeren stets eine
strukturelle Benachteiligung. Eine sinnvolle, wechselseitig akzeptable
Toleranzverständigung sollte daher zunächst die Verbesserung der
Ausgangschancen des Schwächeren ins Auge fassen. Dies bedeutet
in fast allen Fällen die Einräumung der zeitlichen und materiellen
Möglichkeiten zugunsten des Schwächeren, für sein Anliegen öffentlich zu werben, seine Argumente, Forderungen oder Befürchtungen
ausführlich darzustellen und diskutieren zu lassen. Unter diesem
Aspekt war die „Offenburger Vereinbarung" zwischen Landesregierung und Badisch-Elsässischen Bürgerinitiativen ein nahezu exempla-
rischer Fall der wirkliche Toleranz erst ermöglichenden Ausgangs-
chancenverbesserung aufseiten des Schwächeren, wenngleich der
Chancenverbesserungseffekt aus der Sicht der Regierungsvertreter
wohl eher ein unbeabsichtiger Nebeneffekt war.

Herbert Marcuse hatte einst ganz sicher nicht unrecht, als er das
Wesen der „repressiven Toleranz"[34] vor allem darin begründet sah,
daß unter den Bedingungen einer „affirmativen Kultur"[35], d.h.
unter den Bedingungen einer strukturellen Privilegierung der Verhal-
tens- und Bedürfnisausrichtung am Status quo, Toleranz immer mehr
von einem *aktiven* in einen *passiven* Zustand überführt wird, von
einer „Praxis" in eine „Nicht-Praxis". Toleranz begründet in der Tat
vielfach keine *praktische Gegenseitigkeitsrelation* mehr. Sie unterbindet oft eher den Wettbewerb der Argumente und wird zu einem
Alibi der etablierten Einflußmacht.

Eine solcherart „vereinseitigte" Toleranz zementiert das gesellschaftliche Machtgefälle durch monologische Einwegkommuni-

kation. Der Schwache wird zusätzlich um die Chance der Wider-
standserfahrung „betrogen"; ihm wird damit gleichsam die „Reib-
fläche" vorenthalten, an der allein der Funke sich entzünden könnte.
Die (zugelassene) Gedankenkritik vermag gegen die Wirklichkeit
nichts auszurichten, wenn die Wirklichkeit sich ihr nicht stellt. Die
periodischen Ohnmachtserfahrungen, welche Bürgerinitiativen zu
verarbeiten haben, haben hier ihre Wurzel: Toleranz unter allzu ungleichen Wettbewerbspartnern bedeutet zwangsläufig eine Prämie
auf schon vorhandene Einflußmacht. Die punktuelle, streng limi-
tierte Durchbrechung des Toleranzgebots kann helfen, ansonsten
unausgleichbare Wettbewerbsverzerrungen zu mildern oder zu kompensieren.

Wir befinden uns heute natürlich noch keineswegs in einer Situation des manifesten Bürgerkriegs, — aber doch bereits in einer
Reihe von Problembereichen deutlich in einer Situation des „Nichts-
geht mehr", jedenfalls nicht *allein* nach Maßgabe des Entscheidungsprinzips der Mehrheitsregel. Die Berufung auf die hinter einem stehende Mehrheit wird als Legitimitätsgrund brüchig und haltlos, wenn
der negativ entscheidungsbetroffene Bevölkerungsteil sich in seinen
fundamentalsten Interessen wie Überleben, Sicherheit, Freiheit,
Glück, Menschenwürde, lebenswerte Umweltbedingungen usw.
bedroht sieht. Die Situation der Totalpolitisierung erweist sich,
historisch gesehen, ja gerade deswegen häufig als Einbahnstraße zum
schrecklichsten aller Kriege, zum Bürgerkrieg, weil der Verlust an
gemeinsamer Sicherheit und die mit seinem Ausbruch zu befürchten-
den Schrecklichkeiten die befürchteten oder realen Schrecken des
Status quo in der Perzeption der Beteiligten nicht mehr deutlich
genug übertreffen. Erst wenn keiner auf bewahrenswerte Gemeinsamkeiten mehr reflektiert, keiner wirklich mehr glaubt, er habe
noch etwas zu verlieren, kann eine von allen mäßigenden „Rück-
sichten" freie, nur nach vorn, auf die Erkämpfung des ungeteilten
Sieges gerichtete Auseinandersetzung entbrennen, vor deren leiden-
schaftlicher Rechtgläubigkeit die verfassungspolitische Garantie des
inneren Friedens als Wert verblaßt.

Die Bürgerinitiativen scheinen in ihrer großen Mehrheit dieses
Dilemma sich fortzeugender Gewaltförmigkeit erkannt zu haben,
und es entspringt prinzipiellen Erwägungen, nicht lippenbekennt-
nishaftem Taktieren, daß sie sich immer wieder auf eine Strategie

strikter Gewaltfreiheit festlegen: „Wer auf Leben aus ist, kann der Zerstörung nicht Gegenzerstörung entgegensetzen. Der Widerstand gegen die Zerstörungskräfte muß in sich selbst den Gegensatz zum Todesprinzip enthalten. Da die Menschheit von Vernichtung bedroht ist, muß der Widerstand gegen diese Gefahr die Gewaltfreiheit zum Lebensprinzip erheben."[36] Das eigene Ideal gewaltfreier, menschenwürdiger Lebensverhältnisse muß also, soll das Befreiungswerk gelingen, in den aufgebotenen Mitteln bereits präsent sein, — diese Überzeugung, nicht tagespolitische Opportunität bestimmt das Bekenntnis zum gewaltfreien Widerstand. Ob sich diese Strategie der Gewaltlosigkeit auf Dauer gesehen durchhalten läßt, liegt nicht allein an der moralischen Integrität und Selbstdisziplin der Verweigerungsbewegungen. Ob bürgerkriegsähnliche Verhältnisse vermeidbar sind und ob bald wieder der innere Friede und eine seiner Funktionsvoraussetzungen, die problemfreie Gültigkeit der Mehrheitsregel, in ihr Recht gesetzt werden, wird sich weit mehr noch an der Lernfähigkeit des Systems und der Sachwalter des Status quo entscheiden.

Nach all dem gefragt: Befindet sich die repräsentative Demokratie in einer Krise?

Habermas hat in seiner vielbeachteten Analyse der „Legitimationsprobleme im Spätkapitalismus" zu Recht darauf hingewiesen, daß nur Subjekte in Krisen verstrickt werden können[37], daß die „Krise", dem Begriff wie der Sache nach, stets auf den personenhaften „Urheber" rückbeziehbar ist. Auch „Staatskrisen" oder Krisen gesellschaftlicher und politischer Subsysteme sind daher zunächst immer Krisen der an ihnen handelnd oder betroffen beteiligten Subjekte. Es sind also auch im Falle einer krisenhaften Konstellation der repräsentativen Struktur- und Funktionselemente zunächst die sie jeweils aktualisierenden Menschen oder Menschengruppen, in deren Handeln und Verhalten die jeweiligen systemischen Dysfunktionalitäten sich kristallisieren. Die Beantwortung der Frage nach der Krisenbefindlichkeit oder Krisenträchtigkeit von Institutionen ist daher im Kern immer auch eine Antwort auf die Frage nach der Lernwilligkeit und Umkehrmöglichkeit der diese Institutionen vorwiegend betätigenden menschlichen Sozialverbände. Sind die „Administratoren" der Repräsentation unter den Bedingungen der großräumigen Massendemokratie, sind *die Parteien* in

der Lage, sich selbst zu ändern? Wie werden sie der Herausforderung
der ihrerseits vom Zustand des Parteiensystems „herausgeforderten"
Bürgerinitiativen begegnen? Werden sie sich als hinreichend „lern-
fähig" und „umlernwillig" erweisen, so daß sie eines Tages selbst
wieder die nötige Problemverarbeitungskapazität aufzubieten vermögen und damit die „Springflut" der Bürgerinitiativen in ihrer
massenhaften, gesellschaftsweiten Verbreitung allmählich wieder
abschwellen lassen? Werden basisoffene Parteien auf örtlicher und
regionaler Ebene die Bürgerinitiativbewegung absorbieren und in
parlamentarisch-parteienstaatliche Bahnen lenken können? Das
Aufwerfen dieser für die Zukunft des repräsentativen Systems
vitalen Fragen soll nur die im Rahmen der weiteren Entwicklung
politisch wie theoretisch fortzuschreibende Kernproblematik umreißen.

Natürlich gibt es Anzeichen für mögliche Entwicklungstrends,
die allerdings nicht unbedingt verallgemeinerungsfähig sind. Ganz
sicher gilt, daß die Bürgerinitiativbewegung schon heute für sich in
Anspruch nehmen darf, die Parteien in ihrem Bürgerverhalten,
ihrem thematischen Angebot und ihrer Argumentationsweise maßgeblich zu beeinflussen. Ob dies zu einer grundlegenden Neuorien-
tierung auch der praktischen, von Parteien zu verantwortenden
Politik führen wird, steht freilich dahin. Hier gibt es Grenzen der
programmatischen Orientierungsfreiheit, welche von den Funktionserfordernissen des öffentlichen Zustimmungsgewinnungsprozesses
selbst definiert werden. Es waren ja keineswegs einfach nur Ignoranz,
fehlende Sachkompetenz oder gar bloß kapitalistische Interessenbefangenheit aufseiten der Parteirepräsentanten, welche verhinder-
ten, daß erstrangige Zukunftsfragen wie etwa die Problematik
künftiger Energieversorgung und damit die Problematik der langfristigen Entwicklungsoptionen des wirtschaftlichen Systems öffentlich oder auch nur parteiöffentlich erörtert wurden. Der Hauptgrund für die fehlende öffentliche oder innerparteiliche Problemrepräsentanz in diesen Fragen liegt vielmehr in der erheblich gemin-
derten Integrationskraft der Volksparteien: Eine forcierte Meinungsbildung in diesen und einer Reihe ähnlich bedeutsamer Probleme-
reiche wie etwa dem einer bevölkerungspolitisch (mit-) inspirierten
Familien- und Gesellschaftspolitik, einer grundlegenden Regelung des
Datenschutzes, der Reform des Beamten- und Laufbahnrechts,

einer durchgreifenden Umweltschutzgesetzgebung, einer ⸱Politik aktiver Solidarität gegenüber den Ländern der Dritten Welt u.a.m.
— eine Erörterung solcher grundlegender Fragen mit dem Ziel der verbindlichen Entscheidungsfindung würde die Integrationskraft und die Verpflichtungsfähigkeit der bundesdeutschen Parlamentsparteien bei weitem überfordern. Der vermeidungsstrategische Kunstgriff des „Ausklammerns" sichert die marktpolitisch willkommene Geschlossenheit. Eine zwischen den Parteiflügeln sorgsam austarierte Problemvermeidungschoreographie unterbindet die gefürchtete, möglicherweise bestandsbedrohende Basiserörterung.

Wie stellt sich demgegenüber die Situation aufseiten der Bürgerinitiativen dar? Wenn Entschiedenheit und Kompromißlosigkeit in der Benennung dessen, was man *auf gar keinen Fall* haben will, auch als programmatische Tugenden gelten, dann wird man den Bürgerinitiativen nicht bestreiten können, daß sie es an Deutlichkeit und Trennschärfe mit den herkömmlichen Parteiprogrammen ohne weiteres aufnehmen können. Die Parteien, einst als unmittelbare Artikulationsorgane *gesellschaftlicher* Überzeugungen, Wünsche, Bedürfnisse und Nöte entstanden, haben sich immer mehr zu gesellschaftsfernen, staatsorientierten Machterwerbsgruppen verformt. In diesen Deformationsprozeß wollen die Bürgerinitiativen auf keinen Fall hineingezogen werden. Noch immer ist die Furcht vor Bürokratisierung und apparathafter Verselbständigung so groß, daß hieraus die entscheidenden Argumente *gegen* den Versuch einer ökologischen Sammlungspartei gewonnen werden. Selbst aus antiinstitutionellen Impulsen entstanden, will die Bürgerinitiative sich nicht ihrerseits ins Prokrustesbett einer institutionellen Partei zwingen lassen. Sie bleibt, auch wo sie sich (wie etwa in Niedersachsen und Hamburg) zähneknirschend den Auflagen des parteimäßigen Wettbewerbs fügt, nach Habitus und Herkunft die geborene Antiparteienpartei.

Es ist nicht nur für die „äußere" Attraktivität, sondern auch für die tagespolitische Entscheidungsfindung häufig wichtiger zu wissen, *wogegen* man steht, also ein eindeutiges „Feindbild" zu besitzen, d.h. den jeweiligen sachlichen, programmatischen und/oder personellen leitbildgebenden Widerpart genau zu kennen. Hierin scheinen die Bürgerinitiativen den Volksparteien, im Augenblick jedenfalls, deutlich überlegen. Die Probleme, welche sie politisch geltend machen, genießen den unzweifelhaften Vorzug empirisch-struktureller „Übersetzbarkeit".

Der kulturpessimistische Exodus aus der Industriegesellschaft, das demonstrative Durchbrechen der öffentlichen „Destruktionsgewalt" und der massenhafte Aufbruch zu menschlicheren Lebensformen, wie sie von vielen Initiativen bezeugt werden, stellen ja selbst nur Reflexe auf tiefgreifende vorgängige Veränderungen dar. Nicht der Protest der Bürgerinitiativen, — die Natur der in vielen Bereichen anstehenden oder bereits getroffenen, in hohem Maße folgenirreversiblen Entscheidungen selbst hat mehr und mehr die zweifelsfreie Gültigkeit der Mehrheitsregel erschüttert. Sie hat vor allem ihre funktionsbedeutsamen Voraussetzungen infragegestellt, indem sie, in ihrer Reichweite und Brisanz, den Bestand grundlegender, nicht zur Mehrheitsdisposition stehender Rechte, Tabuzonen und minoritären Schutzbedürfnisse nicht anerkannte. Eine solche Respektierung aber erst machte die Mehrheitsentscheidung zu einem kalkulierbaren „Risikofaktor" für den Betroffenen. Nur wenn eine von einer Mehrheit getroffene Entscheidung, prinzipiell wenigstens, durch eine neue Mehrheit „korrigierbar" bleibt, ist das Strukturmerkmal der offenen, pluralistischen Mehrheitsbildung gegeben. Entscheidungen dagegen, welche einen Teil der Bürger wider ihren erklärten Willen in ihren ganz elementaren Lebensäußerungen treffen und über Generationen hinweg binden und festlegen, sind qua Mehrheit *allein* nicht legitimierbar. Sie wären allenfalls durch normativen Rekurs und sozialintegrative legitimatorische Überzeugungs- und Rückkoppelungsprozesse zu rechtfertigen. Diese Möglichkeit aber schneiden sich die Sachwalter des Sachzwangs, die objektivistischen Administratoren des Fortschritts, die nur in Bedarfsgrößen und Funktionserfordernissen zu denken vermögen, selbst ab. Die normative Argumentationsfigur ist eher aufseiten der Bürgerinitiativen zuhause, wobei, zugespitzt, ihre Legitimitätsbehauptung lautet: Angesichts der herrschenden Destruktivität, die sich in regierungsoffiziell gestützten „Selbstmordprogrammen" niederschlage, sei der Wille der (direkt ja gar nicht gefragten!) Mehrheit nicht per se schon dem der Gesamtheit gleichzusetzen. Die „innere Richtigkeit", welche, rousseauistisch gesprochen, den wahrhaften Gemeinwillen auszeichne, spreche eher dafür, daß sich in der eigenverantwortlichen Willensbekundung und Wertberufung einer sozialaktiven Minderheit die rechte Einsicht in das Gemeinwohl finde.

Und in der Tat: Einiges spricht dafür, daß beim gegenwärtigen Zustand unseres Parteiensystems[38] der spontane, heterogene Bürgerprotest dabei ist, in eine historisch und politisch neue Qualität des gemeinsamen Einspruchs gegen die Zerstörung einzumünden, und daß aus der säkularen Gemeinsamkeit dieses Einspruchs, der die verschiedenartigsten Ursprungsgründe und Motivlagen umspannt, der Bürgerinitiativbewegung insgesamt eine eigene Legitimität zuwachsen könnte.

Anmerkungen

1 Zum empirischen Befund vgl. bes. die Arbeiten von Kempf und von Kodolitsch in diesem Band.

2 Vgl. hierzu vom Verf., Die Neubestimmung des subjektiven Faktors im Neomarxismus. Eine Analyse des voluntaristischen Geschichtsverständnisses der Neuen Linken, Freiburg und München 1973, sowie die dort angegebene Literatur.

3 In der Beurteilung anders M. Kriele, Einleitung, in: ders., Legitimitätsprobleme der Bundesrepublik, München 1977, S. 7 ff.

4 Diese auf der Linken von schmerzlichen Lernprozessen begleitete Einsicht spiegelt sich z. T. auch in den Beiträgen in: Kursbuch (50) 1977.

5 Interessant ist in diesem Zusammenhang der historische Verweis bei B. de Jouvenel (Über die Staatsgewalt. Die Naturgeschichte ihres Wachstums, Freiburg 1972), der die Möglichkeit einschneidender, gesellschaftsweiter staatlicher Restriktionen wie etwa im Falle der allgemeinen Wehrpflicht gerade aus der Selbstverpflichtungsfähigkeit und der egalitären Dynamik des demokratischen Verfassungsstaates begründet. Die Möglichkeit, „legitimerweise" massiv und auf Dauer auf Regeln zu verpflichten, welche sich an entscheidenden Punkten wider die eng verstandenen eigenen Interessen richten, hat, dieser Deutung zufolge, überhaupt erst die bürgerliche Demokratie eröffnet. Das neuzeitliche Subjekt kann nur noch dort gebunden werden, wo es selbst sich bindet, und entgegen anderslautender Vermutungen hat es sich mit „repressiven" Selbstbindungen wider die Vernunft und die eigenen Interessen bis auf den heutigen Tag nicht gerade zimperlich erwiesen.

6 Dies belegen etwa in aller nur wünschenswerten Deutlichkeit die Äußerungen der baden-württembergischen CDU-Landesregierung zur Wyhler Antikernkraftwerksbewegung, von denen sich sogar der eigene Emmendinger Kreisverband glaubte öffentlich distanzieren zu müssen, indem er dem Ministerpräsidenten Filbinger unmißverständlich empfahl, „endlich zur Kenntnis (zu) nehmen, daß hinter der Protestaktion die überwiegende

Mehrheit der Bevölkerung steht" (hier zit. nach H. H. Wüstenhagen, Bürger gegen Kernkraftwerke. Wyhl — der Anfang?, Reinbek b. Hamburg 1975, S. 79).

7 Vgl. M. Kriele, a.a.O., S. 7.

8 Vgl. etwa H. Gruhl (1975); P. C. Mayer-Tasch (1976); H. Grossmann (1971); E. Eppler (1975); H. Schehl (1977).

9 Es herrscht, hier wie dort, das nämliche objektivistische Selbstmißverständnis: Der „allseitige Mensch", von welchem der junge Marx träumte, erscheint nicht als bewußte Option, als Ergebnis humanorientierter Grundentscheidung; er wird schon vom späteren Marx selbst (dem Marx der „Grundrisse" und erst recht des „Kapital") lückenlos als „Produktionserfordernis" entworfen: „allseitig", „disponibel", in all seinen Anlagen und Fähigkeiten voll entwickelt ("general intellect") *nicht*, weil er gemäß menschlicher Selbstbestimmung so sein soll, sondern weil die vom Menschen nach Maßgabe optimaler Funktionstüchtigkeit zu bedienenden Maschinen und die von ihm zu gewährleistenden hochentwickelten Produktionsfunktionen selbst ein „allseitiges", „disponibles" Wesen erfordern; vgl. hierzu vom Verf. „Arbeit und Lebenssinn. Eine Auseinandersetzung mit dem Marx'schen Arbeitsbegriff", in: M. Hereth (Hrsg.), Grundprobleme der politischen Ökonomie, München 1977, S. 159 ff.

10 Zu diesem Begriff vgl. D. Bell, Die nachindustrielle Gesellschaft, Frankfurt 1975.

11 Ders., Das Verhängnis des Fortschritts, in: E. Burck (Hrsg.), Die Idee des Fortschritts, München 1963, S. 37 f.; hier zit. nach K. Scholder, Grenzen der Zukunft, Stuttgart, Berlin, Köln, Mainz 1973, S. 99.

12 Vgl. hierzu auch die grundsätzliche Kritik sozialstaatlicher Dienstleistungsproduktion bei A. Gartner/F. Riessmann, Der aktive Konsument in der Dienstleistungsgesellschaft. Zur politischen Ökonomie des tertiären Sektors, Frankfurt 1978.

13 Vgl. vom Verf. „Bürgerinitiativen — oder wie repräsentativ ist die repräsentative Demokratie in der Bundesrepublik" in diesem Band.

14 Vgl. jüngst hierzu die Hinweise bei U. Lohmar, Staatsbürokratie. Das hoheitliche Gewerbe, München 1978, bes. S. 109 ff., 144 ff.

15 Wir sprechen hier also ausdrücklich nicht von den (wenigen) verdienstvollen Warnern aufseiten der Wissenschaft und Publizistik!

15 So R. Vogt, Das Konzept der Grünen Listen greift zu kurz, in: Frankfurter Rundschau vom 5. Mai 1978, S. 14.

17 H. E. Bahr, Alternative Lebensformen in der Ersten Welt, in: ders. u. R. Gronemeyer (Hrsg.), Anders leben — überleben, Frankfurt a. M. 1977, S. 14.

18 Zur Literaturlage vgl. H. J. Varain, Die Bedeutung des Mehrheitsprinzips im Rahmen unserer politischen Ordnung, in: ZfP 11 (1964), S. 239 ff. u. U. Scheuner, Das Mehrheitsprinzip in der Demokratie, Opladen 1973, S. 11 ff.

19 Zum Problemkreis vgl. die Arbeiten von D. Sternberger, in: ders., Nicht alle Staatsgewalt geht vom Volke aus, Stuttgart, Berlin, Köln, Mainz 1971, bes. S. 9 ff. u. S. 111 ff.

20 Vgl. hierzu die allerdings leicht differierende Systematisierung bei U. Scheuner, a.a.O., S. 45 ff.

21 Vgl. W. Hennis, Demokratisierung. Zur Problematik eines Begriffs, Köln und Opladen 1970, der allerdings die Übertragung demokratischer Verfahrensweisen für alle gesellschaftlichen Tätigkeitsfelder aus grundsätzlichen Erwägungen heraus ablehnt.

22 Vgl. hierzu U. Scheuner, a.a.O., S. 54 ff.

23 In der Tat muß dies im Falle des Baus von Kernkraftwerken nach einer Umfrage des Allensbacher Instituts für Demoskopie höchst zweifelhaft erscheinen: Lediglich 35 % der (erwachsenen) Bundesbürger würden ein KKW in räumlicher Nachbarschaft zu ihrer Wohnung und Arbeitsstätte akzeptieren (Allensbacher Berichte, 1977, Nr. 8, S. 3).

24 Dies gilt vor allem für die aktuellen Bemühungen um die Skalierung von Bedürfnissen im Rahmen einer Sozialindikatorenanalyse; vgl. W. Zapf (Hrsg.), Soziale Indikatoren. Konzepte und Forschungsansätze, Frankfurt 1974.

25 Vgl. bes. ders., Legitimationsprobleme im Spätkapitalismus, Frankfurt a. M. 1974.

26 Vgl. H. J. Schultz, Brüderlichkeit — Die vergessene Parole, Stuttgart 1977; R. Jungk, Neue Solidarität — erste Strukturen einer brüderlichen Gesellschaft, in: H. E. Bahr, R. Gronemeyer (Hrsg.), a.a.O., S. 149 ff.

26a Vgl. H. E. Bahr (1972).

27 Ein typisches Beispiel hierfür sind die vielfältigen Aktivitäten und die weit über die ursprüngliche Kernenergiethematik hinausgreifenden Informations- und Meinungsbildungsbemühungen der Volkshochschule Wyhlerwald der Badisch-Elsässischen Bürgerinitiativen. Ganz ähnliche Entwicklungen gibt es aber z.B. auch in Gorleben und an vielen anderen Orten. In diesem Zusammenhang umfassender Selbstvergewisserung und Selbstrechtfertigung ist nicht zuletzt auch die Gründung des Freiburger Öko-Instituts (1977) zu sehen.

28 Vgl. hierzu P. C. Mayer-Tasch, ,,Kernenergie und Bürgerprotest`` und ,,Recht auf bürgerlichen Ungehorsam?``, beide in: C. Amery, P. C. Mayer-Tasch, K. M. Meyer-Abich, Energiepolitik ohne Basis, Frankfurt a. M. 1978, S. 7 ff., S. 40 ff., bes. S. 19 f. u. S. 40 ff.

29 Vgl. Two Treatises of Government (ed. by P. Öasöett), Cambridge 1964, bes. II, 98 (S. 350 f.).

30 Hierin vor allem erwies sich die Lock'sche Konzeption der allzu mechanisch-starren Hobbes'schen ,,Funktionalität`` von Schutz und Gehorsamkeit überlegen.

31 H. E. Bahr, a.a.O., S. 9.

31a R. Vogt, a.a.O.; vgl. auch N. Gladitz (Hrsg.), „Lieber heute aktiv als morgen radioaktiv" (1976).

32 Vgl. P. C. Mayer-Tasch, a.a.O., S. 19.

33 Ein Weg, den ansatzweise etwa bereits die vielzitierte „Offenburger Vereinbarung" zwischen Bürgerinitiativen und baden-württembergischer Landesregierung weist, ebenso, der Tendenz nach, auch alle Moratoriumsbemühungen.

34 Vgl. ders. Repressive Toleranz, in: R. P. Wolff, B. Moore, H. Marcuse, Kritik der reinen Toleranz, 6. Auflage, Frankfurt a. M. 1968, S. 91 ff.

35 Zum Begriff der „affirmativen Kultur" vgl. ders., Über den affirmativen Charakter der Kultur, in: ders., Kultur und Gesellschaft 1, 6./7. Aufl., Frankfurt a. M. 1968, S. 56 ff.

36 H. Brandt am 19.2.77 in Itzehoe; vgl. Frankfurter Rundschau vom 1.3.77; hier zit. nach H. E. Bahr, a.a.O., S. 9.

37 A.a.O., S. 12.

38 Vgl. vom Verf. „Bürgerinitiativen ..." in diesem Band.

Winfried Steffani

Bürgerinitiativen und Gemeinwohl

Der Name „Bürgerinitiative" hat etwas Herausforderndes an sich. Diese Herausforderung kann vom schlichten Zur-Kenntnis-nehmen, über den protestierenden Vorwurf des Versagens anderer, bis hin zur „systemüberwindenden" Kriegserklärung reichen. D.h. mit dem Wort Bürgerinitiative können sehr unterschiedliche Inhalte, Ziele und Aktionsformen verbunden sein. So kann, um bei den genannten drei Beispielen zu bleiben, mit der Verwendung des Wortes zunächst auf die schlichte Selbstverständlichkeit aufmerksam gemacht werden — was man zur Kenntnis nehmen möge — daß in einer Demokratie Bürger jederzeit befugt und aufgerufen sind, im Rahmen der geltenden Gesetze und unter Beachtung der verfassungsmäßigen Zuständigkeiten demokratisch legitimierter Institutionen ihren Beitrag zur Wahrung ihrer eigenen Interessen und der ihrer Mitbürger zu leisten. Daß in diesem Sinne Bürger Initiativen ergreifen, sollte in einer Demokratie die selbstverständlichste Sache der Welt sein.

Eine Bürgerinitiative kann jedoch auch dadurch eine Herausforderung darstellen, falls und insoweit mit der Initiative der Vorwurf des Versagens anderer, eigentlich mit der wirkungsvollen Interessenwahrnehmung bzw. Problemlösung ermächtigter oder beauftragter Institutionen einhergeht. Bürgerinitiativen in diesem Sinne erheben nicht nur den Anspruch auf autonome Interessenwahrung als Selbsthilfegruppen oder auf Teilnahme am politischen Willensbildungs- und Entscheidungsprozeß, sondern verbinden diesen Anspruch zugleich mit protestierenden Vorhaltungen sowie mehr oder weniger prononcierter Kritik am Verhalten und an den Entscheidungen anderer.[1] Wobei diese „anderen" die verfassungsrechtlich zuständigen Institutionen einschließen. Ziel solcher Initiativen ist es zumeist, eine Verhaltens- bzw. Entscheidungsänderung der Institutionen zu bewirken. Auch derartige Bürgerinitiativen im Sinne von Kritik und Opposition gehören — solange sie nicht die rechtswidrige Absicht verfolgen, kritisierte Entscheidungen staatlicher Organe ohne deren Zustimmung durch eigene aufheben oder ersetzen zu wollen — zu den Grundmerkmalen pluralistischer Demokratie.

Schließlich kann das Herausfordernde einer Bürgerinitiative im Extremfall darin liegen, daß sie in Zielsetzung, Form und Inhalt in den Dienst einer Strategie zur totalen, revolutionären Änderung eines bestehenden politischen und gesellschaftlichen Systems gestellt wird. Hiermit wird die Grenzfrage aufgeworfen.

Die Grenzen tolerierbarer Toleranz

Da Kompromiß und Toleranz Grundprinzipien pluralistischer Demokratie bezeichnen, betrifft diese „Grenzfrage" die Frage nach der Grenze tolerierbarer Toleranz. Oder in der Formulierung Herbert Marcuses: Wann schlägt Toleranz in repressive Toleranz um?[2]

In einem politischen System wird der Spielraum der Toleranz
1. durch die Grundwerte, mit denen sich das System selbst legitimiert,
2. durch deren Konkretisierung in den Grundrechten und
3. durch die Geltungskraft der Grundrechte in der politischen Praxis

konstituiert. Grundwerte und Toleranz stehen demnach in einer wechselseitigen Abhängigkeitsbeziehung. Ein prinzipielles In-Frage-stellen (im Sinne von Verwerfen) systemkonstituierender Grundwerte, die den materialen Kerngehalt des Gemeinwohlverständnisses bezeichnen, bedeutet somit zugleich einen prinzipiellen, grenzüberschreitenden Angriff auf die in einem gegebenen politischen System ohne Selbstaufgabe praktizierbare Toleranz.

Obgleich sich die Frage nach dem in einem politischen System ohne Selbstaufgabe tolerierbaren Toleranzspielraum ebenso auf Ziele wie Inhalte und Aktionsformen politischen Denkens und Handelns beziehen kann, wird sie doch vor allem im Bereich der Verfahrens- und Verhaltensweisen im politischen Prozeß aktuell. Zwei Beispiele aus deutscher Gegenwart:

Die die DDR im Selbstverständnis der dort Herrschenden legitimierenden Grundwerte beruhen auf marxistisch-leninistischen Überzeugungen, wie sie von den Führungsgruppen der SED präzisiert werden. Von diesem Grundwerteverständnis aus, als deren einziger Hüter die kommunistische Sozialistische Einheitspartei fungiert, sind auch die in die DDR-Verfassung aufgenommenen Grundrechtsgarantien zu interpretieren.[3] Das von der SED formulierte marxistisch-leninistische Grundwerte- und darauf beruhende Gemeinwohlverständnis läßt die Möglichkeit eines sich autonom bildenden politischen Widerspruchs gegen den uneingeschränkten Herrschaftsanspruch der SED nicht zu. Hierdurch ist auch der Spielraum der in der DDR tolerierbaren Toleranz bestimmt: Eine autonom formierte Opposition kann nicht zugelassen werden, weder innerhalb noch außerhalb der das Volk repräsentierenden Vertretungskörperschaften. Wer sich diesen Formbedingungen nicht fügt, überschreitet die Grenzen tolerierbarer Toleranz und bekommt die dann üblichen rigorosen Sanktionshärten zu spüren. Resultat: Das Gemeinwohl verbietet die Toleranz von Opposition.

In der Bundesrepublik sind demgegenüber die Geltungskraft der systemlegitimierenden Grundwerte und deren rechtliche Beachtung nicht in die Hände einer absolutistische Richtigkeitsansprüche erhebenden und zum diktatorischen Machtgebrauch freigesetzten Partei gelegt. Hier stehen die miteinander konkurrierenden Parteien nicht über, sondern unter der geltenden Verfassung. Die in die Verfassung als einem weitgefaßten Parteienkompromiß eingegangenen Grundwerte finden ihre systemprägende Konkretisierung in den Grundrechten. Auf diese Beziehung zwischen Grundwerten und Grundrechten verweist das Grundgesetz in Art. 19 Abs. 2 mit den Worten: „In keinem Falle darf ein Grundrecht in seinem Wesensgehalt angetastet werden". An der Debatte darüber, was dieser Wesensgehalt konkret bedeute, nehmen die Parteien in besonderer Weise teil,[4] deren Mitglieder als Abgeordnete bei der Gesetzgebung auch entsprechende Akzente setzen können.

Die verfassungsrechtlich letzte Entscheidung liegt jedoch beim Bundesverfassungsgericht, dessen Wertentscheidungen in Streitfällen dann und so lange das vorherrschende Gemeinwohlverständnis artikulieren, wie sie in ihrem Geltungsanspruch Zustimmung finden und akzeptiert werden. Von diesem „herrschenden Gemeinwohlverständnis" ist die Rede, wenn es im Grundgesetz in Art. 14 einerseits

heißt, daß der Gebrauch des Eigentums „dem Wohle der Allgemeinheit dienen" solle und andererseits festgestellt wird, daß auch eine
Enteignung „nur zum Wohle der Allgemeinheit zulässig" sei.

Daß diesem „Wohl der Allgemeinheit", in dem das Wohl jedes
einzelnen am besten zur Entfaltung gelangen soll, Geltung verschafft
werde, ist die Grundfunktion der Verfassung. Diesem Ziel hat sie zu
dienen. Hierfür benennt sie auch den systemimmanenten Spielraum
tolerierbarer Toleranz. So heißt es beispielsweise in Art. 18 GG:
„Wer der Freiheit der Meinungsäußerung, insbesondere die Presse-
freiheit (Art. 5 Ab. 1) die Lehrfreiheit (Art. 5 Absatz 3), die Versammlungsfreiheit (Art. 8), die Vereinigungsfreiheit (Art. 9), das
Brief-, Post- und Fernmeldegeheimnis (Art. 10), das Eigentum (Art.
14) oder das Asylrecht (Art. 16 Ab. 2) zum Kampfe gegen die
freiheitliche demokratische Grundordnung mißbraucht, verwirkt diese Grundrechte".

Die freiheitliche demokratische Grundordnung,[5] ein vom Bundesverfassungsgericht näher bestimmter Prinzipienkatalog, soll zum
einen den freiheitlichen Gebrauch der Grundrechte sichern, zum anderen die als unverzichtbar erachteten Zuständigkeits-, Wettbewerbs-
und Kontrollregelungen der Verfassung garantieren helfen. Erst die
Beachtung der im Prinzipienkatalog für unverzichtbar erklärten Ver-
haltens- und Verfahrensregeln ermöglicht jene Toleranz, die eine Bedingung der Grundwerteverwirklichung und damit der Realisierung
des Gemeinwohls darstellt. Jeder Angriff auf die freiheitliche demokratische Grundordnung bedeutet demnach einen Angriff auf den
Toleranzspielraum des Grundgesetzes, dessen Breite gerade durch
die freiheitliche demokratische Grundordnung gesichert werden soll.
Die Grenze der tolerierbaren Toleranz — deren Spielraum die offene
Konfliktaustragung durch Kritik und Opposition, demonstrative Pro-
testartikulation und alternative Initiativen im Rahmen der verfassungs-
immanenten Spielregeln ebenso einschließt wie die verfassungsgemäß geregelte Verfassungsänderung selbst — ist erst mit einem Angriff auf die freiheitliche demokratische Grundordnung überschritten. „Gegen jeden, der es unternimmt, diese Ordnung zu beseitigen,
haben alle Deutschen das Recht zum Widerstand, wenn andere Abhilfe nicht möglich ist" (Art. 20 Absatz 4 GG). Wer diese Grenzen
tolerierbarer Toleranz überschreitet, wird, falls und solange an eine

Selbstverteidigung gedacht wird, die systemadäquaten Sanktionsmaßnahmen zu spüren bekommen.

Wird das Gemeinwohlverständnis, wie es als Ergebnis eines politischen Willensbildungs- und Entscheidungsprozesses als Parteienkompromiß in die Verfassung Eingang gefunden hat, nicht mehr von der Bevölkerung in seinem Geltungsanspruch akzeptiert und bleibt der Weg einer gewaltfreien, friedlichen, geregelten Verfassungsrevision oder der Annahme einer völlig neuen Verfassung versperrt, so bleibt letztlich nur die systemüberwindende Rebellion oder Revolution als Alternative übrig.

Die erste bedeutsame Bürgerinitiative, die auf dem europäischen Kontinent diese letzte Alternative ergriff, war die Französische Revolution. Hier wurde unter der Parole, daß das Bürgertum als der „Tiers État" mit dem Volk identisch sei und dessen Gemeinwohl mit dem der geltenden Verfassung in Übereinstimmung gebracht werden müsse, systemüberwindend ein neuer Anfang gesetzt. Mit der Kampfansage an den absolutistischen Staat und dessen Überwindung wurde die Praxis von Bürgerinitiativen zum Lebenselement der bürgerlich-liberalen Demokratie. Die Entwicklung führte dabei vom betonten Individualliberalismus des frühen 19. Jahrhunderts zum kollektiveren System des liberal-rechtsstaatlichen Gruppenpluralismus der Jahrhundertwende bis hin zum demokratisch-sozialen Neopluralismus unserer Gegenwart, dessen Grundkonzeption auch das Grundgesetz der Bundesrepublik Deutschland kennzeichnet.[6]

Seit der Französischen Revolution sind demnach mit dem Namen Bürgerinitiative zwei Aspekte verbunden: Zum einen sind Bürgerinitiativen eine allgemeine Erscheinungsform pluralistisch-parlamentarischer Demokratie und zum anderen Hüter eines revolutionären Erbes. Das demokratisch-revolutionäre Erbe ist grundsätzlich antiautoritär und privilegienfeindlich.[7] Sicherlich wird jede Bürgerinitiative, die bei der Verfolgung ihrer Ziele an das Gemeinwohl appelliert, auch an diesen Kriterien zu messen sein. Allerdings wird dieses Erbe heute von einigen Bürgerinitiativen weniger im Sinne bürgerlich-liberaler als vielmehr proletarisch-sozialistischer Revolution verstanden. Auch dabei kann sich im Extremfall die oben erörterte Grenzfrage stellen.

Bürgerinitiativen im allgemeinen, weiteren und speziellen Sinne

Mit der Verwendung des Namens Bürgerinitiative hat es eine ähnliche Bewandtnis wie mit der des Namens außerparlamentarische Opposition: Ein allgemeiner, auf eine Vielzahl von Erscheinungen zutreffender Begriff wird in einer Weise auf aktuelle Vorgänge bezogen, als handle es sich prinzipiell um ein neues Phänomen. Eine derartige Verfahrensweise kann im Laufe der Argumentation zu Mißverständnissen, Fehldeutungen und unhaltbaren Wertungen führen. Für die Frage des Verhältnisses zwischen Bürgerinitiativen und Gemeinwohl ist es daher angebracht, folgenden Zusammenhang nicht außer Acht zu lassen.

Grundsätzlich kann zwischen Bürgerinitiativen im allgemeinen, weiteren und speziellen Sinne unterschieden werden. Zu den „Bürgerinitiativen im allgemeinen Sinne" gehören neben der demokratischen Verfassung selbst auch alle den Bürgern durch die Verfassung eingeräumten Entscheidungs- und Mitwirkungsrechte, vom Wahlrecht bis hin zum Petitionsrecht.[8] Es handelt sich dabei um all die Rechte, die der Bürger zur unmittelbaren Handhabung sich selbst vorbehalten hat, während er im übrigen staatliche Institutionen einrichtete und deren Amtsinhaber im Rahmen der jeweils zugeordneten Kompetenzen ermächtigte, im Namen aller verbindlich für alle Entscheidungen zu fällen.

„Bürgerinitiativen im weiteren Sinne" meint demgegenüber all jene öffentlich relevanten Initiativen der Bürger, die im Rahmen der allgemeinen und der politischen Grundrechte nach freier Gründung in kollektiven Handlungsformen in Erscheinung treten: so vor allem Parteien, Verbände, Vereinigungen bis hin zu mehr oder weniger locker organisierten Demonstrationen aller Art.

Von „Bürgerinitiativen im speziellen Sinne" ist dann die Rede, wenn das breite Feld möglicher Erscheinungsformen vornehmlich auf jene reduziert wird, die im Vorfeld des etablierten Verbände- und Vereinswesens, das durch relativ stringente und auf Dauer angelegte Organisationsformen gekennzeichnet ist, gebildet und wirksam werden.

Aus der Vielzahl möglicher, stets mehr oder weniger willkürlich getroffener Definitionsversuche von Bürgerinitiativen im speziellen Sinne[9] bietet sich für die folgenden Überlegungen der von Mayer-

Tasch formulierte an. Er wird gerade in dem Bemühen, jede allzu willkürlich-einseitige Einengung zu vermeiden, der relativen Komplexität des Gegenstandes am ehesten gerecht: „In dem Versuch, sie auf den Begriff zu bringen, wird man die Bürgerinitiativen als spontan ins Leben gerufene, von einer mehr oder weniger losen Organisation getragene Gruppierungen von (Staats-)Bürgern ansprechen können, die aus einem konkreten Anlaß oder im Zeichen einer allgemeineren Zielsetzung zu Selbsthilfeaktionen schreiten und (oder) — auf kommunaler, regionaler und überregionaler Ebene — Einfluß auf politische Willensbildungsprozesse zu gewinnen suchen."[10] Die Definition macht deutlich, daß zwischen Bürgerinitiativen im weiteren und im speziellen Sinne kein prinzipieller, sondern allenfalls ein gradueller Unterschied besteht. Das Besondere dieser Bürgerinitiativen im speziellen Sinne liegt demnach in dem quantitativen Gewicht ihres Auftretens und den damit verbundenen qualitativen Auswirkungen, den in diesem Zusammenhang erhobenen Ansprüchen sowie der damit möglicherweise gegebenen Signalwirkung. Nur unter diesen besonderen Gesichtspunkten treten zu dem generell für das Verhältnis von Bürgerinitiativen und Gemeinwohl Zutreffenden noch besondere Aspekte hinzu.

Gemeinwohl

Der Begriff Gemeinwohl stellt eine Leerformel dar.[11] Damit ist zweierlei ausgesagt: Zum einen gibt es heute keine unumstritten vorherrschende Definition dessen, was unter Gemeinwohl konkret zu verstehen sei. Zum anderen verbindet sich mit der Erkenntnis, daß ein häufig verwandter Begriff Leerformel-Charakter habe, die Aufforderung, bei einer Rückfrage, was mit dem Begriff konkret gemeint sei, eine nähere Erläuterung geben zu können.

Will man dieser Aufforderung entsprechen, so ist zunächst zwischen dem normativ-materialen und dem funktionalen Aspekt der Begriffsverwendung zu unterscheiden. Zum einen ist somit nach dem „Inhalt" des Gemeinwohls und der Verfahrensweise seiner Bestimmbarkeit gefragt, zum anderen nach dessen funktionalem Stellenwert im politischen System. Letzteres verweist auf den Tatbestand, daß mit der Verwendung des Wortes Gemeinwohl üblicherweise positive

Wertorientierungen einhergehen, wobei eine Berufung auf das Gemeinwohl häufig mit Vorstellungen von Legitimität, moralischer Integrität und Autorität, Altruismus, Objektivität, Integration, Loyalität in Verbindung gebracht wird. Es sei denn, der Begriff wird negativ zur Ideologieentlarvung verwandt, wobei der Appell an das Gemeinwohl als Herrschaftsinstrument zur Verhüllung von Klassenprivilegien und deren Durchsetzungssicherung erscheint.

Der normativ-materiale Aspekt verweist demgegenüber auf die Probleme der Wertnorm, der Werterkenntnis und der Wertverwirklichung bzw. Wertberücksichtigung. Hierzu muß es — ungeachtet der äußerst umfangreichen und diffizilen Problemgeschichte — mit folgenden, sehr allgemeinen Hinweisen sein Bewenden haben: Den Ausgangspunkt der Überlegungen bildet die Hypothese, daß ein politisches System als politisches Gemeinwesen nur dann eine handlungsfähige Einheit darstellen kann, wenn es als Willensverband in der Lage ist, auch einen einheitlichen Willen zu artikulieren und autoritativ zu vertreten. Ein politisches Gemeinwesen muß seinen Gemeinwillen in rechtsverbindlicher Form formulieren können. In einem größeren Gemeinwesen kann dieser Gemeinwille nur von hierzu ermächtigten Organen festgestellt und autoritativ verkündet werden. Staatsorgane, die zur verbindlichen Feststellung des Gemeinwillens und daraus resultierender, alle Bürger bindender Entscheidungen autorisiert sind, sind Repräsentativorgane.

Wie läßt sich dieser Gemeinwille jedoch „repräsentativ", d.h. jedermann zurechenbar feststellen und wie muß bzw. sollte er geartet sein, damit das Gemeinwesen als politische Einheit „sinnvoll" bleibt? Genügt hier der „freie Wille" des Repräsentanten, sei er ein Einzelner, eine Versammlung, ein System von Institutionen oder die Gesamtheit aller „erwachsenen" Bürger? Und wenn mehrere zu entscheiden haben, reicht dann das formale Kriterium einer bestimmten quantitativen Mehrheit aus? Oder müssen grundlegende Wertbindungen gelten? Welche Legitimationserfordernisse müssen dann aber erfüllt sein, damit die Entscheidungen eines Repräsentationsorgans die freie Zustimmung und Anerkennung der Bürger des politischen Zweckverbandes „Gemeinwesen" finden? Bei dem Bemühen, die Legitimation des Repräsantanten zum verbindlichen Handeln für andere zu begründen, wurde die Frage nach dem Gemeinwohl zu einem zentralen theoretischen und praktischen Problem. Unter dieser Perspektive bilden die Begriffe Gemeinwesen, Gemeinwille und Gemeinwohl einen engen Problemzusammenhang.

Wer auf diesen Problemzusammenhang in der Weise klassenanalytisch zugeht, daß er jedes Gemeinwesen einer staatlich vermittelten Klassendiktatur unterworfen sieht, solange nicht eine klassenlose sozialistische Gesellschaft verwirklicht wurde, wird grundsätzlich die Möglichkeit eines einheitlichen Gemeinwillens und Gemeinwohls verwerfen müssen. Hier wäre die Vorstellung eines einheitlichen Gemeinwohls nicht einmal als orientierungswirksame Fiktion sinnvoll, da sie der Propagierung eines Klassenkampfbewußtseins entgegenstünde. Im anderen Falle besteht immerhin die Möglichkeit zu fragen, inwieweit in einem gegebenen historischen Zeitabschnitt ein klassen-, schichten- und gruppenübergreifender Wertbewußtseinskonsens bestehen kann und welche Bedeutung dies für die Existenz und Verhaltensweisen eines politischen Gemeinwesens zu haben vermag.

Ernst Fraenkel[12] hat in diesem Zusammenhang zwischen einem monistischen a priori- und einem pluralistischen a posteriori-Gemeinwohlbegriff unterschieden. Im erstgenannten Fall wird von der Annahme ausgegangen, daß es ein vorgegebenes, als richtig erkennbares Gemeinwohl gebe, das umfassend genug sei, um ohne Rekurs auf Verfassung und Gesetz richtiges politisches Handeln zu ermöglichen. Dieses richtige Gemeinwohl ist nicht einer Wertverständigung im Sinne von Diskussion und Abstimmung zugänglich, weder in seinen „Grundwerten" noch in seinen prinzipiellen Anwendungsbezügen. Nach diesem a priori-Gemeinwohlverständnis kann es daher stets nur richtige und falsche Entscheidungen geben, was zur Folge hat, daß nach Abschluß des politischen Erkenntnisprozesses oppositionelles Beharren auf einem abweichenden Standpunkt grundsätzlich illegitim ist, da es dem Gemeinwohl entgegensteht.

Das a posteriori-Gemeinwohlverständnis geht demgegenüber nach Fraenkel von der Hypothese aus, „in einer differenzierten Gesellschaft könne im Bereich der Politik das Gemeinwohl lediglich a posteriori als das Ergebnis eines delikaten Prozesses der divergierenden Ideen und Interessen der Gruppen und Parteien erreicht werden, stets vorausgesetzt, um dies der Klarheit wegen zu wiederholen, daß bei deren Zusammen- und Widerspiel die generell akzeptierten, mehr oder weniger abstrakten regulativen Ideen sozialen Verhaltens respektiert und die rechtlich normierten Verfahrensvorschriften und die gesellschaftlich sanktionierten Regeln eines fair play ausreichend beachtet werden".[13]

Der wesentliche Unterschied zwischen diesen zwei Gemeinwohlkonzeptionen besteht also nicht darin, daß die eine von verbindlichen Wert- und Richtigkeitsvorstellungen ausgeht, während die andere Konzeption schlichtestem Wertrelativismus folgt. Vielmehr geht es um Ausmaß und Konkretheit der dem Gemeinwohl zugerechneten Wertbasis. Während im erstgenannten Fall das Gemeinwohl die Züge einer bestimmten Wissenschafts- oder Glaubensposition oder gar eines mehr oder weniger detaillierten Parteiprogramms anzunehmen vermag, reduziert sich die für jedermann verbindliche Wertbasis beim pluralistischen a posteriori-Gemeinwohl auf einen Minimalkonsens regulativer Ideen, zu denen die rechtlich normierten Verfahrensregeln und Grundregeln eines zivilisierten fair play hinzugerechnet werden.

Daraus folgt, daß bei der Definition des Gemeinwohls einmal (monistisches Gemeinwohl) stärker auf ein vorgegebenes umfassendes Wertnorm-System abgehoben wird, das es zu realisieren gilt, während im anderen Fall (pluralistisches Gemeinwohl) — ungeachtet der Tatsache, daß dem Gemeinwohl stets ein mehr oder weniger verbindlich festgelegter Minimalkonsens für „unveräußerlich" erklärter oder als solche festgestellter Grundwerte im Sinne regulativer Ideen zuzurechnen ist — stärker auf den prozessualen Aspekt abgehoben wird, wonach die inhaltliche Bestimmung des Gemeinwohls als das Ergebnis eines „delikaten" Willensbildungs- und Entscheidungsprozesses charakterisiert wird. Dieses Verständnis eines a posteriori-Gemeinwohls läßt es folglich grundsätzlich zu, daß die „richtige" Begründung und Konkretisierung eines verbindlichen Gemeinwohls prinzipiell der öffentlichen Kontroverse zugänglich bleibt. Damit wird Opposition legitimiert.

Gemeinwohlfindung unter dem Grundgesetz

Auf die Situation der Bundesrepublik Deutschland bezogen besagt dies: allgemein verbindliche Wertnormen bilden als regulative Ideen den normativ-materialen Grundwertebestand des Gemeinwohls. Die Werterkenntnis und Festsetzung ihrer Verbindlichkeit für das Gemeinwesen erfolgte als „revolutionärer Akt" bei der Verabschiedung der Verfassung und des Grundrechtskatalogs. Die das Gemeinwohl konstituierenden Grundwerte bilden den „Wesensgehalt" der Grundrechte. Die dem Grundgesetz zugrunde liegenden Gemeinwohlgrundwerte lassen sich (nach v. Arnim) unter den Stichworten Freiheit, Gerechtigkeit, Sicherheit, Frieden und Wohlstand zusammenfassen.[14] Zur gemeinwohl-orientierten Berücksichtigung und Verwirklichung dieser Grundwerte sind alle staatlichen Organe und Institutionen verpflichtet und alle gesellschaftlichen Einrichtungen und Gruppen aufgerufen. Jede politische Entscheidung, die dem Gemeinwillen Geltung verschaffen will, d.h. die als staatlich verbindliches Recht verkündet werden soll, muß daher der kritischen Frage gewärtig sein, ob sie mit dem Gemeinwohl zu vereinbaren ist. In diesem Sinne stehen alle politischen Handlungen, die zu autoritativen Entscheidungen des Staates führen sollen, unter dem Erfordernis, dem Gemeinwohl zu entsprechen. Aus diesem Grunde spielt auch der Gemeinwohlappell, der die politischen Willensbildungs- und Entscheidungsprozesse so lautstark begleitet, in der Bundesrepublik eine erhebliche Rolle.

Wie läßt sich nun im Einzelfall feststellen bzw. behaupten, ob und daß eine politische Auffassung, Forderung oder Entscheidung in Übereinstimmung mit dem Gemeinwohl stehe und zu dessen Verwirklichung beitrage? Die Frage gewinnt dann an Bedeutung, wenn das Gemeinwohl — unter der Voraussetzung, daß allgemein anerkannte Grundwerte als regulative Ideen und verfassungskonforme Verfahrensweisen beachtet werden — als das Ergebnis eines politischen Willensbildungs- und Entscheidungsprozesses begriffen wird.

Hans Herbert v. Arnim hat zu dieser Frage und im Blick auf das Grundgesetz darauf hingewiesen, daß zwischen zwei Grundtypen des „Gemeinwohlverfahrens" zu unterscheiden ist, die sich idealtypisch in zwei Gruppen einteilen lassen: die „macht- und interessenten-determinierten Verfahren" einerseits und die „wert- und erkenntnis-orientierten Verfahren" andererseits.

Die macht- und interessenten-determinierten Verfahren sind dadurch gekennzeichnet, „daß die Intentionen der Verfahrensbeteiligten nicht auf das Gemeinwohl (im Sinne einer situationsabhängigen Werteoptimierung) gerichtet sind, sondern auf möglichst weitgehende Befriedigung der eigenen (faktischen) Interessen (Maximierung

des Gewinns, des persönlichen Nutzens, der politischen Macht etc.).
Diesem Bereich sind schwerpunktmäßig zuzuordnen: die wettbe-
werbliche Marktwirtschaft und das bargaining und Entscheiden im
Rahmen eines Macht-Gegenmacht-Gefüges, also die kollektiven ta-
rifautonomen — in letzter Konsequenz bis zum Arbeitskampf ge-
henden — Verhandlungen und Entscheidungen von Gewerkschaften
und Arbeitgebern. Diese durch den Willen und die Macht der Interessenten determinierten Verfahrensarten können insoweit einen
Gemeinwohltrend besitzen, als die Durchsetzungsstärke der Bedeutung der Interessen entspricht, so daß diese sich angemessen auspendeln. Beim Verfolgen eigennütziger Interessen kann auf diese
Weise das Gemeinwohl-richtige ausgefällt werden. Das Gemeinwohl
setzt sich dann durch, indem es listig die Interessen für sich ein-
spannt. Es kommt in diesem Verfahren also nicht aufgrund der da-
hingehenden Motivation der handelnden Menschen, sondern ohne
und möglicherweise gegen ihren Willen zustande".[15]

Die wert- und erkenntnis-orientierten Gemeinwohlverfahren sind
demgegenüber nicht von der Macht und Durchsetzungsfähigkeit der
jeweiligen Interessenten, sondern „vom Normativen und Erkennt-
nismäßigen, vom Sollen und Wissen (bzw. Vermuten), bestimmt.
Die Intention der Verfahrensbeteiligung geht auf die Ermittlung
des Gemeinwohlrichtigen. Das machtbestimmte Ausbalancieren der
eigennützigen Interessen verschiedener Interessenträger findet hier
seine (gedankliche) Entsprechung in einem wert- und erkenntnis-
orientierten Abwägen und Auspendeln verschiedener Interessen
durch einen (oder eine Gruppe von) ,decision maker(s)', oder seinen
(ihre) Ratgeber. Es braucht theoretisch also nur ein einziger Ver-
fahrensbeteiligter dazusein, in dessen Inneren der Interessenkonflikt
seinen Austrag findet. Das schließt natürlich nicht aus, daß die Entscheidung bei Beteiligung mehrerer ausgewogener ausfällt, weil dann
auch Gesichtspunkte berücksichtigt werden, die einer allein vielleicht
übersehen hätte. Wesentlich ist aber, daß es allen an der Entscheidung Beteiligten auf die sach- und wertorientierte Richtigkeit, nicht
auf die möglichst weitgehende Berücksichtigung eigennütziger Interessen ankommt. Das Verfahren erfordert Unparteilichkeit und
innere Unbefangenheit; es ist — idealtypischerweise — das des Rich-
ters".[16]

Es würde sicherlich zu weit führen, die mit diesen zwei ideal-typischen Gemeinwohlfindungsverfahren jeweils verbundenen Organisations-, Verständigungs-, Entscheidungs- und Denkstrukturen im einzelnen näher zu erörtern.[17] Hier müssen folgende Hinweise genügen: Das Macht-Interessen-Verfahren vermag dann zur Gemeinwohlverwirklichung zu führen, wenn die Interessenten ihre Interessen jeweils relativ klar erkennen und formulieren können, im Entscheidungsprozeß konfliktfähig, d.h. mit gleichgewichtigen Machtanteilen ausgestattet sind, die Verfahrensregeln fair handhaben und sich grundsätzlich kompromißbereit zeigen. Das Wert-Erkenntnis-Verfahren wiederum könnte dann zur Gemeinwohlverwirklichung führen, wenn die Werterkenntnis einem logischen Subsumtionsprozeß entspräche, der objektiv festellbare, objektiv kontrollierbare Richtigkeitsurteile zuließe und keinerlei wertende Abwägungen und damit Wertbestimmungen oder Wertinterpretationen bei der Wertverwirklichung abverlangte.

Niemand wird ernsthaft die These vertreten wollen, daß die den jeweiligen Gemeinwohlfindungsverfahren idealtypisch unterstellten Bedingungen in der Realität irgendwo vorhanden oder herstellbar seien. Ein pluralistisches Harmoniemodell[18] wäre ebenso realitätsfremd wie die Annahme, das Gemeinwohl lasse sich im Rahmen eines Wissenschaftsprozesses ohne Methodenstreit und Legitimationsprobleme erkennen und verwirklichen. Verfehlt wäre es auch, das Macht-Interessen-Verfahren schlicht mit Politik und das Wert-Erkenntnis-Verfahren mit Recht in der Weise gleichzusetzen, daß Verbände, Parteien und Parlamentarier mit gemeinwohlabträglichen Machtkonflikten und Staatsverwaltung sowie unabhängige Gerichtsbarkeit mit interessen- und machtneutraler Gemeinwohlorientierung identifiziert werden. In einem demokratischen Rechtsstaat sind vielmehr sowohl „Politik" als auch „Recht" auf die Gestaltung von Recht bezogen, wobei sich die „Politik" mit der gestaltenden Änderung und Neusetzung von Recht befaßt, während das „Recht" die gestaltende Rechtsanwendung und Rechtsinterpretation meint.

Daraus folgt, daß bei dem Versuch, in einem politischen System ein optimales Gemeinwohlfindungsverfahren zu etablieren, nicht die Wahl zwischen den idealtypischen Verfahren zur Diskussion steht, sondern allein deren angemessene Zuordnung. Die pluralistisch-sozial-rechtsstaatliche Demokratie der Bundesrepublik hat dabei folgende Verfahrenskombination entwickelt: Die den Minimalkonsens des Gemeinwesens kennzeichnenden Grundwerte sind im Grundgesetz, in das sie als regulative Ideen („Wesensgehalt") eingegangen sind, als Grundrechte näher konkretisiert. Die unverletzlichen und unveräußerlichen Menschen- und Grundrechte „binden Gesetzgebung, vollziehende Gewalt und Rechtsprechung als unmittelbar geltendes Recht" (Art. 1 Abs. 3 GG). Zum Schutz der Grundrechte ist eine verfassungsmäßige Ordnung konzipiert, die als freiheitliche demokratische Grundordnung jene grundlegenden Verfahrensprinzipien benennt, die für die Entfaltung und Sicherung eines freiheitlichen und sozial gerechten Gemeinwesens als schlechthin unverzichtbar angesehen werden. Wer es versucht, die Anwendung dieser Wert- und Verfahrensprinzipien durch aktives Handeln zu verhindern oder außer Kraft zu setzen, überschreitet damit die Grenzen politisch tolerierbarer Toleranz und muß mit entsprechenden Sanktionen rechnen.

Die freiheitliche demokratische Grundordnung benennt die Grundprinzipien eines politischen Systems, das bei der Gestaltung und rechtlichen Regelung öffentlich relevanter Angelegenheiten Staat und Gesellschaft miteinander auf vielfältige Weise verbindet. Im Zentrum des politischen Willensbindungs- und Entscheidungsprozesses dieses politischen Systems stehen die Parteien, denen im Grundgesetz unmittelbar nach Art. 20, der die Verfassungsgrundsätze benennt, in Art. 21 an zentraler Stelle ein eigener Verfassungsartikel gewidmet ist. Die Parteien wirken insofern in besonderer Weise an der politischen Willensbildung des Volkes mit, als ihnen die Aufgabe zukommt, Kandidaten für die Wahlen zur Besetzung staatlicher Organe zu benennen und sie den Wählern in Verbindung mit Programmaussagen zu präsentieren. Die Parteiprogramme dienen dabei sowohl der Eigenorientierung der Parteimitglieder als auch der der Wähler, wobei diese zugleich in die Lage versetzt werden sollen, zwischen realisierbaren politischen Alternativen entscheiden zu können. Diese Programme geben zum einen Auskunft über das Gemeinwohlverständnis der Parteien — je unterschiedlich nach ihrem Selbstverständnis als Volksparteien, Interessenparteien, oder Klassenparteien —, zum anderen stellen sie die wichtigste, für künftige staatliche Grundentscheidungen wesentliche Interpretation dessen dar, was die Parteien unter einer Verwirklichung des in der Verfassung angelegten Gemeinwohls zu einem gegebenen Zeitpunkt verstehen bzw. für realisierbar halten.

Streitentscheidung bei Gemeinwohlkontroversen

Bei der Wahl entscheidet der Wähler nicht nur zwischen den Kandidaten oder Kandidatenlisten verschiedener Parteien, sondern zugleich über programmatisch formulierte Gemeinwohlinterpretationen — gleichgültig, ob er sich dessen im einzelnen bewußt ist oder nicht. Auf jeden Fall wird die ins Parlament oder andere Vertretungskörperschaften einziehende Mehrheit durch den Wahlakt legitimiert, im Rahmen der von der Wählermehrheit zumindest formal akzeptierten Programmatiken — die bei Koalitionsregierungen zu einem vertretbaren Kompromiß gebracht werden müssen — Gemeinwohlinterpretationen vorzunehmen. Sie finden ihren Ausdruck bzw. ihren Niederschlag in staatlichen Entscheidungen, zu denen insbesondere die Setzung verbindlichen Rechts gehört. Obgleich die mehrheitlich akzeptierten Partei- bzw. Wahlprogramme als den Gesetzgebungsprozeß leitende Gemeinwohlinterpretationen zu beachten und zu respektieren sind, bleibt es den in der Minderheit verbliebenen Parteien unbenommen, außerhalb des Parlaments als außerparlamentarische, innerhalb des Bundestages als parlamentarische Opposition von der Mehrheit abweichende Gemeinwohlinterpretationen zu propagieren und von dieser Position aus Mehrheitsentscheidungen zu kritisieren. Der offen ausgetragene Streit um die angemessene Gemeinwohlinterpretation kennzeichnet dabei ebenso die Verfassungswirklichkeit einer pluralistischen Demokratie wie die Tatsache, daß die Programme der Parteien in mehr oder weniger auffallendem Maße Gemeinsamkeiten zeigen werden. Es wird sich dabei in der Regel um zwischen den Parteien nicht strittige Gemeinwohldeutungen handeln.

Der Streit zwischen unterschiedlichen und kontroversen Gemeinwohlausdeutungen wird in der Wahl durch den Wähler, bei der Regierungsbildung gegebenenfalls durch den Bundestag und die sich hier ermöglichenden Koalitionsbildungen entschieden. Was jedoch, wenn das mehrheitlich oder aufgrund von Koalitionsabsprachen zustande gekommene Gemeinwohlverständnis zu Rechtssetzungsakten führt, die nach Meinung der in der Opposition verbliebenen oder nach Meinung sonstiger in ihrer Auffassung von der Mehrheit abweichender Minderheiten mit dem für jedermann verbindlichen Gemeinwohl-Minimalkonsens der Verfassung in Widerspruch stehen? In diesem Fall kann das Bundesverfassungsgericht zur letztinstanzlich verbindlichen Rechtsentscheidung angerufen werden. Bei Normenkontrollverfahren — abstrakten wie konkreten — entscheidet das Bundesverfassungsgericht stets darüber, ob der Gesetzgeber bei der Verwirklichung seiner Gemeinwohlinterpretation Entscheidungen getroffen hat, die er bei unverändertem Verfassungstext im Rahmen der dem Gesetzgeber zustehenden Mehrheitsverfahren so treffen konnte. Gelangt das Bundesverfassungsgericht mehrheitlich zu der Überzeugung, daß der Gesetzgeber insofern seine Kompetenzen überschritten hat, als er Entscheidungen fällte, die nur mit verfassungs*ändernden* Mehrheiten getroffen werden konnten oder die im Rahmen des auch für den Verfassungsänderungsprozeß verbindlichen Gemeinwohls ohne Verabschiedung einer neuen Verfassung überhaupt nicht zulässig sind,[19] so muß es dieses feststellen. Der „einfache" Gesetzgeber vermag dann ein Votum des Verfassungsgerichts nur dadurch zu überwinden, indem er eine verfassungsändernde Mehrheit mobilisiert. Dies sind Verfassungsregeln einer *rechtsstaatlichen* Demokratie.

Für die Zuordnung der idealtypisch skizzierten Verfahren ergibt sich daraus, daß eher dem Macht-Interessen-Verfahren zuzurechnende Selektionsprozesse in den Wahlen, bei der Koalitionsbildung und im Gesetzgebungsprozeß zur Anwendung gelangen, während eher dem Wert-Erkenntnis-Verfahren entsprechende Prozeduren und Entscheidungsmechanismen bei der verbindlichen Verfassungsinterpretation und strittigen Rechtsanwendung durch die Staatsverwaltung zum Zuge kommen. Die Gemeinwohlverfahren folgen demnach zunächst den Spielregeln eines pluralistischen Konfliktmodells, um schließlich zur rechtlichen Letztentscheidung in die Prozeduren eines werterkennenden Entscheidungsverfahrens einzumünden. Die so rechtsverbindlich gefällten Entscheidungen hängen in ihrer Geltungskraft wiederum langfristig davon ab, ob und inwieweit sie als legitime Streitentscheidungen von den staatlichen Institutionen befolgt und von den Bürgern als politisch zumutbar und anerkennungswürdig respektiert werden. Die Legitimations- und die Integrationsfunktion von Gemeinwohlverfahren können nur dann in einem Gemeinwesen erfüllt werden, wenn die Ergebnisse der politischen und staatlichen Entscheidungsprozesse — einschließlich der letztverbindlichen Verfassungsgerichtsurteile — langfristig ohne unzumutbare Zwangsandrohung die loyale Zustimmung der überwältigenden Mehrheit der Bürger zu finden vermögen.

Bürgerinitiativen und Gemeinwohl

In diesen Gemeinwohlfindungsprozeß sind neben Parteien, Verbänden und Vereinigungen mannigfacher Art prinzipiell auch die Bürgerinitiativen einbezogen. Dabei kann zunächst von der bereits erwähnten These ausgegangen werden, daß zur Berücksichtigung und Verwirklichung der Gemeinwohlgrundwerte (Freiheit, Gerechtigkeit, Sicherheit, Frieden, Wohlstand) alle staatlichen Organe verpflichtet und alle gesellschaftlichen Gruppen und Institutionen aufgerufen sind. D.h. im Gegensatz zu allen staatlichen Organen sind die gesellschaftlichen keineswegs dazu verpflichtet, ihre Handlungen und Intentionen stets an Gemeinwohlkriterien messen zu lassen. Sie haben ein Freiheitsrecht auf Egoismus. Sie können und dürfen im Rahmen der allgemein geltenden Gesetze durchaus mit aller Energie Partikularinteressen verfolgen. Das Recht der kritischen Bewertung eines solchen Verhaltens bleibt davon selbstverständlich unberührt.[20]

Es gehört ja schließlich bei einer Unterscheidung zwischen Parteien einerseits und Verbänden und Vereinigungen andererseits zu den grundlegenden Definitionsmerkmalen, daß erstere in ihren Programmen vor allem den allgemeinen Interessen und letztere vornehmlich Sonder- und Spezialinteressen ihre Aufmerksamkeit zu widmen pflegen. Das Zusammenspiel zwischen Parteien und Verbänden bzw. Vereinigungen wird dabei so beschrieben, daß es Aufgabe der Interessengruppen sei, ihre besonderen Anliegen und Forderungen deutlich zu artikulieren und die Funktion der Parteien, die vorgetragenen Interessenpositionen unter Beachtung des Gemeinwohls in politisch durchsetzbare Konzeptionen zu aggregieren und dabei jene Kompromißlösungen zu erarbeiten, die eine möglichst breite oder zumindest mehrheitliche Zustimmung finden können.

Damit wird jedoch keineswegs geleugnet, daß Parteien insbesondere als Interessen- oder Klassenparteien faktisch Partikularinteressen verfolgen können und es zahlreiche Interessengruppen gibt, die
zumindest in Teilbereichen Ziele anstreben, die als dem Wohle der
Allgemeinheit dienlich allgemeine Anerkennung finden. Letzteres
wird vor allem dann zu einer dringend gebotenen Interessenwahrnehmung, wenn die Parteien trotz entgegenstehender Programmaussagen nicht der Aufgabe entsprechen, als Interessengruppe der nicht
oder kaum Organisationsfähigen, der nicht oder kaum Konfliktfähi-
gen, der nicht oder kaum Integrierbaren wirksam tätig zu werden,
oder allgemeine öffentliche Interessen (Bildungswesen, Umweltschutz, Gesundheitswesen) mangels einer kapitalkräftigen Lobby
nicht in hinreichendem Ausmaße gemeinwohlorientiert wahrgenommen werden. Hierbei kann es vorkommen, daß eine Interessengruppe
erst über den Rechtsweg die Verwaltung oder gegebenenfalls den Gesetzgeber zwingt bzw. nötigt, gemeinwohlverpflichtete Handlungen
zu unternehmen.[21] Dies gilt sowohl für Bürgerinitiativen im weiteren
wie im speziellen Sinne.

Wie die Bürgerinitiativen im speziellen Sinne unter diesen Gesichtspunkten in ihren unterschiedlichen Zielvorstellungen und in
ihrer Einflußnahme gegenüber staatlichen Organen und Parteien von
seiten der Parteien selbst eingeschätzt werden, hat die CDU — um
ein jüngeres Beispiel zu zitieren — in einem Beschluß ihres Bundes-
ausschusses vom 28. November 1977 u. a. in folgenden Leitthesen
zusammengefaßt: „Unsere Verfassung verleiht ausschließlich den gewählten Parlamenten und Regierungen das Recht, politische Entscheidungen zu treffen. Die CDU ist sich jedoch bewußt, daß in einer
sich ständig verändernden Welt viele neue Probleme entstehen, die
von Parlamenten und Verwaltungen nicht immer rechtzeitig erfaßt
und gelöst werden. Es entspricht außerdem der demokratischen
Grundüberzeugung der CDU, daß den Bürgern ein möglichst großer
Freiraum für eine selbstverantwortliche Mitgestaltung des Gemeinwesens im Rahmen der Gesetze erhalten und gesichert werden muß.
Bürgerinitiativen als Selbsthilfegruppen, die sich konstruktiv und
ohne Anrufung des Staates um die Lösung von Problemen im engeren Lebensbereich ihrer Mitglieder bemühen, werden von der CDU
begrüßt.

Auch Bürgerinitiativen, die im öffentlichen Bereich Mängel aufzeigen und neue Problemstellungen signalisieren, haben ihre Berechtigung. Die CDU setzt sich für eine Politik ein, die die berechtigten Anliegen solcher Bürgerinitiativen aufgreift und versucht, sie unter Berücksichtigung aller anderen berechtigten Interessen zu einer am Allgemeinwohl ausgerichteten Lösung zu führen.

Daneben sind auch die an den Staat gerichteten Initiativen von einer Gruppe von Bürgern legitim, die in erster Linie ihre eigenen Interessen durchsetzen wollen. Die CDU weist allerdings darauf hin, daß solche Bürgerinitiativen vielfach Gesetzgebung und Gesetzesvollzug auch negativ beeinflussen, weil sie die Erreichung eines notwendigen Kompromisses erschweren können.

Wir bekämpfen Bürgerinitiativen, die von ihrer Zielsetzung her oder nach Unterwanderung durch Verfassungsfeinde auf die Zerstörung unserer freiheitlichen demokratischen Grundordnung ausgerichtet sind. Ihren Aktivitäten, wie z. B. gesetzwidrigen Grundstücksbesetzungen, gewaltsamen Störungen des Universitätsfriedens oder der geistigen Vorbereitung von Gesetzesverstößen muß der Rechtsstaat schnell und mit aller gebotenen Härte begegnen".[22]

Damit wird festgestellt, daß Bürgerinitiativen selbstverständlich sowohl in ihrer Eigenschaft als Selbsthilfegruppen als auch in ihrer Einflußnahme auf die Öffentliche Meinung und die staatlichen Institutionen als Formen bürgerlichen Freiheitsgebrauchs grundsätzlich positiv zu bewerten sind. Das gilt so lange, als sie nicht, wie andere Interessengruppen auch, die Entscheidungsfähigkeit und Verantwortlichkeit der verfassungsmäßig zuständigen und demokratisch legitimierten staatlichen Organe behindern oder gar lähmen. Dabei wird deutlich zwischen solchen Bürgerinitiativen unterschieden, die − ob berechtigtermaßen oder nicht − für die staatlichen Institutionen und Parteien lediglich zum lästigen Ärgernis werden, und solchen, die den verfassungsmäßigen Spielregeln und Kompetenzzuweisungen prinzipiell aus welchen Gründen auch immer den Kampf ansagen − vor allem dann, wenn ihre Aktivitäten auf die „Zerstörung der freiheitlichen demokratischen Grundordnung ausgerichtet sind".

Zu den letztgenannten Mitteln werden Bürgerinitiativen insbesondere dann greifen, wenn deren Mitglieder ihr Gemeinwohlverständnis so sehr von dem im politischen System vorherrschenden absetzen, daß die Regelverletzung, die Spielregelmißachtung gleichsam zum Prinzip erhoben und erst in der radikalen Systemüberwindung eine Chance für die Verwirklichung der eigenen, als allein maßgeblich gesetzten Gemeinwohlauffassung gesehen wird. Das Selbstverständnis derartiger Bürgerinitiativen hat Claus Offe[23] zustimmend in die Worte gefaßt: „Wir verstehen unter ,Bürgerinitiativen' alle *Aktionen*, die sich auf eine Verbesserung der *disparitären Bedürfnisbereiche* richten ... und die weder bloße Formen *kollektiver Selbsthilfe* sind noch sich darauf beschränken, den offiziösen Instanzenzug des politischen Systems zu mobilisieren; sie bringen vielmehr Formen der Selbstorganisation der unmittelbar Betroffenen hervor, die ebenso wie ihre Aktionsformen im System der politischen Institutionen nicht vorgesehen sind ... Sobald sich Bürgerinitiativen auf die Formen der Auseinandersetzung *beschränken*, denen Bürokratien allein gewachsen sind, zerstören sie die Bedingungen ihres eigenen Erfolgs. Alle erfolgreichen Bürgerinitiativen benutzen deshalb, neben und vor allen Verhandlungen, jene Mittel, die die einzige Basis ihrer Sanktionsgewalt (und gerade deshalb kriminalisiert) sind: Goin, Besetzung, Blockade, gezielte Sabotage und Boykott. Vorbilder liefern wieder die Aktionen der militanten Schwarzen Gruppen sowie anderer Minoritäten in den USA ... überall handelt es sich um eine Kombination von Verhaltensstrategien mit kalkulierten Gewaltakten. Diese *Kombination*, sowie die *Radikalität* und *Kurzfristigkeit* der Forderungen sind die einzigen Mittel, mit denen verhindert werden kann, daß Bürgerinitiativen zu Scheingefechten auf falschem Terrain verkümmern."[24]

Wenn derartige Betrachtungsweisen, Bewertungen und Verhaltensempfehlungen auch bei einigen Theoretikern und Praktikern Anklang fanden, so blieben sie im breiten Spektrum der Deutungen und Tätigkeiten von Bürgerinitiativen in der Bundesrepublik doch eine — wenn auch vielbeachtete — Randerscheinung.[25] Denn es ist für Bürgerinitiativen keineswegs typisch, daß ihre Mitglieder die Interpretation eines proletarischen Klassengemeinwohls übernehmen oder entwickeln, diese mit dem „Gemeinwohl des Volkes" identifizieren und von daher jede „Regelverletzung" legitimieren.

Soweit sich in der Bundesrepublik Bürgerinitiativen bei ihren Aktionen auf das Gemeinwohl beziehen, fügen sie sich üblicherweise in den allgemeinen, gegebenenfalls durch verfassungsgerichtliche Urteile konkretisierten Gemeinwohlfindungsprozeß des politischen Systems ein. Eine Berufung auf das Gemeinwohl hat dann normalerweise die Funktion, die Legitimität der eigenen Ziele und Handlungen zu betonen, deren relative Uneigennützigkeit herauszustreichen und insgesamt die eigene Wirksamkeit zu erhöhen.

Nicht selten tritt dabei die Überzeugung hinzu, entweder als unmittelbar Betroffene oder als gemeinwohlverpflichtete Sympathisanten in einer am Postulat der Selbstbestimmung und dem Ideal des mündigen Bürgers orientierten Demokratie zum engagierten Einsatz besonders berufen zu sein. Dieses Selbstverständnis hat vor allem in der Demokratisierungseuphorie der 60er und 70er Jahre, die in der Brandt'schen Formel aus der ersten Regierungserklärung der sozialliberalen Koalition vom 28. Oktober 1969 „wir wollen mehr Demokratie wagen" gipfelte, Ausdruck und Förderung gefunden.

In ihrem Massenauftreten zugleich Träger wie Geschöpf der Demokratisierungswelle, begriffen möglicherweise manche Akteure ihr Handeln als direktdemokratische Alternative zur parlamentarisch-repräsentiven Demokratie. Auch unter dieser Perspektive kann die eine oder andere Gruppe zur Ansicht gelangt sein, gleichsam als selbsternannter kollektiver Volkstribun den staatlichen Institutionen die Wirklichkeit „wahrer und echter Basisdemokratie" gegenüberstellen zu müssen und von daher sogar zu gewissen außergewöhnlichen Verhaltensweisen befugt zu sein. Gerade in einer pluralistischen Demokratie ist jedoch die Form die Schwester der Freiheit. Ohne rechtlich geordnetes Verfahren droht spontane, auf Gruppenaktionen beruhende „Basisdemokratie" unweigerlich in Handlungswillkür umzuschlagen. Kaum jemand würde bestreiten, daß selbst „außergewöhnliche", spontan agierende, regelabweichende Aktionsgruppen in einer Demokratie die befreiende, gemeinwohlfördernde Wirkung eines Hechtes im Karpfenteich entwickeln können. Allerdings wäre ebenso gewiß auch das Gegenteil nicht auszuschließen. Daher muß in einer rechtsstaatlichen Demokratie bei gemeinwohlorientierten Ansprüchen auf verfassungskonformem Wege darüber entschieden werden, wie und bis zu welchen Grenzen direktdemokratische Aktionen als notwendige Ergänzungen in das repräsentative Institutionskonzept des Staates eingefügt und durch dessen Vermittlung zur Wirksamkeit gebracht werden können.

Bürgerinitiativen und Gemeinnützigkeit

Einen kritischen Punkt bezeichnet in diesem Zusammenhang die Frage, unter welchen Bedingungen einer Bürgerinitiative die behördliche Anerkennung der Gemeinnützigkeit gewährt oder verweigert werden darf. Zu welchen Kontroversen es hierbei kommen kann, sei abschließend am Beispiel einer Bürgerinitiative aus Cloppenburg in Niedersachsen exemplarisch dargetan.[26]

Anfang Januar 1977 stellte die Bürgerinitiative „Schutz der Umwelt" beim Finanzamt Cloppenburg den Antrag, als gemeinnützig anerkannt zu werden. Ziel und Aufgaben der Bürgerinitiative sind in § 2 der Satzung beschrieben: „Aufgabe und Ziel des Vereins ist die Durchführung und Förderung aller Maßnahmen, die die Schädigung des natürlichen Lebensraumes der Menschen verhindern können. Er setzt sich vorrangig ein für eine kritische, öffentliche, umfassende und verantwortungsvolle Information und Diskussion über Vor- und Nachteile, Bedarf, Alternativen und Risiken der Kernenergie." Tatsächlich hatte die Bürgerinitiative ihren Beitrag zu öffentlicher Information und Diskussion u.a. zu dem Ergebnis geführt, dem Rat der Stadt Cloppenburg den Entwurf für eine interfraktionelle Entschließung zuzuleiten, in dem gegen die Errichtung einer Atommülldeponie in Niedersachsen schwere Bedenken vorgetragen wurden, übrigens in weitgehender Übereinstimmung mit der Niedersächsischen Landesregierung Albrecht-Gross.

Diese ablehnende Grundhaltung der Bürgerinitiative nahm das Finanzamt zum Anlaß, seinen negativen Bescheid vom 20. Mai 1977 — der nach eingelegtem Einspruch mit Schreiben vom 7. Dezember 1977 erneut im Grundsatz bestätigt wurde — mit folgender Begründung zu versehen: „Mit der Errichtung von Kernkraftwerken soll der Strombedarf in der Zukunft sichergestellt werden. Dieses entspricht dem Energieplan der Bundesregierung, an dem auch nach den Protestaktionen in der letzten Zeit festgehalten wird. Die Nutzung der Kernenergie wird somit zur Voraussetzung für die weitere Entwicklung der Wirtschaft und für die Sicherung der Arbeitsplätze. Unter diesem Gesichtspunkt dienen die Kernkraftwerke der Allgemeinheit. Der Betrieb von Kernkraftwerken erfordert jedoch die Verwertung und Beseitigung des nicht verbrennbaren Teils der Brennelemente. Körperschaften, die den Bau einer solchen Verwertungsanlage bzw.

den Bau einer Lagerstätte für Uranreste bekämpfen, fördern deshalb allenfalls einen beschränkten Personenkreis, nicht jedoch die Allgemeinheit."[27]

Das Finanzamt sah sich offensichtlich mit dem Dilemma konfrontiert, zwei konträre Gemeinwohlauffassungen miteinander in Einklang bringen zu müssen: Wohl gehen Staat und Bürgerinitiative gemeinsam davon aus, daß „eine Durchführung von Maßnahmen, die die Schädigung des natürlichen Lebensraumes der Menschen verhindern können, dem Umweltschutz dient und die Allgemeinheit fördert."[28] Daher wird dieser Zweck in Nr. 24 der Anlage 7 EStR 1975 auch als besonders förderungswürdig anerkannt. Zu diesen förderungswürdigen Zwecken gehört ebenfalls das vorrangig von der Bürgerinitiative verfolgte Satzungsziel einer „verantwortungsbewußten Information und Diskussion über Vor- und Nachteile der Kernenergie."

Was jedoch, wenn diese Diskussion seitens der Bürgerinitiativen wie im vorliegenden Fall zu Ergebnissen führt, die mit Beschlüssen der Bundesregierung nicht in Einklang zu bringen sind? Beide — Bundesregierung wie Bürgerinitiative — berufen sich bei ihren entgegenstehenden Auffassungen auf ihre prinzipielle Verpflichtung gegenüber dem Gemeinwohl. Niemand wird in einer pluralistischen Demokratie bestreiten wollen, daß bei einer derartigen Konfliktlage den Beschlüssen der Bundesregierung eindeutig der Vorrang gebührt. Die Regierung ist schließlich im Gegensatz zur Bürgerinitiative zu ihrem Entscheidungsvorrang durch allgemeine Wahlen und Verfassung demokratisch und rechtsstaatlich legitimiert. Heißt das aber, daß eine von der Regierungsmehrheit abweichende, möglicherweise ihr entgegenstehende Auffassung davon, was tatsächlich langfristig gemeinwohlfördernd sein werde, nicht hinreichend legitimiert und damit keineswegs als gemeinnützige anzusehen ist? Kann eine außerparlamentarische Opposition unter keinen Umständen als gemeinnütziger Verein anerkannt werden? Eine derartige Ansicht dürfte schwerlich mit einem pluralistischen Gemeinwohlverständnis zu vereinbaren sein.

Nicht nur dem Namen nach, sondern oft genug auch faktisch stellen Bürgerinitiativen eine Herausforderung dar. Es ist keineswegs deren Funktion, den Regierenden und der Verwaltung stets angenehm, hilfreich und bequem zu sein.[29] Der sozialdemokratische Bürgermeister Hamburgs, Hans-Ulrich Klose, wußte, wovon er redete, als er in seinem Tutzinger Referat zum Thema „Unregierbarkeit der Städte" (8. Juli 1975) zunächst auf die Bürgerinitiativen zu sprechen kam. Sicherlich tragen auch zahlreiche, egoistische Partikularinteressen verfolgende Aktionsgruppen wenig zur Förderung des Wohls der Allgemeinheit bei.[30] Dennoch sind die Bürgerinitiativen grundsätzlich nicht nur als ein Merkmal lebendiger Demokratie zu begreifen, sondern mehrheitlich insbesondere in ihrer gemeinwohlbezogenen Wirksamkeit als eine notwendige Bereicherung des etablierten politischen Systems zu werten.

Anmerkungen

1 In seinem 1953 erschienenen wichtigen Aufsatz „Zum Begriff der politischen Freiheit" hebt *F. Neumann* hervor: „Politisches Handeln in einer Demokratie ist die freie Wahl der Repräsentanten und die spontane Reaktion auf die Entscheidungen dieser Repräsentanten. Das wiederum setzt voraus, daß soziale Gebilde, wie etwa politische Parteien und Gewerkschaften, vom Staat unabhängig, daß sie offen und dem Druck von unten zugänglich bleiben; daß die Wähler, wenn mit schwerwiegenden Problemen konfrontiert, in der Lage sind, sich spontan zusammenzutun, um sie zu lösen ...: keine Freiheit ohne politische Aktivität." (Zitiert nach *W. Steffani* (Hrsg.): Parlamentarismus ohne Transparenz. Opladen 1973, S. 21.) Siehe auch *F. Hegner*, „Entstehungsbedingungen von Bürgerinitiativen im Spannungsfeld von Bürger und Verwaltung", in: *H. Matthöfer* (Hrsg): Bürgerbeteiligung und Bürgerinitiativen; Argumente in der Energiediskussion. Bd. 3, Villingen 1977, S. 158—206, sowie *F. Minssen*, „Die Arbeitsgemeinschaft für Bürgerinitiativen", in: Partizipation — Aspekte politischer Kultur. Offene Welt Nr. 101/1970. Opladen 1970, S. 168—173.
2 Siehe *H. Marcuse*, „Repressive Toleranz", in: *Robert P. Wolff, B. Moore* und *H. Marcuse*: Kritik der reinen Toleranz. Frankfurt/Main 1966, S. 93—128; hier allerdings mit strenger Parteilichkeit im Sinne „kritischer Theorie" verstanden, wonach Intoleranz „vor allem gegenüber den Konservativen und der politischen Rechten" geboten sei (ebd. S. 121). Zum Ganzen jetzt *H. Mandt*, „Grenzen politischer Toleranz in der offenen Gesellschaft — Zum Verfassungsgrundsatz der streitbaren Demokratie", in: Aus Politik und Zeitgeschichte, B 3/1978, S. 3—16. Zu Marcuse ebd. S. 15 f.
3 Näheres dazu bei *S. Mampel*: Die sozialistische Verfassung der Deutschen Demokratischen Republik, Text und Kommentar. Frankfurt/Main 1972, S. 174 ff und 488 ff.

4 Zur Grundwertedebatte mit Stellungnahmen von Helmut Schmidt, Helmut Kohl, Werner Maihofer u.a. siehe *G. Gorschenek* (Hrsg): (1977). Siehe auch *R. v. Weizsäcker*: CDU-Grundsatzdiskussion — Beiträge aus Wissenschaft und Politik. Bonn 1977, bes. S. 25—80.

5 Dazu *F. Fuchs* und *E. Jesse*, „Der Streit um die ‚streitbare Demokratie‘ — Zur Kontroverse um die Beschäftigung von Extremisten im öffentlichen Dienst", in: Aus Politik und Zeitgeschichte, 3/1978, S. 17—35, bes. S. 20 ff. Eine kritische Auseinandersetzung mit diesem Konzept aus „linksliberaler" Perspektive bietet *E. Denninger* (Hrsg): Freiheitliche demokratische Grundordnung — Materialien zum Staatsverständnis und zur Verfassungswirklichkeit in der Bundesrepublik. 2 Bde., Frankfurt/Main 1977.

6 Zur Pluralismusdiskussion *H. Kremendahl*: (1977) sowie *H. Maier* und *H. Oberreuter* (Hrsg): (1977).

7 In den Worten des Bundesverfassungsgerichts: „Die Demokratie des Grundgesetzes ist eine grundsätzlich privilegienfeindliche Demokratie". BVerfGE, Bd. 40, S. 296 ff (Zitat S. 317).

8 Daß das Petitionsrecht dem Bürger eine Chance eröffnet, mit Initiativen auf den politischen Prozeß einwirken zu können, verdeutlicht die Geschäftsordnung des Landtages von Schleswig-Holstein, in der der Petitionsausschuß den Namen „Ausschuß für Bürgerinitiativen und andere Eingaben" (§ 9 Abs. 1 Ziff. 11 GG), trägt. Siehe *P. Hübner*, in: (1972) S.199—201, sowie *U. Battis*: (1975), S. 139—149, bes. 148 f.

9 Das Gemeinwohl wird zum zentralen Definitionsmerkmal bei *T. Rasehorn*: „Bürgerinitiativen sind autonome, spontane, aktionsbereite und projektorientiere Vereinigungen, die über das Partikularinteresse ihrer Mitglieder hinaus auf das Gemeinwohl motiviert sind." Ders., „Bürgerinitiativen und Gemeinwohl", in: *D. von Posser* und *R. Wassermann* (Hrsg.): Freiheit in der sozialen Demokratie. Karlsruhe 1975, S. 317—324, Zitat S. 317.

10 *P. C. Mayer-Tasch*: (1976), S. 14.

11 Hierzu mit weiteren Literaturhinweisen *M. Stolleis*: (1978), S. 37—45.

12 Siehe *E. Fraenkel*: Deutschland und die westlichen Demokratien. 5. Auflg., Stuttgart 1973, S. 197 ff und *Kremendahl* a.a.O. S. 450 ff.

13 *Fraenkel* a.a.O. S. 200.

14 Zum Folgenden siehe die grundlegende Arbeit von *H. H. v. Arnim*: (1977).

15 *v. Arnim* a.a.O. S. 50 f.

16 Ebd. S. 51.

17 Dazu *v. Armin* a.a.O.

18 Daß *v. Arnim* den Neopluralismus *Ernst Fraenkels* unter Berufung auf neueste politologische Forschung (lediglich *R. Eisfeld* und *Gudrich/Fett* (!) werden hierbei angeführt) als eine Form des Laissez-Faire-Pluralismus unter die Rubrik „pluralitisches Harmoniemodell" subsumiert, stellt eine bedauerliche Fehlinterpretation seines sonst verdienstvollen Buches dar. Zum Neopluralismus *Ernst Fraenkels* siehe *Kremendahl* a.a.O. und meinen Aufsatz „Pluralismus — Konzeptionen, Positionen, Kritik" in: *H. Maier* und *H. Oberreuter* a.a.O. S. 3—33, bes. S. 16 ff.

19 Art. 79 Absatz 3 GG.

20 Ob man allerdings extrem unsozial-egoistische — d.h. durchaus menschliche — Bürgerinitiativen als „unmenschlich" charakterisieren sollte, dürfte
   sicherlich nicht nur eine Geschmacksfrage sein. Siehe hierzu *K. Oeser*,
   in: *W. H. Butz* u.a.. (1974), S. 47.

21 *v. Armin* a.a.O. S. 248 ff.

22 Thesen mit Erläuterungen in: Union in Deutschland; CDU-Dokumentation
   42/43 vom 8.12.1977, „Bürgerinitiativen als Problem von Staat und Gesellschaft", S. 1 f.

23 *C. Offe*, in: *H. Grossmann* (Hrsg.): (1971), S. 152—165.

24 Ebd. S. 159 und 162 f.

25 Zur Kritik an Offes Konzeption *Oeser* a.a.O. S. 29 ff, bes. 33 ff.

26 Die erforderlichen Unterlagen, aus denen im Folgenden zitiert wird, sind
   mir freundlicherweise von Herrn Oberstudienrat Paul Willenborg, Sprecher
   der Cloppenburger Bürgerinitiative „Schutz der Umwelt", zur Verfügung
   gestellt worden.

27 Bescheid des Finanzamtes Cloppenburg vom 20. Mai 1977, S. 1.

28 Ebd.

29 *Mayer-Tasch* (Anm. 10, a.a.O. S. 161 f) verweist in diesem Zusammenhang
   auf das sogenannte „Gesetz" der „antagonistischen Kooperation". Siehe
   auch *Grossmann* a.a.O. S. 166 ff.

30 Siehe *Oeser* a.a.O. S. 46 f.

Sebastian Haffner

Die neue Sensibilität des Bürgers

Bürgerinitiativen — ein neues Wort. Vor zehn Jahren war es noch unbekannt. Ist auch die Sache neu?

Wenn man will, ist sie uralt. Bürgerinitiativen in dem einen oder anderen Sinne hat es zu allen Zeiten und in allen Ländern gegeben, von der secessio plebis im alten Rom bis zur Entstehung der Parteien und der Gewerkschaften im neunzehnten Jahrhundert. Zu allen Revolutionen der Geschichte ging die Initiative von Bürgern aus, einzelnen Bürgern oder Gruppen von Bürgern; obrigheitlich angeordnet oder angeregt waren sie gewiß nicht. Und nicht nur zu den Revolutionen. In gewissem Sinne ist jede Vereins-, Verbands- oder Verbindungsgründung eine Bürgerinitiative. Die Burschenschaften, die Arbeiterbildungsvereine, das Rote Kreuz, die Flotten- und Kolonialvereine der Kaiserzeit, die Naturfreunde, die Freimaurer, die Zionisten, die Nudisten, die Humanistische Union, Amnesty International, die Republikanischen Clubs der Apojahre — alles Bürgerinitiativen. Aber man nannte sie nicht so und nennt sie auch heute nicht so. Was man heute so nennt, wofür man diese neue Wortschöpfung braucht, muß sich irgendwie von diesen Bürgerinitiativen hergebrachten Stils unterscheiden, muß etwas anderes sein. Aber was ist es, und wie definiert es sich?

Das Merkwürdige ist, daß es darüber bisher keine klare Auskunft gibt. Niemand weiß genau zu sagen, was Bürgerinitiativen eigentlich sind; nur das weiß man, daß es sie seit einigen Jahren gibt — massenhaft gibt. Die exakte Zahl ist wahrscheinlich nie feststellbar, denn die meisten Bürgerinitiativen sind kurzlebig. Sie flackern auf und erlöschen wieder, ein ständiges Geflimmer. Damit haben wir ein erstes Unterscheidungsmerkmal gegenüber den dauerhaften Bewegungen und Organisationen, die auch früher schon auf Initiative von Bürgern entstanden.

Bürgerinitiativen, in dem engeren, vorläufig noch undefinierten Sinne, in dem das Wort heute gebraucht wird, sind keine Bewegungen und Organisationen, sie betrachten sich selbst nicht als Gründungen auf Dauer, und sie schaffen keine Institutionen. Es sind spontane, meist sehr lose Gruppenbildungen, die nur durch ein gemeinsames Vorhaben zusammengehalten werden, und sich fast immer wieder auflösen, wenn sie ihr Ziel erreicht oder — häufiger — verfehlt haben. Ob sie es erreichen oder verfehlen, entscheidet sich meist ziemlich schnell: Denn Bürgerinitiativen entzünden sich an aktuellen Anlässen, ihr Entstehungsgrund und Daseinszweck ist fast immer, eine ganz bestimmte Maßnahme durchzusetzen, zu verhindern oder rückgängig zu machen. Häufiger übrigens zu verhindern oder rückgängig zu machen als durchzusetzen. Die Bürgerinitiativen sind relativ selten eigentlich „initiativ" — insofern ist die Bezeichnung schlecht gewählt; in den meisten Fällen sind sie reaktiv, sie reagieren auf behördliche Planungen oder Verfügungen, die als unerwünscht, störend oder willkürlich empfunden werden. Die „Initiative" besteht meistens nur darin, daß einige Bürger von sich aus den Anfang damit machen, eine breitere Aktion (oder Reaktion) zustande zu bringen. Immerhin, manchmal richtet sich die Aktion auch gegen bestehende Zustände, die als Mißstände empfunden werden, und fällt den Behörden nicht in den Arm, sondern will ihnen einen Anstoß zum Handeln geben. Auch dann handelt es sich aber fast immer darum, irgend etwas unmittelbar, jetzt und hier, zustande zu bringen („Schafft kleinere Schulklassen jetzt!"). Erfolg oder Mißerfolg entscheidet sich bald; und beides, Erfolg wie Mißerfolg, bedeutet im allgemeinen das Ende der jeweiligen Bürgerinitiative. Das geduldige Bohren durch dicke Bretter, aus dem nach Max Weber die Politik meistens besteht, ist nicht Sache der Bürgerinitiativen. Der Gedanke, jahre- und jahrzehntelang für eine Sache zu werben oder in zähem Kleinkampf unmerkliche allmähliche Verbesserungen herauszuholen, liegt ihnen ganz fern. Bürgerinitiativen sind Kurzbrenner. Und das Neue und Interessante ist gerade, daß es von diesen Kurzbrennern plötzlich so sehr viele gibt. Es entzündet sich immer sehr bald wieder ein neuer, wenn der vorige ausgebrannt ist. Sollte das Neue an den Bürgerinitiativen vielleicht nur eine neue Nervosität sein? Ist der Bürger gegenüber früheren Zeiten vielleicht nur ungeduldiger?

Nein, doch nicht nur. Es gibt noch ein zweites Unterscheidungsmerkmal gegenüber den Partei- und Organisationsgründungen von einst, und es ist uns bei diesem vorläufigen Bestimmungsversuch schon ganz unter der Hand mit untergelaufen: Die heutigen Bürgerinitiativen haben es mit Behörden zu tun, Behörden sind ihre vorgegebenen Adressaten, Mit- oder Gegenspieler; was Bürgerinitiativen zustande bringen (oder verhindern oder rückgängig machen) wollen, sind fast immer Verwaltungsakte, kurz: ihr Hauptbetätigungsfeld ist die Exekutive.

Das ist etwas für Deutschland grundsätzlich Neues. Demokratie in Deutschland — und in Europa überhaupt — hat als ihr traditionelles Feld die Legislative. Von den Bürgern gewählt werden Gesetzgebungskörper — Reichstag oder Bundestag, Landtage, Gemeindeparlamente. Beamte werden nicht gewählt, sondern ernannt. Das ist anders in Amerika, wo die meisten Beamten Wahlbeamte sind und wo Bürgerinitiativen in unserem heutigen Sinne, also ad-hoc-pressure groups, die direkt auf die Wahlbeamten einwirken, denn auch längst gang und gäbe sind und niemandem weiter auffallen.

Es zeigt sich hier ein fundamentaler Unterschied des amerikanischen und des europäischen Demokratieverständnisses: Für die Amerikaner ist die Demokratie auf allen Ebenen, in Bund, Staaten und Gemeinden, in Legislative, Exekutive und Judikatur, primär und konstitutiv, sie ist sozusagen alles, was sie haben, und das ist historisch begründet: Die Einwanderer, die das amerikanische Gemeinwesen schufen, fanden keinen Staat und keine Obrigkeit vor, sie mußten alles aus ihrer Mitte heraus von unten aufbauen. Alle Staatsgewalt geht daher in Amerika nicht nur juristisch und theoretisch, sondern historisch und praktisch vom Volke aus, und zwar wirklich *alle* Staatsgewalt, nicht nur die des Kongresses, sondern auch die des Sheriffs. Die europäischen Demokratien dagegen sind fast ausnahmslos existierenden, festgefügten monarchischen Obrigkeitsstaaten nachträglich übergestülpt worden und haben die Verwaltungskörper dieser Staaten ohne wesentliche Veränderung übernommen. Verwaltet wird in Europa nach wie vor mit einer gewissen Selbstverständlichkeit autoritär, von oben nach unten, und der Einfluß des Bürgers auf die Exekutive ist hier höchst indirekt, er läuft über die (auch nur auf die Spitzen der Behörden wirkenden) Kontrollbefugnisse der gewählten Parlamente. Der europäische Wähler ist, wie man sagt, mediatisiert. Er ist auch hier der demokratische Souverän, gewiß, alle Staatsgewalt geht, in der verfassungsrechtlichen Konstruktion, auch hier von ihm aus. Seine Wahlentscheidung ist der Urquell, aus dem sich

letzten Endes alles herleitet, was im Staate geschieht. Aber was er
wählt, ist nur das Parlament, und einen unmittelbaren Einfluß hat er
durch seinen Wahlakt höchstens auf die Gesetzgebung (über ihre Ge-
setzgebungsvorhaben geben ihm die Parteien durch ihre Wahlprogramme immerhin eine Art Rechenschaft); auf allen übrigen Gebieten geht seine theoretische Souveränität durch so viele Filter, daß
am Ende kaum mehr etwas davon zu merken ist. Gewiß, das gewählte Parlament bildet die Regierung, und die Regierung beherrscht
die Exekutive. Der Bürger ist, den Behörden gegenüber, der Oberherr
des Oberherrn ihres Oberherrn. Aber in der Praxis merkt er, wenn er
mit einer Behörde zu tun hat, davon nicht mehr viel, und steht dem
Beamten, der ihm eine Verfügung ins Haus schickt, nicht viel anders
gegenüber als zu Kaisers Zeiten.

Dies nun ist der Zustand, an dem die Bürgerinitiativen seit einigen
Jahren rütteln. Nicht immer bewußt, und gewiß nicht immer erfolgreich. Immerhin, wenn es hinter den immer wieder kurz und nervös
aufflackernden Bürgerinitiativen (Protesten, Forderungen, Agitatio-
nen und mehr oder weniger erzwungenen Diskussionen mit den Behörden) eine Ideologie gibt, dann ist es die der totalen oder direkten
Demokratie nach amerikanischem Muster. Was man von den Initiatoren der Initiativen immer wieder hören kann, ist das Argument,
für eine Demokratie genüge es nicht, daß der Bürger alle vier oder
auch alle zwei Jahre seinen Stimmzettel ausfülle und in der Zwischen-
zeit wieder Untertan der Obrigkeit sei wie eh und je: Demokratie
müsse sich auch im Alltagsbetrieb bewähren, der Bürger müsse über
Verwaltungsentscheidungen, die sein Leben berühren, mitreden
können, die Beamten, die diese Entscheidungen treffen, müßten
ihm mindestens so Rede und Antwort stehen wie die Abgeordneten,
die die Gesetze beschließen, kurz: der Bürger dürfe nicht nur Wähler
sein, er müsse auch wirklich regieren, mindestens: mitregieren.

Das klingt plausibel, es kann sogar − je nach der Tonlage, in der
es vorgetragen wird − großartig klingen oder auch bedrohlich. Bedrohlich, denn wenn man es ganz ernst nimmt, dann enthält es die
Umrisse eines revolutionären Programms: des Programms freilich
nicht einer sozialistischen Revolution, sondern eines immer noch einmal neuen Schubs der bürgerlichen Revolution, deren Vorbild nicht
Rußland ist, sondern Amerika. Es ist allerdings zweifelhaft, ob man
die quasi-revolutionäre, radikaldemokratische Rhetorik der Bürger-

initiativen vollkommen ernst nehmen kann; wäre sie ganz ernst gemeint, dann müßten die Rhetoren die Abschaffung des Berufsbe-
amtentums zugunsten eines Wahlbeamtentums auf Zeit fordern, und
das hat noch keine Bürgerinitiative getan. Nur Wahlbeamte, die wiedergewählt werden wollen, müßten nämlich auf die Wünsche ihrer
prospektiven Wähler wirklich hören; nur in einem solchen System
würden Bürgerinitiativen wirklich machtvoll und grundsätzlich aus-
sichtsreich, wie sie es in Amerika sind — und freilich wissen wir auch
aus der amerikanischen Erfahrung, daß sie in einem solchen System
leicht ihre Unschuld verlieren und zum manipulierten Werkzeug
mächtiger Privatinteressen werden können. Aber wie gesagt, so weit
ist in Deutschland bisher keine Bürgerinitiative gegangen. In der
Praxis dient die radikaldemokratische Ideologie und Rhetorik im
Gegenteil eher dazu, die jeweilige, auf ein ganz bestimmtes Einzel-
ziel gerichtete Initiative respektabel zu machen als Manifestation gut
demokratischen Bürgersinns und Bürgermuts, und tatsächlich haben
die Bürgerinitiativen als solche — wenn auch nicht immer jede einzelne von ihnen — ja auch im großen und ganzen eine gute Presse:
Sie gelten als Beleg dafür, daß der bundesdeutsche Bürger „mündig"
geworden ist und daß die Demokratie in der Bundesrepublik, anders
als in der Republik von Weimar, wirklich Wurzel geschlagen hat.
Woran ja auch etwas Wahres ist. In der Weimarer Republik war einer
ständig wachsenden Zahl von Bürgern schon das bescheidene Maß an
Demokratie, das die Verfassung ihnen bot — und abforderte —, auf
die Dauer zuviel: Der Ruf ging nach dem starken Mann, der Trend
zur diktatorischen Einheitspartei, die Stimmung des demokratischen
Souveräns war eine Abdankungsstimmung. In der Bundesrepublik
sucht die Unzufriedenheit, die es auch hier gibt — und in welchem
Staat gäbe es sie nicht —, immerhin demokratische Kanäle, Beschwerden äußern sich in mehr, nicht weniger persönlichem Engagement,
und der Ruf nach einer direkten, dauernden Teilnahme und Einwirkung auf das politische und administrative Geschehen, auch wenn
er oft rhetorisch, ja phrasenhaft bleibt, ist immerhin ein Ruf nach
mehr, nicht weniger Demokratie. Insofern kann man die Bürgerinitiativen durchaus ein Symptom demokratischer Gesundheit und
Vitalität nennen.

Trotzdem sollte man, scheint mir, vorsichtig damit sein, die Erweiterung und Vertiefung unserer demokratischen Einrichtungen aus

der Richtung der Bürgerinitiativen zu erwarten. Sie verstoßen nämlich gegen die beiden großen, ebenso genialen wie einfachen Prinzipien, mittels deren die Demokratie überhaupt funktionsfähig wird.
Sie heißen Formalisierung und Mehrheitsprinzip. „Formaldemokratie" ist heute in manchen Kreisen beinah ein Schimpfwort geworden,
aber dadurch sollte man sich nicht irre machen lassen. Jede Demokratie ist zunächst einmal eine Formaldemokratie. Ohne feste, klare
und faire Formalisierung der Entscheidungsprozesse, ohne verständliche und allgemein befolgte Spielregeln haben wir keine Demokratie.
Und unter diesen demokratischen Spielregeln und Entscheidungsprozeduren ist die fundamentalste, allgemeingültigste die Abstimmung,
der Mehrheitsentscheid. Wer die Demokratie erweitern will, muß die
Gebiete, auf denen durch Abstimmung entschieden wird, ausdehnen,
und wer die Demokratie vertiefen will, muß nach Mitteln und Wegen
suchen, die indirekten Mehrheitsentscheidungen der Wahlkörper-
schaften durch direkte Mehrheitsentscheidungen der Bürger zu ersetzen. Das braucht heute nicht mehr utopisch zu sein. Die modernen
Kommunikationstechniken ermöglichen, wenn man es wirklich will,
Äquivalente der antiken Volksversammlungen auf dem Marktplatz.
Eine Fernseh- und Knopfdruckdemokratie ist nicht mehr unvorstell-
bar, und vielleicht würde sie, wegen der großen technischen Verein-
fachung der Abstimmungsprozeduren, die sie bietet, demokratische
Abstimmungen geradezu zu einer Alltäglichkeit machen können —
auch über Verwaltungsmaßnahmen, bei denen heute noch niemand
daran denkt, daß sie einer demokratischen Abstimmung unterworfen werden könnten. Aber entscheidend ist bei alledem, wenn man
innerhalb demokratischer Ordnungsprinzipien bleiben will, daß abgestimmt wird — daß, nachdem alle Standpunkte zu Gehör gebracht
worden sind, eine Mehrheit ermittelt wird, und daß diese Mehrheit
entscheidet.

Dieses demokratische Urprinzip nun gerät bei den Bürgerinitiativen
in Vergessenheit, so sehr ein vages Verlangen nach erweiterter und
vertiefter Demokratie zu ihren Antriebskräften gehören mag. In
Bürgerinitiativen wird nicht abgestimmt, und sie streben im allgemeinen auch keine Abstimmung über ihre Forderungen oder Proteste an. Was sie (im allgemeinen) anstreben, ist die Änderung, Her-
beiführung oder Unterlassung hoheitlicher, ohne demokratische
Mehrheitsermittlung zustande gekommener Verwaltungsakte, einfach

auf den Druck der jeweiligen Bürgerinitiative hin. Dabei kann man auch nicht sagen, daß die spontanen Aktionsgemeinschaften, die eine Bürgerinitiative tragen, ihrer inneren Verfassung nach immer demokratisch sind oder ihrem Umfang nach immer mutmaßliche Mehrheiten repräsentieren. Im Gegenteil, viele Bürgerinitiativen sind augenscheinliche Minderheitsbewegungen, und ihre Verfassung (wenn man von einer Verfassung reden kann) ist meist ausgesprochen oligarchisch: eine, oft durch persönliche Bekanntschaft schon länger miteinander verbundene Kerngruppe von einem Dutzend oder einem halben Dutzend eigentlicher Initiatoren, Planer und Lenker; ein wechselnder Personenkreis von Helfern, Beratern und Verbindungsmännern, der von der Kerngruppe je nach Ermessen und Bedarf herangezogen oder nicht herangezogen wird; ein weiterer Kreis (selten mehr als einige hundert) von Sympathisanten, die ohne feste Bindung an die Gruppe Versammlungen besucht, an Demonstrationen teilnimmt und unregelmäßige finanzielle Beiträge leistet; und schließlich — bestenfalls — einige tausend lose Anhänger, deren Verbindung mit der Gruppe oft nur darin besteht, daß sie etwa eine Unterschrift unter ein Manifest, eine Sympathieerklärung oder eine Petition setzen und allerhöchstens einmal sich einem Demonstrationszug anschließen. Sicher, eine Liste von mehreren tausend Unterschriften füllt eine ganze Menge Blätter und nimmt sich imposant aus; ebenso ein Demonstrationszug von mehreren tausend Teilnehmern, besonders, wenn er in einem „go-in" in einen geschlossenen Raum, etwa ein Rathaus oder ein sonstiges öffentliches Gebäude endet. Wenn für eine Sache so viele Unterschriften oder so viele Demonstranten auch nur vorübergehend zusammengebracht werden können, beweist das, daß es sich nicht um eine Privatmarotte handelt, sondern um eine Sache, die Beachtung verdient und um die man sich kümmern muß. Was es nicht beweist, ist, daß hinter dieser Sache eine Mehrheit auch nur der Beteiligten oder Betroffenen steht (und was es natürlich auch nicht beweist, ist, daß die Sache richtig und vernünftig, die Forderung erfüllbar, der Protest berechtigt ist). Eine geschickt geführte Bürgerinitiative hat manchmal Erfolg; wobei die Geschicklichkeit der Führung in der richtig bemessenen Einschaltung von Presse, Fernsehen, Parteien oder Parteiunterorganisationen und bündnisfähigen Interessengruppen besteht, manchmal auch in der Ausnutzung juristischer Möglichkeiten. Ein solcher Erfolg mag sachlich verdient sein oder nicht. Fast immer weckt er instinktive Sympathien, einfach weil fast jedermann instinktiv mit dem engagierten Bürger gegen die allmächtige Bürokratie sympathisiert. Aber mit einem Triumph der Demokratie — also mit geordneter Ermittlung und Durchsetzung des Mehrheitswillens — hat ein solches Duell zwischen Bürgerinitiativen und staatlichen oder kommunalen Ämtern wenig oder nichts zu tun.

Ich sage mit Absicht „staatlichen oder kommunalen" Ämtern, und ich hätte vielleicht noch besser daran getan, die kommunalen zuerst zu nennen. Denn wenn man die bekanntgewordenen Bürgerinitiativen ihrem Inhalt und ihrer Zielsetzung nach untersucht, wird man finden, daß sie in ihrer großen Mehrheit Kommunalpolitik zu machen suchen. Es gibt Ausnahmen, gewiß: Die Frauenaktion gegen den Paragraphen 218 war bundesweit und betraf überdies noch — eine weitere Ausnahme — nicht Verwaltung, sondern Gesetzgebung; auch die zahlreichen Bürgerinitiativen, in denen sich Unzufriedenheit mit Schul- und Bildungsdingen ausdrückt, haben als ihre Kontrahenten eher die Kultusminister der Landesregierungen als die städtischen Schuldezernenten. Aber die eigentliche Domäne der Bürgerinitiativen ist doch die Kommunalpolitik. Das hat zunächst ganz simple äußere Gründe. Bürgerinitiativen sind ihrem Wesen nach örtliche Initiativen. Gar nicht selten handelt es sich einfach um Nachbarschaftsunternehmungen — Nachbarn eines von Abriß oder Zweckentfremdung bedrohten Wohnviertels finden sich zusammen, um gemeinsam ihre gewohnte Umgebung zu verteidigen, oder Nachbarn in einer neuen Wohnsiedlung vermissen Spielplätze und entdecken Planungsfehler, wie etwa die Bewohner der Berliner Märkischen Viertels, die aus ihren vielen Initiativen geradezu eine eigene lokale Subkultur entwickelt haben, mit Straßentheatern, Abenteuerspielplätzen und anderen Neuschöpfungen. Aber auch wo keine eigentlichen Nachbarschaftsinteressen im Spiele sind, beschränkt einfach ihre Zusammensetzung und Arbeitsweise die meisten Bürgerinitiativen auf den Lokalbereich. Man muß bedenken, daß sie schließlich das Freizeitengagement von Privatleuten sind; sie entstehen in einem vorgegebenen Bekanntenkreis, man trifft sich in Wohnungen, wo man sich auch sonst zu besuchen gewohnt ist, auch die Sympathisantenwerbung und Agitation ist meist nur in der örtlichen Umgebung, am Arbeitsplatz oder in der Nachbarschaft möglich. Es liegt auf der Hand, daß solche ortsfesten Gruppen am ehesten durch örtliche Beschwerden und für örtliche Wünsche zu interessieren und zu mobilisieren sind, die sie auf Grund ihrer örtlichen Verbundenheit gemeinsam betreffen. Würden sie sich mit nationaler oder internationaler Politik befassen wollen, so würden schnell genug weltanschauliche oder parteipolitische Gegensätze die Gruppe sprengen. Und was die beruflichen, geschäftlichen oder Klasseninteressen betrifft, so sind sie längst in Verbänden oder Gewerkschaften organisiert, so daß für spontane Initiativen kein Freiraum bleibt.

Es gibt aber noch einen anderen Grund, der die Lokalpolitik zum bevorzugten Gegenstand von Bürgerinitiativen macht, und das ist die Krise, in der sich die Gemeinden — besonders die Großstädte oder, wie man heute gern sagt, die Ballungsgebiete — so offensichtlich befinden und mit der sie anscheinend nicht fertig werden. Und es sind natürlich immer in erster Linie unbewältigte Krisen, die den Bürger aus seiner gewohnten Ruhe aufscheuchen. Von der Bundesrepublik als solcher kann man heute nicht sagen, daß sie sich in einer Krise befindet; als *Staatsbürger* findet sich der Durchschnittsdeutsche heute kaum genötigt, aus der Routine seines Privatlebens herauszutreten und seine Freizeit für anstrengende, nervenaufreibende und oft genug in Ärger und Enttäuschung resultierende politische Engagements und Aktionen zu opfern, um die ihn schließlich keiner gebeten hat; wohl aber, oft genug, als Bürger seiner *Stadt*, und das nicht nur, weil ihn die städtischen Angelegenheiten direkter berühren und näher angehen, sondern auch, weil sie wirklich viel krisenhafter und beunruhigender geworden sind. Es ist ja tatsächlich so, daß die bedrängendsten und bedrohlichsten Zeitentwicklungen und Menschheitsgefahren sich heute politisch im wesentlichen auf der kommunalen Ebene niederschlagen. Die Luft- und Wasserverseuchung, die Lärmplage, das Mülltrauma der Wegwerfgesellschaft, der Moloch Verkehr, die Schwierigkeiten im Zusammenleben mit Ausländergruppen, das Unbehagen an den modernen Betonsiedlungen, die Vernichtung von Wohnvierteln durch Bau- und Bodenspekulation oder durch Stadtsanierung, die überhandnehmenden Gewaltverbrechen, für die unbewachte Parkhäuser und öffentliche Verkehrsmittel mehr und mehr die Szene bereitstellen — man kann sagen, daß die ganze heraufziehende Zivilisationskrise sich heute in den Rathäusern konzentriert und daß in der Kommunalpolitik längst wichtigere Dinge zur Debatte stehen als in der „großen" nationalen und internationalen

Politik, der die seriösen Zeitungen noch gewohnheitsmäßig ihre Frontseiten widmen. Und das merkt der Bürger, das stört ihn aus seiner Ruhe auf und läßt ihn aktiv werden. Natürlich kann er unmöglich das Ganze, was da, unangekündigt und unverstanden, in seiner unmittelbaren Nähe bedrohlich auf ihn zukommt, übersehen, unmöglich umfassende, durchdachte Programme etwa zur Verkehrsplanung oder zum Umweltschutz entwerfen; das können ja leider nicht einmal die eigentlich dazu Berufenen. Was er kann, ist: schreien, wo es ihm wehtut; direkte Abhilfe fordern, wo er direkte Bedrängnis spürt; einzelne Maßnahmen, die ihm gerade in *seiner* Stadt, in *seiner* Nachbarschaft das Übel zu verschlimmern scheinen, bekämpfen und zu verhindern suchen. So entstehen die meisten Bürgerinitiativen; und das Gefühl, daß hinter ihrem massenhaften Auftreten wirklich massenhaft empfundene Mißstände und Notstände stehen müssen, macht die angegriffenen Behörden oft unerwartet aufgeschlossen und nachgiebig — auch wenn ihre erste Instinktreaktion natürlich meist Ärger über die unberufene und nicht immer sachkundige Betriebsstörung ist und der Wunsch, sie abzuwimmeln.

Linke Kritiker der Bürgerinitiativen werfen ihnen vor, daß sie „systemstabilisierend" wirkten, weil sie, in einer vergleichsweise harmlosen, leicht abzuwimmelnden oder abzuspeisenden Form, dem „System" als „Frühwarnsignal" dienten. Auf die Frage, ob die Bürgerinitiativen „systemstabilisierend" sind (andere Linke halten sie für eine nützliche „Anpolitisierung" und hoffen sie mittels marxistischer Aufklärung zu einer „Systemgefährdung" umfunktionieren zu können), will ich hier nicht weiter eingehen. Aber der Ausdruck „Frühwarnsignal" ist nicht schlecht gewählt, wer immer der Adressat dieser Frühwarnung sein mag. Wenn es plötzlich soviel Unbehagen, soviel Unruhe, soviel protestierendes oder forderndes Aufbegehren gibt — und das ohne erkennbare zentrale Lenkung und ohne deutlichen Zusammenhang —, wenn der Sozialkörper wie von einem nervösen Nesselfieber befallen wirkt, dann kann etwas nicht in Ordnung sein. Aber was? Politisch leben wir in ruhigen Zeiten. In Europa herrscht tiefer Friede. Die Wunden der Weltkriege sind verheilt. Die Bundesrepublik ist außenpolitisch nicht bedroht und innenpolitisch stabil. Es herrscht Wohlstand — immer noch, trotz Ölkrise. Die Wirtschaft funktioniert. Die Kultur freilich liegt im Argen, aber das stört keinen Bürger aus der Ruhe. Der Wunsch, das „System" zu verändern, also den Kapitalismus abzuschaffen und den Sozialismus dafür einzutauschen, liegt ebenfalls meines Wissens keiner einzigen Bürgerinitiative zugrunde. Was aber dann? Oder gibt es überhaupt keinen gemeinsamen Nenner?

Eins, immerhin, fällt mir auf. Die meisten Bürgerinitiativen, jedenfalls die erfolgreichsten, diejenigen, die am meisten von sich reden machen, zielen nicht auf Veränderung, sondern richten sich *gegen* Veränderung. Und zwar nicht gegen Veränderung des Wirtschaftssystems — die steht für neunundneunzig Prozent der Bundesbürger sowieso nicht zur Debatte —, sondern gegen konkrete Veränderungen ihrer Umgebung oder Umwelt, ihrer Wohn- und Lebensgewohnheiten, die sich aus der technisch-industriellen Entwicklung ergeben. Ob diese Veränderungen kapitalistisch oder sozialistisch, also privat oder öffentlich, verursacht werden, spielt dabei keine erkennbare Rolle. Etwas häufiger scheinen die Proteste im öffentlichen Sektor zu sein; vielleicht, weil hier der einzelne, Bürger eines demokratischen Gemeinwesens, eher einen Ansatzpunkt für seinen Protest findet und eher glaubt, etwas ausrichten zu können. Wie auch immer: Wenn sich eine allgemeine Grundrichtung der Bürgerinitiativen überhaupt erkennen läßt, dann richtet sie sich *gegen den Fortschritt* — jedenfalls gegen zuviel Fortschritt, zu schnellen, zu radikalen, zuviel Gewohntes und Vertrautes zu bedenkenlos und rücksichtslos wegräumenden technischen Fortschritt. Die Grundstimmung der Bürgerinitiativen ist nicht revolutionär, nicht einmal reformistisch. Sie ist konservativ.

Veränderung der Wohnverhältnisse, ob durch kapitalistische Spekulation wie im Münchener Lehel oder im Frankfurter Westend, ob durch sozialistische Stadtsanierung und Stadtplanung wie im Berliner Märkischen Viertel: die Bürgerinitiativen schießen aus dem Boden. Man mag das nicht, nicht die Verdrängung aus der eingewohnten Umgebung, nicht die Büropaläste und Betonsiedlungen, nicht das Plötzliche und Ungefragte, nicht das Umgesetzt- und Verplantwerden; die unmutige Reaktion, ob durchdacht oder nicht, ist ganz spontan. Autobahnen, ob die Südschwarzwald- oder Rheinuferbahn, die schöne alte Landschaften zerschneiden, ob die Hamburger Stadtautobahn, die Altstadtidyllen zerstören würde: Empörter, allgemeiner Protest. Man will erhalten, nicht verändern: Der Schwarzwald, das Rheinufer, selbst das bißchen noch vorhandene Natur im

Hamburger Stadtgebiet, das darf nicht verschwinden, das darf uns nicht genommen werden! Flugplätze: Nicht hier, nicht bei uns! Nicht im Stadtgebiet, wo unter den Einflußschneisen die Fensterscheiben klirren, aber auch nicht weit draußen, wo seltene Vögel nisten. Aber das Ärgste sind Atomkraftwerke. Von denen will niemand etwas wissen, die will niemand in der Nähe haben. Kein Atomkraftwerk ohne protestierende Bürgerinitiative im weiten Umkreis.

Es ist leicht, darüber zu lächeln. Besonders, wenn das Lokale und das Konservative zusammen ein „Ja, bitte, natürlich, nur nicht gerade hier" ergibt; oder wenn man liest, daß der Rundfunkredakteur, der das Auto aus der Innenstadt verbannen will, natürlich trotzdem täglich mit seinem Auto zum Funkhaus fährt, oder daß der Hausbesitzer, der so aufopfernd um die Erhaltung des alten Frankfurter Westend kämpft, doch sehr nachdenklich wird, wenn ihm eine Versicherungsgesellschaft für sein bröckelndes Gründerzeitmiethaus eine siebenstellige Summe bietet. Ja, so sind wir Menschen. Es bedeutet nicht, daß es dem Rundfunkredakteur und dem Hausbesitzer mit ihren Bürgeraktionen nicht ernst ist. Noch weniger bedeutet es, daß diese Bürgerinitiativen nicht einen ernsten Sinn haben. Sinn und Unsinn liegt bei den meisten Bürgerinitiativen nahe beieinander.

Gruppenegoismus, Lokalpatriotismus, Heimatsentimentalität, irrationale Fortschrittsangst: sehr vielen, vielleicht den meisten Bürgerinitiativen läßt sich etwas davon nachsagen. Aber ganz abgesehen davon, daß sich für alle diese Gefühle auch weniger abschätzige Bezeichnungen finden lassen: Wenn sie so massenhaft und so leidenschaftlich auftreten wie in der Bundesrepublik in den letzten Jahren, werden sie einfach ein Machtfaktor, den nur technokratischer Übermut mißachtet. Gegen jede einzelne Bürgerinitiative mögen sich überlegene Argumente ins Feld führen lassen. In ihrer Gesamtheit sind sie selbst ein überlegenes Argument — unwiderlegbar, einfach weil sie etwas anzeigen, wogegen nicht anzukommen ist, nämlich Grenzen der menschlichen Anpassungsfähigkeit. Die menschliche Anpassungsfähigkeit ist in diesem Lande im Begriff, durch das Tempo der technischen Umweltveränderung überfordert zu werden. Noch äußert sich das nur in einer Art von gutartigem nervösen Ausschlag. Wie es sich eines Tages äußern könnte, wenn man achtlos darüber hinweggeht, daran möchte man lieber nicht denken.

Kurt Sontheimer

Bürgerinitiativen — Versuch einer Begriffsbestimmung

I. Entstehung

In der demokratischen Ordnung haben die Bürger grundsätzlich das Recht, sich zur Verfolgung gemeinsamer Interessen und Ziele zusammenzuschließen und diese in ihnen geeignet erscheinenden Organisationsformen in der Öffentlichkeit zu verfolgen. Trotz dieser klaren Rechtslage wurde in der Bundesrepublik — über den Bereich normaler Vereins- und Verbandsbildung hinaus — bis gegen Ende der sechziger Jahre von der Möglichkeit nur selten Gebrauch gemacht, durch das organisierte Zusammenwirken von Bürgern in zweckentsprechenden Gruppen oder Vereinigungen auf politische oder administrative Entscheidungen Einfluß zu nehmen. Versuche einer direkten Einflußnahme von betroffenen (oder mit den Betroffenen sympathisierenden) Bürgern auf solche Entscheidungen waren vor 1970 eher die Ausnahme. Die politischen Entscheidungen auf allen Ebenen kamen in aller Regel ohne die direkte Beteiligung von Bürgern zustande, und zwar durch das von den Bürgern eher abstrakt als bewußt legitimierte repräsentative System politischer, administrativer und verbandlicher Entscheidungsträger.

Während in anderen westlichen Ländern, vor allem in den USA, das Phänomen spontaner Gruppenbildung von interessierten Bürgern zur Verfolgung bestimmter sozialer und politischer Zwecke bzw. zur Abwehr bestimmter Maßnahmen von seiten der Behörden schon seit langem relativ verbreitet ist, stellen wir in der Bundesrepublik derartige Bürger-Aktivitäten in einem politisch relevanten Ausmaß erst seit Beginn der siebziger Jahre fest. Man hat dafür die Bezeichnung *Bürgerinitiativen* (BI) gefunden, die sich schnell durchgesetzt hat und spätestens Mitte der siebziger Jahre nicht nur als Generalnenner für Tausende von organisierten Bürger-Aktivitäten in der BRD firmiert, sondern auch zu einem Schlüsselbegriff der auf mehr Partizipation und Demokratisierung gerichteten politischen Gesamtströmung unserer Gegenwart geworden ist.

Das Wort BI selbst ist vermutlich aus der Übertragung des erstmals vor der Bundestagswahl 1969 geprägten Terminus „Wählerinitiative" auf vergleichbare Unternehmungen von Bürgern hervorgegangen. In einer *Wählerinitiative* (deren Prototyp vor 1969 durch den Schriftsteller Günter Grass im Zusammenwirken mit anderen Schriftstellern, Intellektuellen und Künstlern zugunsten der SPD ins Leben gerufen wurde) finden sich meist parteiunabhängige Persönlichkeiten vornehmlich aus den o. a. Berufsgruppen mit der Absicht zusammen, ihr Prestige und ihre evtl. Popularität zugunsten der Wahl einer bestimmten politischen Partei in die Waagschale zu werfen. Wählerinitiativen gab es in der BRD schließlich für alle großen politischen Parteien, nicht nur für die SPD. Dadurch hat sich der 1969 zugunsten der SPD und Willy Brandts noch deutlich wirksame Überraschungseffekt solcher Initiativen in der Folge wieder abgeschwächt, zumal da sich heute diese Initiativen eher gegenseitig neutralisieren.

Die ungezählten BI haben den schleichenden politischen Gewichtsverlust der Wählerinitiativen inzwischen mehr als wettgemacht. Sie sind mittlerweile zu einer maßgeblichen Erscheinung in der demokratischen Politik der Bundesrepublik geworden. Die zunehmende Verbreitung von BI in der Bundesrepublik ist ohne die Wandlung des politischen Bewußtseins durch die studentische Protestbewegung und ohne die von ihr ausgelöste allgemeine Tendenz, die Rechte des Bürgers, insbesondere von Minderheiten, gegenüber dem Staat entschiedener, ja radikal zu vertreten, kaum erklärbar. Es ist darum nicht zufällig, daß gerade die zersplitterten Reste der von 1967 bis 1969 so starken studentischen Außenparlamentarischen Opposition (vor allem die sog. K-Gruppen) in den BI, wegen des in ihnen schlummernden potentiell anarchischen Elements, geeignete Ansatzpunkte für ihre z. T. verfassungsfeindliche, gelegentlich auch die Gewalt als Mittel nicht scheuenden politischen Zielsetzungen sehen.

II. Charakter und Problematik

Genaue Angaben über die Zahl der vorhandenen BI in der Bundesrepublik gibt es nicht. Da BI ihrer Natur nach keine auf Dauer angelegten Organisationen sind, sondern sich in der Regel zur Erreichung eines bestimmten Ziels oder zur Abwehr einer bestimmten Maßnahme bilden, ohne daß sie eine festgefügte organisatorische Form annehmen, ist ihre Zahl schwankend und empirisch schwer zu bestimmen. Es gilt jedoch als wahrscheinlich, daß in der Bundesrepublik z.Zt. (1978) mehrere tausend BI existieren. Einer Umfrage zufolge waren 1976 nur etwa ein Sechstel von ihnen auf dem Gebiet des Umweltschutzes tätig, obwohl BI mit dieser Zielsetzung die größte politische Bedeutung gewonnen und einen Bundesverband der BI Umweltschutz (BBU) gegründet haben. Die übrigen BI befaßten sich (in der Reihenfolge der Häufigkeit) mit 1. Kindergärten und Spielplätzen, 2. Verkehr, 3. Schule, 4. Stadtentwicklung und -sanierung, 5. Randgruppen, 6. kulturellen Fragen, 7. Jugendfragen.

Die einzelnen BI reichen von aktiven Kleingruppen und Kleinstgruppen bis zu Initativen, die Hunderte, ja Tausende von Betroffenen und Interessierten zusammenfassen. In ihnen sind sog. „Akademiker" am stärksten vertreten, während die Arbeiter vergleichsweise wenig für BI zu engagieren sind. Es handelt sich also vorwiegend um Personen, die soziologisch dem Mittelstand zuzurechnen sind.

Spezielle rechtliche Regelungen für BI gibt es nicht. Wo sie sich als Verein organisieren, unterliegen sie dem Vereinsrecht, für ihre demonstrativ nach außen gerichteten Aktivitäten gelten die Regelungen des Versammlungs- und Demonstrationsrechts etc. Aus der Sicht der Politik und Verwaltung, gegen deren Handeln oder Unterlassen sich BI in der Regel wenden, erscheinen die BI meist als typische Vertreter partikularer Interessen, wobei die Politiker und Beamten in der Regel für sich in Anspruch nehmen, als Vertreter des höherrangigen Allgemeininteresses aufzutreten. Diese Unterscheidung trifft jedoch für viele BI nicht wirklich zu. Auch wenn eine BIU sich gegen ein bestimmtes Projekt, z.B. den Bau eines Kernkraftwerkes, wendet, vertritt sie mit ihrer auf das einzelne Objekt gerichteten Initiative gleichwohl ein prinzipiell allgemeines Interesse, nämlich das an der Erhaltung und dem Schutz der Umwelt. Insofern sind die von vielen BI verfolgten Interessen „inklusiv" (Mayer-Tasch), d. h. konkret vertretene Partikularinteressen vermischen sich untrennbar mit Interessen allgemeiner Natur.

Die soziale Bewegung der BI hätte vermutlich in den letzten Jahren nicht die politische Bedeutung gewinnen können, die sie insbesondere im Zusammenhang mit dem Kampf gegen den Bau von Atomkraftwerken (Wyhl, Brokdorf) erlangt hat, wenn die Entscheidungen und Planungen der zuständigen Organe die konkreten Interessen der Bürger, wie sie sich in solchen Initiativen artikulieren, entweder ausreichend berücksichtigt oder die Betroffenen angemessen in den Entscheidungsprozeß einbezogen hätten. Zwar gilt die von den Politikern gern vorgetragene Rechtsauffassung, daß den Bürgern das Recht auf Artikulation ihrer Interesssen zustehe, nicht jedoch das Recht, selbst zu entscheiden und die zuständigen staatlichen Instanzen an der Ausübung ihrer Verantwortung für die Allgemeinheit zu hindern, aber erst der Umfang und die Intensität der BI-Bewegung haben auch den politischen Parteien und staatlichen Verwaltungen zum Teil die Augen dafür geöffnet, daß ihr Handeln und ihre Entscheidungspraxis gewisse demokratische Defizite aufweisen. Andernfalls würden sich die Bürger nicht in wachsendem Maße mobilisieren lassen, um gegen die behördliche Verwaltungs- und Planungspraxis und deren Entscheidungen Front zu machen. Die BI sind insofern ein Symptom für das teilweise Fehlen der von den Politikern immer wieder beschworenen *bürgernahen Verwaltung*; sie sind darüber hinaus in vielen Fällen die legitimen Vertretungen von Interessen, die durch das ziemlich festgeknüpfte Netz des etablierten Systems des sozialen Pluralismus und eines bloß aus „Volksparteien" zusammengesetzten Parteiensystems hindurchzufallen drohen.

Zwar gibt es manche BI, die sich damit zufrieden geben, die mögliche Beeinträchtigung ihrer eigenen Interessen durch staatliche Maßnahmen von sich auf andere abzuwälzen, so daß manchmal die Gefahr besteht, daß diejenigen obsiegen, die sich am lautesten vernehmbar machen und demonstrative Konflikte mit den Behörden provozieren können, aber in der Gesamteinschätzung des Phänomens der BI wird man nicht übersehen können, daß es sich in den meisten Fällen um Gruppen handelt, in denen die Bürger nichts anderes tun, als ihre demokratischen Rechte bis zum äußersten in Anspruch zu nehmen. Deshalb gibt es auch kaum prinzipiell ablehnende Äußerungen von Parteipolitikern zum Phänomen der BI als ganzem, wohl aber zu einzelnen ihrer Aktivitäten und Gruppen.

Die um sich greifende Bewegung der BI deutet nicht nur auf eine stärkere Sensibilisierung der Bevölkerung gegenüber einem von machtvollen wirtschaftlichen und bürokratischen Interessen dirigierten Verwaltungs- und Planungsstaat, was jetzt den Regierenden und Verwaltenden das Handeln zweifellos schwerer macht als früher, sie ist auch ein Indiz dafür, daß die politischen Parteien als „Volksparteien" mit stark bürokratischen Tendenzen vielfach nicht mehr als wirksame Vermittler zwischen Volk und Staat fungieren. Die BI füllen gewissermaßen die Nischen aus, die von der großflächigen und machtorientierten Interessenwahrnehmung der Parteien und Großverbände nicht richtig abgedeckt werden. Insofern sind sie, bei aller Engstirnigkeit und Kompromißlosigkeit, die ihnen vielfach anhaftet, eine legitime und oft auch notwendige Ergänzung der herrschenden parteien- und verbändestaatlichen Demokratie.

BI haben in zahlreichen Fällen die Mangelhaftigkeit und rechtsstaatliche Anfechtbarkeit administrativer und planerischer Entscheidungen offenbart. Ihre Präsenz zwingt heute die politischen und administrativen Organe zu größerer Sorgfalt und zu strikterer Wahrung der rechtsstaatlich gebotenen Wege und auch Umwege. Auch dem vermeintlichen Sachverstand der Exekutive haben die BI in zahlreichen Fällen zu trotzen vermocht, so daß die Bewegung insgesamt zu einer Aufweichung technokratischer Tendenzen in unserer Ordnung beitragen könnte.

Da die Bewegung der BI erst Mitte der siebziger Jahre, vor allem auf dem Gebiet des Umweltschutzes, zu einem maßgeblichen Faktor in der deutschen Politik geworden ist, verbietet sich eine abschließende Würdigung ihrer Bedeutung für das politische System der BRD. Es ist jedoch zu vermuten, daß das Unbehagen über den bürokratischen Parteien- und Verbändestaat der Bundesrepublik in Teilen der Bevölkerung auch in Zukunft lebendig bleiben wird, so daß mit den BI auch in nächster Zukunft als einem neuen Element im politischen System der BRD gerechnet werden muß, um so mehr, als manche von ihnen mit radikalen politischen Gruppen durchsetzt sind, die keine Anstrengung scheuen, das etablierte Machtgefüge zu erschüttern.

Udo Bermbach

Bürgerinitiativen gegen den Parteienstaat?

Im Sommer 1977 gab es in der Bundesrepublik Deutschland etwa 50 000 Bürgerinitiativen, die insgesamt mehr Mitglieder mobilisieren konnten als alle politischen Parteien zusammen.[1] Davon waren rund 1000 Bürgerinitiativen mit weit über 300 000 Einzelmitgliedern überregional im „Bundesverband Bürgerinitiative Umweltschutz" (BBU) zusammengeschlossen,[2] der neben einer Reihe anderer überregionaler Zusammenschlüsse von Initiativen gegenwärtig größten und bedeutendsten Dachorganisation westdeutscher Bürgerinitiativen, die mit spektakulären Aktionen gegen geplante Bauvorhaben von Kernkraftwerken in Whyl, Brokdorf und Grohnde gezeigt hatte, daß sie für die etablierten politischen Parteien zu einem ernstzunehmenden politischen Faktor geworden war.

Die täglichen Meldungen in Presse, Rundfunk und Fernsehen über Aktivitäten von Bürgerinitiativen zeigen an, daß sich die politische Landschaft der Bundesrepublik während der letzten Jahre erheblich gewandelt hat. Sie deuten darauf hin, daß sich politische Willensbildung der Bevölkerung, auch der Versuch, wichtige Entscheidungen vor allem infrastruktureller Art zu beeinflussen, mehr und mehr spontaner Organisationsformen bedienen, die in gewisser Weise außerhalb des traditionellen Institutionengefüges von Regierung, Parteien und Verbänden stehen, diese aber in ihren Absichten und Handlungsmöglichkeiten nachhaltig mitbestimmen. Für gewählte Politiker ist damit ein Faktor in die Politik gekommen, der nur schwer kalkulierbar scheint, weil er weder personell noch inhaltlich immer eindeutig definiert werden kann, der deshalb auch möglichst rasch unter Kontrolle gebracht werden muß. „Erkennt man ihre (die Bürgerinitiativen, U.B.) Berechtigung grundsätzlich an — und das wird notwendig sein —", heißt es in einer typischen Stellungnahme eines Kommunalpolitikers, „so kommt es darauf an, diesen kommunalpolitischen Wildwuchs in einen geregelten Rahmen zu überführen und die mehr und mehr gefährdete Rechtssicherheit wiederherzustellen, mit anderen Worten: die Einrichtung der Bürgerinitiativen zu institutionalisieren".[3]

Noch Mitte der sechziger Jahre galt für die Bundesrepublik das Bild vom ,unpolitischen Deutschen', jenem Wohlstandsbürger, der mit seiner konsumorientierten Wirtschaftsmentalität das politische Geschäft den dafür Gewählten zu überlassen bereit war. Nach einer Repräsentativumfrage bekundeten 1962 etwa 60 % der Befragten ihr politisches Desinteresse, und noch 1967 wurde diese Zahl als gültig betrachtet.[4] Aber bereits Anfang der siebziger Jahre gab es erkennbare Verschiebungen. So meinten 1971 55 % der Befragten einer Repräsentativerhebung, politische Einflußnahme sei wichtig, und etwa 78 % waren bereit, sich gegebenenfalls politisch zu aktivieren.[5] 1973 ergaben Umfragen, daß zwischen 3 % und 12 % aller Bürger der Bundesrepublik in Bürgerinitiativen mitgearbeitet hatten bzw. noch mitarbeiteten, daß 34 % zur Mitarbeit bereit waren. 60 % eine solche Mitarbeit politisch für sinnvoll erachteten und sogar 67 % den Bürgerinitiativen einen erheblichen politischen Einfluß zuerkannten.[6]

Wie immer solche Zahlen interpretiert werden mögen, in ihnen kommt zum Ausdruck, daß die prinzipielle Zustimmung zur Verfassungsorganisation der Bundesrepublik von der Bevölkerung nicht blind gegeben wird. Sie ist verbunden mit Erwartungen, die sich vereinfacht als Forderungen nach mehr Partizipation, mehr direkter Mitsprache und Mitbeteiligung am Willensbildungs- und Entscheidungsprozess verstehen lassen, auch als Indikator dafür, daß das bestehende Parteiengefüge offensichtlich nicht mehr oder doch nur sehr schwer in der Lage ist, zentrale bürgerliche Bedürfnisse zu befriedigen. ,,Verstärkter Problemdruck" und ,,beschränkte Problembewältigungskapazität der Parlamente und Parteien"[7] sind freilich nicht nur ein spezifisch deutsches Phänomen. Parlamentarische Minderheitenkabinette etwa in England und Italien, in fast allen westlich-kapitalistischen Staaten die Schwierigkeit, nach Wahlen aktionsfähige Regierungen zu bilden, Tendenzen zur Etablierung von ,Negativ-Parteien' wie die von Glistrup in Dänemark, die der Ökologisten in Frankreich und möglicherweise auch in der Bundesrepublik[8] machten deutlich, daß die parteipolitische Organisation

tradierter Positionen wie: sozialdemokratisch, liberal oder auch
konservativ wohl nicht mehr ausreicht, um die als relevant em-
pfundenen gesellschaftlichen wie staatlichen Probleme über die
jeweils entsprechenden Organisationen kanalisieren und steuern zu
können. Die „Überforderung der Parlamentarier und Regierungsmitglieder durch die Fülle und Reichweite staatlicher (wohl auch
gesellschaftlicher, U.B.) Aufgaben, für die sie politisch Verantwortung zu übernehmen haben",[9] ist ebenso evident, wie die Antwort
zweifelhaft, dies resultiere lediglich aus der gewachsenen Komplexität industrieller Systeme,[10] sei also kein Funktionsverlust der
zentralen Entscheidungsorganisationen im parlamentarischen System.
Eher liegt die Vermutung nahe, daß dort, wo Organisationen Probleme nicht mehr zu erkennen vermögen oder erkannte Probleme
als unlösbar erachten, strukturelle Bedingungen für solche Einsicht
bzw. solches Verhalten mitentscheidend sind.

Der oben skizzierte politische Mentalitätswandel vollzog sich im
Rahmen allgemeinerer politischer Veränderungen. Die im Dezember 1966 gebildete große Koalition aus CDU/CSU und SPD hatte in
weiten Teilen der Bevölkerung das Gefühl entstehen lassen, daß
nunmehr ein ‚Parteienkartell' ohne wirksame Opposition in der
Bundesrepublik dominiere, und nichtzuletzt daraus bezogen die
ersten Ansätze einer außerparlamentarischen Opposition ihre politische Kraft. Die gleichzeitig entstehende Studentenbewegung artikulierte, als sie über die Universitäten hinausgriff, eine Vielzahl von
Bedürfnissen, die auch als allgemeine, gruppenübergreifende interpretiert wurden: mangelhaftes Bildungssystem, fehlender Umweltschutz bei immer weiter vorangetriebener Industrialisierung und Zer-
gliederung der Landschaft, autoritäre Strukturen in Familie und Gesellschaft, in Betrieb und Politik, Verkrustung des Parteiensystems
und Immobilismus der politischen Führungseliten. Hinzu kamen
erste Anzeichen einer beginnenden Wirtschaftskrise, Probleme der
Ressourcenverknappung sowie die Diskussion um eine Begrenzung
des wirtschaftlichen Wachstums. Zugleich entwickelte die Studentenbewegung — vielfach nach amerikanischem Vorbild — ein bis dahin unbekanntes Instrumentarium direkter politischer Auseinandersetzung in Form von Demonstrationen, Go-ins, Sit-ins und längeren
Besetzungen von Gebäuden, Straßenblockaden und Zeitungsboykott,
dessen dauernde, oft überraschende Anwendung zur tiefgreifenden

Verunsicherung des gegebenen Organisationsrahmens der Bundesrepublik in einem mehr als punktuellen Sinne führte.

Zu Beginn der siebziger Jahre haben Bürgerinitiativen, die damals erst vereinzelt auftraten,[11] vor allem im kommunalen Bereich solche Techniken der studentischen Bewegung mehr und mehr übernommen. Sie haben damit erstmals in einem erheblichen Ausmaß die „Administration vor das Problem des Legitimitätsverlustes und die administrative Aufgabe der Massenverhaftung"[12] gestellt — eine Situation, der gegenüber viele Politiker deshalb unsicher reagierten, weil die Mitglieder von Bürgerinitiativen sehr viel schwerer zu kriminalisieren waren als die der studentischen Bewegung. Von Anfang an wurde deshalb versucht, Bürgerinitiativen als positive Erscheinungen innerhalb des politischen Gesamtsystems zu begreifen, „weil die Bürgerinitiativen insgesamt zu einer Stärkung der Wachsamkeit, des Leistungswillens der vom Volk gewählten Vertretung und der Verwaltung gegenüber der Gesamtheit der Bürgerschaft führen und dieses in den allgemeinen Wahlen auch zum Ausdruck kommen wird".[13] Gleichzeitig gab es Tendenzen, jene Bürgerinitiativen, die systemstrukturelle Reformen und Veränderungen forderten, als von Linksradikalen unterwanderte zu disqualifizieren, sie aus der Legalität zu verdrängen oder zu argumentieren, daß sie keine allgemeinen sondern nur partikulare Interessen vertreten würden.[14]

Die scheinbar widersprüchliche Haltung von Politikern wie Verwaltungen gegenüber einem neuen politischen Phänomen entsprang einer sachlichen Schwierigkeit: unter dem Namen Bürgerinitiative traten nämlich unterschiedliche, ihrer Qualität wie ihrem politischen Selbstverständnis nach heterogene Bürgeraktivitäten auf, die nicht leicht auf einen gemeinsamen Nenner zu bringen waren. So gab es Aktivitäten etwa zur Verbesserung der Lage von Obdachlosen und anderen randständischen Gruppen, gegen den Bau von riesigen Hotelkomplexen in Erholungsgebieten, gegen die Veränderung von Stadtteilen entweder durch Abriß von Altbauten und deren Ersetzung durch Neubauten mit häufig gewerblicher Nutzung oder aber durch den Ausbau von Straßen, die die ‚autogerechte Stadt' mitschaffen sollten; Aktivitäten aber auch gegen Großflughäfen in München und Hamburg, gegen Industrieansiedlungen in Wohnbereichen, gegen den Bau von Kernkraftwerken und ähnliches mehr.[15] Die gewiß unvollständige Aufzählung zeigt zweierlei: neben der Breite der selbstge-

stellten Aufgaben vor allem dies, daß die Bürgerinitiativen ursprünglich ‚gegen‘ etwas auftraten, daß sie gegen Vorhaben, Planung, getroffene Entscheidungen sich organisierten, daß sie etwas verhindern
wollten. Dies hat sich während der Entwicklung der letzten Jahre
teilweise geändert: in dem Maße, wie Bürgerinitiativen mehr und
mehr in der Öffentlichkeit als selbstverständlich, als Teile des politischen Systems empfunden wurden, haben sie selbst auch Initiativfunktionen übernommen, ausgebliebene Entscheidungen und Ver-
säumnisse zum Anlaß eigener Vorschläge genommen. Zunehmend
spielen sie daher heute auch eine aktive Rolle im politischen System,
sind sie in bestimmten politischen Bereichen, etwa der Umwelt —
und Energiepolitik zum eigentlichen Innovationspotential geworden,
das den politischen Parteien, auch den Gewerkschaften und Verbänden oftmals überlegen ist.

Gelegentlich ist aus der empirischen Vielfalt der Erscheinungsformen von Bürgerinitiativen geschlossen worden, jeder Versuch „ein
in sich abgerundetes und stimmiges Bild ‚der‘ Bürgerinitiative zu
entwerfen", jede „Reduktion auf eine allgemeine Theorie"[16] sei von
vornherein zum Scheitern verurteilt. Doch zeigen entgegen dieser Annahme die mittlerweile vorliegenden empirischen Untersuchungen,[17]
daß es gemeinsame strukturelle Merkmale hinsichtlich von Organisation, Zielfestsetzung, Handlungsraum und strategischer Umset-
zungsabsicht gibt, die auch Generalisierungen erlauben.

So stimmen die vorliegenden Untersuchungen darin überein, daß
Bürgerinitiativen vorwiegend aufgrund konkret erfahrbarer Mangel-
situationen im Reproduktionsbereich entstehen, das heißt, sie werden von Personen gegründet, die entweder mit getroffenen oder
aber ausgebliebenen Entscheidungen unzufrieden sind, wobei die
damit gegebene persönliche Betroffenheit direkt den privaten Lebensbereich tangiert.[18] Dementsprechend arbeiten die meisten Bürgerinitiativen in Aktionsbereichen wie Wohnen (einschließlich Stadtplanung und Sanierung 40 %), Bildung (16 %), Umweltschutz (15 %),
Verkehrs-, Regional- und Industrieplanung (12 %) — überwiegend
also auf kommunaler Ebene,[19] weil hier offensichtlich die politischen
Entscheidungsstrukturen wie die Akteure eher faßbar erscheinen
als in überregionalen und sachlich weniger abgrenzbaren Bereichen.[20]

Bereits diese Zahlen geben einen ersten wichtigen Hinweis. Sie
deuten darauf hin, daß subjektiv empfundene materielle Betroffen-

heit organisationsauslösend wirkt, daß dementsprechend — so kann vermutet werden — jene Bürger auf administrativen wie politischen Leistungsausfall reagieren, die die mangelhafte Versorgung mit kollektiven Gütern als Verletzung wohl erworbener ‚Bürgerrechte' begreifen und darüberhinaus den festgestellten Mangel als prinzipiell behebbar interpretieren. Beides aber ist typisch für die Bewußtseinslage und politische Grundhaltung eines mittelständischen Bürgertums, das auch die traditionellen Institutionen weitgehend beherrscht, und dies wird durch die soziale Zusammensetzung der Mehrheit der Bürgerinitiativen auch bestätigt: 47 % der aktiven Mitglieder solcher Initiativen zählen zu den freien Berufen, 31 % sind Angestellte, 28 % zählen zum Erziehungsbereich, 31 % sind noch in der Ausbildung befindlich (Schüler, Lehrlinge, Studenten), d.h. etwa 2/3 aller Mitglieder von Bürgerinitiativen sind Angehörige der gehobenen Mittelschicht,[21] wobei diese Angaben nicht für jene Initiativen gelten können, die sich im Umweltschutz-/Kernenergiebereich betätigen. Denn hier liegt zum einen der Anteil der ländlichen Bevölkerung sehr viel höher, zum anderen haben die Initiativen das Problem, sich von überregional agierenden radikalen kommunistischen Gruppen, die primär auf gewaltsame Auseinandersetzung mit dem kapitalistischen Staat ausgehen, abzugrenzen.[22]

Aus der sozialen Struktur, der überwiegend bürgerlichen Zusammensetzung der Initiativen kann freilich nicht geschlossen werden, daß diese nur punktuelle Eigeninteressen vertreten — wie dies aus zumeist leicht durchschaubaren politischen Gründen allzu oft getan worden ist.[23] Die angegebene soziale Zusammensetzung erklärt sich zunächst einmal daraus, daß bereits vor der organisatorischen Bindung in einer Bürgerinitiative ein Mindestmaß von politischem Bewußtsein vorhanden sein muß, und zwar sowohl hinsichtlich des sachlichen Problemfeldes, das die zu gründende Bürgerinitiative anzugehen beabsichtigt, wie auch bezogen auf die organisationsinternen und gruppenpsychologischen Prozesse, die mit der Gründung einer Initiative zwangsläufig verbunden sind — Voraussetzungen, die angesichts besserer materieller Ausgangsbedingungen bürgerlicher Schichten (hoher Bildungsstand, hohes Informations- und Artikulationsvermögen, berufliche Unabhängigkeit) von diesen eher zu realisieren sind als von sozial unterprivilegierten. Doch zeigt gerade die Entwicklung der letzten Jahre, daß die Mehrzahl der Bürgerinitiati-

ven, vor allem solche im Umweltbereich, im Bereich von Stadt-,
Verkehrs- und Regionalplanung, die als allgemeine betrachtet werden, und solches erfährt seine Bestätigung in der wachsenden Zustimmung zu Bürgerinitiativen seitens der Bevölkerung. „Das Wissen
um zahllose Gefährdungen der psychischen und physischen Integrität des Menschen durch Fehlentwicklungen unserer technisierten
Kultur senkt gerade bei den in den Bürgerinitiativen überrepräsentierten (und nicht durch wahlpolitische Erwägungen korrumpierten)
Angehörigen der Bildungsschichten die sozial-politische Reaktionsschwelle und eröffnet somit die Möglichkeit (vergleichsweise) frühzeitiger Initiierung von Gegenmaßnahmen".[24] Dies läßt sich prinzipiell auch nicht mit dem Hinweis einschränken, daß gelegentlich
Bürgerinitiativen ihre Entstehung oder Fortexistenz dem (finanziel-
len) Wohlwollen von Parteien, Verwaltungen oder privaten Unternehmern verdanken,[25] weil — gemessen an der Gesamtzahl gegenwärtig arbeitender Bürgerinitiativen — es sich hier um einen ver-
schwindend kleinen Bruchteil handelt.[26]

So läßt sich vielleicht feststellen, daß unter Bürgerinitiativen jene
autonomen Selbstorganisationen von Bürgern zu verstehen sind, die
— sachlich, zeitlich, räumlich und sozial begrenzt — aufgrund subjektiv empfundener Leistungsdefizite der politischen Administration,
aufgrund auch mangelhafter Interessensvertretung durch die politischen Parteien beziehungsweise Verbände auf öffentliche Beteiligung am Willensbildungs- und Entscheidungsprozess ausgehen, damit
zugleich aber auch intendieren, komplex gestufte Prozesse politisch-
administrativer Entscheidungsfindung an aktivere gesellschaftliche
Spontangruppen rückzubinden.[27]

Ursprünglich haben Bürgerinitiativen sich jenes Instrumentariums
zur Durchsetzung ihrer Ziele bedient, das — wie schon erwähnt — im
wesentlichen der studentischen Bewegung entliehen worden war. Die
damit einhergehende Konfrontationsstrategie, oftmals verbunden
mit dem Angebot auf Zusammenarbeit, setzte hauptsächlich auf Aufklärung der Öffentlichkeit, auf demonstrativen Nachweis der sachlichen Überlegenheit gegenüber politisch-administrativen Institutionen, auf Mobilisierung der öffentlichen Meinung und der Massenmedien in der Absicht, auf solche Weise die angegriffenen Handlungsträger unter Reaktions- und Legitimationszwang setzen zu
können. Indessen hat dieses Konzept nur begrenzten Erfolg gebracht.

Es hat sich sehr bald gezeigt, daß mit dem Höchstmaß an Konfrontation auch ein entsprechend hoher Grad politischen Nichterfolges einherging, daß umgekehrt die Vermehrung der Kontakte zur Verwaltung zugleich auch die Erfolgsaussichten der Initiativen ansteigen ließ.[28] Dennoch ist insgesamt hinsichtlich solchen Erfolges Skepsis angebracht.

Wenn gelegentlich festgestellt worden ist, daß nur etwa 10 % aller Bürgerinitiativen sich selbst als erfolgreich bezeichnen, dagegen 56 % allenfalls Teilerfolge erzielen konnten, 23 % sogar sich als gescheitert empfanden,[29] so hat dies vielfache Ursachen, die hier im einzelnen nicht erörtert werden können. Die vielleicht wichtigste hängt damit zusammen, daß Bürgerinitiativen ihren zentralen Adressaten in der Verwaltung sehen, deshalb auch immer bemüht waren, zu den verschiedenen Verwaltungsbehörden primär des kommunalen Bereichs gute Kontakte zu pflegen, wenn möglich − oft unter Androhung externer Mobilisierung − mit ihnen zusammenzuarbeiten.[30] Umgekehrt haben aber Verwaltungen aufgrund ihrer besseren personellen, materiellen wie auch zeitlichen Ressourcen immer die Möglichkeit gehabt, Kooperationsbereitschaft von Bürgerinitiativen entweder in ihrem Sinne zu funktionalisieren oder aber die Mobilisierungsdrohung auf andere Handlungsebenen und andere Handlungsträger des politischen Systems abzulenken. Vor die Wahl gestellt, gegen die eigene Intention durch Zusammenarbeit letztlich Verantwortung für administrativ entschiedene Projekte mitübernehmen zu müssen oder aber zwischen den sicherlich häufig nur schwer durchschaubaren Kompetenzbereichen hindurchzufallen, haben die meisten Bürgerinitiativen inzwischen gelernt, zum einen ihre rechtlich bereits gegebenen Partizipationsmöglichkeiten besser und effektiver als bisher zu nutzen, zum anderen durch eine immer häufigere Einschaltung der Gerichte politische Entscheidungen zu blockieren oder − durch die Androhung einer juristischen Blockade − materiell zu beeinflussen.

Das Grundgesetz, die Länderverfassungen, vor allem aber die Gemeindeordnungen sehen eine Reihe von Mitwirkungsmöglichkeiten der Bürger vor, die allerdings vom Einzelnen nur selten und dann wenig effektiv genutzt werden können.[31] Meinungsfreiheit und Recht auf Information (Art. 5 GG), Versammlungsfreiheit und das Recht, Vereine und Gesellschaften zu bilden (Art. 9 GG), Petitions-

freiheit (Art. 17 GG) und die Pflicht der Parlamente, Eingaben zur
Kenntnis zu nehmen; in einzelnen Länderverfassungen etwa das
Recht auf Volksbegehren und Volksentscheid (z. B. Art. 74 der
Bayerischen Verfassung), nichtzuletzt die garantierte Verfassungs-
und Verwaltungsgerichtsbarkeit sind Ansatzpunkte auch für Bürgerinitiativen. Wichtiger jedoch als diese Regelungen für die unmittelbare Beeinflussung politischer Entscheidungen sind die jeweiligen
Bestimmungen der verschiedenen Gemeindeordnungen. So sieht
etwa die bayerische Gemeindeordnung vor, daß innerhalb eines Jahres
eine Bürgerversammlung einberufen werden kann, die ihrerseits in
wichtigen politischen Fragen, die Kommune betreffend, an den Gemeinderat Empfehlungen geben kann, welche dieser innerhalb einer
bestimmten Frist zu behandeln hat. Ähnliche Bestimmungen gibt es
in den Gemeindeordnungen von Rheinland-Pfalz und Baden-Württemberg, in dessen Gemeindeordnung überdies noch der Bürgerentscheid vorgesehen ist. Nichtzuletzt unter dem Eindruck der Aktivitäten von Bürgerinitiativen hat es inzwischen auch auf verschiedenen
Ebenen des politischen Systems Ansätze zu einer Einbeziehung von
Bürgerinitiativen in den Planungsprozeß gegeben, so z. B. in jenen
Bestimmungen des Bundesbaugesetzes und Städtebauförderungsgesetzes, das für Bauplanungen wie Städtesanierung die öffentliche
Auslegung von Plänen, deren Diskussion sowie zwingend die An-
hörung von Betroffenen im Falle von Sanierungsvorhaben vorsieht.
In ähnliche Richtung weisen Bestimmungen, die etwa bei Errich-
tung von Müllverbrennungsanlagen, Industrieansiedlungen oder
Kraftwerkplanungen im Rahmen des Genehmigungs- und Planfest-
stellungsverfahrens zwingend eine Auslegung und die Einsprache-
möglichkeiten vorsehen.

Die hier gegebenen Hinweise auf bestehende Mitwirkungsmöglichkeiten sind gewiß nicht vollzählig; aber sie deuten doch an, wo
Bürgerinitiativen — und dies zunehmend stärker — gegenwärtig ansetzen, um ihre Vorstellungen zu realisieren. Vor allem die Gerichtsbarkeit spielt in diesem Zusammenhang der verstärkten Ausschöpfung
aller rechtlichen Möglichkeiten eine immer bedeutendere Rolle. Bei
nahezu allen Bauvorhaben von Kernkraftwerken ist es während der
letzten Jahre durch Rechtseinsprüche von Bürgerinitiativen entweder
zu verzögertem Baubeginn oder zur Unterbrechung bzw. längerfristi-
gen Stillegung bereits begonnener Bauabschnitte gekommen. Die in

diesem Feld hohen Mobilisierungsraten,[32] verbunden mit der Inanspruchnahme aller rechtlichen Einwirkungsmöglichkeiten, haben
insgesamt in diesem politischen Teilbereich zu erstaunlichen Erfolgen geführt und dürften auch Anlaß dafür sein, daß in einzelnen
Bundesländern mittlerweile ein institutionalisiertes Mitspracherecht
von Bürgerinitiativen erwogen wird,[33] in der Absicht sicherlich, diese von vornherein in den Planungsprozess besser einzubeziehen und
damit funktional zu integrieren, um später mögliche Störungen — die
ja teuer sind — rechtzeitig auszuschalten.

Eine solche Institutionalisierung freilich ist nicht unproblematisch.
Denn in aller Regel sind Bürgerinitiativen aufgrund ihres spontanen
Zusammenschlusses, auch aufgrund der Tatsache, daß sie ein bestimmtes Problem lösen wollen und darüberhinausgehende Ziele
kaum verfolgen, nur locker organisiert. So arbeiten etwa 53 % aller
Initiativen ohne feste organisatorische Regelungen, 12 % haben solche Regelungen, sind aber keineswegs bereits strikt durchorganisiert,
vergleichbar etwa politischen Parteien. Nur 23 % arbeiten als einge-
tragene Vereine. Sieht man von diesen einmal ab, so finden sich
organisationstypisch zumeist drei Ebenen: ein engerer Führungskreis
bestehend aus nur sehr wenigen Personen (3 bis 5); ein weiterer Ver-
fügungskreis, der kontinuierlich mitarbeitet, selten aber eigene Initiativen entwickelt; und schließlich ein ungleich größerer Sympathi-
santenkreis, der das eigentliche Mobilisierungspotential darstellt.[34]
Die Mehrheit der Bürgerinitiativen besteht für 3 bis 8 Jahre. Interessant ist in diesem Zusammenhang vielleicht noch, daß etwa 25 %
aller Initiativen politische Entscheidungen, die schon getroffen oder
beabsichtigt sind, in ihrer Realisierung verhindern möchten, 20 %
beabsichtigen, Entscheidungen zu initiieren und nur 13 % wollen
langfristig an kommunalpolitischen Planungs- und Entscheidungsprozessen beteiligt werden.[35]

Lockere Aktionsform, Lösung eines Einzelproblems vorwiegend
durch Verhinderung beabsichtigter Entscheidungen hängen notwendigerweise zusammen, strukturieren wesentlich Rolle und Funktion
der Initiativen im politischen Gesamtsystem. Denn nichtzuletzt hieraus erklärt sich die Unfähigkeit, langfristige politische Programme zu
formulieren und damit zumindest partiell politische Parteien ersetzen zu wollen oder zu können. Dementsprechend kann auch das
politische Engagement sehr vieler Initiativen nicht im Sinne einer

bestimmten parteipolitischen Richtung gedeutet werden, weil bei
einer „projektbezogenen Aktionsgruppe sich die Mitgliedschaft nicht
nach politischen Differenzierungen richtet".[36]

Die Unmöglichkeit, Bürgerinitiativen politisch eindeutig zuordnen
zu können, hat indessen noch einen weiteren, nicht unwichtigen
Grund: den der Entideologisierung der politischen Parteien. Gewiß
gibt es programmatische Akzentunterschiede zwischen den im Bundestag vertretenen Parteien, aber diese beeinflussen das praktisch-
politische Handeln der führenden Politiker kaum wesentlich. Theorie-
diskussionen, wie sie in den Parteien während der vergangenen
Jahre gelegentlich geführt worden sind, ihren Niederschlag in Grund-
satzprogrammen sehr ähnlicher Qualität gefunden haben, dienen
eher der Integration konkurrierender, oftmals in Widerspruch zueinander stehender Parteiflügel, denn als verbindliche Handlungsorien-
tierungen. Sie werden denn auch, wenn die politische Situation dies
zu erfordern scheint, mit leichter Hand beiseite geschoben, wie die
Diskussion um die Kernkraftwerke auf den Parteitagen von FDP
(Kiel) und SPD (Hamburg) im Herbst 1977 gezeigt hat. Zur Folge
hat dies, daß dem Bürger die Orientierung nach politischen Richtungen erschwert, wenn nicht gar unmöglich gemacht wird, daß die
Parteien und ihre Politiker als austauschbar erscheinen, daß politische Probleme und ihre möglichen Lösungen kaum mehr in größere
gesamtgesellschaftliche Zusammenhänge eingeordnet werden können. Die damit einhergehende Personalisierung von politischen Problemen erzeugt eine weitere Schwierigkeit. Was in Wahlkämpfen
plausibel erscheinen mag, als personelle Alternative zum politischen
Gegner ein möglichst großes und diffuses Wählerpotential an sich
zu ziehen und zu binden, wirkt sich nach dem Wahltag als eminente
Schwierigkeit aus: die unterschiedlichen, sich gelegentlich auch aus-
schließenden Erwartungen der Wähler durch eine Organisation zu
bündeln und richtungspolitisch zu symbolisieren. Denn entweder
sind die politischen Ziele einer Partei so allgemein, daß ihnen eine
möglichst große Zahl von Wählern zuzustimmen vermag — dann sind
sie in vielen Fällen untauglich, die Partei politisch zu profilieren, sie
unzweifelhaft vom Konkurrenten abzugrenzen; oder die Programmatik wird schärfer gefaßt, und dann besteht die Gefahr, daß Wähler
— und damit die parlamentarische Mehrheit — verloren gehen.

Es ist gewiß einsichtig, daß individuelle Organisationsbereitschaft von subjektiv betroffenen Bürgern unter solchen Bedingungen nicht zwingend in die bestehenden Parteiorganisationen einfließt. Wenn richtig ist, daß Parteien nur noch schwer gesamtgesellschaftliche Orientierung zu leisten vermögen, so ist umgekehrt plausibel, daß Bürgerinitiativen von vornherein auf ähnlichen Anspruch verzichten, sich vielmehr darauf konzentrieren, nach je wechselnden Aufgabenstellungen in kleinen und überschaubaren Handlungseinheiten zu agieren. Ein solches Selbstverständnis ergibt sich mit einiger Folgerichtigkeit aus der Entwicklung des deutschen Parteiensystems der letzten Jahre, und es ist ein Erklärungsansatz, für die wechselnden politischen Zuordnungen von Bürgerinitiativen zu Parteien, auch für das ambivalente Verhältnis der Parteien zu den Initiativen.

Hinzu kommt, daß Bürgerinitiativen als basis-demokratische Organisationen weitgehend aus dem Verständnis eines liberal-parlamentarischen Verfassungsrahmens, wie das Grundgesetz ihn vorsieht, herausfallen. Beruht dessen Grundstruktur unter anderem auf dem Gedanken gestufter Kompetenzabgrenzung in einem gewaltengeteilten System mit wählbaren Mandatsträgern, so sind Bürgerinitiativen gerade durch die Negation repräsentativer Strukturprinzipien mitdefiniert; indem Bürger kollektiv auf Entscheidungen reagieren, von denen sie zwar (unmittelbar) betroffen, an denen sie aber nicht (unmittelbar) beteiligt sind, die sie folglich zu korrigieren suchen, verlassen sie sich nicht länger mehr auf gewählte Repräsentanten und eingespielte administrative Entscheidungsprozeduren, sondern unternehmen den Versuch, durch direkte Konfrontation oder Kooperation mit Entscheidungsinstanzen auf unterschiedlichen Kompetenzebenen — in welcher Form auch immer— extrakonstitutionelle Mitbestimmung zu praktizieren. [37]

In Bürgerinitiativen werden damit Elemente direkter Demokratie organisationstypisch: der Grundsatz kollektiver Selbstorganisation wie die direkte Aktion, die Weigerung, eigenes politisches Handeln an vorgegebenen Entscheidungshierarchien zu orientieren gehören zum klassischen Arsenal radikal-demokratischen Organisationsverständnisses. [38] Insoweit dies jedoch auch dominante Strukturierungsmomente von Bürgerinitiativen sind, geraten diese — in einem idealtypischen Sinne — strukturell in Gegensatz zu liberalem Verfassungs-

verständnis, das eine politisch handlungsfähige Gesellschaft ohne
intermediäre Organisationen wie Parteien, Verbände, auch des Parlaments, sich nicht vorzustellen vermag und deren Existenz nicht zuletzt mit dem Hinweis auf die Komplexität industrieller Gesellschaften gegen direkt-demokratische Organisationsvorstellungen zu verteidigen sucht.

Doch so sehr hier immer wieder strukturelle Widersprüche von
Bürgerinitiativen und traditionellem Institutionengefüge konstatiert
worden sind, die vorliegenden Untersuchungen zeigen, daß umgekehrt Bürgerinitiativen ungeachtet ideologischer Differenzen mit
jenen politischen Parteien zu kooperieren versuchen, von denen sie
sich Unterstützung ihrer eigenen, punktuellen Zielsetzungen erwarten. Für die in Initiativen tätigen Bürger kommt hinzu, daß viele deshalb lieber hier als in politischen Parteien tätig werden, weil „die
persönlichen Entfaltungsmöglichkeiten des einzelnen Mitglieds in
einer Partei weit geringer sind als in einer Bürgerinitiative, wo man
rasch in verantwortliche Stellungen kommen kann und es in den
innerorganisatorischen Willensbildungsprozessen nicht den langwierigen Instanzenweg und die erbitterten Grabenkämpfe um einzelne
Resolutionen gibt".[39] So erreichen Bürgerinitiativen mit dem Thematisieren eines punktuellen Konfliktes — im Unterschied zu politischen Parteien — mehreres gleichzeitig: sie sprechen jene Bürger an,
die mit den Parteien unzufrieden sind; sie suggerieren, daß eine
scheinbar ‚sachliche' Konfliktlösungsstrategie einer ‚parteipolitischen'
überlegen ist; sie zeigen auf, indem sie in widersprüchlichen Kon-
fliktbereichen agieren, daß das gesellschaftlich-politische System in
sich widersprüchlich ist, d. h. Aufgaben zu erfüllen hat, die sich offensichtlich nicht gleichzeitig und ohne gravierende Zielkonflikte verwirklichen lassen; sie dokumentieren damit zugleich, daß auch das
Handeln der Institutionen nicht immer nach rationalen Kriterien erfolgt, und sie setzen so schließlich die institutionalisierten Handlungsträger unter nur schwer kalkulierbaren Reaktionszwang. Denn
auf spontanen, in aller Regel nur locker organisierten Angriff, der
überdies unterschiedliche Adressaten haben kann (Verwaltung, politische Parteien, private Unternehmen usw.) läßt sich kaum lückenlos
und koordiniert seitens der Institutionen antworten.

Gelegentlich haben politische Parteien und Verwaltungen versucht, das politische Potential von Bürgerinitiativen in ihre Ziele und

Handlungsabsichten einzubinden, d.h. Bürgerinitiativen in einem frühen Planungsstadium an der Diskussion zu beteiligen, „immer mehr Bürger zu solchen Bürgerinitiativen zu bewegen, wobei die Parteien sich durchaus den Forderungen dieser Initiativen annehmen könnten und sollten", weil so „nicht nur die Planungs- und Entscheidungsprozesse der Politik durchsichtiger und bürgernäher würden, sondern die parlamentarischen Gremien als letzte Entscheidungsinstanz eine neue und zusätzliche Legitimation erhielten".[40] Um solcher Vereinnahmung zu entgegnen und die Strategie von Kooperation und Konfrontation beizubehalten, ist der Vorschlag formuliert worden, Bürgerinitiativen sollten sich untereinander zusammenschließen, vor allem in jenen Aktionsbereichen, in denen überregionale Themen zur Diskussion stehen. So ist die Perspektive eines den repräsentativen Parteienstaat teilweise ablösenden Netzwerkes von Bürgerinitiativen entwickelt worden: „Ein sich verdichtendes Geflecht solcher Bürgerinitiativen könnte im nächsten Jahrzehnt die bewußtseinsmäßige und machtpolitische Basis für Strukturreformen schaffen, insbesondere, wenn die Basisinitiativen im Reproduktionsbereich durch entsprechende Initiativen der Gewerkschaften im Produktionsbereich aufgegriffen würden. Das zukünftige politische System der Bundesrepublik könnte in dem Prozeß der Strukturreformen so aussehen, daß die reformwilligen Kräfte in den Parteien mit den Basisinitiativen rückgekoppelt werden. Die basisdemokratische Partei der Zukunft würde sich aus dem Geflecht der außerparlamentarischen Bürgerinitiativen im Reproduktions- und im Produktionsbereich rekrutieren, und die Politiker in den repräsentativen Organen würden nun zu Strukturreformen fähig sein, daß sie um die kämpferische Kapazität der Basisgruppen wüßten und ihre Maßnahmen zur Ablösung traditionaler Herrschaft mit den direkten Aktionen der Basisgruppen koordinieren könnten".[41]

Abgesehen davon, daß Bürgerinitiativen häufig wertkonservativ geprägt sind, also keineswegs systemtransformierende Vorstellungen entwickeln und verfolgen, übersieht ein solcher Vorschlag — dem im Bereiche des Umweltschutzes bereits viele Bürgerinitiativen gefolgt sind —, daß eine Universalisierung der direkt-demokratischen Organisationsstrukturen von Bürgerinitiativen zugleich auch deren Legitimationsbasis infrage stellt. Nahezu alle Beobachter sind sich darin einig, daß ein wesentliches Element öffentlicher Zustimmung und

Anerkennung von Bürgerinitiativen in deren Fähigkeit liegt, Probleme aufzugreifen, die von Politikern entweder nicht gesehen oder aber bewußt nicht öffentlich diskutiert werden. Insoweit solche Probleme sich als legitimationsbedrohend für das politische System erweisen können, kommt den Bürgerinitiativen die Funktion eines „Frühwarnsystems"[42] zu, das rechtzeitig auf entstehende existenzielle Konflikte hinweist. Hier liegt zugleich auch der entscheidende Legitimationsgrund von Bürgerinitiativen im politischen System der Bundesrepublik. Denn sie bringen jene Themen in die öffentliche Diskussion, die — aus unterschiedlichsten Gründen — von den bestehenden Institutionen und Organisationen kaum aufgenommen werden, unter dem Druck der Bürgerinitiativen freilich politischen Rang bekommen. Die Politisierung des Alltags, die damit erreicht wird, läßt sich aber nur von ,Situationsgruppen' mit ihrem außerordentlich hohen Maße an reaktiver Sensibilität und Basisbezogenheit leisten. Jede organisatorische Verdichtung erzeugt sofort jene Probleme interner Organisationshierarchisierung und Basisabgehobenheit, die — feststellbar bei den politischen Parteien und Verbänden — gerade zum Entstehen der Bürgerinitiativen wesentlich beigetragen haben. Die offene Partizipation, die unmittelbare Bürgernähe, die Sorglosigkeit der Problemformulierung und die politische Stoßkraft würden bei strikterem Organisationsverständnis empfindlich leiden. So dürfen denn auch alle Versuche eines überregionalen Zusammenschlusses hinsichtlich der faktischen Bindung der einzelnen Initiativen nicht überbewertet werden.[43]

Die immer wieder gestellte Frage nach der systemstabilisierenden oder systemüberwindenden Qualität von Bürgerinitiativen läßt sich eindeutig so nicht beantworten.[44] Abgesehen davon, daß oftmals unklar bleibt, was im Zusammenhang mit dieser Frage unter ,System' zu verstehen ist, läßt sich auch aufgrund aller empirischen Untersuchungen wohl sagen, daß beide Aspekte in den konkreten Aktivitäten von Bürgerinitiativen zu finden sind, daß aber die Frage, welcher Aspekt dominiert, sowohl vom jeweiligen Aktionsfeld wie von der sozialen Zusammensetzung der Initiative abhängig bleibt. Das Eintreten für mehr Kindergärten, bessere Freizeitgestaltung, für Fußgängerzonen u.a.m. hat kaum systemsprengende Kraft. Anders sieht dies dort aus, wo Bürgerinitiativen in den Produktionsbereich direkt eingreifen, etwa beim Kernkraftwerkbau, Umweltschutz oder anderen infrastrukturellen Planungen. Hier haben Bürgerinitiativen politische Probleme aufgegriffen, durch die die bestehenden Institutionen und Parteien in schwerwiegende Begründungsverlegenheiten ihrer eigenen Planungen und programmatischen Vorstellungen gebracht worden sind. Einer zunächst fachlich uninformierten Öffentlichkeit ist durch Initiativen hier der Zusammenhang von industriellem Interesse, politischer Entscheidung und allgemeiner Risikoverteilung erst deutlich geworden, und wenn heute in der Bundesrepublik zwischen 20 % und 40 % der Bevölkerung gegen Atomkraftwerke votieren,[45] so ist dies wesentlich durch Bürgerinitiativen erreicht worden. Soweit diese Initiativen aber am Ende mit der vollen Realisierung ihrer Forderungen scheitern, werden darin zugleich die strukturellen Grenzen jeglicher Reformpolitik sichtbar, die bestehenden restriktiven Handlungsbedingungen individuell erfahrbar, erlangen Bürgerinitiativen also eine systemtranszendierende Qualität. Doch bleibt dies wohl auf wenige, wenn auch zentrale und für die zukünftige Entwicklung außerordentlich bedeutsame Aktionsbereiche begrenzt, bleibt es also eher Ausnahme. Zu Recht ist darauf hingewiesen worden,[46] daß es einen Zusammenhang von Erfolg einer Bürgerinitiative und Systemstabilisierung gibt. In dem Maße, wie Initiativen erfolgreich sind, also Reformen auch durchzusetzen vermögen, leisten sie zugleich einen Beitrag zur Stabilisierung des Gesamtsystems. Erhöhter Druck auf die Verwaltungen und Parteien, Probleme zur Kenntnis zu nehmen, Lösungsmöglichkeiten zu diskutieren, sind als Steigerung von ,,staatsbürgerlicher Erwartung und staatlicher Erfüllung dieser Erwartung"[47] interpretiert worden, wie auch die verschiedenen Formen der kollektiven Selbsthilfe und Mobilisierung von Betroffenen als sozialpolitische Integration verstanden worden sind. Dem entspricht das Selbstverständnis von Bürgerinitiativen. 62 % glauben an die Reformfähigkeit aber auch Reformbedürftigkeit des politischen Systems, nur 15 % sprechen von einem kapitalistischen System, wobei offen bleibt, inwieweit damit zugleich auch Reformunfähigkeit konstatiert wird.[48] Bei aller teilweise äußerst scharfen Kritik an Einzelaspekten des politisch-gesellschaftlichen Systems gibt es doch insgesamt eine positive Grundhaltung: ,,die Schuld für ,Funktionsstörungen' wird nicht so sehr in der Struktur des politischen Systems selbst gesehen, sondern in der mangelnden Ausnutzung seiner Möglichkeiten durch die in ihm lebenden

Individuen".[49] An diesem, 1973 formulierten Befund, dürfte sich auch bis heute nichts geändert haben.

So deutet sich im Phänomen der Bürgerinitiativen ein doppeltes an: zum einen sind sie sicherlich Ausdruck von Demokratisierung, Dezentralisierung und Pluralisierung des politischen Systems, das mit seiner vergleichsweise hohen organisatorischen Stabilität und Geschlossenheit auf eine zunehmende Skepsis in der Bevölkerung trifft. Auch wenn die Mehrheit der Wähler mit den vorfindlichen politischen Parteien der Bundesrepublik weitgehend und prinzipiell (vor allem in Hinsicht auf deren Programmatik) zufrieden ist, so trifft doch die Bürokratisierung und Oligarchisierung, das Defizit an ‚sozialer Repräsentation‘[50] auf scharfe Kritik. Hier sind Bürgerinitiativen mit ihrer primär sachpolitischen Bezogenheit eine ideale Korrektur insoweit, als sie den Begründungszwang für politisches Handeln generell verschärfen, ohne selber auf Krisen als Bedingungen für die Veränderungsmöglichkeiten des politischen Alltags zu warten oder gar das politische System selbst in Krisen hineintreiben zu wollen. Indem sie zugleich soziales und politisches Experimentierfeld zur Einführung neuer, demokratischer Verhaltens- und Organisationsformen sind, auf diese Weise zurückwirken auf den bestehenden institutionellen Rahmen, kommt ihnen eine eminent praktische Bedeutung für die allgemeine Demokratisierung der Gesellschaft zu.

Zum anderen aber demonstrieren sie gerade, indem sie soziales und politisches Experimentierfeld sind, die scheinbare Funktionsfähigkeit eines gesellschaftlichen Systems, dessen Leistungsdefiziten sie ihre eigene Entstehung verdanken, dessen spezifische Legitimationsschwächen sie kompensieren. Wenn immer wieder festgestellt worden ist,[51] daß spätkapitalistische Systeme nur noch begrenzt die notwendige Loyalitätssicherung über die bestehenden politischen Institutionen wie Parlamente und Parteien zu leisten vermögen, so erwecken Bürgerinitiativen dort, wo der demokratische Anspruch des ‚mündigen Bürgers‘ auf das politisch-administrative System trifft, im Zweifelsfalle an ihm scheitert, in der temporär limitierten Selbstorganisation des Bürgers den Schein der Funktionsfähigkeit des Gesamtsystems. Daß ,,Individuen nur noch in irrelevanten Bereichen rudimentär jene Spontaneität entfalten können, die ihnen das Gefühl vermittelt, in der Tat auch verantwortlich zu sein, daß heißt, verändernden Einfluß ausüben zu können",[52] trifft in gewisser Weise auch auf Bürgerinitiativen zu: indem sie jene Aktionsbereiche organisieren, die — zumindest zunächst einmal — nicht zum Kernbestand eines kapitalistischen Systems zählen, vermitteln sie ihren Mitgliedern und Sympathisanten im peripheren Erfolg das Gefühl effektiver Mitentscheidung. Im Erfolg gegen staatliche Institutionen stellt sich eine scheinbar funktionierende Öffentlichkeit wieder her, im Nachweis offensichtlich möglicher Kooperation mit sachlich zuständigen Partnern, im Vorweisen partieller Erfolge verschwindet zunächst die strukturelle Dimension von Konflikten, ihre gesellschaftsspezifische Qualität erscheint eher ‚ideologisch' denn real existent. So sind Bürgerinitiativen für viele — nicht zuletzt für viele aktive Politiker — ein Zeichen für ein funktionierendes demokratisches Gesamtsystem. So richtig eine solche Einschätzung sicherlich ist, so sehr Bürgerinitiativen also auch ‚systemstabilisierende' Funktionen haben, so leicht wird doch übersehen, daß das diesen Initiativen zugrundeliegende Prinzip der Selbstbestimmung und Selbsthilfe sich kaum über unbegrenzte Zeit auf administrativ eingeschränkte Handlungsfelder verengen läßt, daß — wie etwa die Umwelt- und Kernkraftinitiativen zeigen — die innewohnende Eigendynamik auch auf Kernbereiche des Produktionssektors abzielt. Die fundamentale Herausforderung, die damit an das politische System gerichtet wird, wird zugleich auch deutlich machen, daß Prozesse der Demokratisierung letztlich zugunsten eines gesellschaftlich-politischen Systems gehen.

Anmerkungen

1 Entsprechend einer Meldung der „WELT" vom Mai 1977.

2 *H. G. Schumacher*, Wider die politische Entmündigung des Bürgers, Die neue Bewegung der Bürgerinitiativen, in: Vorgänge, 3/1977, B. 62. Neben der BBU gibt es eine Fülle anderer überregionaler Vereinigungen, vgl. dazu die Aufzählung in: *P. C. Mayer-Tasch* (1976), S. 106 f und 134 ff.

3 So *H. Klüber* (1974), S. 59.

4 Vgl. *A. Görlitz* (1967), S. 14.

5 Vgl. *M. Koch*, Die Deutschen und ihr Staat, Ein Untersuchungsbericht, Hamburg 1972, S. 33 und 98.

6 Vgl. Infas-Report (1973), S. 1 sowie Emnid-Informationen (1973), S. 7.

7 *P. Haungs*, Bürgerinitiativen und Probleme der parlamentarischen Demokratie in der Bundesrepublik Deutschland, in diesem Band, S. 156 ff.

8 Das deutet sich in Kandidaturen auf regionaler und Länderebene bereits an. Vgl. auch Spiegel-Interview mit P. v. Oertzen, Spiegel Nr. 48, 21 Nov. 1977.

9 *P. Haungs*, a.a.O., S. 159.

10 *W. Hennis*, Legitimität, in PVS—Sonderheft 7/1976, S. 9.

11 Nach *R.P. Lange* (Hg.) (1973), S. 261, sind 75 % aller Bürgerinitiativen nach 1970 entstanden.

12 *T. Ebert*, (1972), S. 7.

13 So *B. Stobbe*, in: Gewaltfreie Aktion, Heft 15, Berlin 1973, S. 29 f Vgl. auch: *H.J. Vogel*, Wenn Bürger was wollen, Auch BI haben ihre Grenzen, in: Die ZEIT, 9.6.1972, S. 58.

14 Dazu die Dokumentation: Politiker interpretieren BI, in: Gewaltfreie Aktion, Heft 15, Berlin 1973, S. 22 ff; *S. Haffner*, in: Butz u.a. (1974).

15 Vgl. die Aufzählung der Aktionsbereiche bei *P.C. Mayer-Tasch* (1976), S. 12 f.

16 *H. Zilleßen* (1974 a), S. 3.

17 An empirischen Untersuchungen, die für die vorliegenden Überlegungen herangezogen worden sind, liegen vor: *B. Borsdorf-Ruhl* (1973); *R.P. Lange* (Hg.) (1973), S. 247 ff; Innenministerium des Landes Bayern (1972); *P. von Kodolitsch* (1975), S. 264; Battelle-Institut (1975).

18 Vgl. *H. Zilleßen* (1974 a), S. 4; ebenso *P.C. Mayer-Tasch* (1976), S. 12 f.

19 *R.P. Lange* (Hg.) (1973), S. 262; *B. Borsdorf-Ruhl* (1973), S. 53 f gliedert etwas anders, kommt aber zu ähnlichen Daten.

20 Rund 64 % aller BI agieren auf lokaler Ebene (Gemeinde / Stadt), 23 % auf regionaler, vgl. *R.P. Lange* (Hg.) (1973), S. 268.

21 Vgl. *R.P. Lange* (Hg.) (1973), S. 265; ebenso *P.C. Mayer-Tasch* (1976), S. 31 ff.

22 Vgl. dazu den Bericht des Battelle-Instituts (1975).

23 Vgl. *C. Offe* (1972); *P. von Kodolitsch* (1975), S. 266; *H. Billstein/K. Troitzsch* (1972), S. 263 ff.

24 *P.C. Mayer-Tasch* (1976), S. 93.

25 Beispiele dazu bei *B. Borsdorf-Ruhl* (1973); *R.P. Lange* (Hg.) (1973), S. 267; *P.C. Mayer-Tasch* (1976), S. 21, besonders Anmerkung 35; hier auch S. 91 ff.

26 *P.C. Mayer-Tasch* (1976), S. 91.

27 Die vorstehende Definition schließt sich weitgehend gängigem Verständnis an vgl. *P.C. Mayer-Tasch* (1976), S. 12 ff, schließt aber Wählerinitiativen zugunsten von politischen Parteien oder solche, die sich selber um parlamentarische Mandate bemühen, begrifflich aus.

28 Vgl. *G. Beilharz*, Politische Partizipation im Rahmen des § 21 der Gemeindeordnung von Baden-Württemberg, Diss. Sozialwissenschaften Tübingen 1975 (Masch.), S. 105.

29 *R.P. Lange* (Hg.) (1973), S. 204, etwas andere Angaben bei *B. Borsdorf-Ruhl* (1973), S. 91 ff. Zum Problem insgesamt vgl. *P.C. Mayer-Tasch* (1976), S. 152 ff.

30 *B. Borsdorf-Ruhl* (1973), S. 81 ff und *R.P. Lange*)Hg) (1973), S. 276 ff.

31 Zum folgenden Katalog ausführlich *P.C. Mayer-Tasch* (1976), S. 52 ff.

32 Bei den beiden großen Herbstdemonstrationen gegen den geplanten Bau eines Kernkraftwerkes in Brokdorf/Elbe Ende 1976 wurden durch die organisierenden Bürgerinitiativen (Bürgerinitiativen Umweltschutz Unterelbe) nach allgemeinen Schätzungen je zwischen 30.000 und 50.000 Demonstranten mobilisiert. Dies ist eine Größenordnung, die zu erreichen politischen Parteien bzw. Verbänden sehr schwer sein dürfte. Eine von den Gewerkschaften (ÖTV) organisierte Gegendemonstration (unter dem Hinweis, durch Bau von Atomkraftwerken Arbeitsplätze zu schaffen) brachte es auf etwa 2.000 Teilnehmer.

33 Vgl. das für Niedersachsen erstellte Gutachten von *U. Thaysen*, Empfiehlt es sich, die Möglichkeiten der Bürgerbeteiligung am kommunalen Entscheidungs- u. Verwaltungsprozesse auszuweiten?, Hamburg 1977 (Masch.).

34 Dazu vgl. *P.C. Mayer-Tasch*, 1976, S. 118 ff; die Berliner Studie gibt an: 46 % aller Bürgerinitiativen haben bis zu 20 Mitglieder, 23 % haben zwischen 200 und 1000 Sympathisanten, vgl. *R.P. Lange* (Hg.) (1973), S. 265.

35 *R.P. Lange* (Hg.) (1973) S. 269 ff.

36 *H. Zilleßen*, 1974 a), S. 9.

37 So gesehen ist es sicherlich falsch, wenn behauptet worden ist, die Bürgerinitiativen könnten nicht im Zusammenhang mit dem Repräsentativprinzip verhandelt werden. Unter organisationsspezifischem Aspekt ergibt sich hier eindeutig ein Strukturwiderspruch, der von aktiven Politikern durchaus richtig empfunden wird. Vgl. *H. Zilleßen* (1974 a), S. 17.

38 Dazu die Einleitung von *U. Bermbach* (Hg.), 1973.

39 *T. Ebert* (1972), S. 10, Ähnlich *H. Zilleßen* (1974 a), S. 21.

40 So *K.-H. Flach*, Die Parteien zu Bürgerinitiativen, Konkurrenz belebt das Geschäft, in: Deutsches Allgemeines Sonntagsblatt, Nr. 23, 4. Juni 1972, Ähnlich: Politiker interpretieren Bürgerinitiativen, in: Gewaltfreie Aktion, H. 15, Berlin 1973, S. 22 ff.

41 *T. Ebert* (1972), S. 11.

42 *C. Offe* (1972), S. 163.

43 Zutreffend *P.C. Mayer-Tasch* (1976), S. 134 ff.

44 Vgl. *U. Bermbach* (1974), S. 547 ff.

45 *H.G. Schumacher* a.a.O., S. 57.

46 *P.C. Mayer-Tasch* (1976), S. 100 ff.

47 ebd., S. 100.

48 *R.P. Lange* (Hg.) (1973), S. 283.

49 ebd..

50 Vgl. die Zusammenfassung bei *P.C. Mayer-Tasch* (1976), S. 23 ff.

51 Verwiesen sei hier allgemein auf *J. Habermas* (1973), *C. Offe* (1972), *R. Miliband*, Der Staat in der kapitalistischen Gesellschaft, Frankfurt 1972, *J. Hirsch*, Wissenschaftlich − technischer Fortschritt und politisches System, Frankfurt 1970.

52 *K. Horn*, in: *H. Marcuse* u. a. (1968), S. 76.

III Bürgerinitiativen — die demokratietheoretische und verfassungspolitische Dimension des Phänomens

Horst Zilleßen

Bürgerinitiativen und repräsentative Demokratie

1. Bürgerinitiativen als Form unmittelbarer politischer Beteiligung

Die zunehmenden Aktivitäten von Bürgerinitiativen und insbesondere ihr Engagement in der Diskussion um die Kernenergie haben in verstärktem Maße die Frage aufgeworfen, auf welcher politischen Legitimation das Handeln von Bürgerinitiativen gründet. Drei der im Bundestag vertretenen Parteien haben sich 1977 entweder auf energiepolitischen Kongressen (CDU und SPD) oder auf einem Parteitag (FDP) ausführlich mit diesem Thema beschäftigt. Dabei sind neben den Möglichkeiten vor allem die Grenzen von Bürgerinitiativen hervorgehoben worden. Freilich wurde auch zugestanden, daß Bürgerinitiativen ein Zeichen für demokratische Substanz sind[1] und durchaus eine politische Funktion im Willensbildungsprozeß einer demokratischen Gesellschaft haben, wenn sie mit Sachverstand und Sachwissen Mandatsträger und Wähler in ihrem Sinne zu beeinflussen versuchen.[2]

Unter dem Gesichtspunkt, daß die Aktivitäten der Bürgerinitiativen auf den Bereich der politischen Willensbildung begrenzt sind, und dabei die in demokratischen Auseinandersetzungen allgemein anerkannten Mittel und Verfahren eingesetzt werden, ergeben sich auch keine verfassungsrechtlichen Probleme. Die — bei aller Einschränkung im einzelnen — generelle Zustimmung vieler Politiker zu dem Engagement von Bürgerinitiativen stützt sich häufig ausdrücklich auf den Grundrechtskatalog der Verfassung. Die Rechte auf freie Entfaltung der Persönlichkeit (Art. 2), auf freie Meinungsäußerung (Art. 5), auf Versammlungs- (Art. 8) und Vereinigungsfreiheit (Art. 9) sowie das Petitionsrecht (Art. 17) geben Bürgerinitiativen in der Tat eine solide verfassungsrechtliche Grundlage.

Bürgerinitiativen stellen insoweit also nicht unbedingt ein Problem der repräsentativen Demokratie dar. Vielmehr nehmen sie das Angebot einer demokratischen Verfassung an, nach welchem der einzelne „in möglichst weitem Umfange verantwortlich auch an den Entscheidungen für die Gesamtheit mitwirken" soll.[3] Das Auftreten von Bürgerinitiativen muß also nicht zwangsläufig mit Krisenerscheinungen des politischen Systems in Zusammenhang gebracht werden.

Ein sehr grundsätzliches Erklärungsmuster könnte ihr Anwachsen damit begründen, daß nach dem Abebben der verschiedenen Konsumwellen zunehmend die Demokratie als Lebenswirklichkeit entdeckt worden ist. Nachdem das Erlebnis des Wiederaufbaus zur Selbstverständlichkeit abgeklungen war, konnten Fehl- und Unterentwicklungen im sozialen und politischen Bereich als Ansatzpunkte für politisches Engagement verstärkt wahrgenommen werden. Daß es tatsächlich zu einem größeren Engagement kam, dazu haben die vielfältigen Bemühungen um politische Bildung sicher ebenso beigetragen wie die Mobilisierungs- und Demokratisierungskampagnen der Studenten und der außerparlamentarischen Opposition wie nicht zuletzt auch der politische Impuls der ersten sozialliberalen Koalition. Wer nicht davon ausgeht, daß ein bestimmtes Maß an politischer Apathie, an Teilnahmslosigkeit gegenüber den Problemen des Gemeinwesens, eine politische Tugend sei,[4] der wird den Zuwachs an politischem Bewußtsein und demokratischem Verhalten grundsätzlich positiv bewerten.

Nun reicht freilich der Beteiligungsanspruch von Bürgerinitiativen teilweise über die bisher institutionalisierten Möglichkeiten und die von den Politikern akzeptierten Grenzen der politischen Mitwirkung und Mitgestaltung hinaus. Sie wollen nicht nur die Meinungs- und Willensbildung von Mandatsträgern und Wählern beeinflussen, sondern auch unmittelbar etwa die Planungen und Entscheidungen von Verwaltungen. Letzteres vollziehen sie gleichsam positiv durch Einflußnahme auf die Verwaltung im Sinne ihrer Interessen und negativ durch die Blockierung bestimmter Entscheidungen. Damit verlassen also die Bürgerinitiativen zumindest teilweise die Ebene der Repräsentation. In dem Maße, in dem sie eine unmittelbare Beteiligung an politischen Entscheidungen anstreben oder tatsächlich erreichen, werden sie daher zu einem Problem der repräsentativen Demokratie.

Die Problematisierung einer politischen Beteiligung, die über die Ebene der Repräsentation hinausreicht, setzt freilich voraus, daß entweder die Verfassung der Bundesrepublik ausschließlich die repräsentative Demokratie legitimiert, oder aber daß das Prinzip der Repräsentation eine überragende demokratische Qualität garantiert. Was zunächst das Grundgesetz anbelangt, so ist in der Tat unübersehbar, daß hier das Repräsentationsprinzip eindeutig in den Vordergrund gestellt worden ist. Aufgrund der Erfahrungen mit den Elementen einer direkten Demokratie in der Weimarer Verfassung (Direktwahl des Reichspräsidenten) wie auch mit den plebiszitären Komponenten des Nationalsozialismus scheinen die Väter des Grundgesetzes den repräsentativen Charakter des Regierungssystems überbetont zu haben.[5]

Daraus kann jedoch nicht der Schluß gezogen werden, daß das Grundgesetz alle Möglichkeiten einer unmittelbaren Demokratie gänzlich ausschließt. Gegen eine solche Annahme spricht nicht nur die Tatsache, daß in mehreren Landesverfassungen und Gemeindeordnungen in Gestalt von Volksbegehren und Volksentscheid Formen direkter Demokratie vorgesehen sind, deren Vereinbarkeit mit dem Grundgesetz bislang jedenfalls nicht widerlegt worden ist. Auch das Grundgesetz selbst gibt Raum für direkte Demokratie. Nach Art. 20 wird die Staatsgewalt „vom Volk durch Wahlen und Abstimmungen und durch besondere Organe der Gesetzgebung, der vollziehenden Gewalt und der Rechtssprechung ausgeübt". Sicher wäre es verfehlt, aus der Reihenfolge eine Rangfolge abzuleiten, etwa in dem Sinne, daß Wahlen und Abstimmungen einen höheren Verfassungswert besäßen als die genannten besonderen Organe. Aber es kann wohl kaum bestritten werden, daß der Art. 20 auch direktdemokratische Entscheidungen des Volkes durch Abstimmungen legitimiert, auch wenn dies der Verfassungstext nur für die Neugliederung des Bundesgebietes (Art. 29) ausdrücklich vorsieht.[6]

Mit dieser Argumentation sollte nicht der Beweis dafür angetreten werden, daß es keinerlei verfassungsrechtliche Probleme gäbe, wenn Bürgerinitiativen die von den Parteien betonten Grenzen überschreiten. Die Tatsache, daß das Volk seine Staatsgewalt auch in Abstimmung ausüben kann, legitimiert als solche noch nicht die Beteiligung von Bürgerinitiativen an politischen Entscheidungen. Aber sie kann belegen, daß Bürgerinitiativen durchaus nicht das Verfassungssystem sprengen, wenn sie die bisherigen Entscheidungsverfahren in Frage stellen und mehr unmittelbare Beteiligung an politischen Entscheidungen verlangen. Wenn also über Gesetze und Verordnungen entsprechende Verfahren der Bürgerbeteiligung institutionalisiert würden, stünden dem keine grundsätzlichen verfassungsrechtlichen Bedenken entgegen.

Die politische Bewertung von Bürgerinitiativen als Form unmittelbarer, d.h. über die Wahl von Repräsentanten hinausgehender Beteiligung kann jedoch nicht allein auf den Text der Verfassung abheben. Ebenso wichtig ist die Analyse der Verfassungswirklichkeit auf der Folie des für das Grundgesetz maßgeblichen Konzepts der repräsentativen Demokratie. Das aber setzt zumindest eine kurze demokratietheoretische Ortsbestimmung voraus, um die wesentlichen Grundlagen dieses Konzepts zu verdeutlichen.

2. Politische Beteiligung und Selbstbestimmung in der klassischen Demokratietheorie

Der Versuch einer demokratietheoretischen Grundlegung geht von zwei Voraussetzungen aus: Die erste liegt in der Tatsache, daß keine allgemein anerkannte Demokratietheorie existiert, obwohl es zahllose Versuche in dieser Richtung gegeben hat.[7] Die zweite betrifft das Eingeständnis, daß jede Demokratietheorie normative Züge trägt[8] und also mit der Bevorzugung einer bestimmten Theorie stets bestimmte Wertvorstellungen verknüpft sind. Um angesichts dieser Voraussetzungen eine tragfähige Basis für eine demokratietheoretische Verortung von Bürgerinitiativen gewinnen zu können, liegt der Rückbezug auf die klassische Demokratie nahe — nicht um sie unvermittelt mit der heutigen politischen Wirklichkeit zu konfrontieren, sondern um Maßstäbe für eine zeitgemäße Theorie zu gewinnen.

Die klassische Demokratietheorie, die untrennbar mit der Entwicklung der modernen Demokratie verbunden ist, weist zwei Entwicklungslinien auf, die man als die „liberale" und die „demokratische" gekennzeichnet hat.[9] Die liberale Konzeption, die im we-

sentlichen von dem Engländer John Locke stammt, nahm die Forderungen des wirtschaftlich stark gewordenen Bürgertums auf, das
sich gegen die individuelle und insbesondere wirtschaftliche Bevormundung unter den absolutistischen und merkantilistischen Herr-
schaftsformen des 17. und 18. Jahrhunderts zur Wehr setzte. Um die
Freiheit des einzelnen, vor allem im Hinblick auf seine wirtschaftliche Betätigung, sicherzustellen, forderte es eine strikte Trennung
von Staat und Gesellschaft. Konsequenterweise wurde denn auch
der Staat in seiner Aufgabenstellung darauf beschränkt, die öffentliche Ordnung und damit zugleich die Sicherheit der Bürger zu gewährleisten. Beteiligung des Bürgers hatte hier im wesentlichen ab-
wehrenden Charakter und sollte den individuellen Freiheitsraum vor
staatlichen Eingriffen absichern.

Diese allmähliche Befreiung des Bürgertums von staatlicher Allzu-
ständigkeit vollzog sich zunächst in England und wurde von John
Locke zur Grundlage einer allgemeingültigen Theorie erhoben. Er
und die von ihm ausgehende liberale Theorie haben vor allem den
Gedanken, daß Bildung, Ausübung und Kontrolle politischer Macht
durch eine gesetzte Rechtsordnung, eine Verfassung, geregelt werden
müssen, in die demokratische Entwicklung eingeführt. Die Staatsgewalt soll grundlegenden Rechtsvorschriften unterworfen werden, die
an den natürlichen Menschenrechten orientiert sind, um Leben, Freiheit und Eigentum der Bürger vor staatlichen Übergriffen zu schützen. Als entscheidendes Element der Verfassung führte Locke das
Prinzip der Gewaltenteilung ein, mit dessen Hilfe die Staatsgewalt
beschränkt werden sollte.[10]

Mit dem Prinzip der Verfassung und der Gewaltenteilung ist dann
die Idee des Rechtsstaates verbunden worden. Sie umschließt nicht
nur die Forderung nach Rechtmäßigkeit der staatlichen Gewalt, sondern auch die Vorstellung, daß jene Forderung dadurch abzusichern
ist, daß alle Bürger vor dem Gesetz gleich sind und über die gleichen
Rechte und Einflußmöglichkeiten verfügen. Daß die Frage der
Gleichheit zu einem Problem werden kann, wenn unterschiedliche
soziale, insbesondere ökonomische Voraussetzungen vorliegen, wurde von der frühen liberalen Theorie vernachlässigt. Sie verstand unter
Gleichheit die wirtschaftliche und politische Gleichberechtigung der
Besitzenden, denn der Staat John Lockes war „ein Staat der Eigen-
tümer".[11]

Auf der Grundlage der Trennung von Gesellschaft und Staat kommt also die liberale Linie der klassischen Demokratietheorie zu dem Schluß, daß individuelle Freiheit und Selbstbestimmung der staatlichen Gewalt gegenüberstehen und vor staatlichem Zugriff geschützt werden müssen. Die „demokratische" Konzeption geht demgegenüber davon aus, daß die Sicherung von persönlicher Freiheit nur durch und nicht gegen die staatliche Ordnung zu erreichen ist. Die Grundlage dieser Konzeption, die in ihren Hauptlinien auf Jean Jacques Rousseau zurückgeht, ist die Schaffung des Staates durch einen Vertrag (contrat social), den die Bürger miteinander abschließen.[12] Politische Selbstbestimmung wird hier in einem absoluten Sinne dadurch gewährleistet, daß Herrschaft prinzipiell abgeschafft wird. Das Volk regiert sich selbst, indem es mit Mehrheit Gesetze beschließt, die für alle in der gleichen Weise gelten. Die Allgemeinverbindlichkeit des Gesetzes bietet nach Rousseau die Gewähr für Gerechtigkeit.

Der Idealfall dieser unmittelbaren Demokratie ist dann gegeben, wenn das souveräne Volk nicht nur die Gesetze beschließt, sondern auch die Entscheidungen trifft. Da aber auch Rousseau nicht unterstellt, daß das Volk sich ständig versammelt, sieht er für die Ausführung der Gesetze eine Regierung vor. Sie steht in einem direkten Auftragsverhältnis zum Volk und ist von diesem jederzeit abrufbar. Nur dann, wenn das Volk sich auf diese Weise in einem Staat selbst regiert und seine Souveränität unbeschränkt ausübt, kann der Staat Gehorsam verlangen. Denn in diesem Fall gehorcht das Volk Vorschriften und Gesetzen, die es selbst erlassen hat. Die Idee der absoluten Volkssouveränität entspricht Rousseaus Vorstellung vom Gemeinwillen. Dieser ist als der Wille der Mehrheit zu verstehen, den diese erstmals bei dem Vertragsabschluß artikuliert hat und dann ständig erneut bei den einzelnen Abstimmungen zum Ausdruck bringt. Der Gemeinwille ist also mehr als der Gesamtwille, die bloße Summe der Einzelwillen, und er ist als konkreter Maßstab nicht vorgegeben, sondern entsteht jeweils durch die Entschließung der Mehrheit. Daher lehnt Rousseau jede Art der Volksvertretung, der Repräsentation, ab. Denn der Gesamtwille ist als Wille der Mehrheit nur dann unverfälscht und setzt die von ihm abweichende Minderheit in Irrtum, wenn er durch die Teilnahme aller zustande kommt, weil jeder so entscheiden wird, daß er das Ergebnis auch selbst akzeptieren kann. Politische Selbstbestimmung sichert daher mit der individuellen auch die gesellschaftliche Freiheit, denn der einzelne wird keine Entscheidung fällen, die über die gesellschaftlichen Verhältnisse seine eigene Freiheit beschneidet.

Über die Betonung der individuellen Freiheit und der Menschenrechte, abgesichert durch Verfassung und Gewaltenteilung, war die liberale Konzeption politisch wirksam, über die Idee der Gleichheit und Gerechtigkeit, abgesichert durch Volkssouveränität und unmittelbare politische Selbstbestimmung, die demokratische. Auch eine „moderne" Demokratietheorie, sei sie nun empirisch oder normativ, kann auf diese Grundlagen der klassischen Theorie nicht verzichten.

3. Selbstbestimmung und Repräsentationsprinzip

Für die politische Wirkung der klassischen Demokratietheorie war die Einbeziehung des Repräsentationsprinzips von entscheidender Bedeutung. Denn wenn sie einerseits individuelle Freiheit und politische Selbstbestimmung hervorhob, andererseits aber eine permanente Selbstregierung des Volkes weder wollte — wegen der Trennung von Gesellschaft und Staat (liberale Konzeption), noch für möglich hielt — wegen der damit verbundenen zeitlichen Überforderung (demokratische Konzeption), dann waren jene Ziele nur über die Technik der Repräsentation praktisch zu verwirklichen.

Von ihrem Ansatz her war das Repräsentationsprinzip ein „Notbehelf der reinen Idee der Demokratie",[13] aber es wurde aus praktischen wie aus grundsätzlichen Erwägungen zu ihrem wesentlichen Strukturelement. Bei den ansteigenden Bevölkerungszahlen und der Zunahme der Staatstätigkeit schien es kaum möglich, die Bürger ständig zu politischen Entscheidungen zu veranlassen. Grundsätzlich wurde die Gefahr einer unqualifizierten Mehrheitsherrschaft gesehen, die um die Rationalität politischer Entscheidungen fürchten ließ, wenn diese in Volksversammlungen und Plebisziten gefällt werden.

Die Repräsentanten standen anfangs in unmittelbarem Rückbezug zu den Repräsentierten, die ihnen konkrete Anweisungen und Aufträge erteilten. Mit der Ausweitung der Aufgaben der Vertretungskörperschaften, vermutlich auch wegen der primitiven Verkehrsverhältnisse,[14] löste sich die Auftragsbeziehung. Die Repräsentanten vertraten nicht mehr Einzelinteressen, sondern das von ihnen losgelöste, sie gleichsam überhöhende und zusammenfassende Gesamtinteresse. Da dieses aber als Interesse der Stände definiert wurde und später die liberale Konzeption die Trennung von Gesellschaft und Staat befürwortete, wurde der Wandel in der Auslegung des Repräsentationsprinzips nicht als problematisch empfunden. Die Gefahr einer politischen Selbstentfremdung des Volkes durch das Repräsentationsorgan wurde gering eingeschätzt. Denn sowohl die Stände als auch nach ihnen das Bürgertum konnten sich in ihren politischen Belangen unbesorgt durch die Repräsentanten ihrer Schicht vertreten lassen. Die Bindung des Wahlrechts an soziale Merkmale sorgte dafür, daß ihren Interessen voll Rechnung getragen wurde.

Diese geschichtliche Entwicklung des Repräsentationsprinzips wurde schließlich auch theoretisch untermauert, wobei ein funktionaler und ein normativ-axiomatischer Akzent festzustellen sind. Nach dem funktionalen Akzent kann das Volk nur als politisch-ideelle Einheit repräsentiert werden und nicht in der Vielfalt individueller Interessen und Willensbekundungen. Der Volkswille bliebe richtungs- und wirkungslos, wenn nicht durch eine repräsentative Instanz die Vielzahl der individuellen Willen „zu einem individualisierten Gemeinschaftswillen einheitlich zusammengeschlossen werden könnte".[15] Das Repräsentationsprinzip ist demnach das wichtigste Konstitutionselement des modernen Staates. Der normativ-axiomatische Aspekt betont ein naturrechtlich basiertes, originäres Gesamtinteresse, das weder aus einem Kollektivwillen noch aus individuellen Willensäußerungen ableitbar ist. Den Repräsentanten fällt daher die Aufgabe zu, den auf das Gesamtinteresse gerichteten Willen des Volkes (hypothetischer Volkswille) zu verwirklichen und den empirischen Volkswillen nur soweit zu berücksichtigen, wie er mit dem hypothetischen übereinstimmt.[16]

Die auf diese Weise theoretisch begründete Verselbständigung der Repräsentanten gegenüber den Repräsentierten soll zu einer Mediatisierung des empirischen Volkswillens führen, nicht zu seiner völligen Ausschaltung. Daher ist die ursprüngliche Idee der Interessenvertretung dem Repräsentationsprinzip nicht ganz verlorengegangen. Mit der Ausdehnung des Wahlrechts auf alle Bevölkerungsschichten versuchte man, die Vorstellung der demokratischen Konzeption, die

Staatsgewalt müsse auf den Willen der Mehrheit der Bevölkerung zurückgehen, auch über das Repräsentationsprinzip zu verwirklichen. Die Volksvertreter sollen sowohl das Volk als Ganzes repräsentieren als auch Vertreter konkreter Interessen sein.[17]

Wenn man unterstellt, daß es auch in der politischen Theorie so etwas wie ein erkenntnisleitendes Interesse gibt, dann kann es freilich nicht überraschen, daß die auf das Besitzbürgertum zugeschnittene liberale Konzeption sich letztlich durchgesetzt hat. Von ihren materiellen Voraussetzungen her war diese Schicht in der Lage, Freiheit und Selbstbestimmung im Gegenüber zum politischen Bereich durchzusetzen. Sie konnte zugleich damit rechnen, daß die Selbständigkeit der Repräsentanten letztlich ihren Interessen zugute kam.[18] Zudem erwies sich die theoretische Begründung für die Verselbständigung der Repräsentanten um so plausibler — sowohl grundsätzlich als auch unter dem besonderen Aspekt der Interessen des Bürgertums —, je mehr die soziale Differenzierung zunahm. Denn diese machte es schließlich unmöglich, im Parlament die unübersehbare Vielzahl und Vielfalt der Interessen zu vertreten.

Die Idee der Repräsentation des Volkes als Instrument politischer Selbstbestimmung trat daher mehr und mehr in den Hintergrund gegenüber der Vorstellung, das Repräsentationsprinzip solle über die Unabhängigkeit der Abgeordneten zu einer handlungsfähigen und zugleich — da kontrolliert durch die Repräsentanten und die Öffentlichkeit — verantwortlichen Regierung führen. In dem Maße, in dem die Betonung von der politischen Selbstbestimmung auf die Regierungsfähigkeit überging, wurde unter „Demokratie" mehr die Methode oder das Verfahren zur rationalen Entscheidungsfindung verstanden als die „Lebensform",[19] die Elemente der funktionellen Ordnung überwogen die der inhaltlichen Mitgestaltung. Die in regelmäßigen Wahlen aktualisierte Abhängigkeit der Repräsentanten von der Zustimmung der Repräsentierten sollte gewährleisten, daß die Befriedigung konkreter Interessen der Bevölkerung nicht zu kurz kam.

4. *Strukturschwächen der repräsentativen Demokratie*

Wer sich darauf beschränkt, aus dem empirischen Befund einer geschichtlichen Entwicklung die verbindliche Norm für eine demokratische Ordnung abzuleiten, wird die gegenwärtige Gestalt der repräsentativen Demokratie nicht in Frage stellen. Unter der von der klassischen Theorie stammenden Grundnorm der individuellen Freiheit und der politischen Selbstbestimmung, die hier als demokratietheoretischer Maßstab angewendet werden soll, kann freilich die politische Wirklichkeit der Bundesrepublik nicht vorbehaltlos akzeptiert werden. Der Aufstieg der Bürgerinitiativbewegung kann als Beleg dafür gewertet werden, daß Vorbehalte gegenüber der Entwicklung des repräsentativen Systems auch politisch berechtigt sind.

Dieses System geht davon aus, daß verfassungsmäßig bestellte Organe, denen das Volk seine „Gewalt" übertragen hat, rechtlich autorisierte Herrschaftsfunktionen wahrnehmen, um ohne bindenden Auftrag nach Abwägung aller relevanten Einflußfaktoren dem Gesamtinteresse des Volkes zu dienen.[20] Dabei werden freilich im Hinblick auf die Entscheidungsbedingungen strukturelle und in bezug auf die Entscheidenden subjektive Voraussetzungen zugrunde gelegt, die in der Wirklichkeit einer Industriegesellschaft immer weniger vorzufinden sind. Es kann im folgenden keine umfassende Analyse der Verfassungswirklichkeit der Bundesrepublik durchgeführt werden. Vielmehr wird der Versuch unternommen, wesentliche Schwachstellen des repräsentativen Systems aufzuzeigen und damit nachzuweisen, daß Bürgerinitiativen nicht lediglich ein Symptom für ein aktuelles Versagen der politischen Parteien darstellen, sondern daß sie ein höheres Maß an Bürgerbeteiligung generell als notwendiges Korrektiv eines vorwiegend repräsentativen Systems sichtbar machen.

Wenn dieses System dem hypothetischen Volkswillen im Sinne des Gesamtinteresses den Vorzug gibt gegenüber dem empirischen Volkswillen, dann muß zunächst die wachsende Reichweite politischer Entscheidungen als strukturelles Problem gesehen werden. In dem Maße, in dem die Trennung von Gesellschaft und Staat dadurch aufgehoben wird, daß staatliche Institutionen eine immer umfassendere Zuständigkeit für private Daseinsvorsorge und gesellschaftlichen Fortschritt übernehmen, in eben diesem Maße wird es fraglich, ob Freiheit und Selbstbestimmung ohne inhaltliche Einflußnahme der Bürger in vollem Umfang erhalten werden können. Die Ausdehnung der Staatstätigkeit in den privaten und sozialen Bereich hinein bringt zwar mit ihrem Gewinn an sozialer Sicherheit auch ein bestimmtes Maß an individueller Freiheit. Aber politische Entscheidungen und staatliche Maßnahmen werden im Alltag zunehmend als Bevormundung sowie als Einschränkung der individuellen Gestaltungsmöglichkeiten erlebt. Wenn der von solchen Entscheidungen und Maßnahmen unmittelbar Betroffene keine Chance besitzt, seine Wünsche, Interessen und Bedürfnisse geltend zu machen, wird er mit wachsendem Nachdruck die Frage der Zumutbarkeit[21] von politisch bewirkten Veränderungen seiner Lebensverhältnisse stellen.

Zudem kann grundsätzlich die Rationalität des Entscheidungsprozesses angezweifelt werden, wenn die repräsentative Demokratie bewirkt, daß bei zunehmender Komplexität der Entscheidungszusammenhänge mangels ausreichender Kommunikation zwischen Repräsentanten und Repräsentierten wichtige Daten und Fakten unberücksichtigt bleiben. Dadurch wird nicht nur die Effizienz der Entscheidung beeinträchtigt, sondern es kann auch der Fall eintreten, daß notwendige Entscheidungen unterbleiben und also das System staatlicher Daseinsvorsorge lückenhaft wird. Die Bürgerinitiativen liefern den empirischen Nachweis für die Richtigkeit dieser Annahme.

Die wachsende Reichweite politischer, insbesondere staatlicher Entscheidungen bringt noch ein weiteres Strukturproblem. Die Flut der Aufgaben, die auf den Staatsapparat zukommt, ist nur durch dessen Aufgliederung in teilautonome Einzelbereiche mit hoher Spezialisierung zu bewältigen. Die Einzelbereiche entwickeln dabei eine Eigengesetzlichkeit, die die mit dem repräsentativen System angestrebte Kontrollfunktion der Mandatsträger erheblich beeinträchtigt und in Teilbereichen des Staates auch die politische Führung schwächt.[22]

Damit ist eine allgemeine Entwicklung angedeutet, die zu einem Prozeß der „politischen Entmachtung" der Repräsentanten geführt hat. Mit der Reichweite politischer Entscheidungen wächst auf allen Ebenen die politische Bedeutung der Exekutive, der Regierung wie der Verwaltung. Die Exekutive soll nach der Theorie die politischen Entscheidungen vollziehen, also ausführendes Organ der Politik sein. Da aber die Vielfalt staatlicher Aufgaben ein erhöhtes Maß an wechselseitigen Abhängigkeiten bedingt und also die Undurchschaubarkeit der entscheidungsrelevanten Zusammenhänge größer wird, bestimmt die Entscheidungsvorbereitung mehr und mehr die tatsächliche Entscheidung. Die Exekutive ist also nicht nur Vollzugsinstrument der Politik, sondern greift selber mit ihrer Planung gestaltend in gesellschaftliche Strukturen ein.

Dieser Machtzuwachs des Regierungs- und Verwaltungsapparates setzt das Repräsentationsprinzip teilweise außer Kraft. Denn einerseits wird der auf den Mandatsträger konzentrierte Einfluß des Bürgers in dem Maße belanglos, in dem Entscheidungsfunktionen auf die Exekutive übergehen, andererseits sinken damit aber auch die Kontrollmöglichkeiten der Abgeordneten gegenüber der Exekutive. So zeigt sich vor allem im kommunalen Bereich, daß die öffentliche Regulierung privater Lebensbereiche nicht in jedem Fall mit einer Zunahme verantwortlicher Gestaltung einhergeht. Ungeachtet der Frage, wieviel hier tatsächlich noch zu entscheiden ist, nachdem viele Kompetenzen auf höhere Entscheidungsebenen verlagert worden sind,[23] auch die verbliebenen politischen Funktionen der ehrenamtlichen Gemeindevertreter sind auf bloße Abwehrrechte zusammengeschrumpft, politische Initiative geht eigentlich nur noch von der Exekutive, d.h. in diesem Fall von der Verwaltung aus.

Diese Verlagerung der Verantwortung, die „Okkupation der Repräsentanten durch den Apparat",[24] ist ein allgemeines Problem und betrifft auch nicht nur die Bundesrepublik. Eine vom Europarat veröffentlichte Untersuchung über die kommunale Demokratie in Europa weist auf die grundsätzliche Gefahr hin, daß der Bürger aufgrund dieser Entwicklung das Vertrauen in die Politiker und in die repräsentative Demokratie zu verlieren droht.[25] Denn obwohl die Kommune der Ort ist, wo der einzelne am unmittelbarsten von politischen Entscheidungen betroffen ist, haben weder er noch diejenigen, die ihn „vertreten", einen erheblichen Einfluß. Die kommunale Arbeitsteilung, die so organisiert ist, daß die Verwaltung dem Gemeinderat meist entscheidungsreife Vorschläge vorlegt, die dieser nur noch akzeptieren oder ablehnen kann, entzieht wesentliche Entscheidungen dem Blick der Öffentlichkeit. Auch der Gemeindevertreter kennt selten die möglichen Alternativen, weil ihm die Verwaltung die entsprechenden Informationen vorenthält oder Gegenargumente widerlegt.[26]

Dieser Funktionsverlust der Repräsentanten wäre unter demokratischen wie unter funktionalen Gesichtspunkten dann zu verschmerzen, wenn es der Exekutive gelänge, die notwendige Impulse aus der Gesellschaft aufzunehmen. Aber die Funktionsbedingungen wie auch der demokratische Anspruch des Repräsentationssystems stoßen hier erneut auf strukturelle Probleme. Der Machtzuwachs der Exekutive hat dazu geführt, daß die politische Entscheidung dem systematischen Zugriff gut organisierter Interessen unterworfen wurde.[27] Das damit angesprochene Verbandswesen kann zwar als eine zusätzliche Form der Repräsentation angesehen werden. Unmittelbare Einflußnahme auf das Verbandsinteresse oder gar auf eine dieses Interesse berührende politische Entscheidung ist aber auch hier den Repräsentierten weitgehend verwehrt. Die innere Struktur der Verbände führt in der Regel zur Bildung eines ,,autonomen Verbandsinteresses",[28] das sich gegenüber den Interessen der Verbandsmitglieder verselbständigt hat.

Trägt somit das Verbandswesen nichts Wesentliches zu einer demokratischen Willensbildung i.S. politischer Selbstbestimmung bei, so deckt auch sein sachlicher Beitrag zur Funktionsfähigkeit des Repräsentationssystems nicht völlig die Lücken ab, die durch die Entmachtung der Repräsentanten entstanden sind. Der Einfluß der Verbände begünstigt solche Interessen, deren Vertreter glaubhaft auf mögliche Sanktionen hinweisen können. Das aber sind in der Regel sehr spezifische, oft wirtschaftliche Interessen. Denn je allgemeiner ein Interesse ist, um so weniger ist es in einem Verband organisierbar, um so geringer ist auch seine Durchsetzungskraft. Ein allgemeines und langfristiges Interesse wie etwa das des Umweltschutzes ist hier eindeutig benachteiligt.

Die große Zahl von Bürgerinitiativen im Bereich des Umweltschutzes weist darauf hin, daß es dem repräsentativen System offenbar nicht mehr hinreichend gelingt, ein sämtliche Interessen übergreifendes Gesamtinteresse zu verwirklichen und daß die Gleichheit der Bürger und ihres Einflusses auf die Politik nicht mehr gewahrt werden kann. Bürgerinitiativen füllen heute teilweise die Lücken, die die repräsentative Demokratie aus den dargelegten strukturellen Gründen aufweist. Sie sind insoweit bereits unverzichtbar geworden im Hinblick auf die Funktionsfähigkeit des politischen Systems.

Daß viele Bürger heute ihre politischen Selbstbestimmungsrechte außerhalb der politischen Parteien, der Sphäre der Repräsentation, in Formen unmittelbarer Einflußnahme auszuüben versuchen, ist also aus Strukturschwächen des Repräsentationssystems erklärbar. Auch die politischen Parteien haben dazu einiges beigetragen, wobei hier subjektives Versagen und strukturelle Probleme zusammentreffen. Roman Herzog hat auf dem CDU-Kongreß „Energie und Umwelt" im Oktober 1977 von „mangelnder Sensibilität der Parteien gegenüber neuen Problemen und neuen Bewußtseinslagen der Bevölkerung" gesprochen.[29] Die Klage, daß die Parteien das notwendige Maß an Bürgernähe verloren hätten, wird allenthalben lauter, und das, was heute vielfach unter dem Stichwort „Staatsverdrossenheit" abgehandelt wird, ist in Wirklichkeit eine Parteienverdrossenheit. Sie resultiert offenkundig aus der Tatsache, daß die der repräsentativen Demokratie zugrunde liegende Trennung von hypothetischem und empirischem Volkswillen problematisch geworden ist, daß hieraus unter den gegebenen Bedingungen eine zunehmend als unerträglich empfundene politische Selbstentfremdung des Volkes resultiert.

Die enge Verflechtung der Parteien mit den großen Verbänden sowie mit der Verwaltung verstärkt diesen Trend. Sie führt zu einem Zusammenspiel von Führungsgruppen, geregelt u.a. durch die Geschäftsordnung des Bundestages und die Gemeinsame Geschäftsordnung der Bundesministerien, das auch auf der Parteiebene in einem eindeutigen Übergewicht des Parteiapparates und der Parteiführung endet. Wenn der tatsächliche Einfluß auf Entscheidungen zum Maßstab genommen wird, dann beschränkt sich die Repräsentation des Gemeinwesens auf eine relativ kleine Führungsschicht aus Parteien und Verbänden.[30]

Die oben konstatierte Benachteiligung schwer organisierbarer Interessen im Entscheidungsprozeß wird daher auch durch die Parteien nicht wesentlich gemildert. Ihr damit angezeigter Funktionsverlust ist mit ihrer Entwicklung zu Volksparteien auch strukturell bedingt. Zum einen müssen sie oft um der Geschlossenheit und Aktionsfähigkeit willen bestimmte Interessen zurückdrängen, solange diese nicht ein auf dem Markt der politischen Meinungen anerkanntes Thema betreffen. Da mit wachsender Reichweite der Politik ständig neue Interessen geltend gemacht werden müssen, erhöht sich gleichsam zwangsläufig die Zahl derjenigen Interessen, die durch die Maschen dieses Systems der Problembewältigung fallen. Zum anderen bringt die Größe der Parteien ein bestimmtes Maß an innerparteilichen Integrationsproblemen mit sich. Daher erliegen die Parteien oft der Gefahr, ihre eigenen Probleme zu Problemen der Politik zu machen — statt umgekehrt. Sie müssen sich oft mehr mit sich selber beschäftigen, als der Lösung gesellschaftlicher Aufgaben dienlich ist.

Aus den dargelegten Gründen, die sicher noch ergänzt werden könnten — z. B. um die Probleme der Parteifinanzierung und der sozialen Zusammensetzung der Führungsschichten,[31] gelingt der Ausgleich aller empirischen Interessen in einem diese übergreifenden Gesamtinteresse nur sehr begrenzt. Die Unabhängigkeit und Entscheidungsfreiheit der Repräsentanten ist häufig entweder durch die Bindung an Parteien oder Verbände eingeschränkt oder durch den dominierenden Einfluß dieser Organisationen belanglos geworden. Überspitzt formuliert kann daraus der Schluß gezogen werden: durch die Repräsentation wird der Volkswille weniger verbessert[32] als in eine bestimmte Richtung gelenkt.

Diese Entwicklung ist lange Zeit nicht als problematisch empfunden worden. Inzwischen mehren sich die Anzeichen dafür, daß — wie Rudolf Wildenmann in seiner Erhebung für die Zeitschrift „Capital" feststellte — der Riß zwischen Parteien und Wahlvolk unübersehbare Folgen haben kann.

Befürchtungen dieser Art werden nicht nur durch das Entstehen der Bürgerinitiativbewegung bestätigt. Auch Repräsentativerhebungen zu wichtigen gesellschaftlichen Problemfeldern signalisieren ein teilweise erschreckend geringes Vertrauen der Bürger in die Politiker. Nach einer Vertrauensskala des Instituts für angewandte Sozialwissenschaft (Infas) ist im Hinblick auf die Information über die Umweltverträglichkeit von Industrieansiedlungen oder Kernkraftwerken die Glaubwürdigkeit von Bürgerinitiativen und Umweltorganisationen mehr als doppelt so hoch wie die der Politiker. Selbst wenn den Bürgerinitiativen die stärker wertbesetzte Größe „Staat" gegenübergestellt wird, geben nach der Capital-Erhebung nur 34,7 Prozent der Bevölkerung ihre Sympathie dem Staat, während 34,4 Prozent sich für die Bürgerinitiativen entscheiden und 31,9 Prozent sich nach der jeweiligen Situation richten wollen. Wenn man noch hinzunimmt, daß 35 Prozent der Bevölkerung die Teilnahme von Bürgerinitiativen an Wahlen begrüßen würden und 25 Prozent sich vorstellen können, an Stelle einer Partei eine Bürgerinitiative zu wählen, dann ist damit ein alarmierender Zustand der repräsentativen Demokratie angezeigt.

„Auch wenn es die Parteien nicht wahrhaben wollen — der Ver-
trauensverlust ist bereits größer, als die Bundesrepublik ertragen
kann."[33]

5. *Bürgerinitiativen — eine Form der Vermittlung zwischen repräsentativer und unmittelbarer Demokratie*

Die politische Entwicklung der Bundesrepublik, deren Verfassungswirklichkeit sich bislang fast ausschließlich am Repräsentationsprinzip orientiert, scheint Ernst Fraenkel mehr und mehr recht zu
geben. Er hatte aus theoretischen und empirischen Befunden den
Schluß gezogen, „daß in seiner reinen Form sowohl das repräsentative als auch das plebiszitäre System den Keim der Selbstvernichtung
in sich tragen".[34] Im Rückgriff auf die Maßstäbe der klassischen
Theorie mündet daher die demokratietheoretische Verortung der
Bürgerinitiativen in der Frage nach dem angemessenen Verhältnis
von liberaler und demokratischer Konzeption, d.h. von repräsentativer und unmittelbarer Demokratie. Es gilt also, die Forderung
des Bundesverfassungsgerichts zu konkretisieren, das in seinem eingangs zitierten Urteil „in möglichst weitem Umfange" eine „verantwortliche" Mitwirkung des einzelnen Bürgers an den für die Gesamtheit verbindlichen Entscheidungen für notwendig erklärt hatte — um
der Würde des Menschen im politisch-sozialen Bereich willen.

Unter dieser Voraussetzung kann das Verhältnis von Bürgerinitiativen und repräsentativer Demokratie nicht darauf eingeengt werden,
daß Bürgerinitiativen im Sinne eines Frühwarnsystems für die Verwaltung fungieren oder in Selbsthilfe die Lücken im repräsentativen
Entscheidungssystem zu schließen versuchen. Daß sie diese Funktion
tatsächlich auch wahrnehmen, kann nicht bestritten werden. Entscheidend ist demgegenüber aber, daß die Existenz von Bürgerinitiativen einerseits als Signal für Strukturschwächen der repräsentativen
Demokratie begriffen wird, andererseits jedoch auch als ein neuer
Weg der Reintegration von einzelnen oder von Kleingruppen, nicht
zuletzt von bisher vernachlässigten Interessen in den Prozeß politischer Willensbildung und Entscheidung.

Auch wenn in der politischen Wirklichkeit die Übergänge fließend sind, kann der politische Prozeß prinzipiell in den Bereich der
Willensbildung im Sinne von Entscheidungsvorbereitung und den
Bereich der eigentlichen Entscheidung unterteilt werden. In dem
erstgenannten Bereich ist das Engagement von Bürgerinitiativen
ebenso notwendig wie in seiner Legitimation unbestreitbar. Da die
Repräsentation im Sinne von Interessenvertretung grundsätzlich
unvollkommen bleiben muß und in der politischen Praxis zusätzlich
durch den vorherrschenden Einfluß von Verbandsinteressen beeinträchtigt wird, liegt das entscheidende Problem heute weniger in der
Interessen-„Vertretung" als in der politischen Willensbildung. Durch
sie wird darüber entschieden, welche Interessen zu politischen Entscheidungen führen. „Verantwortliche Mitwirkung" im Sinne des
Bundesverfassungsgerichts kann hier darin gesehen werden, daß Bürgerinitiativen die Basis der politischen Willensbildung verbreitern.

Die häufig gestellte Frage: „Wen repräsentieren die Bürgerinitiativen?" und der damit verbundene Vorwurf, Bürgerinitiativen würden im Gegensatz zu den Parteien nur partikulare und keine allgemeinen Interessen vertreten, gehen daher völlig fehl. Obwohl Bürgerinitiativen oft sogenannte Inklusivinteressen vertreten, deren Verwirklichung auch der Allgemeinheit zugute kommt,[35] kann durchaus zugestanden werden, daß sie noch weniger als die Parteien Repräsentanten der Gesamtbevölkerung sind. Das kann gar nicht ihre Aufgabe sein. Diese besteht in einer repräsentativen Demokratie vielmehr zunächst darin, die notwendige Vermittlung zwischen gesellschaftlichen Bedürfnissen und politischen Zuständigkeiten zu verbessern. Sie tragen dazu bei, daß sich die Entscheidungsträger nicht
zu weit von den konkreten Interessen der Bürger entfernen, daß die
sozialen Außenbeziehungen von Parlamenten und Verwaltungen in-
tensiviert werden und vielfältigere Informationen in den politischen
Prozeß einfließen. Als Formen unmittelbarer Demokratie stützen
sie das repräsentative System, dessen Rationalität und Entscheidungsfähigkeit durch den Druck einseitiger Interessen gefährdet erscheint.
Durch die Beteiligung von Bürgerinitiativen an der politischen
Willensbildung können schließlich auch allgemeine, langfristige,
nicht-materielle Interessen, die sich einer verbandsmäßigen Organisation bisher entzogen haben, politische Impulse auslösen. Die Geltend-
machung von Umweltschutzinteressen ist dafür ein typisches Bei-

spiel, das nicht mit dem gelegentlichen Hinundherschieben von Umweltproblemen durch Bürgerinitiativen widerlegt werden kann.

Angesichts der dargestellten Beeinträchtigungen des Repräsentationsprinzips muß freilich die von den Bürgerinitiativen angemeldete Forderung nach politischer Beteiligung über den Bereich der Willensbildung hinausreichen. In dem Maße, in dem die Entscheidungen von der Verwaltung — unter nachhaltigem Einfluß gut organisierter Interessen — nicht nur vorbereitet, sondern letztlich auch gefällt werden, auch wenn es formal anders aussieht, in dem Maße muß die „verantwortliche Mitwirkung" der Bürger sich auch auf politische Entscheidungen beziehen. Denn hier wird das Verhältnis von Freiheit und Gleichheit sowie die demokratische Grundnorm der politischen Selbstbestimmung berührt. Je größer nämlich die Ungleichheit in den Einflußchancen von einzelnen und Gruppen in bezug auf solche Entscheidungen ist, um so mehr wächst die Gefahr, daß daraus für die Einflußlosen eine Begrenzung ihrer Freiheit und ihrer politischen Selbstbestimmung folgt. Wenn die politische Praxis in diesem Bereich den der Repräsentationstheorie zugrunde liegenden Vorrang des hypothetischen vor dem empirischen Volkswillen teilweise beseitigt und Elementen unmittelbarer Einflußnahme Raum gegeben hat, dann müssen daraus politische Konsequenzen gezogen werden, die die Freiheit, Gleichheit und politische Selbstbestimmung aller Bürger zum Ziele haben.

Unter grundsätzlichen Aspekten ist schließlich die Frage zu stellen, ob Entscheidungen, die die Lebensverhältnisse einer bestimmbaren Zahl von Menschen grundlegend verändern, noch demokratisch zu legitimieren sind, ohne daß die Betroffenen dazu bewußt oder unausgesprochen ein Mandat erteilt haben. Diese Frage stellt sich insbesondere in bezug auf die meist nicht öffentlich diskutierten Folgewirkungen von Einzelentscheidungen. Der Genehmigung zum Bau eines Kraftwerks z. B. in Wyhl folgt scheinbar zwangsläufig die Industrialisierung des Oberrheingrabens. Dadurch werden nicht nur Natur und Landschaft betroffen, sondern auch die bestehenden Sozialstrukturen grundlegend verändert. Die Politik hat in einer Industriegesellschaft eine neue Dimension erreicht und damit die Frage aufgeworfen, ob derartige Entscheidungen über die bisherige Form des personen- und parteibezogenen, aber letztlich inhaltsleeren Wahlaktes noch verantwortet werden kann.[36]

Die Bürgerinitiativbewegung scheint auch im Hinblick auf diese Fragen ein Indiz dafür zu sein, daß die Gewichte zwischen repräsentativer und unmittelbarer Demokratie neu verteilt werden müssen. So sind die Bürgerinitiativen einerseits Symptom für eine Strukturschwäche, andererseits aber auch Teil einer möglichen Therapie. Diese muß darin bestehen, nach neuen Wegen und Formen zu suchen, die über politische Beteiligung den Bürgern größere Chancen für politische Verantwortung eröffnen. Es geht dabei nicht um die Beteiligung aller an allen Entscheidungen, sondern um eine größere Offenheit des politischen Systems für eine unterschiedliche Bereitschaft der Bürger zu politischem Engagement. Die dem Repräsentationsprinzip innewohnende Rationalität sollte also nicht durch eine unmittelbare Demokratie aufgehoben, sondern durch Elemente unmittelbarer Beteiligung erhalten und verbessert werden. In diesem Sinne bedarf die repräsentative Demokratie der Bürgerinitiative, so sicher auch ist, daß sich in den Bürgerinitiativen die Bürgerbeteiligung nicht erschöpft.

Anmerkungen

1 *E. Bahr*, in: hg. von *W. Dröscher, K. Funke, E. Theilen* (1977) S. 240.

2 *R. Herzog*, Möglichkeiten und Grenzen von Bürgerinitiativen, vervielfältigtes Manuskript, S. 9.

3 So das Bundesverfassungsgericht in seiner Begründung des KPD-Verbots, Urteil vom 17. August 1956, hier zitiert nach *T. Ellwein*, Das Regierungssystem der Bundesrepublik Deutschland, 4. Aufl. Opladen 1977, S. 720.

4 Zur Beurteilung von politischer Apathie vgl. *G. Zimpel* (1972), S. 151 ff. sowie die dort zitierte Literatur.

5 So urteilt z. B. *E. Fraenkel*, Deutschland und die westlichen Demokratien, Stuttgart 1973, S. 117. Vgl. auch *T. Ellwein*, a.a.O., S. 11 f.

6 Vgl. dazu im einzelnen *W. Abendroth*, Das Grundgesetz, Pfullingen 1976, S. 78; s. auch *M. J. Buse, W. Nesses*, in *U. v. Alemann* (Hg.) (1975), S. 79 f.

7 *F. Grube, G. Richter*, Demokratietheorien, Hamburg 1975, S. 10.

8 *F. W. Scharpf* (1970), S. 55, hier zitiert nach *T. Ellwein, E. Lippert, R. Zoll.* (1975), S. 45.

9 Vgl. dazu und zum folgenden *G. Zimpel*, a.a.O., S. 44 ff. und dieselbe, (1970), S. 22 ff.

10 Vgl. *K. Loewenstein*, Verfassungslehre, Tübingen 1959, S. 38: „In einer gigantischen Operation schnitt er (sc. John Locke) den allmächtigen Leviathan der staatlichen Macht in funktionelle Stücke und brach dadurch ein für allemal seine Macht."

11 Vgl. die Einleitung des Herausgebers zu John Locke, Zwei Abhandlungen über die Regierung, hg. und eingeleitet von *W. Euchner*, Frankfurt 1977, S. 38.

12 Vgl. zum folgenden *T. Eschenburg*, Staat und Gesellschaft in Deutschland, 2. Aufl., Stuttgart 1956, S. 68 ff., sowie auch *G. Zimpel*, a.a.O., (1972) S. 55 ff.

13 Ders., Demokratisierung und politische Praxis, in: Aus Politik und Zeitgeschichte, B 38/70, Bonn 19.9.1970, S. 6.

14 *K. Loewenstein*, a.a.O., S. 36.

15 *G. Leibholz* (1973), S. 58.

16 Vgl. *E. Fraenkel*, a.a.O., S. 81 f.

17 *C. J. Friedrich* hält es für unzulässig, „eine scharfe Trennungslinie zu ziehen zwischen Agenten mit fester Instruktion und Volksvertretern mit der Aufgabe, die das Allgemeinwohl betreffenden Fragen zu lösen"; so in seiner Einführung zu *F. A. Hermens*, Demokratie oder Anarchie? Frankfurt 1951, S. XVI.

18 *E. Fraenkel* betont daher mit Recht, daß das Repräsentationssystem „seinen historischen Ursprung aus dem Ständewesen niemals restlos zu verleugnen (vermag)", a.a.O., S. 81.

19 Vgl. *C. J. Friedrich*, Demokratie als Herrschafts- und Lebensform, Heidelberg 1959.

20 Vgl. dazu *E. Fraenkel*, a.a.O.

21 Zu diesem Begriff s. *T. Ellwein*, Regieren und Verwalten, Opladen 1976, S. 40 f.

22 So ders., a.a.O., S. 221.

23 Daß die Kommunen noch über ein beachtliches Maß an politischer Gestaltungsmöglichkeit verfügen, belegt die empirische Untersuchung von *R. Zoll*, (1974).

24 So *T. Ellwein*, a.a.O., S. 71. Der Bundeskanzler hat vor der Mitgliederversammlung des Deutschen Städte- und Gemeindebundes vom „bürokratischen Imperialismus" der Planer gesprochen, s. *Helmut Schmidt*, Mitbestimmung des Bürgers als Garant freiheitlicher Ordnung, in: Bulletin, Nr. 114, Bonn 10.11.1977, S. 1035.

25 Vgl. Conditions of local democracy and citizen participation in Europe, Straßburg 1977, S. 1.

26 Vgl. zu den Problemen kommunaler Demokratie neben *R. Zoll*, ebda, auch *K.-H. Naßmacher* (1972), S. 39 ff. sowie *P. Aich* (Hg.), (1977).

27 Vgl. dazu *G. Thorn*: „Die Beeinflussung des politischen Entscheidungsprozesses entfällt dem Parlament in wesentlichen Bereichen und wird fortan von besser angepaßten Interessengruppierungen ... wahrgenommen, die direkten Zugang zu der Regierung und den Verwaltungen haben und der Vermittlung durch das Parlament immer weniger bedürfen"; Referat vor dem Bergedorfer Gesprächskreis, Protokoll Nr. 51, Hamburg 1975, S. 10.

28 Der Begriff stammt von Götz Briefs; s. *F. A. Hermens* Verfassungslehre, Frankfurt 1964, S. 195.

29 *R. Herzog*, a.a.O., S. 3.

30 Vgl. dazu *T. Ellwein*, Regieren und Verwalten, a.a.O., S. 71. S. auch
G. Thorn, a.a.O., S. 8: „Das Parlament wurde — zumindest in den Augen
vieler — zu einer Kulisse degradiert, vor der — oder besser hinter der — die
Schachzüge der Parteiapparate stattfinden."

31 Vgl. zum Problem der Parteienfinanzierung in diesem Zusammenhang
U. Schleth, Parteifinanzen. Meisenheim am Glan 1973, S. 323; zur Frage
der Sozialstruktur der Parteien s. *K.-H. Naßmacher*, a.a.O., S. 51 f.

32 Kritisch dazu auch *T. Ellwein*, Das Regierungssystem der Bundesrepublik,
a.a.O., S. 14.

33 So *R. Wildenmann* in Capital, Nr. 10, Hamburg 1977, S. 227; s. dort auch
die Angaben über das Sympathieverhältnis Bürgerinitiativen — Staat. Zur
Glaubwürdigkeit der Politiker s. die Umweltschutzuntersuchung von Infas,
Bonn, Juli 1977, S. 12. Die Angaben über die Wählbarkeit und das Wählerpotential von Bürgerinitiativen sind einer Infas-Erhebung vom 20. Juni bis
7. August 1977 entnommen.

34 *E. Fraenkel*, a.a.O., S. 85.

35 Vgl. dazu *P. C. Mayer-Tasch* (1976), S. 90.

36 In ähnlicher Weise fragte schon *E. Fraenkel*, a.a.O., S. 118.

Uwe Thaysen

Bürgerinitiativen, Parlamente und Parteien in der Bundesrepublik. Eine Zwischenbilanz (1977)

Am 19. Oktober 1977 veranstaltete die DEUTSCHE VEREINIGUNG FÜR PARLAMENTSFRAGEN eine offene Forumsdiskussion zum Thema „Bürgerinitiativen — Hilfe oder Gefahr für Parteien und Parlamente?" Das einleitende Referat wird nachfolgend in leicht überarbeiteter und um einige Quellenangaben ergänzter Form wiedergegeben. Die Diskussion des Referates wie das vollständige Referat ist in Heft 1/1978 der ZEITSCHRIFT FÜR PARLAMENTSFRAGEN S. 87—117, veröffentlicht. Die Veranstaltung wurde von Prof. Dr. *Winfried Steffani* geleitet. Als Repräsentant einer überregionalen Bürgerinitiative (gegen Fluglärm) sprach der Umweltbeauftragte des Rates der Evangelischen Kirche Deutschlands (EKD), Pfarrer *Kurt Oeser*. Für die Fraktionen sprachen Dr. *Carl-Otto Lenz* (CDU), Bundestagsvizepräsident *Dr. Hermann Schmitt-Vockenhausen* (SPD) und *Helga Schuchardt* (F.D.P.).

Wer der Selbsteinschätzung des Bundesverbandes Bürgerinitiativen Umweltschutz (BBU) zu folgen bereit ist, der hat anzuerkennen, daß diese größte Dachorganisation von Bürgerinitiativen in der Bundesrepublik mit guten Gründen „in Zukunftsfragen zu einer teilweise beherrschenden Führungskraft geworden"[1] ist. Diesem Anspruch steht die Gewißheit von Kritikern der Bürgerinitiativen gegenüber: Nach deren Überzeugung haben Bürgerinitiativen weniger „Führung in Zukunftsfragen" als „Faustkeile gegen den Fortschritt"[2] zu bieten. Für die Kritiker kündigen Bürgerinitiativen Anarchie, „Phonokratie" — die Herrschaft der Lautstärke anstelle der Stimmenstärke — und schließlich gar das „Ende der Aufklärung" an.[3]

Der politische Einfluß, die politische „Macht" von Bürgerinitiativen steht mittlerweile außer Zweifel. Die Beschaffenheit dieser Macht ist jedoch umstritten geblieben. Daher die aus unserer Veranstaltungsfrage sprechende Unsicherheit, wie dieser Macht zu begegnen sei. Die Unsicherheit wurde auch nicht durch die Antwort der Bundesregierung auf die Frage Nr. 47 einer Großen Anfrage aus dem Bundestage[4] behoben. Frage Nr. 47 lautete: „Wie gedenkt sich die Bundesregierung in Zukunft gegenüber Bürgerinitiativen zu verhalten?" Die Antwort der Bundesregierung[5] wird insofern niemandem Gewißheit geben können, als diese in zwei Sätzen zusammengefaßt sinngemäß lautete: (1) Die Bundesregierung bejaht die „im Grundsatz erfreuliche Einstellung der Bürgerinitiativen". (2) Sie wird sich aber — wie alle anderen Entscheidungsgremien in Bund, Ländern und Gemeinden — mit der Problematik von Bürgerinitiativen auseinanderzusetzen haben. Welcher Art diese Problematik ist, wird nur für einen einzigen Bezugspunkt angedeutet, nämlich für die möglichen Sonderinteressen von Bürgerinitiativen.

Die Unsicherheit gegenüber Bürgerinitiativen rührt nicht zuletzt aus deren Vielfältigkeit. Es gibt bis heute keine allgemein zustimmungsfähige Definition für Bürgerinitiativen. Im folgenden kann daher auch nur versucht werden, einige definitionsbedeutsame Thesen über Bürgerinitiativen zu prüfen. Dabei erscheint mir eine gewisse Ausweitung unserer Veranstaltungsfrage notwendig. Da Parteien und Parlamente gar nicht die häufigsten Adressaten von Bürgerinitiativen sind, können wir uns nicht auf deren Verhältnis zu Bürgerinitiativen beschränken. Andere Institutionen — andere Ebenen, vor allem die Kommunen — sind in die Erörterung einzubeziehen. Schließlich sollten wir uns nicht um Folgerungen aus der zuvor zu leistenden Bestandsaufnahme herumdrücken. Denn die praktisch interessierende Frage ist doch die nach den Möglichkeiten der Reaktion des politischen Systems. Da diese Reaktionsmöglichkeiten sowohl auf realistischem Befund beruhen als auch auf Dauer angelegt sein sollten, muß es vornehmlich darauf ankommen, unabhängig von der wechselhaften Karriere des Themas „Bürgerinitiativen" eine Zwischenbilanz zu ziehen. Dabei erscheint mir die grundsätzliche Beurteilung, die Wertung der in diesem Kreis gewiß weitgehend bekannten Zusammenhänge und Argumente als die eigentlich lohnende Aufgabe dieses Abends.

Die notwendigen Anmerkungen zur Größenordnung der Gesamtheit der Bürgerinitiativen möchte ich mit wenigen Hinweisen zur Geschichte der Initiativ-Bewegung[6] verbinden. Sodann wird — ebenfalls nur stichwortartig — nach den wichtigsten Ursachen der Entwicklung zu fragen sein. Mindestens skizzenhaft müssen die Probleme der Übereinstimmung von Bürgerinitiativen mit den Konstitutionsprinzipien dieses Landes dargestellt werden.

Da ich davon ausgehe, daß pro und contra der Beurteilung von Bürgerinitiativen in diesem Kreise sind, will ich mich nach der konstitutionellen Einschätzung sogleich an das risikoreiche Unternehmen einer eigenen politologischen Wertung der nach meiner Auffassung zentralen und gerade deshalb umstrittenen Thesen über Bürgerinitiativen begeben. So wird u.a. zu beantworten sein, ob Staat und Kommunen den Bürgerinitiativen stärkere Möglichkeiten der Mitwirkung an staatlicher bzw. kommunaler Mitwirkung einräumen sollten; ob die soziale Zusammensetzung von Bürgerinitiativen eine staatliche bzw. kommunale Kooperation mit ihnen überhaupt rechtfertigt. Auch wird Stellung zu beziehen sein zur offensichtlich aktuellen in Bürgerinitiativen anzutreffenden Gewaltromantik sowie zur tatsächlichen von und aus Bürgerinitiativen angewandten Gewalt. Ferner will ich versuchen, einige Konstanten für eine Prognose der weiteren Entwicklung zu nennen, bevor ich dann abschließend Konsequenzen für die Gestaltung des Verhältnisses von Staat und Kommunen gegenüber Bürgerinitiativen ableite.

Geschichte und gegenwärtige Größenordnung

Die Protagonisten der großen Initiativorganisationen schrecken die Parteien gern mit Zahlen über die Mitgliedschaft. *Rolf Zundel* im August 1977, die Bürgerinitiativen hätten mehr Mitglieder als die Parteien. Er fragte, ob von Seiten der Initiativen ein „Anschlag auf die Parteien" zu befürchten sei.[7] Wie dieser u.a. aussehen könnte, deutete der stellvertretende Vorsitzende des BBU an: „Wenn wir — also nur die Mitglieder des BBU — doch eine Partei gründen würden, könnten wir mit unserem Potential von 300 000 Mitgliedern sicher bei Wahlen besser abschneiden als die F.D.P. Es wäre interessant zu sehen, ob das wirklich einträfe."[8] Hier wird im Konjunktiv gesprochen. Die Ernsthaftigkeit solcher Strategieabsicht bleibt also ebenso vage wie die Erfolgserwartung. Was also wollen die Bürgerinitiativen wirklich?

Historisch sind Bürgerinitiativen keine „neuen" Erscheinungen. Hinweise auf des Wortes ursprüngliche und volle Interpretation, nämlich auf Bürger, die initiativ werden, Hinweise auf Stichworte wie Bürgervereine, Bürgerprotest und Bürgerrevolte oder gar Revolution müssen hier als Indiz für ihre sowohl zeitliche als auch räumliche wie gegenständliche Ausdehnung genügen. Nachdem der Bürger in der französischen Revolution — einer im Ausgang *bürgerlichen* Revolution — sein Recht auf bürgerliche Initiative durchgesetzt hatte, gehört diese in einem umfassenden Sinne zum mindestens normativ gesicherten Bestand seines Bewußtseins, wie unzulänglich auch immer sie historisch aktualisiert werden konnte.

Wir haben indes hier und heute nur über eine ziemlich genau 10 Jahre alte Entwicklung zu befinden. Denn wenn von „Bürgerinitiativen" im gegenwärtigen Sinne die Rede ist, so sind damit in der Regel Aktivitäten gemeint, die in Literatur und Praxis hierzulande seit etwa 1967 überhaupt erst so genannt werden. Erst nach 1970 nahm die Zahl der Bürgerinitiativen eine Größenordnung und Dringlichkeit an, die quantifizierende Analysen ebenso sehr nahelegte wie überhaupt erst ermöglichte.[9]

Etwa 3 % der Bundesbevölkerung gaben sich 1973 als „derzeitige oder frühere Mitglieder von Bürgerinitiativen" aus.[10] Pressemeldungen aus dem ersten Quartal des Jahres 1977 sprachen übereinstimmend von 50 000 Bürgerinitiativen;[11] *Rolf Zundel* meldete — wie bereits gesagt — im August 1977 mehr Initiativ- als Parteimitglieder. Gehen wir von 1,7 Millionen Parteimitgliedern aus, so blieb die offizielle Schätzung des Bundespräsidialamtes von 1,3 Millionen Mitgliedern in Bürgerinitiativen artig um 200 000 hinter der Mitgliederzahl von Parteien zurück.[12] Das Präsidialamt tat uns nicht den Gefallen, einen Fußnotenapparat mit seinen Auswahlkriterien nachzureichen.

Alle diese Zahlen sind mit vielen Vorbehalten zu versehen. *Warum*, das muß in diesem Kreis nicht im einzelnen erörtert werden. Wir wissen, daß sowohl der Begriff der Bürgerinitiativen selbst, als auch die Kriterien einer Mitgliedschaft in Bürgerinitiativen so schillernd sind, daß Zahlenmanipulationen der verschiedensten Art Tor und Tür offenstehen. Nur dieses sei vorweg bemerkt: die Tatsache, daß je nach Umfage 34 bzw. 59 % der Befragten ihre eventuelle Bereitschaft zur Mitarbeit in Bürgerinitiativen bzw. Sympathie für diese bekundeten,[13] verleitet viele Akteure, aber auch manche Autoren dazu, vorschnell, meist hoffnungsfreudig, einen weiteren linearen Aufwärtstrend vorauszusetzen. Liegt hier die in unserer Veranstaltungsfrage angesprochene „Gefahr für Parteien und Parlament"? Zur Prüfung dieser Frage ist u.a. eine Beschäftigung mit den Ursachen der Bürgerinitiativbewegung erforderlich.

Die grundlegende Ursache: der pluralistische Vorsorgestaat

An erster Stelle der Ursachen ist der vielbeschriebene Wandel vom liberalen Minimalstaat, dem Nachtwächterstaat, hin zum gegenwärtigen, unter Sozialstaatsanforderungen stehenden Vorsorgestaat zu nennen. Dessen Leistungen sind bekanntlich mehr als nur ambivalent. Der einerseits sozialstaatlich durchaus zu gewinnende Gestaltungsspielraum des Bürgers bringt ihn andererseits in zunehmende Abhängigkeit von den kollektiv ausgeschütteten Leistungen der staatlichen und kommunalen Instanzen. Wo diese Leistungen ausbleiben oder aber nicht in seinem Sinne erbracht werden, wird der Bürger geradewegs zur Initiative gezwungen: Er hat immer weniger die Wahl, seine Lebensverhältnisse anders als durch organisierte Einwirkung auf staatliche und kommunale Instanzen wenigstens mitzugestalten. In einer pluralistischen Gesellschaft erreicht der Bürger Mitwirkung nur kollektiv: in Vereinen, Verbänden und Parteien sowie offensichtlich zunehmend in Bürgerinitiativen.

Im Gegensatz zu gängigen Definitionen sind es gar nicht einmal staatliche bzw. kommunale Leistungs*defizite*, die Bürgerinitiativen auf den Plan rufen. Es wäre interessant zu untersuchen, ob Leistungs*defizite* nicht weiterhin durchaus traditionell vornehmlich über Parteien und Verbände eingeklagt, mißliebige Leistungs*überschüsse* und *Fehl*leistungen — oder als solche empfundene — dagegen zunehmend von Bürgerinitiativen abgewehrt bzw. korrigiert werden.

Parteien und Parlamente, die institutionellen Willensbildungsinstanzen insgesamt, stoßen auf mehrere in ihrer Funktion begründete Beschränkungen, wenn es darum geht, staatliche bzw. kommunale Leistungen abzuwehren bzw. zu korrigieren. Nur die beiden meines Erachtens wichtigsten können hier genannt werden: Die institutionalisierten Willensbildungsinstanzen und die sie beherrschenden Parteien stehen — glücklicherweise — unter dem Zwang, sich mit ihren

Entscheidungen zu identifizieren; sie können diese schwerlich aus eigenem Antrieb korrigieren oder gar revozieren. Hierzu bedarf es anderer Organisationen, die z. B. im Falle unmenschlicher „Abwurfplanungen" (Trabantenstädte vom Reißbrett) oder sozial ungerechter „Erbötigkeitsplanungen" (schlimmstenfalls, aber durchaus nicht aus der Luft gegriffen: günstige Zuwendungen für den Bürgermeister) aktiv werden. Im Gegensatz zu einer geläufigen Charakterisierung der Bürgerinitiativen als „Frühwarnsystem" sind diese insofern zutreffender als „Zuspätwarnsystem", als „Korrektursystem" von sowohl temporal als auch funktional den staatlichen, kommunalen und gesellschaftlichen „Erstorganisationen" nachgeordnete „Zweitorganisationen" zu kennzeichnen.[14]

Das vielbeklagte Repräsentationsdefizit ist insoweit als prinzipielles Leistungsunvermögen unserer repräsentativen Organe und Kräfte durchaus strukturbedingt, entwicklungsimmanent und wohl auch irreversibel.

Es wird verschärft im Wege der zunehmenden Interventionsdichte und Interventionstiefe staatlicher Einwirkungen in die Gesellschaft, die auf eine immer stärkere „Durchnormierung aller Lebensbereiche" drängen und damit, wie *Werner Thieme* bereits 1966 anschaulich formulierte, ein „filigranartiges Gewebe des jeweils geltenden Vorschriftenwerkes ..."[15] schaffen. In dem Maße, wie das Gesetz im Wandel der Staatsaufgaben als Schutznorm gegen staatliche Eingriffe an Bedeutung verloren hat, treten Bürgerinitiativen als „Zuspätwarngruppen", als „Korrekturgruppen", notwendig auf den Plan, zumal die Parteien ihre Integrationskraft in pauschalen, hochgradig aggregierten Programmen suchen, sich mithin gerade nicht im Filigran des Vorschriftenwerkes verfangen und verzetteln wollen. Je dichter also das Filigran des sozialstaatlichen Vorschriftenwerkes einerseits, je weiter, je allgemeiner die Programmatik der konsenssuchenden „Volksparteien" andererseits, desto unausweichlicher die u. a. durch Bürgerinitiativen ausfüllbare „Repräsentationslücke".

Die verfassungsrechtliche und verfassungspolitische Einschätzung

So gesehen sind Bürgerinitiativen nicht nur verursacht als Korrektiv für zwangsläufige Repräsentationsdefizite des Sozialstaates, sondern auch als Korrektiv rechtsstaatlicher Defizite nach der Auflösung des liberalen Idealtyps vom Rechtsstaat. *Walter Schmitt-Glaeser* sieht in der durch Bürgerinitiativen bewirkten Partizipation einen „Rechtsschutz nicht-judizieller Art"[16] — eine Position, die, auf der Jahrestagung 1972 der Vereinigung Deutscher Staatsrechtslehrer vorgetragen, nicht unwidersprochen blieb.

Bürgerinitiativen vollziehen sich weitgehend an Parlamenten und Parteien vobei. Ihr häufigster Adressat ist aus vielerlei bekannten Gründen die Verwaltung. Nur der bedeutsamste Zusammenhang sei hier genannt: Das klassische Verständnis der Funktionsfähigkeit von Verwaltung ging von drei Voraussetzungen aus, die gegenwärtig in einem noch nicht dagewesenen Ausmaß infrage gestellt sind. Es wurde angenommen, (1) daß die „politischen" Entscheider, vornehmlich die Legislativen, entweder in der Lage seien, Konsens über die Definition des staatlich zu garantierenden Anteils der sozialen und ökonomischen Wohlfahrt definitiv herzustellen, oder (2) einen solchen Konsensus schlicht voraussetzen könnten, so daß (3) für die Verwaltung nurmehr ein im Sinne dieses Konsensus klar bestimmter, jedenfalls aus ihrer Perspektive politisch neutraler Vollzug verbliebe. In dem Maße, wie die eindeutige Determinierung des staatlichen Eingriffs durch die Parlamente und die Parteien nicht mehr als selbstverständlich vorausgesetzt werden kann, ergibt sich zwangsläufig auch für die Verwaltung nicht nur ein ohnehin im Zuge des sozialstaatlichen Aufbaues erweiterter Gestaltungs*spielraum*, sondern geradezu Gestaltungs*zwang*. In dem Maße, wie der Bürger dies erfährt und begreift, wendet er sich — nun nicht mehr nur im nachhinein korrigierend, sondern an Parteien und Parlamenten vorbei prophylaktisch postulierend — an die Verwaltungen. Wenn er hier erfolglos bleibt, versucht er es über die Parteien und Parlamente, schließlich über die „Öffentlichkeit". Erst aus diesem Zusammenhang heraus treten Bürgerinitiativen ernsthaft in Konkurrenz zu Parteien. Jetzt reagieren sie nämlich nicht mehr nur im nachhinein als „Zweitorganisation", jetzt fordern sie letztlich den „Erstorganisationen", insbesondere den Parteien, ebenbürtige Mitwirkung an jener politischen Willensbildung, welche die Verwaltungen determinieren kann.

Häufig werden die Parlamente und die politischen Parteien erst dann überhaupt gefordert und aufmerksam, wenn es zwischen Verwaltungen und Bürgerinitiativen zum Konflikt kommt. Reagierten die Parteien und Parlamente dann tatsächlich, käme es zur sogenannten politischen Lösung, so wären es die Bürgerinitiativen, die mit solcher gelungenen Korrektur von Repräsentationsdefiziten Parlament, Regierung und Verwaltung ihren im grundgesetzlichen System der Gewaltenteilung jeweils verfassungsrechtlich gewollten Stellenwert zugewiesen hätten. Bürgerinitiativen gewährten somit nicht nur individuellen Rechtsschutz, sondern auch eine Art generellen Verfassungsschutz. So gesehen werfen Bürgerinitiativen nicht nur keinerlei grundgesetzliche Kongruenz- oder Adäquanzprobleme auf; so gesehen beinhalten Bürgerinitiativen vielmehr die Chance einer „Effektivierung der demokratischen Grundsätze Menschenwürde, Konsens, Öffentlichkeit",[17] in dem Sinne, daß sie sowohl zur Realisierung des Repräsentativ-, Sozialstaats-, Rechtsstaats- als auch des Selbstverwaltungs- und selbstverständlich des Demokratieprinzips beitragen können.

An einer prinzipiellen Übereinstimmung von Bürgerinitiativen mit den Konstitutionsprinzipien der Bundesrepublik kann kein Zweifel sein.

Die aktuelle Kontextanalyse

Nun reagieren die Parteien und Parlamente jedoch offensichtlich zuweilen gar nicht oder undeutlich, so daß Bürgerinitiativen zu drastischen Mitteln greifen; zuweilen entscheiden sie gegen den Willen von Bürgerinitiativen, so daß einige Gruppierungen daraus ihr Recht auf „Widerstand", wie sie es nennen und begreifen, gar auf Gewalt ableiten bzw. ihre Gewalttätigkeit mit den Abweichungen der Entscheidungen öffentlicher Instanzen von dem Willen der Bürgerinitiativen nur ummänteln. Offensichtlich also läuft das Einwirken von Bürgerinitiativen auf Staat und Kommunen so märchenhaft reibungslos nicht ab, wie oben wohlwollend nach konstitutionellem Textbuch gedreht. Die verfassungsrechtliche und verfassungspolitische ist also im folgenden um eine empirisch-politologische Einschätzung der Bürgerinitiativen zu ergänzen.

Bis zu dieser Stelle wurden Tendenzen benannt, die das Anwachsen der Zahl von Bürgerinitiativen zu einem strukturbedingten

historisch generellen Entwicklungstrend erklärten. Daneben gibt es
aktuelle Zusammenhänge, aus denen sich Existenz und Wirkung der
Bürgerinitiativen zusätzlich speisen. Ich gehe wiederum aus Zeitgrün-
den davon aus, daß diese hier bekannt sind und beschränke mich darauf, sie mit einigen Stichworten ins Gedächtnis zu rufen:

— die in der Resession 1966/67 kenntlich werdende Verringerung
  des wirtschaftlichen Wachstums mit welcher sich schärfere Ver-
  teilungskonflikte abzeichneten;
— das gleichwohl beibehaltene und durch die Reformpolitik nach
  1969 noch gesteigerte Anspruchsniveau der Erwartungen des Bürgers an die Leistungsstärke des Staates;
— weniger als gemeinhin angenommen, aber auch: die politische
  Sensibilisierung durch Studentenrebellion und ,,Außerparlamen-
  tarische Opposition" (1967—1970);
— der regierungsoffizielle Aufruf von 1969, ,,mehr Demokratie" zu
  wagen;
— die Erklärung des Jahres 1970 zum ,,Europäischen Naturschutz-
  jahr";
— die durch die vorangenannten Zusammenhänge verursachte, verstärkte und diese selbst bestärkende wertmäßige Umorientierung;
— die seit 1973 offenkundige Verknappung der Energieressouren
  und die seither umstrittenen Operationen zur Erhaltung der Wirt-
  schaftskraft der Bundesrepublik; vornehmlich die Operationen
  im Herzbereich der Energiepolitik, vor allem deren unvermeid-
  licher beschäftigungspolitischer bzw. umweltpolitischer Preis;
— schließlich die unmittelbar nach der Wahl von 1976 besonders
  häufig vermutete und wohl auch begründete politische Stimmungs-
  lage, die *Rolf Zundel* erst kürzlich als ,,schwelende Staats- und
  Parteiverdrossenheit" bezeichnete. *Rudolf Wildenmanns* neueste
  Untersuchungen scheinen diesen Befund zu bestätigen. Zwar mag
  Dahrendorf die Zufriedenheit der Bundesbürger auf der Grundlage eines internationalen Vergleichs durchaus ,,im demokratischen Normalbereich"[18] ansiedeln, in der kurzen Geschichte der
  Bundesrepublik hat sie dennoch einen auffälligen Tiefpunkt erreicht.

Dies ist die gegenwärtige Situation, die den oben geschilderten,
historisch grundlegend bedingten, sich ausweitenden, für Bürgerinitiativen *essentiellen* Boden zusätzlich und eher zufällig, man könnte

auch sagen: *akzidentiell*, bereitete. Nur in diesem begrenzten Sinne der lediglich zusätzlichen Bereitung, steht die innere politische Verfaßtheit dieses Landes im umgekehrten Verhältnis zur Stärke der Bürgerinitiativbewegung; nur in diesem zusätzlichen Sinne ist die Bürgerinitiativbewegung um so stärker, je schlechter der Zustand von Parteien und Parlamenten in diesem Lande ist. Ursächlich bedeutsamer für die Zahl der Bürgerinitiativen ist der oben beschriebene Wandel von Staat und Gesellschaft.

Die politologische Einschätzung

Auch die politologische Einschätzung der Bürgerinitiativen *selbst* kann hier nur knapp erfolgen, soweit dies überhaupt ohne deren Kontext möglich ist.

1. Der Mitwirkungsanspruch auf Grund von Gemeinwohlgewißheit

Bürgerinitiativen fordern regelmäßig weitere Mitwirkungsmöglichkeiten, als staatlich bzw. kommunal institutionalisiert sind. Sie drängen mithin auf eine Veränderung der offiziellen Entscheidungsstrukturen. Darin unterscheiden sie sich wesentlich von den auf der Basis des bestehenden Institutionenflügels handelnden Vereinen, Verbänden und Parteien. Im Unterschied zu den Vereinen und Verbänden, die sich der Tatsache ihrer legitimen, durchaus etablierten und effektiven Vertretung von Partialinteressen stärker bewußt bleiben und von daher auch das repräsentative Instanzengefüge insgesamt nicht nur anzweifeln, sondern stützen, folgen Bürgerinitiativen einem Selbstverständnis, demzufolge sie die geltenden Entscheidungsstrukturen des plebiszitfeindlichen Grundgesetzes und den damit erzielten herrschenden Interessenkompromiß zugunsten der von ihnen verfolgten Ziele mindestens korrigieren wollen.

Winfried Steffani empfiehlt mir, Bürgerinitiativen schlicht als Vereine zu begreifen. Dieser Aufforderung kann ich nur begrenzt folgen. Meines Erachtens sind die Übergänge zwischen Vereinen und Verbänden einerseits und Bürgerinitiativen andererseits fließend, aber doch essentiell bestimmbar. Dort nämlich, wo Gruppierungen

für ihre Interessen — subjektiv redlich oder nicht — Gemeinwohl-
argumentationen geltend machen und darauf gestützt mehr Mitwirkung am Entscheidungsprozeß bzw. Mitwirkung überhaupt erst ermöglichende Entscheidungswege fordern, überschreiten sie die Schwelle vom Verein oder Verband zur Bürgerinitiative. Daß dies häufig aus
taktischen Gründen erst dann geschieht, wenn bestimmte Interessen
unter einer Vereins- oder Verbandsfahne nicht durchgesetzt werden
können, ändert nichts aber auch gar nichts an der ursprünglichen
Interessenorientierung. Es ist dennoch nicht nur eine Frage der
Nomenklatur. Denn die bisherigen „Vereine" treten den staatlichen
und kommunalen Instanzen nunmehr unter ihrem Kriegsnamen als
„Bürgerinitiativen" mit höherem Legitimationsanspruch gegenüber,
als dies unter der Vereins- oder Verbandsfahne möglich war bzw.
schien. Als „Vereine" akzeptierten sie die Beweislast. Sie blieben bereit, die Berechtigung ihres „Anliegens" als Bestandteil des Gemeinwohls möglichst glaubwürdig zu begründen. Als „Bürgerinitiative"
verlangen sie — meist von der Verwaltung — die (von vornherein für
unmöglich erklärte) Widerlegung ihres Gemeinwohlanspruches. Daß
eine solche Gemeinwohlgewißheit in einer pluralistischen Demokratie nicht a priori honoriert werden kann, muß hier nicht nachgewiesen werden.

Wollen Bürgerinitiativen mit einiger Aussicht auf Erfolg in ernsthafte Konkurrenz zu den Parteien treten, so müssen sie ihren Legitimationsanspruch — wie einige Versuche in Landtagswahlen, z.B. der
USP in Niedersachsen, zeigen — vor allem durch programmatische
Erweiterungen steigern.

2. Die „eschatologische" Begrenzung

Bürgerinitiativen sind in der Regel *thematisch, zeitlich und räumlich begrenzt*, obgleich seit 1972 insbesondere im Bereich des Umweltschutzes beträchtliche „horizontale Konsolidierungen",[19] bis
hin zu internationalen Querverbindungen, vollzogen wurden. Die
— wie einmal gesagt wurde — geradezu „eschatologische" Begrenztheit von Bürgerinitiativen kommt in dem Stoßseufzer erfolgreicher
Bürgerinitianten zum Ausdruck: *„Noch ein Sieg, und wir sind verloren!"* Dieser Satz bringt das von der Verfassung gewollte und poli-

tisch durchaus wünschenswerte Verhältnis der Bürgerinitiativen zu staatlichen und politischen Organisationen einschlägig zum Ausdruck.

3. Der überraschende Organisationsgrad

Bürgerinitiativen sind mitgliederfreundlich, aber keineswegs organisationsfeindlich, wie *Thomas Ellwein* und seine Mitarbeiter fälschlich annehmen.[20] Mit zunehmender Existenzdauer verdichten sie sich organisatorisch bis zu einem den Vereinen und Verbänden angenäherten Niveau. Dafür gibt es viele Gründe. So müssen sie finanzielle Mittel herbeischaffen, um sich z. B. gemäß Verwaltungsverfahrensgesetzen rechtsfähig für Verwaltungs- und Gerichtsverfahren zu machen. Das führt (zur Sicherung der Mitgliederbeiträge wie der Rechtsfähigkeit) zur Organisationsform eines eingetragenen Vereins. Dieser firmiert dann rechtlich als Verein, strategisch aber durchaus weiter als „Bürgerinitiative".

„Nur die Hälfte der Initiativen läßt jeden als Mitglied zu".[21] Sie haben einen sehr kleinen Aktivkreis von jeweils 20 bis 30 Mitgliedern, der das Reservoir der geschätzten 1,5 Millionen „Mitglieder" praktisch auf höchstens 120 000 aktiv Engagierte mindert. Sie müssen einladen, Treffen und Versammlungen anberaumen und durchführen, Tagesordnungen aufstellen und beschließen. Ihre „Kontaktfreudigkeit"[22] erfordert Sprecher und Macher. Eine allenthalben bestätigte Untersuchung lokalisiert die Vertretung in 51 % der Fälle bei gewählten Sprechern, in 33,3 % bei einem Vorstand. 90,9 % der Bürgerinitiativen faßten Mehrheitsbeschlüsse. Ganze 57 % der von *Barbara Borsdorf-Ruhl* befragten Initiativen hatten eine Satzung. Ihre Arbeitsweise ist gekennzeichnet durch Tagungsrhythmus, Ausschußsitzungen und Vollversammlungen.[23]

Für unsere weiteren Erörterungen ist wichtig festzuhalten, daß Bürgerinitiativen keineswegs jenen Flugsand darstellen — als der sie vielleicht auch absichtlich von den Praktikern in den Erstorganisationen hingestellt werden —, der staatlich, vor allem kommunal, im Einzelfalle nicht zu fassen sei. Es liegt ein für den akademischen Popularbetrieb typischer Fehlschluß darin, Mitgliederfreundlichkeit mit Organisationsfeindlichkeit gleichzusetzen. *Bürgerinitiativen jedenfalls mögen mitgliederfreundlich sein; organisationsfeindlich sind sie nicht.*

4. Die Dividende der sozialen Selektivität

Ein ebenfalls leichtgängiges Mißverständnis liegt darin, von der sozialen Selektivität der Bürgerinitiativen auf die von ihnen verfolgten Interessen zu schließen. Durch eine hier bekannte hochgradig mittelständische Selektivität ihrer Mitgliedschaft geprägt, sind Bürgerinitiativen dennoch nicht auf die Verfolgung von je spezifischen Exklusivinteressen festzulegen. Die Auswertung der einschlägigen Studien führt zwar zu dem Schluß, daß Bürgerinitiativen gerade jene nicht zu aktivieren und mobilisieren vermochten, die auch in allen anderen Organisationen auf allen Ebenen aus vielerlei Gründen unterrepräsentiert sind. Sie bestätigt den Bürgerinitiativen aber auch, daß diese sich nicht a priori und absolut als Sozialegoisten klassifizieren lassen müssen. Innerstädtische Freizeitparks zum Beispiel, für deren Erhaltung sich die Sozialaktiven möglicherweise „nur" wegen ihrer wochentäglichen Luftversorgung einsetzen, werden wochenends nicht von diesen, sondern vornehmlich von jenen genutzt, die − weil sie alt und/oder unbemittelt sind − nicht in die Naherholungsgebiete fahren, geschweige denn sich ein Wochenenddomizil leisten können. Wer angelt in den Flüssen, für deren ökologisches „Gleichgewicht" die besitzenden Anrainer kämpfen? Für solche Fälle wurde von der Wahrnehmung eines „Inklusivinteresses"[24] gesprochen.

Selbst wenn also in Bürgerinitiativen materieller Egoismus das ausschließliche Motiv der Sozialaktiven sein sollte, so kann damit doch am Ende ein Vorteil für andere verbunden sein. Gerade im Umweltschutz ist *Mayer-Taschs* These plausibel, „daß die Erfolge der in diesem Bereich agierenden Initiativen den unteren Schichten der Bevölkerung in höherem Maße zugute kommen als den sogenannten privilegierten ...".[25] Sieht man diesen Zusammenhang weniger optimistisch als *Mayer-Tasch*, erscheint das *Inklusivinteresse immer noch mindestens als Dividende der sozialen Selektivität von Bürgerinitiativen.*

5. Die Auswirkungen auf den Produktionssektor

Seit *Claus Offes* Aufsatz über „Bürgerinitiativen und Reproduktion der Arbeitskraft im Spätkapitalismus" gehört die Behauptung zum gängigen Repertoire der Kritik an Bürgerinitiativen, daß diese nur im Reproduktionssektor entstünden und nur auf diesen bezogen seien,[26] mithin aus klassenanalytischer Sicht auch gar nicht progressiv sein können. Sie wurde umso eindringlicher durch die Wirklichkeit widerlegt, je weiter das Motiv des Umweltschutzes in den Vordergrund der Gegenstände von Bürgerinitiativen rückte. Seit der Ölkrise von 1973 wurde zunehmend deutlich, wie sehr gerade die auf den Umweltschutz gerichteten Initiativen bei gleichzeitiger Verknappung der Energiequellen auf den Produktionssektor durchschlagen. Mag das Argument der Arbeitsplatzsicherung sowohl inhaltlich als auch zahlenmäßig nicht selten überstrapaziert werden, so wissen wir heute doch, daß sich die Konzeption von Bürgerinitiativen im Negativen wie im Positiven auf die Zahl der Beschäftigten in 100 000er Größenordnungen auswirken. Bürgerinitiativen werden von der Bundesregierung mehr oder weniger direkt verantwortlich gemacht für den Niedergang der Wachstumsrate von 3 auf 4 %, weil sie vor Verwaltungen und vor Gerichten 25 Milliarden DM blockiert haben.[27] Wie auch immer diese Argumente im einzelnen zu werten sind: *Die einschlägigen Wirkungen im und auf den Produktionsbereich sollten Staat und Kommunen zwingen, Bürgerinitiativen nachhaltig in ihr politisches und gesetzgeberisches Kalkül einzubeziehen.*

6. Das Problem der Gewalt

Das Mißtrauen gegenüber Bürgerinitiativen rührt für viele aus der theoretisch bekundeten und teilweise durchaus aktualisierten Bereitschaft der Initiativen — meistens nur einzelner Gruppierungen innerhalb der Initiativen — zur Regelverletzung. Staatlicher- und kommunalerseits muß insbesondere jene von *Offe* empfohlene „Kombination von Verhandlungsstrategie mit kalkulierten Gewaltakten"[28] befürchtet werden, die sich keinesfalls auf die Mobilisierung des — wie *Offe* maliziös formuliert — „offiziösen Instanzenzuges des politischen Systems beschränken".[29]

Strategische Anweisungen dieser Art haben Bürgerinitiativen nicht selten in den Geruch revolutionärer Umsturzbewegungen gebracht. Nimmt man nur den Wortlaut, insbesondere mancher studentischer Flugblätter, und nimmt man manche ihrer Taten, so müßte man ihre Verfasser entweder nicht ernst nehmen oder anerkennen, daß die staatlichen und kommunalen Befürchtungen zu Recht bestehen: *Dies sind nicht mehr die seit der französischen Revolution selbstverständlichen bürgerlichen Initiativen, sondern Aktionen, die sich tendenziell gegen die Initiativfähigkeit des Bürgerlichen überhaupt richten.*

Theorien vom weiten Bereich des „Staatsinterventionismus" bis zum „staatsmonopolistischen Kapitalismus" können staatliche und kommunale Instanzen nur mehr oder minder ausschließlich als Instrument einer ökonomisch herrschenden Klasse sehen. Auf Theorien dieser Herkunft beziehen sich insbesondere studentische Protagonisten von Gesetzesverletzungen. Sie folgern daraus als strategische Zielsetzung mehr oder minder direkt die Notwendigkeit des Aufbaues von „Gegenmacht", die Regel und Gesetze nicht nur „verletzt", sondern bricht und dadurch langfristig zunichte macht. Bügerinitiativen wie Parlamente, aber auch „bürgerliche" Parteien, die Sozialdemokratische Partei selbstverständlich eingeschlossen, werden günstigenfalls nach *Lenins* Grundsätzen zur „Massenarbeit" strategisch als Foren für ihre Ziele verstanden. Auch ohne eine solche ideologische Ausgangsbasis bewirkt die oben erwähnte ungebrochene „Legitimationsgewißheit" nicht selten Fanatismus.

Aus liberaler Sicht ließ sich indessen anfänglich ebenfalls Verständnis für den Regelverletzer ableiten, etwa mit der Frage *Karl Hermann Flachs*: „Ist diese Gesellschaft bereits derart eingeschläfert, daß nur noch sensationelle Regelverletzungen jene Aufmerksamkeit erzielen, die Veränderungen bewirken kann?"[30]

Die außerordentlichen rationalen und emotionalen Belastungen, die von der unüberschaubaren Tragweite moderner Probleme und Entscheidungen – nicht nur im Energiebereich – ausgehen, führen schließlich zu ideologisch überhaupt nicht mehr zu verortenden gewalttätigen Entladungen. *Martin Schrenk* hat die hier bestehenden Spannungen zwischen „Sachlichkeit – Emotionalität und Identität" in einem lesenswerten Aufsatz festgehalten.[31]

Es kennzeichnet die hier primär zur Diskussion stehenden Gewaltwilligen, daß sie sich nicht fragen lassen – schon gar nicht von „bürgerlicher" Seite. Ihre subjektive Wahrheitsgewißheit läßt keine Fragen zu. Wäre dies anders, so müßten sie doch zweifeln, ob nicht sie wie kaum andere Gruppierungen den von ihnen — und nicht nur von ihnen, von ihnen aber vielleicht bloß vorgetäuschtermaßen — befürchteten Polizeistaat herausgefordert haben. Aus marxistischer Sicht müßten sich einige von ihnen mit *Georg Lukacs* (Legalität und Illegalität, 1920) weiterfragen lassen, ob ihre „Romantik der Illegalität", ihre Gewaltromantik, nicht letztlich einen dogmatisch tiefen Kotau vor dem bürgerlichen Staat beinhaltet — einen Kotau, der den Staat nicht nur im Bewußtsein der „Bürgerlichen", sondern auch in dem der „Revolutionäre" idealistisch-irrational überhöht.

Die Distanzierung und Vermeidung von Gewaltanwendung ist ein Problem nicht nur für die Verwaltung des Staates und der Kommunen; es stellt sich als Herausforderung auch den Bürgerinitiativen selbst, die in aller Regel von Gewaltanwendung nichts wissen wollen. Kürzlich wurde berichtet, Bürgerinitiativen hätten untereinander bereits eine Art Warnspontaneität zur Identifizierung von gewalttätigen „K-Gruppen" und zum Erfahrungsaustausch darüber entwickelt, wie diesen Gruppen zu begegnen wäre. Bei der letzten großen Demonstration in Kalkar wurde das aus den Reihen der Bürgerinitiativen anderen Orts bereits erprobte System von Posten zwischen Polizei und „K-Gruppen" weiter entwickelt.

Insgesamt stellen Bügerinitiativen „Zweitorganisationen" dar, die „nur" in Opposition bzw. Protest zu den Leistungen der Erstorganisationen stehen. Je prinzipieller die Korrekturvorstellungen gegenüber dem politisch-administrativen System, je weniger also anerkannt wird, daß die Existenz der derzeitig verbindliche Entscheidungen treffenden Instanzen nicht bloß „formal", sondern „selbst ein Erfordernis des wahren Gesamtinteresses"[32] ist, desto entschiedener die — in klassenanalytischen Ansätzen durchaus erkennbare Tendenz — das offizielle Entscheidungsgefüge mindestens ändern, wenn nicht zerstören zu wollen; desto bereitwilliger schließlich in einigen Fällen der Weg der Regel- und Gesetzesverletzung.

Gewaltfreie Formen und gesetzestreue Aktionsmuster stehen jedoch eindeutig im Vordergrund.

7. Die Sicherung staatlicher und kommunaler Effizienz

Schließlich dürfte auch aus Gründen der Effizienzsicherung von Staat und Kommunen zweifelsfrei sein, daß nach der traditionellen Parteien- und Verbandsprüderie hierzulande antipluralistische Prüderie gegenüber Bürgerinitiativen Platz greifen sollte.

Das Gesamturteil

Zusammenfassend bleibt festzuhalten: verfassungstheoretisch stellen die Bürgerinitiativen keinerlei Gefahr, eher eine Hilfe für Parteien und Parlamente dar — eine Verfassungsgarantie, die beiden, den Parteien wie den Parlamenten, günstigenfalls sogar ihren grundgesetzlich gewollten Stellenwert zuweist. Politisch sind die Bürgerinitiativen gerade in diesen Tagen mit Nachdruck vor ihren Kritikern zu schützen: sowohl vor jenen, die in ihnen lediglich den Anbruch der Anarchie zu sehen vermögen, als auch vor jenen, die sie nur als Instrument des Klassenkampfes gelten lassen wollen.

Solange die Parteien und Parlamente nur „funktionieren" (in des Wortes ganzer anspruchsvoller Bedeutung) sind Bürgerinitiativen gegenständlich, zeitlich und sachlich notwendig begrenzt. Sie haben einen überraschend hohen Organisationsgrad, der sie für Staat und Kommunen soweit ansprechbar macht, daß eine kalkulierbare Kooperation mit ihnen, staatlicher- und kommunalerseits nicht von vornherein auszuschließen ist. Von der in und aus Bürgerinitiativen angewandten Gewalt kann das Gesamturteil über sie nicht abhängig gemacht werden.

Konstanten für eine Prognose

Wie kann sich, wie soll sich der Staat gegenüber solchermaßen im Grundsatz beurteilten Bürgerinitiativen verhalten? Die Antwort hängt auch von den Erwartungen über die Zukunft der Bürgerinitiativen ab. Die Konstanten für eine Prognose ergeben sich zum einen aus dem oben idealtypisch dargelegten Wandel vom liberalen Minimal- zum pluralistischen Vorsorgestaat (wie immer unvollkommen dieser auch sein mag). Dieser Wandel zwingt den Bürger vermehrt zu kollektiv organisierten Initiativen. Zusätzlich ermutigen erst jüngst rechtlich eröffnete Partizipationsmöglichkeiten (z. B. in Kommunalverfassungen, im Städtebauförderungsgesetz, im Bundesbaugesetz sowie im Verwaltungsverfahrensgesetz): Mit den neuen Partizipationsrechten wurden permanente, justiziable Ansprüche konstituiert. Die darauf gegründeten, gerichtlich erstrittenen Erfolge ermutigen zu neuen Initiativgründungen usw. usw. Bürgerinitiativen werden nach einer Phase der Ernüchterung — möglicherweise auch der Einschränkung nach neuen Erfahrungen — jenseits ihrer auch sozialwissenschaftlichen Dramatisierung zur Alltäglichkeit einer pluralistisch organisierten Gesellschaft gehören.

Es gibt demoskopische Anzeichen dafür, daß das Verhalten der Bundesregierung, der Gewerkschaften und der Parteien sowie der diskreditierende Gewalteinsatz aus Bürgerinitiativen heraus in Brokdorf und Grohnde dahin geführt haben, daß die spektakuläreen bundesweiten Initiativen im Bereich des Umweltschutzes den Scheitelpunkt ihres Zulaufes bereits im Frühjahr 1977 überschritten hatten.[33] Nach einigen „Horrorinitiativen" — z. B. gegen Heime für debile Kinder oder gegen Blindenheime in landschaftlich reizvoller Umgebung mit dem Hinweis, diese Betroffenen vermöchten diese Landschaft sowieso nicht zu würdigen — bedeutete die bekannte Initiative von Bergkamen wohl eine endgültige Entzauberung der Bürgerinitiativen.

Die Parteien sind gezwungen, sich der Umweltpolitik so anzunehmen, daß sie gegenüber den Bürgerinitiativen mehrheitsfähig bleiben. Schaffen sie dies nicht, so werden die Bürgerinitiativen in der Tat zu einer Gefahr für die etablierten Parteien. Dies ist jedoch noch kein Grund zur Besorgnis um das parlamentarische Regierungssystem insgesamt. Staatliche Institutionen, insbesondere die Parlamente, sind dadurch nicht gefährlich. In dem Moment nämlich und in dem Maße, wo und wie Bürgerinitiativen ernsthaft zu Konkurrenten für Parteien werden, müssen sie mehrheitsfähige Integration betreiben. Solange es strikt verfassungskonform zugeht, treten sie damit nur an die Stelle von Parteien, die versagt haben. Nur für funktionsunfähige Parteien sind Bürgerinitiativen also eine reale Gefahr. Wie weit wir von dieser Gefahr entfernt sind, verdeutlicht etwa die Vorstellung, die Umweltschutzinitiativen sollten eine gemeinsame Position zum Extremistenbeschluß beziehen. Die Naturschutzvereine unter ihnen drohen bereits im Blick auf den Hunger in der Dritten Welt an der Frage auseinanderzubrechen, ob sie sich prinzipiell und überall für ein Verbot der künstlichen Düngung einsetzen sollen.

Die Zahl der höchstalltäglichen Interessenwahrnehmungen durch Bürgerinitiativen wird also zunehmen, die Gefahr einer wie auch immer gearteten „Ablösung" der Parteien wäre noch denkbar, aber nur um den Preis neuer Parteien, mit denen dann — geht es nur rechtmäßig zu — weiterhin Parlamentarismus möglich wäre.

Die Möglichkeiten der Reaktion des Staates und der Parteien

Die Möglichkeiten der Reaktion können abschließend nur angedeutet werden. Die Parteien werden sich — wie gesagt: bei Strafe ihrer Existenz — in gesteigertem Maße der von den großen überregionalen Bürgerinitiativen besetzten Themen anzunehmen haben. Die Kommunen — weniger Bund und Länder — werden angesichts der bekannten „Kommunalisierung der Politik" mit der Lawine von Partizipationsansprüchen der Alltagsinitiativen fertig werden müssen.

Die Kommunalverfassungen sind daher meines Erachtens — soweit dies noch nicht geschehen — mit dem ganzen derzeit bekannten Ensemble vornehmlich konsultatorischer Partizipationsrechte auszustatten, als da sind: Bürgerantrag, Bürgerbegehren, Bürgerentscheid, Mitwirkung in Ratsausschüssen und Beiträgen, Gemeinwesenarbeit und Anwaltsplanung, Bürgerversammlungen, Bürgerforen, Anhörungen, öffentliche Ratsausschüsse und ebensolche Fragestunden, weitestgehende Aktenöffentlichkeit usw.

Auf der kommunalen Ebene sind nun wirklich Institutionen in Gefahr, die nach meiner Auffassung auch als Parlamente zu betrachten sind,[34] die Gemeinderäte nämlich. Deren Prärogative gegenüber den Bürgerinitiativen gilt es — allen Partizipationserweiterungen zum Trotz bzw. diesen korrespondierend — unbedingt zu garantieren, weil es sich bei Bürgerinitiativen immer nur um „Initiativen aus dem Volk an das Volk" handelt. Und weil die zentralen Repräsentationsinstanzen des Volkes, nämlich die Parlamente auf allen Ebenen das letzte Wort behalten müssen, sind insbesondere auf der kommunalen Ebene nach meiner Auffassung die Gemeinderäte ganz entschieden zu stärken; zu stärken insbesondere gegen die höchst traditionelle Interessenkumpanei zwischen Verwaltungen und Bürgerinitiativen.

Die Landesgesetzgeber werden die Gemeinderäte kommunalverfassungsrechtlich also besser ausstatten müssen, damit die ebenfalls kommunalverfassungsrechtlich zu erweiternde politische Mitwirkung des Bürgers demokratiegerechte Abwägung auf das Gemeinwohl hin mindestens erfahren *kann*. Die Gemeinderäte stehen vor dem gleichen Problem wie die Bürgerinitiativen selbst: Angesichts der zunehmenden Politikverflechtung des modernen „Spätföderalismus" wird der Gegenstand sinnvoll abgrenzbarer Partizipation — also der Gegenstand vernünftigerweise dezentralisierter Entscheidungsautonomie — immer schwieriger bestimmbar. Hier liegen die meines Erachtens schwierigsten Probleme angemessener Partizipationsgestaltung für Bürgerinitiativen. Denn daß diese ohne Gefahr für Parlament und Parteien partizipieren sollten, darüber besteht für mich kein Zweifel. Die Frage ist nur: Woran und wie?

Ich werde mich hüten, jetzt noch mit „Entflechtungen" und Gegenstandseingrenzungen zu beginnen. Nur soviel ist für mich gewiß: Eine vollkommenen präzise abgrenzende Entflechtung wird es nicht mehr geben können. Wenn dem so ist, dann muß unter demokratischen Gesichtspunkten und unter dem Gesichtspunkt der Garantie der kommunalen Selbstverwaltung die zunehmende Einengung der Gemeindeautonomie kompensiert werden durch stärkere Beteiligung der Gemeinden am überlokalen, vornehmlich am staatlichen Willensbildungsprozeß. Die kommunalrechtlich zu garantierende Partizipation von Bürgerinitiativen läuft nämlich leer, wenn die Gemeinden nicht entweder größere eigenständige Entscheidungsräume erhalten, oder neben Bundestag und Bundesrat stärker an der staatlichen Willensbildung beteiligt werden, von der sie und ihre Bürger so nachhaltig betroffen sind.

Die Bürgerinitiativen selbst scheinen mir — wie gesagt — keine Gefahr für Parlament und Parteien. Viel größer schätze ich die Gefahr der Innovationsblockade und schließlich Selbstblockade des Gesamtsystems aus Partizipationsrechten — einschließlich der Inanspruchnahme von Gerichten — ein, die dadurch befördert wird, daß die Partizipationsfelder und Partizipationsgegenstände sowie Partizipationsberechtigten nicht hinreichend auf die Bedürfnisse des Gesamtsystems abgestimmt sind.

Die Enquête-Kommission Verfassungsreform hat sich schwer genug mit analogen Entflechtungsversuchen in bezug auf den Föderalismus getan; an die Entflechtung bzw. Verknüpfung sinnvoller politischer Bürgerbeteiligung hat sie sich — ich glaube, das kann man sagen — gar nicht erst heranbegeben. Wenn es stimmt, daß hier, im Bereich der Bürgerinitiativen und ihrer Wirkung, etwa 1 % unserer Wachstumsrate zur Diskussion steht, dann ist nicht nur demokratietheoretisch, sondern auch ökonomisch hinreichender Grund gegeben, an der Entflechtung bzw. sinnvollen Verknüpfung ernsthafter als bisher zu arbeiten, auch und gerade, wenn Bürgerinitiativen vernünftigerweise allenthalben bejaht werden.

Anmerkungen

1 *H.-H. Wüstenhagen*, bis zum Herbst 1977 Vorsitzender des BBU, zitiert nach „Bürgerinitiativen — Mehr Stimmen als die F.D.P.", in: Wirtschaftswoche (WiWo), 31. Jg., Nr. 16, 7.4.1977.

2 So *R. Gronemeyer* plastisch in einer Sendung von Radio Bremen über Bürgerinitiativen am 27.7.1977. *Gronemeyer* selbst ist mit dieser pauschalen Abwertung von Bürgerinitiativen nicht zu identifizieren.

3 Der Begriff „Phonokratie" wurde von *H.-J. Vogel* in einer kritischen Auseinandersetzung mit Bürgerinitiativen geprägt, vgl. ders.: „Wenn Bürger was wollen. Auch Bürgerinitiativen haben ihre Grenzen", in: Die Zeit vom 9.6.1972, Nr. 23. Das „Ende der Aufklärung" wurde von *H. Kremp* befürchtet, vgl. ders.: „An diesen Parteien vorbei. Die Bürgerinitiative: Reaktion auf die versteinerte Demokratie?", in: Die Welt vom 18.2.1977.

4 Vgl. BT-Drs 8/24 vom 29.3.1977.

5 Vgl. BT-Drs 8/906 vom 15.9.1977.

6 Dieser von *P. C. Mayer-Tasch* (1976), geprägte Begriff ist insofern außerordentlich mißverständlich, als die für eine „Bewegung" vorauszusetzende ideologische und strategische Homogenität für die Vielzahl der Bürgerinitiativen aus noch aufzuzeigenden Gründen nicht vorausgesetzt werden kann.

7 „Anschlag auf die Parteien oder Ventil der Verdrossenheit? Die Bürgerinitiativen pendeln zwischen friedlichem Protest und Gewaltaktionen", in: Die Zeit, Nr. 33, vom 5.8.1977, S. 3.

8 *H. G. Schumacher*: zit. nach WiWo, a.a.O., (Anm. 1), S. 22.

9 Die Ausführungen dieses Referates beruhen auf einer Auswertung insbesondere der kommunalwissenschaftlichen und kommunalpraktischen Literatur, hier wiederum vornehmlich der einschlägigen Zeitschriftenliteratur. Aus der Fülle der mittlerweile über Bürgerinitiativen vorliegenden Literatur sind die nachfolgenden Titel hervorzuheben, weil sie in besonderem Maße Grundlage der im Referat erfolgten Auswertung sind:
   — *Raiser, Ch. und J. Bianchi*: Auswertung der Befragung von 38 Projekten der Gemeinwesenarbeit in der Bundesrepublik und West-Berlin. In: Ma-

terialien zur Jugend- und Sozialarbeit. Victor Collancz-Stiftung Frank-
furt/M. 1972;

- *Lange, R.-Peter* et al. (1973), S. 247–287.
- *Senat von Berlin*: Bericht über die Beteiligung von Betroffenen an Pla-
  nungsentscheidungen. Drs. Nr. 6/372 – Schlußbericht. 18.9.1973.
- *Bayerisches Staatsministerium des Innern*: (1973).
- *B. Borsdorf-Ruhl* (1973);
- Bürgerinitiativen in Stuttgart (1974). Gemeinderatsdrucksache Nr. 904;
- *Battelle-Institut.* (1975);
- *P. v. Kodolitisch* (1975);
- Erfahrungsberichte der Friedrich Naumannstiftung 1971–75
- *B. Armbruster* und *R. Leisner*: (1975);
- *Ellwein, Lippert, Zoll* (1975);
- *K. Otto*: Bürgerbeteiligung beim Umweltschutz. In: Die demokratische
  Gemeinde, 28. Jg. (1976), Teil I = Nr. 4/1976, S. 302–304; Teil II =
  Nr. 5/1976, S. 394–396.

Nachzutragen ist eine Studie im Auftrage des *Bundesumweltamtes*: W.
Walter Andritzky und *Ulla Wahl-Terlinden*, Bürgerinitiativen im Bereich
des Umweltschutzes und Entwicklung von Modellen zu deren effekiver
Mitwirkung im Rahmen der Umweltpolitik der Bundesregierung, Institut
für Zukunftsforschung, Oktober 1977, die hier noch nicht ausgewertet
werden konnte.

10 Vgl. Infas-Repräsentativerhebung im Bundesgebiet April/Mai 1973.

11 *D. Sprickmann* in der Fernsehsendung „Blickpunkt" am 18.3.1977; siehe
dazu etwas ausdührlicher *Denkwart Guratzsch*, 50.000 Gruppen gegen den
Amtsschimmel, in: Die Welt vom 19.2.1977.

12 So Bundespräsident *Walter Scheel* anläßlich einer Auszeichnung von fünf
Bürgerinitiativen, Bulletin der Presse- und Informationsamtes des Bundesregierung, Nr. 15, S. 125 f. vom 13.2.1973.

13 Vgl. die oben genannte Infas-Erhebung mit EMNID-Informationen, Nr.
11/12 (1973), S. 7.

14 Vgl. die hier verwandte Terminologie und den hier aufgenommenen Zusammenhang insbesondere in *H. Grossmanns* Nachwort zu dem von ihm
herausgegebenen Sammelband, (1971), S. 169.

15 Selbstverwaltungsgarantie und Gemeindegröße, in: DVBl, 81 Jg. (1966),
S. 328.

16 Partizipation an Verwaltungsentscheidungen, in: VVDStRL, Bd. XXXI,
Berlin-New York 1973, S. 260 f.

17 Ebda., S. 260.

18 Die Zeit vom 12.8.1977; *R. Wildenmann* kam aufgrund von Erhebungen
nach der Wahl von 1976 zu dem Ergebnis deutlicher „Parteienverdrossenheit" in der Bundesrepublik. Seine Interpretation stößt auf einleuchtende
Vorbehalte der Mannheimer „Forschungsgruppe Wahlen"; vgl. „SPD und
CDU steigen und fallen gemeinsam", FAZ vom 28.11.1977.

19 *C. Offe* versteht darunter die organisierte Zusammenarbeit, den Erfahrungs-austausch und die gemeinsame Aktionsplanung verschiedener Initiativ-gruppen auf der Ebene von Städten und Stadtteilen, mit welcher „bornierte Spezialisierungen" überwunden werden können. Vgl. in: *H. Grossmann*, a.a.O., S. 165.

20 *T. Ellwein, E. Lippert, R. Zoll*: a.a.O., S. 176.

21 Vgl. *B. Borsdorf-Ruhl*: a.a.O., S. 78.

22 Ebda, S. 79.

23 Vgl. ebda., Tabelle III/36 im Anhang.

24 *E. Pankoke* (1972), S. 357.

25 *P. C. Mayer-Tasch*: a.a.O., S. 93.

26 Vgl. *C. Offe*, a.a.O.; *R.-P. Lange* et al, *H. Fassbinder* (1972), S. 68−84; für viele andere.

27 Vgl. das von *K. Altmann* mit dem Parlamentarischen Staatssekretär im Bundesministerium für Wirtschaft, *M. Grüner*, geführte Interview, das in der Fernsehsendung „Bericht aus Bonn" am 23.9.1977 ausgestrahlt wurde.

28 *C. Offe*, a.a.O., S. 163.

29 Ebda., S. 159.

30 Bürgerinitiativen und repräsentative Demokratie, in: liberal, 14. Jg. (1972), H. 4, S. 248.

31 In: *K. Oeser, H. Zillessen* (Hrsg.) (1976), S. 87−98.

32 *H. J. Wolff*: Verwaltungsrechte, 8. Aufl. 1971, S. 163.

33 In der erwähnten Blickpunktsendung vom 18.3.1977 wurden Umfrage-Ergebnisse mitgeteilt, die auf einen eindeutigen Rückgang des Protestpotentials von 1975 (=35 %) auf 1977 (= 27 %) schließen lassen. Die Befragten bekundeten mehr Zutrauen zu den etablierten Formen der Interessenwahrnehmung.

34 Vgl. die Begründung im Editorial, H. 4/1976 der ZParl.

Peter Haungs

Bürgerinitiativen und Probleme der parlamentarischen Demokratie in der Bundesrepublik Deutschland

Die parlamentarische Demokratie weist in der Bundesrepublik Deutschland ebenso Struktur- und Funktionsprobleme auf wie in anderen westlichen Verfassungsstaaten.[1] Die Situation in der Bundesrepublik ist freilich durch die Besonderheit gekennzeichnet, daß hier die parlamentarische Demokratie in vollem Umfang erst nach dem Zweiten Weltkrieg verwirklicht wurde. Dieser Sachverhalt wird in der Regel nicht beachtet, wenn vom ,,Funktionsverlust" der Parlamente (und Parteien) die Rede ist,[2] hatten Parlamente (und Parteien) doch zu keinem Zeitpunkt der deutschen Verfassungsgeschichte eine so starke Position wie im Regierungssystem der Bundesrepublik.

Angemessener als die Rede vom ,,Funktionsverlust" dürfte die Kategorie des Funktionswandels[3] sein; auch sollten bei der Bewertung der parlamentarischen Demokratie in der Bundesrepublik nicht bestimmte Phasen verabsolutiert werden: offensichtlich befand sie sich in den 60er Jahren in einer schlechteren Verfassung — erkennbar an den substanzlosen Wahlkämpfen von 1961 und 1965 und der Großen Koalition — als in den Jahren zuvor und danach.[4]

Mit diesen Bemerkungen sollen bestehende Struktur- und Funktionsprobleme nicht verkleinert oder verharmlost werden, es geht vielmehr um eine möglichst angemessene Deutung. Als solche scheint mir die Diskrepanz zwischen zunehmendem Problemdruck auf die staatlichen Institutionen (nicht zuletzt aufgrund gestiegener Erwartungen) und verstärkten Beteiligungsansprüchen einerseits und der beschränkten Problemlösungskapazität von Parlamenten und Parteien andererseits besonders plausibel zu sein.

Soziale Bewegungen pflegen durch bestimmte gesellschaftliche Problemlagen ausgelöst zu werden. Wenn angenommen werden kann, daß dies auch für die Bürgerinitiativen gilt, so liegt es nahe, danach zu fragen, welche Schlußfolgerungen auf Problembereiche der parlamentarischen Demokratie sich aus der Entstehung und Existenz von Bürgerinitiativen ableiten lassen. Weiterhin soll geklärt werden, welchen Beitrag zur Verringerung dieser Probleme Bürgerinitiativen möglicherweise zu leisten vermögen. Schließlich ist der Stellenwert von Bürgerinitiativen im Rahmen der parlamentarischen Demokratie zu bestimmen sowie der Anspruch zu überprüfen, Bürgerinitiativen stellten eine alternative politische Organisationsform dar.

I

Bürgerinitiativen — „eine der glücklichsten Erfindungen der politischen Semantik in der neueren Zeit"[5] — unterscheiden sich bekanntlich erheblich voneinander im Hinblick auf ihre Ziele, ihre Größe und Zusammensetzung sowie ihre Organisations- und Aktionsformen. Deshalb spricht manches dafür, die begriffliche Bestimmung von Bürgerinitiativen eher nach formalen als nach inhaltlichen Kriterien vorzunehmen. So sind beispielsweise Ellwein/Lippert/Zoll[6] verfahren: „Bürgerinitiativen sind locker zusammengefaßte, nur im Ausnahmefall fester organisierte Gruppen, die, gestützt auf alle Mitglieder und deren Aktivität, meist im örtlichen Bereich eine Einflußnahme auf konkrete politische Entscheidungen anstreben. Den Bürgerinitiativen verwandt sind locker oder festgefügte Gruppen, welche sich auf dem Wege der Selbsthilfe um die Lösung einer konkreten Aufgabe bemühen."

Aber auch plausible Typologien nach inhaltlichen Kriterien sind vorgeschlagen worden. So hat Grauhan[7] drei Erscheinungsformen von Bürgerinitiativen unterschieden, die meiner Ansicht nach auch heute noch als grobe Einteilung brauchbar sind:

a) Selbsthilfeaktionen mit Zielen wie Kindergärten, Spielplätzen u. dgl.

b) Halteaktionen, gerichtet gegen Straßenführungen oder die Standorte von Flugplätzen, Kraftwerken und sonstigen Industrieanlagen;

c) Widerstandsaktionen gegen Entscheidungen des ökonomischen Systems, die das politische System ermöglicht hat (z. B. Umwandlung citynaher Wohnquartiere in Geschäftsviertel).

Welche Hinweise auf Funktions- und Strukturschwächen der parlamentarischen Demokratie geben diese drei Formen von Bürgerinitiativen?

„Selbsthilfeaktionen" (a) entlasten das politische System, das bestimmte Leistungen nicht mehr selbst zu erbringen braucht. Damit kann nur derjenige nicht einverstanden sein, dem durch eine solche Entlastung des politischen Systems Möglichkeiten der „System"-Kritik bzw. -bekämpfung genommen werden. Wer die Begrenzung der Staatsaufgaben um der staatlichen Funktionsfähigkeit willen für erforderlich hält, kann in solchen Selbsthilfeaktionen sowohl eine Bestätigung seiner These als auch Beispiele für die nicht-staatliche Wahrnehmung bestimmter Aufgaben sehen. Schlußfolgerungen auf spezifische Schwachstellen der parlamentarischen Demokratie lassen sich aus dieser Erscheinungsform von Bürgerinitiativen, die auch in Deutschland keineswegs völlig neuartig ist, nicht ableiten; im Gegenteil: es handelt sich um eine positiv zu bewertende Entwicklung zur individuellen und kollektiven Verantwortlichkeit und gemeinsinnigen Initiativbereitschaft. Zwischen Selbsthilfeaktionen und Bürgerinitiativen *zugunsten* bestimmter Projekte sind die Grenzen fließend; solche Bürgerinitiativen, die in der Regel zur Mitarbeit bereit sind, entlasten das politische System zumindest teilweise.

Sofern *„Halteaktionen"* (b) nicht nur durch das verständliche, wenn auch bornierte St. Florians-Prinzip motiviert sind, beinhalten sie — meist berechtigte — Kritik an Planungsprozessen, insbesondere an der Vernachlässigung bestimmter Aspekte wie etwa einer sorgfältigen Lasten- und Nutzenabwägung oder des Stellenwerts von Einzelprojekten in Gesamt-Planungen. Die Vernachlässigung solcher Aspekte in Planungsprozessen weist auf bestimmte Schwachstellen der parlamentarischen Demokratie hin: die dominierende Rolle der Verwaltungsbürokratien und damit des Ressortpartikularismus in Planungsprozessen, Mangel an politischer Führung und Beratung, erheblicher Einfluß und geringe politische Kontrolle organisierter Interessen, unzulängliche Information und Beteiligung betroffener Bürger.

Es ist nicht zu verkennen, daß in vielen Fällen weder die personale Qualität von Inhabern politischer Ämter noch die Qualität ihrer Entscheidungen hohen Ansprüchen genügen. Die bis vor kurzem übliche und noch immer anzutreffende Ignoranz und Leichtfertigkeit von Politikern in Sachen Kernenergie ist ein extremes, wenn auch nicht singuläres Beispiel: während der Informationsstand der „entscheidenden" parlamentarischen Gremien unzulänglich war, lag die inhaltliche Verantwortung bei Experten ohne formelle politische Verantwortlichkeit.

Dieses Beispiel illustriert ein Kernproblem der parlamentarischen Demokratie: die Überforderung der Parlamentarier und Regierungsmitglieder durch die Fülle und Reichweite staatlicher Aufgaben, für die sie die politische Verantwortung zu übernehmen haben, obwohl diese Aufgaben weitgehend selbständig von einer weitverzweigten Bürokratie — in Kooperation mit Experten aus Interessenverbänden und Wissenschaft — wahrgenommen werden. In einem so strukturierten Entscheidungsprozeß kommt die politische Beratung — unter Einbeziehung eines möglichst breiten Interessenspektrums — zu kurz. Dies bedeutet, daß die Parlamente eine ihrer wesentlichen Aufgaben vernachlässigen, wodurch sowohl die demokratische Qualität von Repräsentation als auch die inhaltliche Qualität politischer Entscheidungen in Frage gestellt werden.

Zwar sind Planungs- und Entscheidungsprozesse nicht nur unter rechtsstaatlichen Kriterien zu bewerten,[8] aber auch die Strapazierung rechtsstaatlicher Prinzipien ist kein Ruhmesblatt einer parlamentarischen Demokratie. Es genügt daran zu erinnern, daß bei Planungen vorgesehene Einspruchs- und Anhörungsverfahren von einer lediglich auf reibungslosen Ablauf bedachten Bürokratie zum farcenhaften Ritual gemacht wurden.[9] Bedenklich ist gewiß auch, daß die Schwierigkeiten und Kosten des Rechtswegs in diesem Bereich so beträchtlich sind, daß sie davon abschrecken, diesen Weg überhaupt zu betreten. Die generelle Problematik dieser Sachverhalte besteht darin, daß dadurch zwei wesentliche Legitimitätsgründe eines Regierungssystems geschwächt werden: die Autorität der Amtsinhaber und die Rationalität der Verfahren. Je mehr jedoch diese Legitimitägsgründe an Gewicht verlieren, um so zentralere Bedeutung kommt der Partizipation als Begründung für die Legitimität eines politischen Systems zu.

Unter diesem Aspekt ist von Bedeutung, daß auch diejenigen Institutionen, denen in der Bundesrepublik wie auch in anderen westlichen Verfassungsstaaten in erster Linie die Vermittlungsfunktion zwischen Wählerschaft und Regierung/Verwaltung obliegt, von

ihren zahlreichen Aufgaben gerade dieser nur in unzulänglicher Weise
gerecht werden, obwohl die Parteien ihre Rolle als Verbindungsglied
zwischen den verschiedenen politischen Ebenen — etwa gegenüber
kommunalen Wählervereinigungen — hervorzuheben pflegen. Dagegen können Bürgerinitiativen tatsächlich eine Art ‚Transportfunk-
tion‘ in dem Sinne beanspruchen, „daß sie auf lokaler Ebene sichtbar werdende, aber dort nicht lösbare Probleme auf eine höhere politische Entscheidungsebene zurückbringen".[10] Würden die politischen
Parteien ihre vielfältigen Aufgaben (wie sie sie im Parteiengesetz
selbst festgelegt haben) tatsächlich wahrnehmen, wären Bürgerinitiativen wohl weitgehend überflüssig. Da man jedoch davon ausgehen
muß, daß die Problembewältigungskapazität der Parteien begrenzt
ist, daß sie sich gewissermaßen durch den Aufgabenkatalog des Par-
teiengesetzes selbst überfordert haben, ist es unwahrscheinlich, daß
dieser hypothetisch angenommene Fall eintreten wird.

Die Gefahr eines Defizits an Vermittlung zwischen „unten" und
„oben" ist um so mehr gegeben, je größer der Bereich staatlicher
Aufgaben und je größer folglich auch der Kreis der von staatlichen
Maßnahmen „Betroffenen" ist. Fühlen sich solchermaßen „Betroffene" von staatlichen Behörden unangemessen behandelt oder haben
sie den Eindruck, daß ihre Interessen von bestehenden politischen
Verbänden nicht ausreichend wahrgenommen werden, so ist die
Suche nach neuen Instrumenten der Interessenartikulation nahelie-
gend. Bürger-Initiativen sind denn auch als Protest gegen den Par-
teien-, Verbände- und Verwaltungsstaat zustandegekommen.[11]

Die Zielsetzung von „Halteaktionen" kann begrenzter oder gene-
reller Art sein. Im einen Falle wird — von der schlichten Befolgung
des St. Florian-Prinzips einmal abgesehen — die Minderung der zu
erwartenden Belastung — etwa mittels technologischer Auflagen —
angestrebt, im anderen Falle werden bestimmte Projekte — Haupt-
beispiel: Kernkraftwerke — generell abgelehnt. Die begrenzte Zielsetzung dürfte mit „Umweltschutz" treffender bezeichnet sein als
die generelle, hinter der eine bestimmte Einschätzung wirtschaftlichen Wachstums steht: „Die Gefahr drohte vom weiteren industriellen Wachstum, seinen harten Technologien und seinen terroristi-
schen Auswirkungen im Bereich der Erziehung und der Kontrolle
der Bürger. Ob der Widerstand sich gegen Stadtautobahnen, Kraft-

werke, Pestizide, den Konkurrenzdruck an den Schulen oder das Wegrationalisieren von Arbeitsplätzen wandte — der gemeinsame Kampf begann sich gegen den Götzen des immerdar wachsenden Bruttosozialprodukts zu richten ...".[12] Das Schwergewicht der Bürgerinitiativen vom Typ der *generellen* „Halteaktionen" scheint sich zunehmend in diese „ökologische" Richtung zu verlagern.[13]

Gerade wenn man an den aktuellen Hauptgegner der ökologisch orientierten Bürgerinitiativen denkt, die „internationale Atom-Mafia",[14] den „Atomfilz", ist die Grenze zwischen „Halteaktionen" und „Widerstandsaktionen" fließend.

„*Widerstandsaktionen*" (c) gegen Entscheidungen, die — vom politischen System nicht verhinderte — Entscheidungen des ökonomischen Systems sind, richten sich gegen die „fehlende Entscheidungskapazität oder — anders ausgedrückt — die mangelnde Souveränität des politischen Systems".[15] Dieser Sachverhalt stellt zwar kein spezifisches Merkmal einer parlamentarischen Demokratie dar, wohl aber ein generelles Problem moderner Sozialstaatlichkeit: die vom Staat übernommene Verantwortlichkeit für die wirtschaftliche Entwicklung begründet die Abhängigkeit staatlicher Politik insbesondere von denjenigen gesellschaftlichen Gruppen, von deren Verhalten die wirtschaftliche Entwicklung (und damit die staatlichen Steuereinnahmen) maßgeblich beeinflußt wird, also den Unternehmern und den Gewerkschaften.[16]

II

Bürgerinitiativen können nicht nur als Symptome für Problemfelder der parlamentarischen Demokratie in der Bundesrepublik interpretiert werden; sie stellen gleichzeitig auch Instrumente zur Reduktion dieser Probleme dar, und zwar indem

(1) sie politische Aktivitäten stimulieren; sie binden ein Partizipationspotential, das bislang von den politischen Parteien offenbar nicht ausgeschöpft werden konnte;

(2) sie an der Wahrnehmung der Oppositionsfunktionen beteiligt sind; wie auch in anderen westlichen Verfassungsstaaten können diese in der Bundesrepublik nur teilweise von der parlamentarischen

Opposition wahrgenommen werden; in der Bundesrepublik nicht zuletzt auch aufgrund der Tendenz zur Allparteienregierung als Resultat des kooperativen Föderalismus;

(3) sie fragwürdige Strukturen des politischen Entscheidungsprozesses dadurch thematisieren, daß sie gegen „eine bestimmte Auswahl-
struktur des politischen Systems"[17] angehen;

(4) sie auf diese Weise Impulse für politische Auseinandersetzungen
um die Ziele der gesellschaftlichen Entwicklung geben.

Insofern Bürgerinitiativen — mit verfassungsmäßigen Mitteln —
Interessen (im weitesten Sinne) — vertreten und als Instrumente der
politischen Sozialisation (sowohl ihrer Mitglieder als auch der Adressaten ihrer Aktivitäten) fungieren, sind sie als wesentliche demokratische Faktoren des politischen Systems in der Bundesrepublik zu
bezeichnen. Bürgerinitiativen steigern dadurch, daß sie den entscheidungsbefugten Institutionen Informationen und ein breites Interessenspektrum vermitteln, die Effektivität der parlamentarischen Demokratie; außerdem fördert die durch Bürgerinitiativen vermittelte
positive Einschätzung der Möglichkeit, politischen Einfluß auszuüben,[18] die Stabilität des politischen Systems.

Allerdings erscheinen Einschränkungen angebracht, wenn man
die Bürgerinitiativbewegung in der Bundesrepublik auch als Instrument zur Reduktion von Funktions- und Strukturproblemen der
parlamentarischen Demokratie bewertet:

(1) So berechtigt die Vertretung bestimmter Interessen, die Kritik
an politischen Parteien und ihren Programmen oder an der „Bürgerferne" der Verwaltung, der Protest gegen bestimmte Zustände oder
Entwicklungen sein mögen, ein gewisses politisches Defizit, was
eigene umfassende Vorstellungen und Vorschläge angeht, dürfte
— gerade im Hinblick auf die Kernenergieproblematik — unverkennbar sein;[19]

(2) die lockere Organisationsstruktur der Bürgerinitiativen mag zwar
individuelle Spontaneität und Aktivität ermöglichen, sie gewährleistet aber weder eine demokratische innere Struktur noch die Zurechenbarkeit von Verantwortlichkeit für politisches Handeln;

(3) die verstärkte politische Beteiligung, die in den letzten Jahren
nicht zuletzt auf die von den Bürgerinitiativen geförderten demokratischen und rechtsstaatlichen Formen[20] zurückzuführen ist, hat

ihren — keineswegs unbeachtlichen — Preis. Dies zeigt sich gegenwärtig vor allem daran, daß im energiewirtschaftlichen Bereich, aber auch etwa im Straßenbau vorgesehene Investitionsmittel nicht oder nur langsamer ausgegeben werden können, als dies konjunkturpolitisch wünschenswert wäre. In der Energiepolitik hat sich die Situation besonders zugespitzt; für keinen anderen politischen Bereich könnte mit einiger Berechtigung behauptet werden, daß Bürgerinitiativen „den politischen Parteien und damit der verfaßten Staatsmacht weitgehend die Entscheidungen aus der Hand gewunden"[21] hätten.

III

Wenn man — trotz dieser Einschränkungen — davon ausgeht, daß Bürgerinitiativen in der Bundesrepublik zur Funktionsfähigkeit der parlamentarischen Demokratie beitragen, stellt sich die Frage nach ihrem Verhältnis zu den Institutionen dieser parlamentarischen Demokratie.

Ohne Zweifel versteht sich die Bürgerinitiativbewegung der Bundesrepublik überwiegend nicht als strukturelle Alternative zur parlamantarischen Demokratie, sondern als integrierenden Bestandteil des im Grundgesetz angelegten Regierungssystems, d.h. vor allem, sie betrachtet die entscheidungsbefugten und dafür verantwortlichen Institutionen der parlamentarischen Demokratie als Adressaten ihrer Aktivitäten und ihre Aktionsformen bewegen sich im Rahmen der Rechtsordnung. Für das Gros der Bürgerinitiativbewegung in der Bundesrepublik stellt „antagonistische Kooperation"[22] das dominierende Grundmuster ihres Verhältnisses zu den Institutionen der parlamentarischen Demokratie dar.

Eine solche Beziehung zwischen Bürgerinitiativen und parlamentarischer Demokratie wird — einmal abgesehen vom Selbstverständnis der Bürgerinitiativen — durch die der pluralistischen parlamentarischen Demokratie eigentümliche Flexibilität ermöglicht. Die Integration von Parteien und Interessenverbänden dokumentiert diese Flexibilität in institutioneller Hinsicht ebenso wie gegenwärtig die Einbeziehung von Bürgerinitiativen, die in diesem Sinne als „Weiterentwicklung der repräsentativen Demokratie"[23] interpretiert werden kann, als Beweis für ihre Regenerationsfähigkeit. Stärkere Bürgerbeteiligung verschafft allen Institutionen der repräsentativen Demokratie eine breitere Legitimationsbasis.[24]

Zur Flexibilität pluralistischer politischer Systeme gehört auch, daß sie kein inhaltliches Gemeinwohl-Monopol kennen; jeder Bürger ist potentieller Interpret des öffentlichen Interesses (Gemeinwohls). Die Inhalte von partikularen und allgemeinen Interessen unterscheiden sich nicht prinzipiell, das Gemeinwohl resultiert aus einem Auswahlprozeß zwischen konkurrierenden Partikularinteressen, an dem sich Bürgerinitiativen ebenso beteiligen können wie Parteien oder Parlamente.

Von dieser allgemeinen Berechtigung zur Interessenvertretung und Gemeinwohl-Interpretation zu unterscheiden sind allerdings die verbindlichen Entscheidungskompetenzen staatlicher Organe: „Die logische Pluralisierbarkeit der Gemeinwohlidee bietet die theoretische Voraussetzung für die soziopolitische Mobilität des Gemeinwohlanspruchs und wird somit zum Ausgangspunkt für die Forderung nach repräsentativ-verbindlicher Gemeinwohlentscheidung. Das letzte Wort über die je und je zu treffende Gemeinwohlentscheidung bleibt den verfassungsgemäß berufenen Repräsentativorganen vorbehalten. Das staatliche Entscheidungsmonopol kann nach wie vor als wichtigster Garant einer auf steten Ausgleich potentiell kontrastierender Einzel- und Gruppeninteressen gerichteten Gemeinwohlpolitik gelten ...".[25]

„Antagonistischer Kooperation" als Grundmuster des Verhältnisses von Bürgerinitiativbewegung und parlamentarischer Demokratie entspricht, daß Funktionen und Strukturen der konkurrierenden politischen Verbände spezifische Merkmale aufweisen. Im Unterschied zu den Interessenverbänden verfolgen die meisten Bürgerinitiativen zeitlich und örtlich begrenzte Ziele. Umweltschutz und Kernenergie sind freilich Beispiele dafür, daß diese Abgrenzung nur relative Bedeutung hat. Im Unterschied zu den Parteien konzentrieren sich die Bürgerinitiativen auf einen bestimmten Problembereich und beteiligen sich in der Bundesrepublik bislang in der Regel nicht mit eigenen Kandidaten an Parlamentswahlen (einige Kommunalwahlen bilden die Ausnahme). Hinzukommen — verglichen sowohl mit den Interessenverbänden als auch mit den Parteien — Unterschiede der Organisationsstrukturen, namentlich überwiegende Konzentration auf die lokale und regionale Ebene sowie das fast völlige Fehlen hauptamtlicher Mitarbeiter.

Die Problembewältigungskapazität aller Institutionen, also auch diejenige von Parteien, Interessenverbänden und Bürgerinitiativen, ist begrenzt, aber die genannten politischen Verbände dürften jeweils zur Wahrnehmung bestimmter Aufgaben besonders geeignet sein. So erscheint es z. B. als zweifelhaft, ob die Politisierung sozialer Probleme und die politische Verwirklichung von derselben Organisation geleistet werden können,[26] wie dies die „Doppelstrategie" der Jungsozialisten anstrebt. Andererseits dürfte es gerade dem spezifischen Leistungsvermögen von Bürgerinitiativen entsprechen, bestimmte Themen auf die politische Tagesordnung zu bringen.

Wenn auch Antiparteienaffekte und antiparlamentarische Affekte bei Bürgerinitiativen nicht zu übersehen sind, so ist doch für das Gros der Bürgerinitiativbewegung die Parteiendemokratie nicht „überholt", wie dies von Hans-Helmuth Wüstenhagen behauptet wurde. Allerdings wird die Parteiendemokratie von der Bürgerinitiativbewegung ernsthaft herausgefordert. Friedhelm Nickolmanns Einschätzung der gegenwärtigen Situation trifft wohl zu: „So müssen sich neuderdings die Parteien gegenüber Bürgeraktionen behaupten — nicht umgekehrt".[27]

Mit dieser Bewertung stimmt überein, daß bei den Parteien und großen Interessenverbänden, namentlich den Gewerkschaften, gegenüber der Bürgerinitiativbewegung ein erstaunliches Maß an Unsicherheit[28] sowie eine vielfach variierende (auch innerhalb derselben Gruppierung) Mischung von Wohlwollen und Mißtrauen festzustellen ist.

IV

Was im vorhergehenden Abschnitt über das Verhältnis von parlamentarischer Demokratie und Bürgerinitiativbewegung gesagt wurde, gilt für die überwiegende Mehrzahl der Bürgerinitiativen, die bislang in der Bundesrepublik entstanden sind. Dieses Verhältnis ist nicht durch „strukturelle Widersprüchlichkeit",[29] sondern durch Komplementarität gekennzeichnet.

Zweifellos ist diese Feststellung im Hinblick auf das gesamte Spektrum der Bürgerinitiativbewegung jedoch ergänzungsbedürftig. So möchte etwa die DKP die Bürgerinitiativen als eine „neue Form des Klassenkampfes" nutzen, als Aktionszentrum des Zusammenwirkens aller demokratischen Kräfte im Sinne einer Volksfrontpolitik. Von Interesse sind aus dieser Sicht die jeweiligen Aktionsziele der Bürgerinitiativen, nicht ihre Rolle als Partizipationsinstrumente. Bürgerinitiativen und andere neue Partizipationsformen sind wie die sonstigen Möglichkeiten der bürgerlichen Demokratie für die antimonopolistische und antiimperialistische Strategie der Werktätigen zu nutzen.[30] Vorgänge wie die in Wyhl, Brokdorf, Kalkar dokumentieren, daß Bürgerinitiativen auf Gewaltanwendung und sonstige Rechtsverletzungen nicht verzichtet haben. Dieser Sachverhalt resultiert einerseits aus der Instrumentalisierung von Bürgerinitiativen durch extremistische Kräfte, insbesondere kommunistische Gruppierungen, die zur Planung und Beschreibung ihrer Aktionen sich einer militärischen Terminologie bedienen: „ ‚Das Haupttor wurde geschleift' hat der KBW nach Grohnde berichtet und damit diese neue militaristische Prinz-Eisenherz-Mentalität ‚korrekt' ausgedrückt".[31] „Ist die Wiese bloß noch ein x-beliebiges Schlachtfeld?"[32] Andererseits dürfte die Anwendung gewaltsamer Mittel auch durch einen Absolutheitsanspruch im Hinblick auf die Berechtigung der eigenen Ziele begünstigt werden, der Kompromisse mit divergierenden politischen Zielsetzungen letztlich ausschließt und eine Freund-Feind-Konstellation konstituiert.

Eine solche Konstellation mag dann auch dazu angetan sein, in Bürgerinitiativen Elemente einer strukturellen Alternative zur repräsentativen Demokratie zu sehen.

Worin besteht jedoch der „alternative Charakter dieser politischen Selbstorganisation"?[33] Offenbar eher in politischen *Zielen* bzw. der Kritik und Ablehnung der von Bundestagsparteien verfolgten Ziele oder in Gemeinsamkeiten von Denk- und Verhaltensweisen,[34] eher in einem subkulturellen Milieu — wie es auch für frühere Epochen der Parteigeschichte charakteristisch war — als in „systemüberwindenden" politischen Bemerkenswerterweise verwendet selbst Nickolmann, der Parteien und Bürgerinitiativen grundsätzlich in einem Konkurrenzverhältnis sieht, wenn er Merkmale der beiden Organisationsformen gegenübergestellt, fragwürdige Klischees wie die folgenden:[35]

Bürgerinitiativen	*Parteien*
lebendig/offen/spontan;	erstarrt/verhärtet;
fördern Politisierung;	wirken entpolitisierend;
fordern Demokratisierung;	Tendenz zur Oligarchisierung;

Eine solche Schwarz-Weiß-Malerei stellt eine Selbsttäuschung dar, denn die organisatorische Struktur von Bürgerinitiativen unterscheidet sich nicht *prinzipiell* (wenn auch im Hinblick auf den faktischen Organisationsbestand) von derjenigen anderer politischer Verbände.

Während die Bürgerinitiativen beanspruchen, „Selbstorganisationen" des Volkes darzustellen, und sich dadurch qualitativ von anderen politischen Verbänden abgrenzen wollen, überwiegen tatsächlich die strukturellen Gemeinsamkeiten: die lokalen und regionalen Organisationen der Parteien oder anderer politischer Verbände können sich mit derselben Berechtigung als „Selbstorganisationen" des Volkes bezeichnen. Mögen die Parteien vielfach auch „sozusagen verholzte Bürgerinitiativen"[36] sein, die heutigen Bürgerinitiativen können sich gegen eine solche Entwicklung nicht immun wähnen. Das für andere politische Verbände charakteristische Spannungsverhältnis zwischen Problembewältigungskapazität und genossenschaftlicher Spontaneität gilt auch — jedenfalls auf längere Sicht — für Bürgerinitiativen. Kommt der Spontaneität entgegen, wenn sich die Institutionalisierung auf ein Mindestmaß beschränkt, so erfordert die Problembewältigungskapazität Arbeitsteilung, Differenzierung der organisatorischen Strukturen, hauptberufliche Mitarbeiter u. dgl.

Sowohl in Bürgerinitiativen als auch in Parteiverbänden gibt es Abstufungen der Kompetenz und Aktivität und ein daraus resultierendes Einflußgefälle. Unterschiede (etwa tendenziell weniger ausgeprägte hierarchische Verhältnisse in den Bürgerinitiativen) lassen sich mit der durchschnittlich geringeren Organisationsgröße der Bürgerinitiativen, die zudem meist nicht auf Dauer angelegt sind, erklären. Sobald sich Bürgerinitiativen dauerhaft oder überregional organisieren, reduzieren sich die Abweichungen von anderen politischen Verbänden rasch. Zielsetzung und Organisationsform überregionaler Zusammenschlüsse von Bürgerinitiativen unterscheiden sich nicht grundsätzlich von entsprechenden Strukturen der Interessenverbände. Wenn etwa der 1972 von 15 größeren Aktionsgruppen, meist regionalen Zusammenschlüssen, gegründete „Bundesverband Bürgerinitiativen Umweltschutz (BBU)"[37] die Beeinflussung der Umweltschutzgesetzgebung des Bundes und die Förderung eines einheitlichen europäischen Umweltrechts anstrebt, ist die Analogie offensichtlich.

Gleicherweise gelten auch für Bürgerinitiativen die bei allen politischen Verbänden anzutreffenden sozialen Merkmale im Hinblick auf politische Partizipation, also insbesondere die Dominanz von Angehörigen der Mittelschicht. Durch die Mitarbeit in Bürgerinitiativen hat sich das politische Engagement von „Sozialaktiven" erheblich erweitert, weist doch das „Potential" der Bürgerinitiativen eine ähnliche Größenordnung auf wie dasjenige der Parteien. Bürgerinitiativen tragen also ebenso wie politische Parteien zur politischen Sozialisation bei, manchmal sogar in der Weise, daß im Rahmen von Bürgerinitiativen begonnene politische Aktivitäten in Parteien fortgesetzt werden.

Gemeinsamkeiten von Bürgerinitiativen und Parteien bestehen auch im Hinblick auf bestimmte Aktionsformen: z.B. dürften sich Wahlkampfkundgebungen der Parteien und von Bürgerinitiativen veranstaltete Demonstrationen kaum grundsätzlich unterscheiden, was Informationswert, Partizipationsqualität u.a. angeht.[38]

Auch die „Selbstbestimmung" der „Betroffenen" erweist sich bei näherer Betrachtung nicht als tragfähige Rechtfertigung einer direkt-demokratischen Alternative zur repräsentativen Demokratie. Abgesehen davon, daß Selbstbestimmung bestenfalls als Mitbestimmung an politischen Entscheidungen realisierbar ist, läßt sich „Betroffenheit" nämlich kaum jemals eindeutig abgrenzen.

Bei einem Kindergarten oder Spielplatz ist das vielleicht gerade noch möglich, obwohl auch hier — wenn etwa Steuermittel verwendet werden — nicht nur diejenigen „betroffen" sind, die sich in einer Bürgerinitiative zusammenschließen, weil in ihrem Wohnbezirk ein Mangel an solchen Einrichtungen besteht. Wer ist jedoch im Falle eines Kraftwerks, speziell eines Kernkraftwerks *nicht* „betroffen"? „Betroffen" ist bei Projekten dieser Größenordnung ja nicht nur die Bevölkerung im engeren oder weiteren Umkreis, obwohl deren Interessen in besonderer Weise (Sicherheitsrisiko, Belastung der natürlichen Umwelt u.a.) berührt sind. Die von einem solchen Kraftwerk erwartete Energie ist aber nicht nur oder möglicherweise sogar überhaupt nicht für die Bevölkerung in der Umgebung eines Kraftwerks von Bedeutung. Kraftwerke sind Bestandteile der Energiepolitik eines Landes und insofern nicht nur unter regionalen Gesichtspunkten zu beurteilen. Auch die Entsorgungsproblematik im Falle von Kernkraftwerken hat (zumindest) nationalen Zuschnitt.

Die Schwierigkeiten, „Betroffenheit" präzis abzugrenzen, werden in den Versuchen, zu einer Differenzierung der Kategorie zu gelangen, deutlich:[39]

„Einfache Betroffenheit: in einer bestimmten Situation ist man in einer klar abgrenzbaren Rolle betroffen. Die Gruppe ist im Sinne ihrer Betroffenheit homogen, wenn beispielsweise nur Mieter in ihrer Rolle als Mieter betroffen sind.

Mehrfache Betroffenheit: mehrere Einzelgruppen sind in einer gemeinsamen Problemlage betroffen und stehen miteinander in Beziehung (z. B. die Gruppe Eltern-Lehrer-Schüler).

Betroffenheit im Sinne des Städtebauförderungsgesetzes (Sanierungen): Verschiedene Gruppen von Betroffenen befinden sich in einer gemeinsamen Problemlage, die lokal begrenzt ist und unterschiedliche Ausprägungen in Form und Intensität der Betroffenheit ergibt (z. B. Mieter, Arbeitnehmer, Gewerbetreibende, Pächter, Hausund Grundeigentümer).

Allgemeine Betroffenheit: alle Personen und Gruppen sind gleichmäßig von einer bestimmten gemeinsamen Problemlage betroffen. Diese Zielgruppe läßt sich nicht rollenspezifisch und auch räumlich nur schwer einzugrenzen ..."

Der letzte Fall ist gewiß häufiger als der erste. Bei aller Unterschiedlichkeit der Ziele, die Bürgerinitiativen anstreben, und der Resonanz, die sie in der Bevölkerung finden, wird man deshalb wohl sagen können: Bürgerinitiativen können in der Regel nur Auch-Betroffene vertreten, auch wenn deren Interessen in besonderer Weise berührt sein mögen. Die verbindliche Entscheidung muß aber von den — jeweils zuständigen — verantwortlichen staatlichen Organen getroffen werden. Diese stellen als Adressaten von Interessen-Artikulation eine Voraussetzung der Wirksamkeit von Bürgerinitiativen dar, können von diesen jedoch nicht ersetzt werden, zumal Bürgerinitiativen aufgrund ihrer in der Regel nur rudimentären institutionellen Verfestigung für ihre Handlungen kaum verantwortlich gemacht werden können. Bürgerinitiativen sind aber auch nicht in der Lage, an die Stelle von Parteien zu treten: Ostrogorskis Vorschlag, die „permanenten Parteien" durch „single issue parties" zu ersetzen, die sich der Lösung eines einzigen Problems widmen und danach auflösen sollten,[40] ist heute nicht plausibler, als er es zu Beginn dieses Jahrhunderts gewesen ist.

Anmerkungen

1 Vgl. v. a. *Bracher* (1964), *Steffani* (1971) und *Thaysen* (1975).
2 So z. B. auch *Zilleßen* (1974), S. 6.
3 Vgl. dazu *Loewenberg* (1969).
4 Wie jedoch *R. Löwenthal* (1974) überzeugend dartat, ist eine solche Folge von Phasen, die durch stärkeren Dissens bzw. breiteren Konsens in wesentlichen politischen Bereichen gekennzeichnet sind, im internationalen Vergleich nichts Ungewöhnliches.
5 *Fromme* (1977), S. 40.
6 *T. Ellwein, E. Lippert, R. Zoll* (1975), S. 178.
7 *Grauhan* (1974), S. 831.
8 So *Blümel* (1974), der freilich mit Recht auf das zwischen politischer Aktivierung der Bürger (z. B. durch Beteiligung an früheren Planungsphasen) und individuellem Rechtsschutz bestehende Spannungsverhältnis hinweist.
9 Vgl. dazu *Mayer-Tasch* (1976), S. 39 ff.
10 *Schuppert* (1977), S. 397.
11 Vgl. dazu *Mayer-Tasch* (1976).
12 *Ebert* (1977), S. 65; die Verwendung des Terrorbegriffs erscheint freilich in diesem Zusammenhang als ebenso leichtfertig wie die Zusammenstellung der Beispiele als recht willkürlich.
13 Vgl. dazu *Ebert* (1977), Kursbuch 50 (1977).
14 *Moßmann* (1977), S. 3.
15 *Grauhan* (1974), S. 831.
16 Vgl. zum Sonderstatus dieser beiden Gruppen bzw. Verbände im politischen Entscheidungsprozeß heutiger Demokratien: *Böckenförde* (1976).
17 *Grauhan* (1974), S. 831.
18 Insofern ist ebenso bedeutsam wie das Scheitern von Bürgerinitiativen, das *Bermbach* (1974), S. 559 für eine ihrer „bedeutungsvollsten Funktionen" hält, ihr Erfolg, der zudem faktisch viel häufiger ist.
19 Vgl. in diesem Sinne *Matthöfer* (1977), S. XIV: „Bürgerinitiativen stehen vor dem Problem, daß die Negation bisheriger Politik an zentralen Punkten auch eine globale, alternative, politische Konzeption und Strategie zur Durchsetzung von Alternativen auf demokratischem Wege verlangt ... Alternative Energiepolitik, die das Wachstum unseres Energieverbrauchs

drastisch ... verringern will, verlangt eine alternative Gesellschafts- und Wirtschaftspolitik, eine andere Lebensweise — und die notwendigen Mehrheiten, dies auf demokratische Weise zu verwirklichen."

20 Zur Unterscheidung vgl. *Schuppert* (1977), S. 399.

21 *Fromme* (1977), S. 47.

22 Vgl. dazu *Mayer-Tasch* (1976), S. 161 ff.

23 *Ellwein* (1975), S. 178.

24 Diese Interpretation stimmt mit dem Selbstverständnis maßgeblicher Funktionäre der Bürgerinitiativbewegung überein. Vgl. etwa *Schumacher* (1977), S. 228: „Das Engagement von Bürgerinitiativen Umweltschutz ist ... in seinen politischen Zielen auf die Verbesserung und eine zeitgemäße Weiterentwicklung unserer repräsentativen Demokratie gerichtet, nicht auf deren Abschaffung. Durch die Arbeit von Bürgerinitiativen gewinnt die Demokratie eine breitere Basis im Bewußtsein der Bevölkerung."

25 *Mayer-Tasch* (1976), S. 73.

26 Vgl. *Eckert* (1973), S. 336.

27 a.a.O., S. 47.

28 Vgl. dazu *Fromme* (1977), S. 45 f.

29 *Bermbach* (1974), S. 550, Anm. 13.

30 Vgl. dazu *v. Alemann* (1975), S. 32 f.

31 *Moßmann* (1977), S. 11.

32 Ebenda, S. 13.

33 *Moßmann* (1977), S. 3.

34 Beispielsweise in einer ausgeprägten Basis-Gläubigkeit, die von *H.-H. Wüstenhagen* (1976), S. 1367, folgendermaßen formuliert wurde: „Die Veränderung des Denkens, der Verzicht auf falschen Fortschritt wird sich nur von der Basis her entwickeln und weiterverbreiten können."

35 *Nickelmann* (1977), S. 51.

36 *Dienel* (1971), S. 23.

37 Der geschäftsführende Vorsitzende *Schumacher*, a.a.O., S. 233, charakterisiert diese „Volksbewegung" heute folgendermaßen: „Über Landesverbände, regionale Zusammenschlüsse sowie Einzelgruppen gehören dem BBU heute um die 950 Bürgeraktionen mit über 300.000 Einzelmitgliedern an. Rechnet man die kooperativ angeschlossenen Organisationen, Vereine, Gemeinden und Institutionen sowie die fördernden Mitglieder hinzu, dürfte die Millionengrenze bei weitem überschritten sein. Wenn CDU/CSU und SPD sich als Volksparteien bezeichnen, dürfte auch die Bürgerinitiativbewegung längst zu einer Volksbewegung geworden sein."

38 In dieser Hinsicht scheint sich freilich in der Bürgerinitiativbewegung Problembewußtsein entwickelt zu haben — vgl. *Moßmann* (1977).

39 Vgl. *Werner* (1975), S. 263.

40 Vgl. *Ebbighausen* (1969), bes. S. 30 ff.

Bernd Guggenberger

Bürgerinitiativen — oder: Wie repräsentativ ist die „Repräsentative Demokratie" in der Bundesrepublik?*

Bürgerinitiativen, jedenfalls die große Mehrzahl der uns bis heute bekannten, sind keine „Sprengsätze" der repräsentativen Demokratie. Sie sind viel eher Indikatoren spezifischer Struktur- und Funktionsschwächen der repräsentativen Ordnung. Stimmt diese These, so muß sich die Qualität gegenwärtiger politischer Herrschaft als der systematische Ort für die Beantwortung der Frage nach den Gründen für das seit Anfang der 70er Jahre beobachtbare massenhafte Auftreten von Bürgerinitiativen beschreiben lassen.

Ein, ja wohl sogar der wesentliche Gesichtspunkt für die Beschreibung der Qualität moderner Herrschaft ist die *quantitative* Zunahme der modernen Staatsaktivität selbst:[1] Ging die Staatstätigkeit des liberalen Rechtsstaats nahezu völlig in seiner Rechtstätigkeit auf, war seine Funktion im wesentlichen auf das Schlichten, Ordnen und Sichern beschränkt, so ist das Bild des modernen Staates durch die leistende, aktiv regulierende Intervention geprägt: Er baut Wohnungen und Verkehrswege, engagiert sich in der Gewinnung und Verteilung von Rohstoffen und Energie, nimmt sich der ökologischen, rechtlichen und organisatorischen Folgeprobleme des naturwissenschaftlich-technischen Entwicklungsprozesses an; er sorgt für die ständige Anpassung des Bildungs-, Ausbildungs- und Forschungsniveaus an die gewandelten Verhältnisse; er schafft die Bedingungen für die moderne Massenkommunikation, übernimmt neben der Stabilitäts-, Vollbeschäftigungs- und Wachstumsgarantie eine Fülle struktureller anpassungs-, erhaltungs- und gestaltungsinterventionistischer Funktionen; er betreibt Gesundheits-, Jugend- und Freizeitpolitik,

---

* Dieser Beitrag ist die überarbeitete Fassung eines im Frühjahr 1977 an der Gesamthochschule in Duisburg gehaltenen Vortrags.

sucht „distributive Gerechtigkeit" zu organisieren, indem er — als „Verteilerstaat" — nicht mehr nur Rechte sichert, sondern auch Lebenschancen und -bedürfnisse zuteilt. Kurzum: Politik ist zu einer allumfassenden, daseingestaltenden Macht geworden.

Paradoxerweise aber wachsen mit der Reichweite und dem Umfang staatlicher Zuständigkeit zugleich auch Schwäche und innere Ohnmacht staatlichen Handelns: Ein politisches System, das auf Zustimmung der Herrschaftsunterworfenen basiert, ist — anders als Regime, die sich auf vorrationale Sollensüberzeugungen oder nicht zustimmungslegitimierte Gewaltverhältnisse gründen — auch permanent mit der Gefahr des Entzuges von Zustimmung konfrontiert. Dies vor allem aus zwei Gründen: zum einen wegen der wachsenden Leistungserwartungen, welche sich auf den Staat konzentrieren, und zum anderen wegen des Schrumpfens gemeinschaftsorientierter Motivationen auf seiten des Bürgers: Zustimmung gerät immer ausschließlicher in Abhängigkeit von der Erwartung unmittelbaren individuellen Nutzens. Wachsende Anforderungen *an* den Staat gehen einher mit sinkender Leistungsbereitschaft *für* und Loyalität *gegenüber* dem Staat. Dies ist, auf eine kurze Formel gebracht, das Dilemma, vor welchem alle moderne, auf Zustimmung gegründete Herrschaft steht.[2]

Auf die steigenden Leistungserwartungen reagiert das politische System vornehmlich mit Rationalisierungsstrategien: Ausdehnung der politischen Planung und der wissenschaftlichen Anleitung und Absicherung der betroffenen Einzelpolitiken; dem Verlust gemeinwohlorientierter Motivation begegnet es schlicht mit Anpassung: mit einer Politik konfliktvermeidender Interessenberücksichtigung.[3] In einem politischen System, welches auf der Basis der Zustimmungsgewinnungsmaxime arbeitet, bestimmen — zumindest in der Tendenz — nicht Prinzipien und autonomer Geltungsrang von Bedürfnissen, nicht Verbindlichkeit und Allgemeinheit von Ansprüchen in erster Linie über die Chancen der Berücksichtigung, sondern ihre Konfliktfähigkeit: die Möglichkeit also, die Wahlerfolgschancen der Parteien zu beeinflussen oder „abschreckungswirksam" mit einer Störung des politischen und ökonomischen Prozesses zu drohen.

Diese strukturelle Privilegierung zumeist kurzfristiger Konsumund Einkommensinteressen durch den Wahl- und Konkurrenzmechanismus gerät auf Dauer gesehen unausweichlich mit dem repräsentativen Strukturprinzip in Konflikt: Zwar erschöpft sich — gerade auch in entstehungsgeschichtlicher Perspektive — die Repräsentationsidee keineswegs in der idealistischen Fiktion einer hehren, interessenent-hobenen Gemeinwohlsphäre, wie die Parlamentarismuskritik von Carl Schmitt bis Johannes Agnoli nicht müde wird zu behaupten. Der Kerngedanke der Repräsentation (die ja aus der mittelalterlichen Ständevertretung herauswächst, also *älter* ist als der moderne Ver-fassungsstaat[4]) war zunächst ein höchst pragmatischer, der Versuch einer Antwort nämlich auf eine politische Grundfrage: Wie wird ein Gemeinwesen freiheitlich, demokratisch, verantwortlich regierbar? Und erst *nach* der „Ordnungsfunktion" (in den Worten von Mayer-Tasch[5]), erst in zweiter Linie also ging es um die normativistisch-ideale „Optimationsfunktion", darum also, durch die Übertragung der Entscheidungsbefugnis auf freie, verantwortlich-abwägende Repräsentanten wenigstens die Intentionalität auf eine von krassen Partialinteressen möglichst unverzerrte Gemeinwohlentscheidung zu bewahren.

Das Zusammenspiel dieser beiden Funktionen, der eher prag-matischen und der eher normativen, soll primär das Vorhandensein entscheidungsfähiger und zugleich auch verantwortungspflichtiger politischer Institutionen sichern und gewährleisten. Es bezeugt da-rüber hinaus aber auch die mit der Repräsentationsidee untrennbar verbundene Optimationserwartung: Die Repräsentation soll den Politiker gleichsam in den Adelsstand des Gemeinwohlspezialisten erheben, der fähig ist, möglichst gute, dem gemeinsamen Wohl aller möglichst nahekommende Entscheidungen zu treffen. Eben diese zweite Kernfunktion des unsere Verfassung bestimmenden Reprä-sentationskonzeptes, die „Optimations-" oder „Verbesserungsfunk-tion", — welche ja im Kern auch nichts anderes einmahnt, als den Primat der („gemeinwohlorientierten") Politik gegenüber den diver-gierenden Partialbestrebungen der Gesellschaft und den pressions-mächtigen ökonomischen Interessen und Kräften —, eben diese zweite Funktion erscheint gegenwärtig im Zeichen des Parteienstaates, im Zeichen einer fast ausschließlich parteivermittelten Repräsen-tation gesellschaftlicher Anliegen, nicht mehr in ausreichendem Maße gewährleistet. Für die Bestimmung der Qualität gegenwärtiger politischer Herrschaft (als dem Resonanzboden für das Entstehen der Bürgerinitiativen) sind die Hauptakteure und die Meistbegünstigten dieser Herrschaft, die Parteien, von allergrößter Bedeutung. Was macht die spezifischen Struktur- und Funktionsschwächen der repräsentativen Demokratie unserer Tage aus? Worin besteht die „säkulare Regression"[6] der repräsentativen Idee?

Einer der Hauptgründe für die Gefährdung bzw. den weitgehenden Verlust dessen, was wir die „Optimationsfunktion" nannten, liegt in der zunehmenden Funktionsschwäche der Parteiendemokratie. Diesem Aspekt wollen wir uns im folgenden zuwenden.

Um die relevanten soziopolitischen Kräfte wirklich zusammenzuführen und sie in den Funktionskreis der repräsentativen Demokratie wirksam einzubinden, bedarf es heute nach dem weitgehenden Verlust vorgegebener, aus geschichtlichen Lagen erwachsener Integrationskräfte einer wenn auch noch so minimalen geistig-ideellen Ansprache. Die Programmbemühungen um Grundwerte und Grundaussagen aller Parteien sprechen dafür, daß die Parteiverantwortlichen jedenfalls den funktionalen Stellenwert solcher einigenden Deutungsmuster erkannt haben. Dennoch oder vielleicht gerade deshalb ist der kompensatorische Charakter der „Programmarbeit" unverkennbar.

Die modernen Parteiprogramme sind zum allergeringsten Teil aus historischer Erfahrung gewachsen; sie sind vielmehr ausgeklügelte Kunstprodukte von professionellen Verkaufsstrategen in Sachen Politik, die auf dem Markt der Meinung das anbieten, was hohe Nachfrage verspricht. Sie jonglieren mehr mit Interessen, als daß sie sich zu wirklichen Überzeugungsleistungen mit dem Risiko echter „Zumutungen" an den Wähler aufraffen.

Das Abwerfen ideologischen Ballasts und der Verlust gewachsener soziologischer Zuordnungsmechanismen haben die Parteien zwar im Kern für jedermann wählbar gemacht. Dies ist jedoch nur die eine Seite der Medaille. Auf der anderen Seite haben die Parteiführungen zugleich nicht allein die Fraglosigkeit der Wählersolidarität, sondern vielfach bereits auch die Verläßlichkeit der Mitgliedersolidarität eingebüßt. Diese Unfähigkeit der Parteien, eine konstante Repräsentationsbeziehung zwischen sich und ihren Wählern bzw. Mitgliedern aufrechtzuerhalten, zeigt sich insbesondere im kommunalen und regionalen Bereich, wo der „Aufstand der Basis" gegen die partei- und regierungsamtlichen Modernisierungsfeldzüge (Stichwort Gebiets- und Verwaltungsreform) sozusagen schon zum politischen Alltag ge-

hört. Hier offenbart sich nämlich in besonderer Deutlichkeit die Ablösung der Parteien von ihrem gesellschaftlichen Substrat, die nur
vordergründig als „Emanzipation" erscheint und nur scheinbar den
Handlungsspielraum der Repräsentanten vergrößert. Wo die Anliegen
und Bedürfnisse der Bürger, ja selbst der einzelnen Parteimitglieder
so sehr auf Distanz gerückt sind, daß sie nur noch als staats- oder
parteibürokratisch zu bearbeitende Planungsfakten erscheinen, ist
ein Vertrauensverhältnis auf der Basis der Identität der Anliegen,
Beweggründe und der politischen Grundauffassung nicht mehr gegeben. Die Parteien sind nicht mehr Transmissionsriemen der gesellschaftlichen Kräfte und Anliegen, welche — in den Worten Karl-
Hermann Flachs — „ ,das Volk' in der politischen Arena als real handelnde Einheit in Erscheinung treten lassen";[7] sie stehen der Gesellschaft relativ fremd und innerlich unverbunden gegenüber, sehen in
ihr nichts wesentlich anderes als ein Objekt sozialplanerischer Bear-
beitung, „Rohmaterial" für — im besten Fall — effektive Verwaltungs-
und Planungsstrategien.

Es kann immer weniger die Rede davon sein, daß die Parteien den
Bürger „repräsentieren", d.h. daß sie seine Interessen und Bedürfnisse, Sorgen und Nöte, Anliegen und Aspirationen auf der politischen Ebene *präsent* machen, ihnen Stimme und politisches Gewicht
verleihen. Sie benennen und managen „Krisen", lancieren Themen
und Thesen, die allesamt nicht dezidiert von im Gesellschaftskör-
per selbst lokalisierbaren Erwartungen, Besorgnissen, Meinungsströ-
mungen, von regionalen, ethnischen, sozialen oder konfessionellen
Besonderheiten ihren Ausgang nehmen. Nicht nur Werte, Prinzipien
und Programmaussagen der „Allerweltsparteien"[8] hängen infolge
des fehlenden historisch-soziologischen Unterbaus in der Luft; man
kann vielfach auch von einem freischwebenden Krisenmanagement
sprechen, welches sich vom Kontext realer Bedürfniskonstellationen
mehr und mehr ablöst. Eine der strukturellen Hauptschwächen des
Parteienstaats als dem „Modell parteiförmiger Vermittlung des
Volkswillens"[9] ist zunehmend in der sinkenden Verläßlichkeit der
Problemrepräsentanz zu sehen. Vor allem dies signalisieren single-
issue-Aktivitäten vom Typ der Bürgerinitiativen.

Die modernen Volksparteien (und z.T. auch einige der großen
Verbände) orientieren sich an der kontinuierlichen personellen und
sachlichen Dauerbeeinflussung des politischen Prozesses. Den Typ

der „single-issue-party" und damit die parteimäßige Mobilisierung über einzelne Anliegen gibt es daneben praktisch nicht mehr. Schon Ostrogorski[10] hatte um die Jahrhundertwende vor allem in diesem Parteitypus und dem ihm zugehörigen Identifikationsmodus eine gewisse Garantie gegen die allmähliche Auszehrung des parlamentarischen Systems durch die Integrationsparteien mit ihren mächtigen außerparlamentarischen Parteiorganisationen und für die Funktionssicherung des Parlaments als dem Ort der diskursiven Problemidentifizierung und Gemeinwohlfindung gesehen. Und es hat ganz den Anschein, als ob im Zeichen der programmatisch ausufernden „Jedermannspartei" die Fall-zu-Fall-Orientierung der Politik sowie der politischen Aktivitäten und Loyalitäten in Gestalt der Bürgerinitiativen eine nicht mehr zu übersehende Renaissance erführe. Die großen Volksparteien organisieren sich jedenfalls allesamt nicht nur auf ein spezifisches Anliegen hin, sondern bilden ein gleichsam neutrales, auf wechselnde Ziele hin in Bewegung zu setzendes Aggregat politischer Einflußmacht; d.h. mit ihrer organisatorischen Verfestigung geht notwendigerweise immer auch ein Stück „blinden", sich leicht verselbständigenden Machtstrebens einher, welches sich nicht mehr unmittelbar durch die von einer Partei verfolgten Ziele und Anliegen legitimieren läßt, sondern allenfalls noch durch ihren funktionalen Beitrag zur Stabilität und „Regierbarkeit" des Gesamtsystems.

Ohne dies hier im einzelnen ausführen zu können, sei zum Legitimitätsdilemma, welches sich unter dieser Perspektive abzeichnet, nur soviel gesagt: Die Berufung auf den ordnungslegitimatorischen Faktor reicht nicht aus, die Legitimität eines politischen Handlungsanspruchs dauerhaft zu verbürgen.[11] Nun ist aber unser Parteiensystem mit seinem spätestens seit dem Godesberger Programm der SPD voll durchschlagenden Trend zur ideologisch nicht fixierbaren Jedermannspartei gerade durch die Reduktion des dezidiert normativ-weltanschaulich Elements gekennzeichnet. Unsere Parteien sind, gemessen am Typ der von Sigmund Neumann (im Anschluß an Heinz Marr)[12] beschriebenen „klassischen" Integrationspartei, „soziologisch und weltanschaulich kontextlos geworden, unangebunden, kaum noch geistig und sozial zu verorten".[13] Konfessionszugehörigkeit und soziale Schichtung erweisen sich nicht mehr als die zentralen Bestimmungsfaktoren unseres Parteiensystems. Probleme wirft die zunehmende gesellschaftliche und geistige „Kontextlosigkeit" der modernen Massenparteien vor allem für die Wahrnehmung ihrer angestammten Funktionen im Rahmen der repräsentativen Verfassungsstruktur auf.

Die Konstellation kräftezehrender Dauerkonkurrenz um Zustimmung verführt sämtliche Wettbewerbsbeteiligten in der Tendenz zur Ersetzung der langfristig bestandsnotwendigen strukturellen Lösungspolitik durch eine kurzatmige konfliktverbrämende Entschädigungspolitik. Das zur Abwehr unwillkommener politischer Beteiligung häufig geltend gemachte Argument der Sachverstandsdifferenz zwischen Repräsentanten und Repräsentierten verfehlt gerade vor dem Hintergrund des Vorherrschens von „Vermeidungsimperativen" und der deutlichen Ablösung der Entscheidungsbefugten von der authentischen Bedürfniskonstellation seinen Sinn. Der Hinweis auf die Komplexität und Differenziertheit der anstehenden Entscheidungsmaterien vermag weniger denn je zu überzeugen. Man könnte dieses Argument ebensogut umdrehen und sagen: Je un*durch*schaubarer der politische Entscheidungsprozeß aufgrund der Vielfalt der bedeutsamen Aspekte und je un*über*schaubarer er aufgrund seines Umfanges und seiner Reichweite geworden ist, desto unentbehrlicher wird die Partizipation der Betroffenen, desto weniger verzichtbar ihr engagierter Sachverstand.

Es gibt eine ganze Reihe von Bedürfnissen und Problemen von allgemeinem Rang, welche durch die etablierten Medien der politischen Wertverwirklichung — Parteien und z.T. auch die Verbände — schon wegen deren konstanter Orientierung am Ziel des Machterwerbs und Machterhalts nicht gestellt werden.

Hier liegt die Chance der Bürgerinitiativen. Anders als die Parteien unterliegen sie nicht den Zwängen der Wählerstimmenkonkurrenz und damit auch nicht jener „marktähnlichen Außenkontrolle" durch widersprüchliche Wählererwartungen,[14] welche den Hauptgrund für deren programmatischen Opportunismus und ihre Orientierung an sachfremden Zweckmäßigkeitserwägungen darstellen.

Die nicht aus der Sache selbst, sondern ausschließlich aus dem absatzstrategischen Kalkül zu begründende „politische Angebotsbeschränkung"[15] der Parteien ist ein Schlüsselaspekt des „repräsentativen Defizits" unseres Parteiensystems.[16] Je mehr sich die machtdynamischen Eigeninteressen der Parteiorganisation gegenüber der politischen Wertprogrammatik verselbständigen, je beliebiger, willkürlicher und austauschbarer sich also politische Zielsetzungen dem Wahlbürger präsentieren, umso *verpflichtungsunfähiger* werden die Parteien und wird die von ihnen „verantwortete" Politik.

Die wirklichen Dimensionen der Entfremdung zwischen den gewählten Repräsentanten und großen Teilen der Bevölkerung zeigten sich in der Vergangenheit nirgends deutlicher als am Beispiel des bürokratisch-technokratischen Parforceritts bei der Durchsetzung der diversen sogenannten „Verwaltungsreformen". Wenn es richtig ist, daß erst ein stabiles, belastbares Vertrauensverhältnis, also erst ein gewisser *Vorschuß* an Vertrauen seitens der Repräsentierten verantwortliches Regieren ermöglicht, so ist hier, wie auch bei vielen Entscheidungen im Bereich der Umwelt- und Energiepolitik, mittel- bis langfristig für die „Regierbarkeit" des Parteienstaates unübersehbarer Schaden angerichtet worden. Am meisten hat vielleicht die Erfahrung der relativen Beliebigkeit, ja der Willkür mancher Entscheidungen zur Erosion des Vertrauens in die jeweils politisch Verantwortlichen beigetragen.

Es existiert eine positive Korrelation zwischen *Vertrauen* und *Verantwortung.* Eine weitsichtige, verantwortliche Politik kann nur treiben, wer sich auf ein gewisses Maß an Vertrauen stützen kann. Interessen disziplinieren, an Opferbereitschaft appellieren, kurz: dem Bürger das Zumutbare zumuten — und Erfolg damit haben, d.h. wiedergewählt werden — kann nur, wer die eigene Überzeugung glaubwürdig vertritt. Mehr als sonstwo gilt im Bereich politischer Motivierungsstrategien, daß nur Überzeugte überzeugen. Wo die *Wahrheits*relevanz von Positionen hinter der *Verkaufs*relevanz permanent zurücksteht, nimmt die politische Glaubwürdigkeit unübersehbaren Schaden bis hin zum völligen Ausfall der für den politischen Prozeß zentralen Funktion des repräsentativen Strukturprinzips: der Verpflichtungsfähigkeit der politischen Führung.

Die Bürgerinitiativen können natürlich diesen Defekt, die mangelnde Verpflichtungsfähigkeit, nicht kompensieren. Aber sie können ganz zweifellos in ihrer gesamtstaatlichen, politisch-kulturellen Ausstrahlung einer neuen politischen Glaubwürdigkeit den Weg bereiten, einfach deshalb, weil sie die Gemeinwohlreflexion, das Denkken, Sprechen und Handeln in den Kategorien des Gemeinwohls, politisch wieder hoffähig machen.[17]

Anders als die Parteien, werden sie nicht so leicht im Verdacht stehen, unabhängig von ihrem Anliegen machtpolitische Eigeninteressen zu folgen. Sie sind, in einem ganz unmittelbaren Sinn, selbst rechtfertigungsfähig durch die von jedermann unmittelbar zu beurteilende Plausibilität oder Nicht-Plausibilität ihres Anliegens. Ja, sie können sich überhaupt nur *inhaltlich*, werthaft, durch die von ihnen aufgerufene Sache selbst legitimieren. Dennoch verkehrt sich bei der gegenwärtigen Struktur unseres Parteiensystems gerade das, was zunächst ihre Schwäche scheint, in Stärke, ja manchmal gar in Überlegenheit gegenüber den Parteien als den etablierten Mittlern der politischen Willensbildung: Die catch-all-party, die Jedermanns- oder Allerweltspartei sucht es aus durchsichtigen Gründen jedem rechtzumachen. Bloße Klientelpolitik schafft jedoch noch keine Geltungsüberzeugung. Daher stoßen die modernen Volksparteien selbst dort, wo sie Flagge zeigen und Positionen vertreten, auf Mißtrauen. Man nimmt ihnen die autonome Wertverwirklichungsabsicht ebensowenig ab, wie dem Gebrauchtwagenhändler die Beteuerung, er verkaufe Autos nicht um Geld zu machen, sondern um die Leute zu beglücken.

Greifen die Parteien wirklich legitime Bedürfnisse und originäre Anliegen auf, so scheint dieses Aufgreifen häufig dennoch eher als fremdmotiviert oder schlicht: als zufällig-konstellationsbedingtes Nebenprodukt einer quasi selbstgesetzlichen Machterhaltungsbzw. Machterweiterungsstrategie. Nicht nur faktisch, sondern auch in der Perzeption des Bürgers ist das Wertverwirklichungspotential der Parteien also äußerst gering. Dies signalisieren übereinstimmend alle neueren Umfrageerhebungen zum Thema Staats- bzw. Parteienverdrossenheit.[18]

Aber auch aus dem überraschend hohen Mobilisierungsgrad der Bürgerinitiativen[19] wird ersichtlich, daß sich auch der „indifferente Politik-Konsument" über die parteienvermittelte Repräsentationswirklichkeit keine Illusionen macht.

Der „repräsentative" Funktionsverlust der Parteien ist der Dreh- und Angelpunkt auch der allgemeineren Struktur- und Funktionsschwäche des repräsentativen Systems. Die Parteien erweisen sich als weitgehend unfähig, die soziopolitischen Anliegen samt den Kräften, die hinter ihnen stehen, auf der Ebene des politischen Entscheidungsprozesses integrativ zusammenzuführen. Die bloße Aneinanderreihung der organisiertesten und artikulationsmächtigsten

Partikularinteressen, bloße Erwartungserfüllungspolitik also ohne die Kraft der Vorausschau, verfehlt gerade die zentrale Aufgabe der Staatswillensbildung: die repräsentative Formung und Darstellung des Allgemeininteresses.

Hier liegt die eigentliche Stärke der Bürgerinitiativen. Auch wenn die Konfrontation dieser staatsbürgerlichen "Do-it-yourself-Repräsentation" auf seiten der Bürgerinitiativen mit dem faktisch-offiziösen Repräsentationsmonopol der Parteien heute noch gar zu ungleichgewichtig erscheint, — man ist durchaus versucht, zu parallelisieren: Ganz ähnlich, wie in den Verfassungskämpfen des 19. Jahrhunderts, im Kampf des Bürgertums um aktive politische Teilhabe, die vorher bestehende Repräsentation durch die Stände in Frage gestellt und abgelöst wurde, so wird auch die gegenwärtige Parteienrepräsentation — implizit oder explizit — durch das Mitsprachebegehren der Bürgerinitiativen infragegestellt. Kein Zweifel: Die Parteiendemokratie steht auf dem Prüfstand. Noch hat sich die Waage nicht zu ihren Ungunsten gesenkt. Aber die Parteien tun gut garan, alles, was sich auf seiten der Bürgerinitiativen abspielt, sorgsam zu beobachten und ihre Konsequenzen daraus zu ziehen.

Der häufig gegen die Bürgerinitiativen gerichtete Vorwurf, sie würden sich im Grunde von herkömmlichen Interessengruppen nur unwesentlich unterscheiden und entsprächen hierin einer spezifisch „mittelständischen Bedürfniskonstellation",[20] dieser von einer unheiligen Allianz aus neumarxistischen Systemveränderern, planungsgläubigen Technokraten und unbelehrbaren Konservativen gleichermaßen erhobene Vorwurf läßt sich u. E. nicht aufrechterhalten. Sicherlich gibt es den Fall der „Instrumentalisierung" von Bürgerinitiativen im Dienste partieller wirtschaftlicher Interessen. Er ist jedoch keineswegs typisch. Übereinstimmend setzen die wichtigsten der vorliegenden empirischen Untersuchungen den Anteil solcher „Exklusivinteressen"[21] verfolgender, „kommerziell" orientierter Initiativen bei höchstens 2 % an. Das bayerische Innenministerium ordnete von den 1972 in Bayern wirkenden Bürgerinitiativen 43 % dem Umweltbereich und 42 % dem soziokulturellen Bereich zu.[22] In der Untersuchung des Deutschen Instituts für Urbanistik werden die entsprechenden Zahlen mit 39—43 % für umweltpolitisch relevante Initiativen und 48 % für die soziokulturell motivierten Initiativen angegeben.[23] Betrachtet man die Auffächerung der hauptsächlichen

Betätigungsfelder, so kann kein Zweifel daran bestehen, daß es sich bei der überwältigenden Mehrzahl der von Bürgerinitiativen artikulierten Interessen um „Inklusivinteressen"[24] handelt, um Interessen also, deren Berücksichtigung keineswegs nur der verhältnismäßig kleinen Zahl der um ihre Artikulation bemühten Mitglieder von Bürgerinitiativen zugute kommt, sondern zugleich, jedenfalls der Möglichkeit nach, auch der großen Allgemeinheit. Für den umweltpolitischen Bereich ist die weitreichende Verallgemeinerungsfähigkeit der dort artikulierten Interessen evident: An sauberer Luft und einer unverbauten Landschaft kann, ja *sollte* jedermann gelegen sein; ebenso aber auch an den meisten der im soziokulturellen Bereich herausgestellten Bedürfnisse: an nicht zu großen Schulklassen, an einer ausreichenden Zahl von Kindergärten und Spielplätzen, einer vernünftigen Krankenversorgung, an der Förderung lokaler Sportmöglichkeiten, an der Erhaltung der historischen Bausubstanz u.a.m. Wenn Bürgerinitiativen solche Interessen und Bedürfnisse vertreten, nehmen sie ganz unzweifelhaft Aufgaben von gesamtgesellschaftlichem Rang wahr.

Die Tatsache, daß die Mitgliederzusammensetzung von Bürgerinitiativen ein deutliches Übergewicht zugunsten der sogenannten „Bildungsschichten" ausweist, muß also noch nicht bedeuten, daß ihre Aktivität *per se* gemeinverbindlichen Absichten zuwiderläuft. Dies gilt zumal angesichts der spezifischen Problemkonstellationen, von welchen die allermeisten Bürgerinitiativen ihren Ausgang nehmen.[25]

Es geht dabei keineswegs darum, die dispositiven Berufe, das Bildungsbürgertum oder „die Intellektuellen" in die Rolle berufener Praeceptoren eines umfassenden gesellschaftlichen „Humanprogresses" oder gar selbstloser Advokatoren der unterprivilegierten Schichten zu versetzen. Es ist weniger moralische Überlegenheit, welche die genannten Gruppen tendenziell zu faktischen „Repräsentanten", zu Sachwaltern und Interpreten des Gemeinwohls adelt, als vielmehr die „privilegierte" Einsicht in die gemeinsame Gefährdung aller.

Wie wir sahen, rückt die faktische Entwicklung zum Parteien- und Verbändestaat vor allem zwei Schwachstellen der Repräsentationswirklichkeit in den Vordergrund. Erstens: Die etablierten Medien der politischen Willensbildung — Parteien und Verbände — wirken immer mehr als Filtersysteme, die verhindern, daß bestimmte Bedürfniskategorien überhaupt politisch thematisiert werden. Und zweitens: Die „Repräsentation" selbst schrumpft mehr und mehr auf das „ordnungsfunktionale" Element der Wahl in der Form „unspezifischer" Personaldelegation. Die „Optimationsfunktion" dagegen, die Sicherung der möglichst besten, d. h. allgemeinen, verbindlichen und gemeinwohlorientierten Entscheidung, wird gerade von der Selektivität der parteien- und verbändestaatlich geprägten Repräsentationswirklichkeit verhindert. Nun war „Selektivität" zweifellos immer schon ein zur Repräsentation gehöriges Strukturmerkmal. Sie sollte, entsprechend der ursprünglichen Intention, in der Abwehr unqualifizierter Mehrheitsherrschaft die Rationalität politischer Entscheidung erhöhen. Die *aktuelle* Selektivität des politischen Prozesses verfehlt nicht nur in vielen Fällen die angestrebte Rationalitätssteigerung der Politik, sie fördert obendrein eine elitäre und einseitig interessenspezifische Ausrichtung der Repräsentation. Die — jedenfalls kurzfristige — Handlungsfähigkeit der Regierung wird nicht selten mangels verantwortlicher Zurechenbarkeit gerade auf Kosten der Kontrollfunktion und unter Vernachlässigung der repräsentativ-verbindlichen Gemeinwohlentscheidung im Rahmen einer eindeutigen Ziel- und Wertperspektive erreicht.

Will man diesen strukturellen und funktionellen Schwächen des repräsentativen Systems beikommen, ohne das Kind mit dem Bade auszuschütten (d. h. ohne die Handlungsfähigkeit des Systems infrage zu stellen!), dann muß man den Kanon der etablierten repräsentativen Beiteiligungsverfahren um neue Formen der direkten Mitwirkung ergänzen. Es geht dabei jedoch nicht nur darum, daß Interessen, die heute unberücksichtigt bleiben, morgen förmlich mitvertreten, mit-„repräsentiert" werden, um eine Annäherung an eine mathematisch exakte Vertretung aller irgendwie vorhandenen Interessen also. Denn eine solche Aufsummierung konstituiert ja noch keinen programmatisch faßbaren Gemeinwillen. Auch Parteien und Abgeordnete „repräsentieren" ja (entgegen einer zählebigen verfassungspolitischen communis opinio, welche das Parlament als maßstabgerecht verkleinertes Abbild des eigentlichen Souveräns, des Volkes, begreift) nicht einfach den Volkswillen im Sinne einer empirisch vorgegebenen Größe, sondern sie *formen* ihn und *bilden* ihn, wirken also aktiv am Zustandekommen einer allgemeinen Willensorientierung mit. Und in diesen Prozeß der *Formung* des gemeinsamen Willens, des *Thematisierens* von Problemen und Bedürfnissen, der *Vorbereitung* weitreichender politischer Entscheidungen gilt es die Bürgerinitiativen verstärkt miteinzubeziehen. Dabei sind sie aber keineswegs — genausowenig wie Parteien und Verbände — schon von vornherein und in jedem Fall als die berufenen Repräsentanten der Gesamtbevölkerung anzusehen, ausgestattet mit der Dignität des Ganzen, wenngleich sie, wie wir sahen, vielfach aufgrund ihrer Stellung im Willensbildungsprozeß und ihrer spezifischen Thematik weniger begrenzte *Interessen* als vielmehr weitgehend verallgemeinerungsfähige *Bedürfnisse* artikulieren und damit zur Erhöhung des Repräsentativitätsgrades des gesamten politischen Systems nicht unerheblich beitragen.

Was sind also Bürgerinitiativen und als was sind sie im Feld der Willensbildung anzusiedeln? Sie sind, mit all ihren genannten Strukturmerkmalen: Spontaneität, Flexibilität, Heterogenität, geringer Organisationsgravidität, Offenheit usw., ergänzungsnotwendige Vermittlungsträger zwischen gesellschaftlichen Bedürfnissen einerseits und der politisch zuständigen Ebene andererseits. Sie erstreben überwiegend nicht die direkte politische Mitentscheidung (das wäre eine systemfremde Forderung!) sondern die Beteiligung an der Willensbildung, was zunächst etwas deutlich anderes ist: Als Teilnehmer an der politischen Willensbildung signalisieren sie das Vorhandensein eines Bedürfnisses und machen auf die Notwendigkeit aufmerksam, dieses Bedürfnis mit anderen vorhandenen Bedürfnissen in eine sinnvolle und tragfähige Beziehung zu setzen. Aufgrund ihrer Spontaneität und Flexibilität sind sie den behäbigeren Partei- und Verbändeorganisationen hierin bei weitem überlegen. Je mehr sich die soziale Komplexität verdichtet, je rasanter die unbewältigten Folgeprobleme des technischen Fortschritts anwachsen, und je mehr alle praktische Politik zu einer Art permanenter „Folgenmilderungstechnologie" erstarrt, desto unentbehrlicher werden neue Formen der Betroffenenpartizipation, werden Vermittlungsinstanzen, „Frühwarnsysteme" vom Typ der Bürgerinitiativen. Immer mehr hängt die Fähigkeit, rechtzeitig gegenzusteuern, davon ab, daß überhaupt jemand da ist, der die Gefahr erkennt und ausspricht. Die „responsiveness" der repräsentativen Gesamtordnung, ihre Fähigkeit, auf neu auftretende Fragen zu antworten und zu reagieren, wäre heute vermutlich schon um einiges geringer, existierte nicht in Gestalt der Bürgerinitiativen ein artikulationsfähiges Potential für neue Werthaltungen und notwendige gesellschaftliche Veränderungen.

Bürgerinitiativen führen, vielleicht nicht unbedingt immer ihrem Selbstverständnis, aber doch der Sache nach, vor allem in ihrer gesamtstaatlichen Wirkung wohl eher zu einer Festigung der repräsentativen Struktur, sowohl was ihre „Ordnungsfunktion", als auch was ihre „Optimationsfunktion" anbelangt. Die heile Welt der Repräsentation ist zwar zunächst ins Wanken geraten. In Gestalt der Bürgerinitiativbewegung formieren sich jedoch weniger die Gegner der repräsentativen Ordnung als vielmehr der wachsame und kritische Teil der von den Funktionsschwächen des repräsentativen Systems besonders deutlich „Betroffenen". Die Sozialaktiven der Bürgerinitiativbewegung sind weniger im Namen eines neuen Demokratieverständnisses angetreten; sie stehen wohl mehr für eine neue Orientierung der Politik: Skepsis gegenüber sogenannten „technischen Sachzwängen", Mißtrauen gegen Planungsoptimismus und allzu blauäugige Wissenschaftsgläubigkeit, Abwehr von zuviel und zu schnellem sozialen Wandel, — insgesamt eine gegen die herkömmliche „negative" Politik, eine Politik, die zu bewahren sucht, jedenfalls aber zu verhindern, daß es schlimmer wird.[26]

Ein gewiß „unverdächtiger" Zeuge, der große Apologet und Theoretiker des modernen Repräsentationsgedankens, Ernst Fraenkel, verwies schon 1958 mit Nachdruck darauf, daß jede funktionierende repräsentative Staatsordnung eines demokratisch-plebiszitären Unterbaus bedürfe: „Nur wenn den plebiszitären Kräften innerhalb der Verbände und Parteien ausreichend Spielraum gewährt wird, kann die Repräsentativverfassung sich entfalten". Man wird dieser Einsicht wohl kaum Gewalt antun, wenn man angesichts der parteienstaatlich geprägten Repräsentationswirklichkeit in diesen notwendigen direkt-demokratischen Unterbau die Bürgerinitiativen miteinbegreift.

Bürgerinitiativen sind jedoch keineswegs, wie es, jedenfalls bei oberflächlicher Betrachtung, den Anschein haben könnte, einfach *nur* als plebiszitäre Elemente, als direkt-demokratische Korrektive innerhalb einer repräsentativ bestimmten Willensbildungsstruktur anzusehen. Mögen sich die Mitglieder einer einzelnen Bürgerinitiative selbst noch so sehr als „die Basis", als advokatorische Stimme der unmittelbar Betroffenen begreifen, die Bürgerinitiativbewegung insgesamt trägt — zumindest gegenwärtig noch[27] — sehr viel mehr zur Stabilisierung und Revitalisierung der erstarrten repräsentativen Strukturen bei, als zum Aufbruch zu neuen Ufern der identitären Willensbildung.

Anmerkungen

1 Vgl. zum folgenden vom Verf., Herrschaftslegitimierung und Staatskrise, in: *M. Th. Greven, B. Guggenberger, J. Strasser* (1975), S. 13 f.

2 Zu dieser Problemskizze vgl. *P. Graf Kielmansegg*, in: *W. Hennis, P. Graf Kielmansegg, U. Matz* (Hrsg.) (1977), S. 118 ff. und vom Verf., in: *G. K. Kaltenbrunner* (Hg.) (1975), S. 30 ff., S. 38.

3 Ein für das Entstehen von Bürgerinitiativen bedeutsamer Aspekt ist in diesem Zusammenhang vor allem die prinzipielle „Asymetrie" des Pluralismus, die Chancenungleichheit in der Repräsentation der Interessen und Bedürfnisse. Es gibt vor allem zwei spezifische Arten von Bedürfnissen, die nicht oder nur sehr schwer zu organisieren sind: die Bedürfnisse sozialer Randgruppen und Bedürfnisse von zumindest potentiellem Allgemeinheitsrang, z.B. umwelt- oder gesundheitspolitische Interessen; vgl. zum Problem bei *M. Olson* (1968), S. 124 ff. u. *C. Offe* (1973).

4 Zur historischen Dimension der Repräsentation und des Repräsentationsgedankens vgl. *H. Hoffmann* (1974), *H. Rausch* (1968), *D. Sternberger* (1971), *B. Guggenberger, H.-J. Veen, A. Zunker* (Hrsg) (1977), S. 14 ff.

5 Zur Begriffsverwendung vgl. *P.C. Mayer-Tasch* (1976), S. 72 ff., bei dem die Begriffsdifferenzierung (S. 72) jedoch nicht konsequent durchgeführt ist.

6 Vgl. *Th. Schiller* (1970), S. 115.

7 *K.H. Flach* (1972), S. 248 ff.

8 Zu diesem Parteientypus vgl. vor allem die Arbeiten *O. Kirchheimers.*

9 *Th. Schiller* (1970), S. 114.

10 Vgl. *M. Ostrogorski* (1964).

11 Vgl. vom Verf., Wem nützt der Staat? (1974).

12 Vgl. *S. Neumann* (1956) und *H. Marr* (1934).

13 *W. Hennis* (1977), S. 188.

14 *S. u. W. Streeck* (1972), S. 46.

15 Ebd., S. 43.

16 Vgl. bes. *J. Dittberner, R. Ebbighausen* (Hrsg) (1973); *W.D. Narr* (1977), *P.C. Mayer-Tasch* (1976), S. 93.

17 Vgl. hierzu bes. den Beitrag von *Steffani* in diesem Band.

18 Vgl. hierzu: Der Spiegel, Nr. 13, 1977, S. 34 ff.

19 Zwischen 3 % und 12 % von Bundesbürgern haben bisher aktiv in Bürgerinitiativen mitgewirkt, 34 %, nach einigen Umfragen sogar bis über 60 %, sind grundsätzlich zu einer Mitarbeit bereit. Vgl. Emnid-Informationen 11/12 —1973, S. 6 u. Infas-Report vom 23. Juli 1973.

20 Vgl. *P.C. Mayer-Tasch* (1976), S. 89 ff., S. 95.

21 Vgl. *P.C. Mayer-Tasch* a.a.O., S. 94, der das Begriffspaar „Exklusiv"- und „Inklusiveinteressen" von *E. Pankoke* übernimmt.

22 Vgl. „Bürgerinitiativen in Bayern" (1973).

23 Vgl. *von Kodolitsch* (1975), S. 274.

24 Vgl. Anm. 21.

25 Der genannte Vorwurf träfe im übrigen nicht nur die Bürgerinitiativen, sondern ganz genauso auch alle übrigen politisch motivierten Sozialaktivitäten, einschließlich der Parteien- und Verbändeaktivitäten. Die amerikanische Partizipationsforschung (nachzulesen etwa *Milbrath, Verba, Nie u.a.*) hat immer wieder diese *mittelständische Überrepräsentation* betont und auch neuere Untersuchungen über die Mitgliederstruktur der CDU und der SPD (etwa die von *Hartwich* oder von *Diederich*), bestätigen dieses Phänomen.

26 Vgl. hierzu den Beitrag von *S. Haffner* in diesem Band.

27 Vgl. hierzu die Beiträge von *Dienel* und *Trautmann* in diesem Band.

Theo Schiller

Bürgerinitiativen und die Funktionskrise der Volksparteien

Die neuerdings immer wieder aufflackernde Diskussion um die Gründung einer „Grünen Partei" beleuchtet aktuell das problematische Verhältnis von Bürgerinitiativen und Parteien. Allerdings ist dabei nur noch das letzte Feld eines Problemkontinuums sichtbar: die Gründung einer grünen Umweltschutzpartei wäre ja die zumindest vorläufige Grenzüberschreitung aus dem Feld der Bürgerinitiativen in das Feld der Parteienkonkurrenz, die Beteiligung ehemaliger Bürgerinitiativen an der parlamentarischen Konkurrenz um Wählerstimmen und Mandate. Ob die Beteiligung an der Wahlkonkurrenz stattfindet, mit welchen Erfolgsaussichten sie betrieben werden könnte, und welche Auswirkungen der erfolglose oder erfolgreiche Versuch auf die Umweltschutzbewegung in ihrem Bürgerinitiativ-Charakter hätte, kann zunächst dahingestellt bleiben. Immerhin illustriert die Debatte um eine „Grüne Partei" einen interessanten Grenzfall im vielschichtigen und nuancenreichen Verhältnis von Parteien und Bürgerinitiativen.

Ehe wir das Problemfeld Parteien/Bürgerinitiativen erörtern, scheint eine Vorbemerkung zum Charakter der Bürgerinitiativ-Diskussion angebracht. Bei einer Durchsicht der umfangreichen, weit verstreuten und erst in Ansätzen systematisierenden Literatur fällt auf, daß das Problem des politischen Grundcharakters nach wie vor sehr stark die Aufmerksamkeit der Diskussionsteilnehmer fesselt, und daß die Meinungen zu diesem Problem in erstaunlichem Ausmaß polarisiert sind. Diese Polarisierung betrifft besonders die Fragen nach der Stellung der Bürgerinitiativen im Rechts- und Verfassungssystem, nach ihrem Hintergrund und ihrer Stoßrichtung im Geflecht sozialer Interessen und Interessenwidersprüche sowie, hieraus folgend, nach ihrer Stellung und Funktion in Gesellschaftssystem-Konflikten.[1] Daß solche grundsätzlichen Fragestellungen eine so große Bedeutung erlangt haben, daß sich an ihnen extreme Erwartungen und extreme Befürchtungen festmachen, ist ein unübersehbares Zeichen für den ‚exzentrischen' Charkater von Bürgerinitiativen im politischen System und in der politischen Kultur der Bundesrepublik. Das muß nicht an den Bürgerinitiativen liegen. Vermutlich hat es sehr viel mehr mit den hierzulande gängigen Vorstellungen des politischen ‚Zentrums', der ‚Mitte' oder auch nur der politischen Normalität zu tun. Wie zuvor schon eine ‚Außerparlamentarische Opposition', figurieren Bürgerinitiativen im öffentlichen Bewußtsein weithin als problematische Grenzfälle politischen Handelns. Selbst die Sichtweise einer ,,neuen Vierten Gewalt" wird erwogen.[2] Nun wäre es auch denkbar, in dem Auftreten von Bürgerinitiativen ein Zeichen der Normalisierung zu sehen, das in der Verarbeitung der überkommenen deutschen Demokratieverspätung einen vielleicht nur bescheidenen Entwicklungsakzent setzt. Doch die forcierte Optik des Exzentrischen wird eine solche dauerhafte Bereicherung unserer politischen Kultur kaum begünstigen.

Die Anormalität im Selbstverständnis und im Fremdverständnis vieler Bürgerinitiativen bezieht sich nicht zuletzt auf ihre Stellung gegenüber den Parteien. Von einem beträchtlichen Teil derer, die in Bürgerinitiativen mitwirken oder sich an ihnen orientieren, wird diese Handlungsform durchaus als eine Alternative zur politischen Tätigkeit der Parteien erlebt. Zumindest aber ist die Vorstellung einer qualitativen Differenz zwischen Bürgerinitiativen- und Parteienaktivität weit verbreitet.[3] Den Hintergründen dessen, was teils als bloßer Unterschied, teils als Distanz, teils als Kluft, teils als Alternativen und Konflikt zwischen Bürgerinitiativen und Parteien sichtbar wird, soll im Folgenden nachgegangen werden. In der Literatur haben sich hierzu einige Analysefelder herausgeschält, die sich grob so gruppieren lassen: (a) zum *Entstehungszusammenhang* von Bürgerinitiativen wird in der Diskussion stark auf Funktions-, Legitimations- und Repräsentationsschwächen des Parteiensystems zurückgegriffen; (b) die Erörterung der *Arbeitsweise und der Aktionsformen* der Bürgerinitiativen erstreckt sich auf Parteien als Kontrahenten und als Adressaten im Rahmen des Systems von Entscheidungsträgern; (c) die Frage nach den *Wirkungs- und Legitimitätsgrenzen* von Bürgerinitiativen führt zu den Parteien als Trägern politischer Repräsentation. Die folgenden Überlegungen werden diese Fragestellungen berücksichtigen, sind aber nicht nach ihnen gegliedert. Vielmehr soll zunächst nach möglichen systematischen Zusammenhängen zwischen Parteien(systemen) und Bürgerinitiativen gesucht werden (I), dann wird die konkrete Entwicklung in der Bundesrepublik skizziert, wobei auch nach möglichen zukünftigen Entwicklungen im Verhältnis von Bürgerinitiativen und Parteiensystem gefragt (II) wird. Als Leitproblem soll der Erörterung die Frage dienen, ob im Auftreten von Bürgerinitiativen eher eine vorübergehende Sonderentwicklung oder Ausnahmeerscheinung zu sehen ist, möglicherweise sogar hervorgerufen durch ‚Fehler‘ oder gar ein ‚Versagen‘ der Parteien (oder einzelner Parteien), oder ob hier dauerhaftere, sozusagen ‚objektivere‘ Strukturveränderungen sichtbar werden, die auf die Stellung der Parteien nachhaltigere Rückwirkungen haben können, als bisher sichtbar geworden ist.

I.

P.-C. Mayer-Tasch hat in seiner verdienstvollen Studie über die „Bürgerinitiativbewegung" drei Struktur- und Funktionsschwächen unseres politischen Systems als Entstehungskontext der Bürgerinitiativen in der Bundesrepublik herausgehoben: den ‚Parteienstaat‘, den ‚Verbändestaat‘ und den ‚Verwaltungsstaat‘.[4] Die Frage nach der Separierbarkeit der drei Aspekte und nach ihrem möglichen inneren Zusammenhang sei zunächst dahingestellt; jedenfalls ist die Betonung von ‚Parteienstaat‘, Parteiensystem und Parteienpolitik als Ursachenfeld und Kritikobjekt von Bürgerinitiativen schon deshalb völlig plausibel, weil in den gegenwärtigen politischen Systemen zumindest der westlichen Industrieländer die Parteien als politischer Handlungstypus den das Erscheinungsbild des politischen Prozesses schlechthin dominierenden Akteur darstellen.[5] Es ist daher sehr wahrscheinlich, daß Ursachenkomplexe, die zum Hervortreten von Bürgerinitiativen führen, weitgehend unabhängig von ihrer vorrangigen gesellschaftlichen Verortung in irgendeiner Weise *auch* als Strukturproblem von Parteien auftreten. Mittelbar gilt das im übrigen auch für die Parlamente und den Parlamentarismus, da deren konkrete Erscheinungsform völlig von den Parteien geprägt wird.

Wenn es richtig ist (ich will es hier unbegründet unterstellen), daß sich der Parlamentarismus als Repräsentationsinstitution und die Parteien als politische Organisationsform komplementär zueinander verhalten, dann muß auch von vornherein festgehalten werden, daß Bürgerinitiativen sich von den (in aller Regel parlamentarisch konkurrierenden) Parteien durch ihre außerparlamentarische Handlungsform unterscheiden. Die Probleme der Bürgerinitiativen sind daher allgemein in Verbindung zu bringen mit den Möglichkeiten und Grenzen dieser außerparlamentarischen Handlungsform, die in unterschiedlicher Einzelausprägung auch für andere Erscheinungen des politischen Lebens wirksam sind, so z.B. für Verbände, für spontane Proteste oder auch für Formen institutionalisierter plebiszitärer Partizipation (etwa Volksbegehren o.ä.) und selbstverständlich auch für inhaltliche oppositionelle Aktivitäten, die sich in der Form außerparlamentarischer Opposition äußern.[6] Bürgerinitiativen verlieren etwas von ihrer Exzentrik, wenn man sich ihre Zugehörigkeit zu diesem Gesamtspektrum von außer-, vor-, neben- und nachparlamentarischem Handeln vergegenwärtigt. Man wird das Verhältnis von Bürgerinitiativen und Parteien klarer fassen können, wenn die Differenz und der Zusammenhang von parlamentarischem, durch Parteien geprägtem Handlungsbereich und außerparlamentarischem Handlungsbereich insgesamt präzisiert wird. Erst dann wird die Funktionsweise gegenwärtiger Parteiensysteme als struktureller Hintergrund auch für die Funktion von Bürgerinitiativen im Zusammenhang deutlich.

Ehe der Frage nach möglichen tiefergehenden gesellschaftlich-historischen Strukturveränderungen nachgegangen wird, erscheint es sinnvoll, die etwas weniger dramatischen Erklärungsmöglichkeiten zu bedenken, die in der Variationsbreite von Parteisystemen und Parteitypen liegen können. Das Beispiel des amerikanischen Parteiensystems drängt sich auf, um die Bandbreite zu illustrieren. Die amerikanischen Parteien entsprechen seit langer Zeit (grob gesprochen seit Bildung der Republican Party in der Mitte des 19. Jahrhunderts) dem Typus des ideologisch nur gering profilierten Wahlvereins, der im politischen Repräsentationsprozeß zwar unentbehrlich ist (vor allem als Organisation, als 'machine'), dessen Bedeutung aber doch nach zwei Seiten hin relativiert ist: (a) im Verhältnis zu den auf ihrem 'ticket' gewählten Mandatsträgern (Abgeordneten, Gouverneuren, Präsidenten usw.) treten die Parteien zwischen den Wahlterminen weitgehend zurück; (b) im Verhältnis zu den Repräsentierten (Wählern und sozialen Gruppen) bestehen zu Wahlzeiten marktähnliche Beziehungen von Interessenvertretungsangeboten einerseits, Stimmeninteressen andererseits, die auf die Bildung möglichst breiter Wahlkoalitionen abzielen und den politischen Marktanteil der jeweiligen Partei vergrößern sollen. Für unser Thema ist vor allem wichtig festzuhalten, daß die gesellschaftlichen Interessen, die in den politischen Prozeß eingebracht werden sollen, explizit als unabhängig von den Parteien existierend und ihnen vorausgesetzt durchschaubar sind; sie werden von den Parteien eigentlich nur vorübergehend zu Wahlzwecken zusammengefügt. das heißt aber auf eine sehr labile Weise ,integriert'. Ob die zu Wahlzeiten ausgelobten Interessenvertretungsangebote und -versprechen dann von den gewählten Mandatsinhabern auch wirklich realisiert werden, steht auf einem anderen Blatt. Die sozialen Gruppen, die sich auf ein Wahl-bargaining eingelassen haben, werden einer entsprechenden Interessenrealisierung nur sicher sein können, wenn sie auch zwischen den Wahlterminen präsent sind, sich politisch artikulieren können und ihre Interessen ständig konkretisieren und mit Nachdruck versehen. Dieses keineswegs zu idealisierende Beispiel ist ein anschauliches Modell dafür, daß Parteien keineswegs ein Monopol politischer Willensbildung innehaben müssen, sondern nur einen zwar unentbehrlichen, aber doch beschränkten Part in einem dreistufigen Prozeß von Interessenartikulation − parteiliche Wahlkonkurrenz − Mandatsausübung wahrnehmen können. In einem solchen Modell sind auch Bürgerinitiativen nichts Exotisches, und so spielen denn Bürgeraktivitäten der verschiedensten Art (sagen wir: von − eher konservativen − "citizen committees" bis zu − eher fortschrittlicher − "community action") in den USA seit langer Zeit eine erhebliche Rolle.

Es liegt auf der Hand, daß der amerikanische Parteientypus mit seiner geringer ideologischen Profilierung, seiner flüchtigen und punktuellen, ,platform'-artigen Programmartikulation und seiner ausgeprägten kandidatenbezogenen Personalisierung dem Parteienmodell entspricht, das Otto Kirchheimer unter der Überschrift "catch-all party" bzw. „Allerweltspartei" analysiert hat und das hierzulande unter dem Signum „Volkspartei" bekannt ist.[7] Die Diskussion um diesen Parteitypus stand in ihren affirmativen wie in ihren kritischen Varianten lange Zeit allzu stark im Bann der (inzwischen merkwürdig leise beendeten) Entideologisierungsdebatte der frühen 60er Jahre, so daß die Frage, wie die Beziehungen der ‚Volksparteien' zum Volk eigentlich funktionieren, etwas unterbelichtet geblieben ist. Das Problem, das sich hier stellt, ist in aller Schärfe durch eine These Niklas Luhmanns aufgeworfen worden. Luhmann hat in seiner systemtheoretischen Konzeption einer ‚Legitimation durch Verfahren' der Diskussion über demokratische Interessenvertretung im Rahmen parlamentarischer Repräsentation eine radikal neue Wendung dadurch gegeben, daß er zwischen politischer Personalrekrutierung und politischer Interessenartikulation eine scharfe Grenze zieht: „Durch die Institution der politischen Wahl werden die Prozesse der Rekrutierung und der Gewährung bzw. Versagung politischer Unterstützung einerseits von denen der Interessendarstellung und der Anmeldung von Forderungen andererseits getrennt — eine Einrichtung, die entscheidend zur Bildung autonomer legitimer Macht im politischen System beiträgt. Diese Absonderung der politischen Wahl von der unmittelbaren Interessendurchsetzung absorbiert Konflikte dadurch, daß in der Wahl zunächst nur Stellen und Kompetenzen, nicht aber zugleich Bedarfsbefriedigungen verteilt werden".[8] Der systemtheoretische Kontext und die demokratietheoretischen Implikationen dieser These lassen sich hier nicht kritisch ausloten. Es erscheint auch sehr problematisch, ob Luhmanns Schlußfolgerung generell auf die politische Wahl als Institution zurückgeführt werden kann. Wichtig ist hier nur, daß Luhmanns These erst auf dem Hintergrund etablierter ‚Volksparteien'-Systeme beachtliche Plausibilität gewinnen konnte und insofern als eine (wie immer auch sonst problematisch) theoretische Konsequenz aus dieser Entwicklung der Parteiensysteme anzusprechen ist. Die einfache Feststellung, daß sich solche ‚Volksparteien'-Systeme herausgebildet haben, muß dann aber erweitert werden um das zweite Strukturelement, das für die Funktionsweise eines solchen politischen Systems denknotwendig ist: die Ebene außerparlamentarischer (‚vorparlamentarischer') Interessenartikulation. Parteiensoziologisch wird diese Strukturverschiebung auch dadurch unterstrichen, daß es vor allem der Typus der Interessenpartei und der Klassen-

partei war, der vom Typus Volks- oder Allerweltspartei oder auch
Integrationspartei[9] in den Hintergrund gedrängt worden ist. Möglich geworden ist diese Entwicklung durch die Etablierung, Differenzierung und Verfestigung von Interessenverbänden, die soziologisch
die wesentliche Voraussetzung für die erwähnte Luhmannsche These
darstellt (auf die Luhmann selbst gar nicht weiter eingeht).

Der Prozeß der Kristallisation der Interessenverbandsebene kann
hier nicht nachvollzogen werden; er bildet jedenfalls die Grundlage
für die Entwicklung der gegenwärtigen Parteiensysteme und für die
eingetretene Funktionsteilung zwischen Verbandssystem und Parteiensystem im politischen Prozeß. Diese Funktionsteilung tritt
zugleich als Spezialisierung der Interessenartikulation und als Gene-
ralisierung der politischen Interessenverarbeitung in Erscheinung.
Beide Seiten des politischen Transformations-, Selektions- und
Legitimationsprozesses[10] erfordern ein gewisses Mindestmaß an
Kontaktstellen und Verknüpfungen zwischen Verbänden und Parteien, das erheblich variieren kann und in der Praxis auf eine labile
Balance zwischen hinreichender Interessenanbindung und sorgsam
gepflegter Interessenunabhängigkeit hinausläuft. Im Zuge der Stabilisierung solcher Parteien-/Verbands-Systeme spielt sich nun freilich
eine folgenreiche Veränderung der Parteien unter einem qualitativen
Gesichtspunkt ein: während sie nach ihrem geschichtlichen Ursprung
im Rahmen des Parlamentarisierungsprozesses die unmittelbaren
Artikulationsinstrumente ,des Volkes' oder genauer von sozialen
Gruppen waren,[11] haben sie nunmehr zunehmend die Fähigkeit
verloren, soziale Interessen überhaupt authentisch zu formulieren;
ihr Organisationscharakter, ihre Rekrutierungsmechanismen und ihr
Funktionsverständnis verändern sich vielmehr so, daß sie im Wesentlichen nur noch auf die an sie ,herangetragenen' Interessen *reagieren*
können. Daß der Typus der generalisierten ,Volkspartei' im Wesentlichen ein *reaktiver Parteitypus* ist, macht die andere, relativierende
Seite der von Luhmann (und anderen) konstatierten ,Autonomie'-
bildung im politischen System aus. Hennis dürfte auch solche Aspekte
meinen, wenn er von der ,,Abstraktion des Parteiwesens vom gesellschaftlichen Wurzelgrund" spricht und davon, daß die (deutschen)
Parteien mehr und mehr der Gesellschaft gegenüberstünden.[12]

Wenn also der ,volksparteilich' operierende, reaktive Parteitypus
der Gegenwart Politik gewissermaßen nur noch aus zweiter Hand

betreiben kann, müßte die Analyse wesentlicher politischer Entscheidungsprozesse auf der Ebene der Verbändeorganisation und der ‚Repräsentation organisierter Interessen' (J. H. Kaiser) ansetzen. Für die Selektivität des politischen Prozesses wäre dabei an die Diskussion über Organisationsgrad und Organisationsfähigkeit unterschiedlicher Interessen anzuknüpfen, was aber hier nicht vertieft werden soll. Der Hinweis mag genügen, daß der Kern des politisch fungierenden Verbändesystems auf den Erwerbsinteressen (und erwerbssubstitutiven Interesssen, etwa an öffentl. Einkommensleistungen) aufbaut, an die sich das intensivste Engagement und die dauerhafteste Orientierung knüpfen läßt. Wie ungleich sich die verschiedenen Erwerbsinteressen auch immer mögen durchsetzen können, ist doch kaum zweifelhaft, daß jenseits von Erwerbsstatus und Erwerbsrolle (selbständig oder abhängig) Interessen politisch kaum noch relevant organisiserbar sind.[13] Das bedeutet aber, daß den strukturell auf Interessenvorformulierung angewiesenen Parteien vielschichtige Bedürfnis- und Problemfelder gar nicht erst in praktikabler Form präsentiert werden. Nur als Stichwort sei hier hinzugefügt, daß sich das Problem der Handlungsfähigkeit der Parteien noch nach einer anderen Seite hin verschärft; es geht dabei um die zunehmende politische Bedeutung des Verwaltungsapparats, den die Parteien kraft Regierungsmacht zwar in generalisierter Weise steuern, der aber zugleich als direkter Kooperationspartner der organisierten (Erwerbs-) Interessen fungiert, so daß zwischen Verbänden und Verwaltung zunehmend nicht nur politische Selektionsprozesse, sondern auch politische Legitimierung unmittelbar durchgeschaltet sind und den Parteien tendenziell nur noch die Funktion einer Harmonisierungs- und Legitimationsfassade vor dem Geflecht pluralistisch-fragmentierter Sozialadministration verbleibt. Während im Rahmen der fragmentierten Interessenadministrationssegmente die potentielle Allgemeinheit und Öffentlichkeit von Problemen aufgesogen wird, kommt es auf der anderen Seite zu einem Verfall der Artikulations-, Problematisierungs-, Initiativ- und Gestaltungskompetenz der Parteien. Die in diesem Prozeß ausgezehrten politischen Funktionen sind nicht in einer kommunizierenden Röhre aufbewahrt, sondern sie fallen strukturell aus.

Wenn auf dem Hintergrund so entwickelter politischer Systemstrukturen Bürgerinitiativen auftreten, so ist das nicht in einem ein-

fachen, gewissermaßen zufälligen und eigentlich vermeidbaren
‚Versagen‘ der Parteien oder bestimmter Parteien begründet. Es liegt
vielmehr eine Funktionsschwäche vor, die auf der Ebene der Parteien
gar nicht behoben werden kann. Anders als neuerdings vereinzelt
auftretende (eher diffus ausgerichtete) Protestparteien (‚Glistrup-
Effekt‘) bewegen sich Bürgerinitiativen daher folgerichtig auf einer
konkreteren Handlungsebene, um *spezifische* Bedürfnisse und
Interessen zu verfolgen. Ihrer politischen Funktion nach bilden sie
also ein Äquivalent zu den Interessenverbänden, mit denen sie den
außerparlamentarischen Handlungsraum teilen.

    Zugleich unterscheiden sie sich aber auf markante Weise von den
Verbänden. Das betrifft einmal den Interesseninhalt, den sie artikulieren; er ist zwar nicht ausschließlich auf Reproduktionsinteressen
beschränkt,[14] aber doch andererseits dezidiert nicht vorrangig auf
Erwerbsinteressen ausgerichtet (was allerdings auch auf einen Teil
der ‚Verbände‘ zutrifft). Zweitens ist es die fehlende Dauerhaftigkeit
der Organisation und der Aktivität, also die themenbezogene punktuelle Stoßrichtung, die in allen Definitionsansätzen für Bürgerinitiativen einmütig herausgestellt werden.[15] Dieser punktuelle „sachlich,
zeitlich, räumlich und sozial begrenzte" Charakter[16] läßt die Bürgerinitiativen daher doch nicht als ein gleichgewichtiges Äquivalent der
Erwerbsverbände erscheinen, sondern als ein rudimentäres, ein
gebrochenes Äquivalent, das eher Bruchstellen signalisiert als einen
systematischen Bruch und die Gestalt einer Alternative. Dies ist noch
nach zwei Seiten hin zu differenzieren. Der *eine* Aspekt erscheint
sogar sprachlich im Namen ‚Bürger*initiative*‘, ein Ausdruck, der
eher frappieren müßte, nachdem doch die empirischen Übersichten
über ihre Tätigkeit zeigen, daß die unmittelbare Zielsetzung wohl
mehrheitlich darauf gerichtet ist, einen bestimmten Vorgang zu
verhindern. Bei einer relevanten Anzahl der Bürgerinitiativen ging
es allerdings in der Tat darum, durch Initiative etwas in Gang zu
setzen (weshalb Mayer-Tasch zu Recht auch Selbsthilfeaktionen zu
den Bürgerinitiativen rechnet).[17] Allgemein gesprochen, haben
Bürgerinitiativen hier teil an der demokratischen Intiativfunktion;
darin ist einerseits die eingangs angesprochene ‚Normalisierung‘
unserer politischen Kultur zu sehen, andererseits aber doch auch ein
selbsthilfeartiges Aufbegehren der ‚Basis‘ gegenüber dem Verfall
der politischen Initiativfunktion im politischen System insgesamt,

besonders bei den Parteien. Aber Bürgerinitiativen können diese Initiativfunktion eben nur rudimentär, nur bruchstückhaft ersetzen; als eine dauerhaft wirksame Institution zur Wahrnehmung der Initiativfunktion können sie nicht gelten. — Der *zweite* Aspekt besteht darin, daß Bürgerinitiativen häufig etwas verhinder wollen, also den Resultaten des offiziellen politischen Entscheidungsprozesses ‚in letzter Minute' Protest und Widerstand entgegensetzen. Darin zeigt sich ein Mangel an Beteiligung und Berücksichtigung relevanter Gruppen von Betroffenen oder Mitbetroffenen im üblich gewordenen Normalverlauf politischer Entscheidungen und ein darin verdeckter Interessenkonflikt. Aber auch hier gelingt den Bürgerinitiativen meist nur die nachträgliche Konfrontation an konkreten Einzelmaßnahmen, (noch?) nicht hingegen die Umstrukturierung der Entscheidungsprozesse, aus denen solche strittigen Entscheidungen hervorgehen. Unter beiden Gesichtspunkten operieren Bürgerinitiativen also an den Rändern des politischen Prozesses. In aller Regel fallen die beiden Handlungsrichtungen — Initiativarbeit hier, Realisierungswiderstand dort — auch organisatorisch auseinander, sind nicht miteinander verknüpft. Soweit absehbar, wird ihr Status im politischen System daher eher labil bleiben.

II.

Die bisherigen Überlegungen zum strukturellen Hintergrund von Bürgerinitiativen im politischen System müßten in der einen oder anderen Ausprägung auf die westlichen Industrieländer allgemein anwendbar sein. Es soll nun kurz der Frage nachgegangen werden, wieweit diese Zusammenhänge auch für die Bundesrepublik zutreffen und inwieweit hier zusätzliche Aspekte herangezogen werden müssen. Daß die deutsche Demokratieverspätung auch in puncto Bürgerinitiativen einen Nachholbedarf mit sich gebracht hat, wird man dabei als Sondergesichtspunkt ebenso einräumen wie die damit zusammenhängende Optik des Exzentrischen, die eingangs erwähnt wurde. Gegenüber anderen Ländern sind die Bürgerinitiativen in der Bundesrepublik jüngeren Datums. Ihr Auftreten wird von den meisten Autoren zu Recht mit dem Auftreten einer Außerparlamentarischen Opposition — im Sinne einer Nachfolgeerschei-

nung — in Verbindung gebracht.[18] Aber auch in anderen westlichen
Ländern gab es in den 1960er Jahren eine Studenten- bzw. Jugend-
Protestbewegung (außer Frankreich und USA denke man z. B. auch
an die holländische ‚Provo'-Bewegung zurück!), die man trotz unterschiedlicher thematischer Schwerpunkte und Akzente im Rahmen
ähnlicher sozialer und politischer Strukturhintergründe zu interpretieren hat; ohne daß systematische empirische Belege dafür vorliegen, ist wohl davon auszugehen, daß auch in diesen Ländern seit
diesen Protesbewegungen eine Intensivierung der politischen Aktivitäten mit Bürgerinitiativcharakter stattgefunden hat.

Das mag einerseits, und zwar besonders in der Bundesrepublik,
mit der Ausbreitung und der praktischen Legitimierung außerparlamentarischer Protestformen zu tun haben. Andererseits, und grundsätzlich, sind in den oben skizzierten Strukturentwicklungen des
politischen Systems gemeinsame Ursachen und Grundlagen für die
damalige Protestbewegung wie für die Bürgerinitiativbewegung zu
suchen. In der Parlamentarismus- und Parteienkritik der damaligen
Außerparlamentarischen Opposition[19] ist dieser Ausgangs- und
Bezugspunkt ausdrücklich formuliert worden, nachdem E. Krippendorff die Debatte 1962 mit der Frage nach dem „Ende des Parteienstaates?" eröffnet hatte.[20] Die Diskussion bezog sich direkt auf die
mit dem Godesberger Programm der SPD 1959 auch hierzulande
praktisch sichtbar gewordenen Umstrukturierung zum Volkspar-
teiensystem. Die im Fortgang dieser Diskussion ausgearbeitete anti-
kapitalistische Systemkritik ist freilich in die Aktionen der Protestbewegung eher als globales und abstraktes Motiv eingegangen und
hat sich noch am ehesten in der Heftigkeit des Demokratisierungs-
konflikts an den Hochschulen niedergeschlagen. Parteienkritik und
Systemkritik verbanden sich allerdings zu einer sehr starken Tendenz
des Rückzugs von den Parteien, was durch die Bildung der ‚Großen
Koalition', vor allem das damit verbundene Ende der Oppositions-
rolle der SPD wesentlich gefördert wurde. Die hier aufgerissene
Parteiendistanz hat nachhaltig weitergewirkt, bis hinein in die
Orientierung innerparteilicher Oppositionsgruppen bei SPD und
FDP (vgl. die Doppel- bzw. Zwei-Wege-Strategie bei Jungsozialisten
und Jungdemokraten). Im Selbstverständnis der meisten Bürgerinitiativen steht die Parteiendistanz sicherlich nicht an erster Stelle,
wirkt aber oft als stillschweigende Handlungsvoraussetzung oder

Nebenbedingung, die in den allermeisten Fällen die Handlungsmöglichkeiten eines unbefangen instrumentellen Verhältnisses
zu den Parteien, wie es etwa in den USA üblich ist, gar nicht erst
ins Blickfeld treten läßt. Die Vorstellung, Bürgerinitiativen stellen
so etwas wie eine qualitative Alternative zum parteistaatlich dominierten politischen System dar,[21] wird in solchen Einstellungsmu-
stern und Motivlagen möglicherweise mehr Nahrung finden, als aus
einer systematischen Analyse der politischen Systemstrukturen her-
geleitet werden kann.

Nun wurde bisher immer von Parteien im allgemeinen gesprochen,
ohne ihre Unterschiede sichtbar werden zu lassen. Vielleicht läßt
sich alles viel einfacher erklären: Wenn man von der Tatsache ausgeht, daß Bürgerinitiativen in nennenswertem Ausmaß erst seit ca.
1970 aktiv hervorgetreten sind, bietet sich ja der Gedanke an, dies
in ursächlichen Zusammenhang mit der Bildung der sozial-liberalen
Koalition zu bringen. Die einfachste Erklärung für das Auftreten von
Bürgerinitiativen wäre dann die, daß nach dem Regierungseintritt der
SPD 1966, ihrem Aufstieg zur Hauptregierungspartei sowie dem Regierungseintritt der FDP 1969 bestimmten sozialen, fortschrittlichen und
reformerischen Bedürfnissen und Interessen das zentrale Ausdrucks-
mittel entzogen wurde, das in der *Oppositionsstellung* dieser Parteien
bestanden hatte; die CDU/CSU als neue formale Opposition war als
konservative Oppositionspartei inhaltlich nicht in der Lage, diese
Bedürfnisse politisch zu repräsentieren. Dann wäre also nicht die
prinzipielle Gleichartigkeit und Austauschbarkeit der Parteien als
Volksparteien der Grund für die Freisetzung einer bürgerinitiativ-
artig-punktuellen Protestaktivität, sondern erst der Wegfall der Unterschiedlichkeit durch den Positionswechsel zwischen Regierung
und Opposition? Diese Interpretationsmöglichkeit ist sicherlich nicht
von vornherein von der Hand zu weisen, nicht zuletzt, wenn man
bedenkt, in welchem Ausmaß sowohl in der Bundesrepublik der
50er Jahre, als auch etwa in Frankreich oder Italien, außerparla-
mentarisches Protestpotential durch progressive parlamentarische
Oppositionsparteien gebunden werden kann. Aber die Verbindung
von Regierungswechsel und Entstehung der Bürgerinitiativen geht in
dieser Erklärung noch nicht auf, sondern führt nur zum nächsten
Problem: Wenn die sozialliberale Koalition Reformpolitik praktizieren wollte, was ihr erklärter Anspruch war, so wurde diese Ab-

sicht durch die Erringung der Regierungsmacht im Bund ja erst richtig interessant. Sollte die Sache so trivial sein, daß sie in der Regierung weniger halten konnten, als sie vorher versprochen hatten? Auch diese Trivialität spielt sicher eine Rolle, und es kann noch hinzugefügt werden, daß die Aufbruchstimmung des „Mehr Demokratie wagen" auch Reform- und Leistungserwartungen geweckt hat, die durch Versprechen gar nicht abgedeckt waren. Doch will man die Sache nicht beim bösen Willen oder bei der Naivität des allzu guten Willens enden lassen, stößt man hier auf die Diskrepanz zwischen sozialen Bedürfnis- und Interessenstrukturen und staatlich organisierten politischen Realisierungsmöglichkeiten als einem objektiven Strukturproblem. Darüber läßt sich allerdings auf abstrakt staatstheoretischer Ebene nicht sinnvoll diskutieren, sondern nur unter Einbeziehung des konkreten Zusammenhangs gesellschaftlicher Problembestände und -entwicklungen.

Zum allgemeinen sozialökonomischen Hintergrund müssen wenige Hinweise genügen. Die Bundesrepublik hatte 1966/67 eine ökonomische Rezzesion erlebt, die wegen finanzpolitischer Folgen eine Umgruppierung der politischen Kräfte auslöste und zu einer forcierten Umorganisation des wirtschaftspolitischen Steuerungsapparates führte. Im Verein mit einer kräftigen Exportkonjunktur erwuchs aus dieser Situation zwischen 1969 und 1971 ein überbordender Wachstumsschub, dessen hier vordringlich interessierende Folgen in Anknüpfung an P.-C. Mayer-Tasch mit leichter Zuspitzung als „sozio-ökonomische Wachstums-Krise" bezeichnet werden kann. Während einerseits der Produktionsboom (und der Investitionsboom) die Erwartungen an das gesellschaftliche Leistungspotential insgesamt rasch anwachsen ließ, wurden andererseits die vielfältigen belastenden Nebenfolgen der industriellen Expansion („Umweltkrise") auf breiter Front unübersehbar. Die politischen Reformansprüche, die aus dieser widersprüchlichen Konstellation abgeleitet wurden, lassen sich schlagwortartig zusammenziehen zu dem *Spannungsfeld von ,Nulltarif' und ,Nullwachstum'*. Eine progressiv gestimmte parlamentarische Oppositionspartei hätte die daran anknüpfenden, nicht leicht zu vereinbarenden Forderungskataloge vielleicht recht forsch vertreten; die letztlich doch mit bescheideneren Reform-Absichten und -Möglichkeiten ins Amt gekommenen neuen Regierungsparteien von 1969 konnten mit dieser *neuen* Problemstruktur, mit der Intensität des Widerspruchs von Produktionsboom und Destruktionsboom, nichts reformpolitische Praktikables mehr anfangen. So kam es mit den Bürgerinitiativen zu einer eigentlich recht bescheidenen, als Protest auftretenden *Ersatz*form für die etwas konsequentere Artikulation von Reformforderungen. Die beiden oben erörterten Handlungsrichtungen der Bürgerinitiativen lassen sich jetzt in ihrem gesellschaftlichen Inhalt genauer zuordnen: Die Beteiligung an der *Initiativfunktion* bezieht sich nämlich im konkreten Kontext auf das Problem, die im industriellen Boom zugleich demonstrierten und verschwendeten produktiven Möglichkeiten für sinnvollere Bedürfnisse zu verwenden, also aus der jahrelangen Diskussion über den Widerspruch von privatem Reichtum und öffentlicher Armut praktische Konsequenzen zugunsten des öffentlichen Reichtums zu ziehen. Die Bürgerinitiativen zugunsten von Bildungseinrichtungen, kulturellen und sozialen Kommunaleinrichtungen, quantitativ ein bedeutsamer Anteil,[22] stellen die hier einschlägigen Akteure. Auf der anderen Seite sind die enorm zahlreichen Bürgerinitiativen gegen Städte- und Landschaftszerstörung und für Umweltschutz, die also *Realisierungswiderstand* gegen schon abgelaufene Entscheidungsprozesse des politischen Systems praktizieren, die beredten Zeugen der destruktiven Folgewirkungen der industriellen Expansion des 1970/71er Booms. Dabei ist nun festzuhalten, daß die oben erwähnte mangelnde Verknüpfung zwischen Initiativarbeit und Realisierungswiderstand in der Tätigkeit der Bürgerinitiativen inhaltlich eine Entsprechung in dem Spannungsfeld von ‚Nulltarif' und ‚Nullwachstum' hat. Das ist zunächst äußerlich zu verstehen, weil zwischen den punktuell ansetzenden Bürgerinitiativen in der Regel keine organisatorischen Querverbindungen bestehen; innerhalb der besonderen Tätigkeitsfelder (z.B. Umweltschutz) hat sich das z.T. geändert, für die Beziehungen der verschiedenen Tätigkeitsfelder gilt es nach wie vor. Vor allem aber ist es inhaltlich zu verstehen im Blick auf den *potentiellen Widerspruch zwischen alternativer Reichtumsverwendung und Reichtumsbegrenzung.* Ob die Widersprüchlichkeit unauflösbar bleiben muß, sei erst einmal dahingestellt; ein Versuch, sie aufzulösen, würde jedoch die Entwicklung einer umfassenden Strategie erfordern, die in der politischen Form der Bürgerinitiativen bisher nicht gelungen

ist und wohl auch nicht gelingen wird. Die Bürgerinitiativen repräsentieren daher vorerst eher Fragen als Antworten.

Gehen wir noch einmal zurück zur Politik der sozialliberalen
Parteien Anfang der 70er Jahre. Ihre Funktionsschwäche, die das
Auftreten von Bürgerinitiativen begünstigt hat, läßt sich — wie
schon angedeutet — inhaltlich lokalisieren in der mangelnden Fähigkeit, den Konflikt zwischen Produktionsboom und Destruktionsboom konstruktiv zu verarbeiten. Sollte die Rede von ‚Versagen‘
sinnvoll sein, wäre hier jedenfalls der Platz. Die innerparteiliche
Diskussion in SPD und FDP und auch die nachträglichen grund-
sätzlicheren Analysen über alternative strategische Handlungsmöglichkeiten der Koalition, vor allem der SPD illustrieren immerhin,
daß nicht alles nach einer strikten, objektiven und unkontroversen
Notwendigkeit so kommen mußte, wie es ablief.[23] Im übrigen
wäre der Eindruck falsch, die Koalitionsparteien hätten den auf-
geworfenen Fragen überhaupt keine Aufmerksamkeit gewidmet.
Die von der SPD initiierte Diskussion über das Konzept ‚Lebensqualität‘ versuchte ja durchaus, die disparaten Problemkomplexe
unter einer durchgängigen reformpolitischen Fragestellung zusam-
menzufassen. Das Projekt einer auf die Erhöhung der Staatsquote
gerichteten Steuerreform war als das (globale) instrumentelle Pen-
dant dieser Diskussion angelegt. Bildungspolitische Projekte und
Umweltschutzprogramme beider Regierungsparteien boten Ansätze
der Konkretisierung. Man muß also durchaus einräumen, daß wichtige Konzeptionselemente in den Umrissen einer Reformstrategie
sich abzuzeichnen begannen, allerdings erst in der Phase der schon
wieder abfallenden Wachstumskurve (1971—73). Unter ungünstiger
werdenden äußeren Durchsetzungsbedingungen machte sich nunmehr auch geltend, was oben in (I) generell als zeitgenössisches
politisches Strukturmuster entwickelt wurde: das im Verbände-
system dominierende Geflecht organisierter Erwerbsinteressen
konnte nachhaltigen Druck zugunsten der Fortführung der überkommenen industriellen Expansionsstrategie und gegen Ansätze
wachstumsbegrenzender Strukturreformen ausüben. Entscheidender Konfliktgegenstand hierfür war die Steuerreform. Während
es für die Vertretung der Reformforderungen keine dem Verbände-
system organisatorisch und einflußmäßig äquivalente gesellschaftliche Artikulationsstruktur gab (die Bürgerinitiativen waren ja erst

im Entstehen begriffen, wobei die hier vordringlich wichtigen mit
politischer Initiativ- und sozialer Innovationsfunktion ohnehin
spärlicher auftraten; die Zwei-Wege-Mobilisierungsstrategien von
Jusos und Jungdemokraten waren soeben erst formuliert), war das
Steuerreformprojekt naturgemäß dazu prädestiniert, allseits den
Widerstand von Erwerbsinteressen auf sich zu ziehen. An der Aushöhlung, dem Versanden und dem Scheitern der Steuerreform kann
man exemplarisch ablesen, wie parteiförmig formulierte Reformansätze mangels artikulierter Unterstützung einbrechen und an den
aggregierten privaten Erwerbsinteressen auf Grund laufen.

Die Frage, wie die Parteien gesellschaftliche Problemstrukturen
verarbeitet haben und was sich daraus für das Auftreten von Bürgerinitiativen ergibt, muß nun freilich auch noch auf die unterschiedlichen politischen Handlungs*ebenen* bezogen werden. Vor allem ist
eine Betrachtung der kommunalpolitischen Ebene unerläßlich,
zumal Bürgerinitiativen sich meistens im lokalen Bezug organisieren
und ein erheblicher Teil ihrer Zielsetzungen als kommunalpolitisch
im engeren Sinne einzuordnen ist. Zu den konkreten kommunalen
Auswirkungen des widersprüchlichen Wachstumsbooms einerseits
und den spezifischen Partei- und Entscheidungsstrukturen in der
Kommunalpolitik müssen hier einige Stichworte genügen. Vielleicht
kann man die Situation kurz dahin zusammenfassen, daß die oben
umrissene gesellschaftliche Entwicklung Anfang der 1970er Jahre
auf die Kommunen den stärksten politischen Problemdruck ausübte,
deren politische Struktur aber am allerwenigsten auf seine Bewältigung eingestellt war. Die bis dahin wenig politisierte Auffassung von
Kommunalpolitik war nicht in der Lage, das in der ‚kommunalen
Wachstumskrise‘ hereinbrechende Ausmaß an Prioritäts- und Interes-
senkonflikten bedürfnisgerecht zu bewältigen. Das gilt nicht zuletzt
für die SPD, die als stärkste Kommunalpartei (vor allem in den
hauptbetroffenen Ballungszentren) ihre bundespolitisch sich ab-
zeichnenden Reformperspektiven kommunalpolitisch nicht einlösen
konnte. Das ist begründet in den längerfristig vorprogrammierten
kommunalpolitischen Entscheidungssträngen besonders im Bereich
der Baupolitik und der Stadtplanung, damit eng zusammenhängend
aber auch in den Interessenverflechtungen und den ausgedehnten
Misch- und Grauzonen, die durch Verschränkung (und auch ‚Verfil-
zung‘) von öffentlichen und privaten Entscheidungen charakterisiert

sind. Zwar führten vielerorts die Konflikte und Spannungen in diesem Bereich zu merklichen, mitunter schmerzlichen Politisierungsschüben in der Kommunalpolitik, doch vollzog sich dieser Prozeß letztlich zu spät, eher als Folge der Nichtbewältigung der Probleme denn als Vorbereitung auf die Verarbeitung des Kommenden. Dieser konfliktreiche Politisierungsprozeß ist im Grund auch das konkrete Sozialisationsklima für die Entstehung der Bürgerinitiativen — auch sie demnach im historischen Verlauf mehr Ausdruck des Scheiterns an aufgebrochenen Problemkomplexen als strahlende Zeichen der Bewältigung; aber immerhin ein hoffnungsträchtiger Vorbehalt für eine künftige demokratischere und erfolgreichere Auseinandersetzung mit vergleichbaren Schwierigkeiten.

Wenn man die historische Entwicklung kursorisch weiterverfolgt über die ‚Wendemarke' der Öl(preis)krise von 1973/74 hinaus, so sind die Verschiebungen in den politischen Rahmenbedingungen von Parteien und Bürgerinitiativen gegenüber der Ausgangssituation von 1970/17 nicht zu übersehen. Die Koalitionsparteien haben seit dem Emporschnellen der Arbeitslosenzahl auf das 1-Millionen-Niveau eindeutig umgeschaltet auf eine Strategie der Wachstumssicherung und sind den Anfechtungen einer Widersprüchlichkeit von Reichtumsverwendung und Rechtumsbegrenzung kaum noch in praktisch relevanter Weise ausgesetzt. Die geringen Wachstumsraten haben naturgemäß auch das Destruktionspotential industrieller Expansion verringert und so zu einer Umstrukturierung der dominanten Problemmuster und Prioritäten weit über die Parteien hinaus geführt. Das hat auch den Handlungsrahmen der Bürgerinitiativen merklich verändert. Für ihre politische Initiativarbeit, die auf alternative Reichtumsverwendung ausgerichtet war, ist ihnen mit dem Wegfall des Booms materiell und politisch-psychologisch die Basis entzogen; würden empirische Erhebungen über die Entwicklung der Zielstruktur der Bürgerinitiativen den Zeitverlauf erfassen, so dürften sie vermutlich mit dem Jahr 1974 einen scharfen Einbruch in diesem Tätigkeitssegment verzeichnen.[24] Auf der anderen Seite, im Tätigkeitssegment des Realisierungswiderstands, ist ebenfalls ein deutliches Zurückgehen der Zahl der *Anlässe* zu verzeichnen, was die reine *Zahl* der Bürgerinitiativen vermutlich nach unten drückt; die Entdramatisierung der kommunalpolitischen Situation in den meisten Städten ist hier allgemeiner Ausdruck von Ursachen und

Folgen. Demgegenüber ist aber in einem Konfliktfeld, dem energie-
bezogenen Umweltschutz, eine unübersehbare Intensivierung der
Auseinandersetzung zu verzeichnen. Die Eskalation beruht darauf,
daß die Parteien und Regierungen, von den Kraftwerksinteressen
gedrängt und von ihrer eigenen Strategie der Wachstumssicherung
dazu getrieben, vor allem auch durch frühere eigene Entscheidungen
(aus den Jahren 1970—73!) darauf festgelegt, die energiewirtschaftlichen Grundlagen eines künftigen Wachstums der *industriellen* Arbeitsplätze *um jeden Preis* garantieren wollen, daß *andererseits* aber
die Gefährdungs- und Bedrohungsdimensionen der Kernenergie-
technik nunmehr von breiten Bevölkerungskreisen so stark ins
Bewußtsein aufgenommen worden sind (und weiter werden), daß
eine Hinnahme dieses Preises für künftige Wachstumseffekte auf
breiten und massiven Widerstand stößt. Die Heftigkeit (mitunter
Gewalttätigkeit) des Widerstandes, die aus der Tödlichkeit der
atomaren Gefährdung plausibel ist, hat eine andere Ursache aber
sicher auch darin, daß eine annähernd überzeugende und durch-
schlagende Argumentation jenseits der Konsequenz der Reichtumsbegrenzung in praktisch wirksamer Weise nicht zur Verfügung
steht. Trotz aller Anstrengungen ist es den Bürgerinitiativen (aber
auch Parteienminderheiten) nicht gelungen, ihren Widerstand gegen
kernenergietechnisch abgesicherte industrielle Expansion durch eine
flankierende Strategie nicht-industriellen Wohlstandes abzusichern,
in der das Arbeitslosigkeitproblem plausibel, motivierend und
mobilisierend gelöst wäre. Ob dieses Strategieproblem in der politischen Form der Bürgerinitiativen, wie wir sie bisher kennen, aufgearbeitet und in Initiativfunktionen übersetzt werden kann, ist eher
zweifelhaft. Der Diskussionstrend innerhalb der Umweltschutzbewegung, möglicherweise eine „Grüne Partei" zu schaffen, deutet
diese Schwierigkeiten der Arbeitsformen an. Aber ob die Form der
Partei die Lösung bringen kann, oder nur den Anspruch, an dem
dann ein Scheitern umso sichtbarer würde, ist als Frage wohl nicht
von der Hand zu weisen.

Wenn es richtig ist, daß Bürgerinitiativen die Bruchstellen des
Parteien-/Verbands-Systems pluralistisch-fragmentierter Sozialadministration repräsentieren, und wenn es richtig ist, daß die sozialliberalen Reformansätze der frühen 70er Jahre nicht so sehr an den
Parteien, sondern an deren Voraussetzungen gescheitert sind, dann

werden wohl zukunftsweisende Lösungen nicht in einer Umstrukturierung des Feldes der Parteienkonkurrenz zu suchen sein. Der
Schwerpunkt politischer Reformarbeit hätte dann eher zu liegen auf
der Ebene gesellschaftlicher Bedürfnis- und Interessenartikulation
außerparlamentarischer und vorparteilicher Art, wobei der eigentliche Kontrast weniger gegenüber den Parteien als vielmehr gegenüber den verbandsförmig organisierten Erwerbsinteressen herauszu-
schälen wäre. Das Erwerbsproblem und das Produktionsproblem
müßten dabei allerdings stärker ins Blickfeld rücken. Politische
Wirksamkeit könnte ja eine solche Arbeitsperspektive nur entfalten, wenn sie das Beschäftigungsproblem als das für die derzeitige politische Stagnation zentrale Strukturprobleme aufzuarbeiten
sucht. Die Bedeutung dieser Frage kann auch im Rahmen der für
Bürgerinitiativen relevanten Bezugspunkte gar nicht überschätzt
werden, handelt es sich doch dabei, um in der oben eingeführten
Terminologie zu bleiben, statt der Reichtumsbegrenzung und der
Reichtumsverwendung schlicht um *Reichtumsverdrängung*, die dann
auch das Verwendungs- (und Verteilungs-) Problem verdeckt. Ob
mit immer weniger Personal immer mehr industrielle Güter für immer
stärker gesättigte Binnen- und Weltmärkte produziert werden sollen,
oder ob die wachsenden produktiven Fähigkeiten eine humanere Art
des Wohlstandes hervorbringen könnten, das dürfte in der Perspektive
wohl verstärkt das Leitproblem einer vielleicht „*sozialproduktiv*"
zu nennenden (Bürger-) Initiativbewegung darstellen.

Anmerkungen

1 Zum Diskussionsstand vgl. die wichtigsten Überblicksarbeiten: *Armbruster/
  Leisner* (1975), *Bermbach* (1974), *Butz* u.a. (Hg.), (1974), *Ellwein/
  Lippert/Zoll* (1975), *Großmann* (Hg.), (1971), *Knirsch/Nickolmann*
  (1976), *Kursbuch 50* (1977), *liberal* (Jg. 16), H. 11/1974; *Partizipation*
  (1970), *Mayer-Tasch* (1976), *Vorgänge* (1977), *Sontheimer*, in: *Sont-
  heimer/Röhring* (Hg.), (1977), S. 67 ff., *Zillessen* (1974).
2 So der Untertitel des *Kursbuch 50*.
3 Vgl. hierzu etwa auch *Schiller*, in: *Partizipation*, a.a.O., S. 114 ff.
4 *Mayer-Tasch*, a.a.O., S. 27. Vgl. auch *Sontheimer*, a.a.O.
5 Zur Bedeutung der Parteien vgl. zuletzt z.B. *Greven* (1976), *Hennis*, in:
  Hennis/Kielmannsegg/Matz (Hg.), (1977), S. 150 ff.

6 Zum Gesamtfeld außerparlamentarischen Handelns und außerparlamantarischer Opposition vgl. jetzt den Sammelband von *Schumann* (Hg.), (1976), der wichtige Beiträge dokumentiert; darin auch *Schumann*, a. a. O., S. 501 ff.; s. auch *Sontheimer*, Art. ,Außerparl. Opposition', in *Sontheimer/Röhring*, a. a. O., S. 44 ff., *Vogt* (1972), *Schiller*, Art. ,Opposition/IV. Außerparlamentarische Opposition, in Görres-Gesellschaft (Hg.), Staatslexikon, Ergänzungsbände zur 6. Aufl., Erg. Bd. II, Sp. 789 ff.; demnächst ausführlich *Schiller*, Parlamentarismus, außerparlamentarische Opposition und Demokratie (in Vorbereitung für 1978).

7 *Kirchheimer*, in: Ziebura (Hg.), 1969, S. 288 ff.; *ders.*, in: ebda., S. 341 ff.; *ders.*, Deutschland oder der Verfall der Opposition, in: Kirchheimer, Politische Herrschaft, Frankfurt 1967, S. 58 ff. Vgl. auch *Jäger* (Hg.) (1973), *Narr* (Hg.), (1977), *Hennis*, a. a. O. (vgl. Fußnote 5).

8 *Luhmann*, Legitimation durch Verfahren, Neuwied/Berlin 1969, hier S. 164.

9 ,Integrationspartei' ist hier in dem inzwischen wohl üblich gewordenen Sinn von Integration als Harmonisierung verschiedenartiger Gruppeninteressen gemeint. Die Terminologie von *Marr* (Repräsentations- und Integrationsparteien, in: *Lenk/Neumann* (Hg.), Theorie und Soziologie der politischen Parteien, Neuwied/Berlin 1968, S. 330 ff.) meinte ,Integrationspartei' als Partei der umfassenden klassen- oder gruppenspezifischen Integration der Lebensbereiche; sie müßte wohl durch einen neuen Ausdruck ersetzt werden.

10 Die Begriffe sind entwickelt bei *Greven*, a. a. O. (Fußn. 5).

11 Wenn *Leibholz* vom ,modernen *plebiszitären* Parteienstaat' spricht, setzt er auch *diese* Direktheit noch voraus (außerdem aber die über eine Parlamentsmehrheit vermittelte Direktheit des Zugriffs der erfolgreichen Partei auf die Macht der Regierungsämter; ob das sinnvoll ,plebiszitär' genannt werden kann, ist zweifelhaft), vgl. *Leibholz*, Strukturprobleme der modernen Demokratie, Karlsruhe [3]1967, Neuausgabe Frankfurt 1974; *der.*, Verfassungsstaat — Verfassungsrecht, Stuttgart usw. 1973. Ebenfalls zu unvermittelt an der ,klassischen' Artikulationsfunktion der Parteien orientiert ist mein eigener Aufsatz, in: *Partizipation*, a. a. O. (1970).

12 *Hennis*, a. a. O., S. 192.

13 Das Problem hat vielfältige Fassungen gefunden, vom „assymetrischen Pluralismus" bis zu *Offe*'s Ansatz der sozialen und politischen Disparitäten, vgl. *Offe* (1972), vgl. auch die Hinweise bei *Mayer-Tasch*, a. a. O., S. 32 ff., bes. 35 f.; *Ellwein/Lippert/Zoll*, a. a. O., S. 128 ff. Zum Problem der Interessenorganisation allgemein *Weber* (1977).

14 So in der Gesamttendenz *Offe*, in: *Großmann* (Hg.), a. a. O., und in: *Offe* (1972), S. 153 ff. Kritisch dazu *Gronemeyer* (1974), S. 842 ff.

15 Vgl. die Zusammenstellung bei *Mayer-Tasch*, a. a. O., S. 12 ff. *Ellwein/ Lippert/Zoll*, a. a. O., S. 170 ff.

16 *Bermbach*, a. a. O., S. 549.

17 *Mayer-Tasch*, a. a. O., S. 15 ff. (kritisch gegenüber Offe).

18 Für viele *Sontheimer* in dem in diesem Band abgedrückten Beitrag.

19 Exemplarisch: *Agnoli*, Die Transformation der Demokratie, Frankfurt 1968.

20 *Krippendorff*, Das Ende des Parteienstaates? in: Der Monat, H. 160 (Jan. 1962), S. 64 ff.

21 Am deutlichsten in dieser Richtung *Offe*, in: *Großmann* (Hg.), (1971).

22 Auswertungen der empirischen Untersuchungen über die quantitative Verteilung der Zielbereiche der Bürgerinitiativen finden sich z.B. bei *Mayer-Tasch*, a.a.O.

23 Vgl. etwa *Narr/Scheer/Spöri*, SPD – Staatspartei oder Reformpartei, München 1976.

24 Die einschlägigen Erhebungen, die Mayer-Tasch auswertet, z.B. die von *Lange* (Hg.), (1973), S. 247, oder auch die des Bayer. Staatsministeriums liegen überwiegend vor 1974. Das *Battelle-Institut* (1975) beschränkt sich nur auf den Kernenergiesektor.

Erhard Eppler

Bürgerinitiativen kontra Parteipolitik?

Gustav Heinemann sah in den Bürgerinitiativen einen Beweis lebendiger Demokratie. Walter Scheel hat noch unlängst in einem Interview mit der Zeitschrift „Bild der Wissenschaft" den Bürgerinitiativen bescheinigt, sie hätten das Verdienst, die Problematik des Baues von Kernkraftwerken ins allgemeine Bewußtsein gehoben zu haben: „Manchmal, ich will das gar nicht verschweigen, drängen … Politiker und Parlamente wichtige politische Fragen, vor allem solche aus dem technisch-wissenschaftlichen Bereich, zurück. In diesem Augenblick ist die Initiative des einzelnen Bürgers oder die von Bürgergruppen ein Teil unserer lebendigen Demokratie".

Solchen Äußerungen des jetzigen und des ehemaligen Bundespräsidenten sollte gerade jetzt Beachtung geschenkt werden. Denn seit den spektakulären Erfolgen von Bürgerinitiativen bei der Auseinandersetzung um die Kernenergie mehren sich besorgte Warnrufe: „Anarchie egoistischer Interessen" meinte der Bundesverband der Deutschen Industrie am Werk zu sehen. Das Organ der Industriegewerkschaft Bergbau „einheit" sieht die Gefahr einer „Aushöhlung des demokratischen Rechtsstaats".

Derlei Warnungen, denen man ähnliche auch aus dem christdemokratischen, liberalen und sozialdemokratischen Lager hinzufügen kann, sollten Anlaß sein, zu fragen, welche Funktion Bürgerinitiativen in unserer Gesellschaft haben.

Zunächst ist zu sagen, daß in den meisten Bürgerinitiativen keine Leute tätig sind, die unsere Rechtsordnung aus den Angeln heben wollen. Auch werden dort keine Ziele angestrebt oder Methoden propagiert, die mit unserem Rechtssystem nicht zu vereinbaren sind. In vielen Bürgergruppen wird vielmehr der Versuch unternommen, durch Formen solidarischen Handelns auf Ziele und Bedürfnisse aufmerksam zu machen und sie möglicherweise mehrheits-

fähig zu machen, die sich ohne solche Initiativen nicht gegen etablierte, festorganisierte Machtgruppen und Interessen durchsetzen
können.

Mehr noch: oft bliebe das Vorhandensein oder doch das wirkliche Gewicht solcher Interessen unbekannt, weil eben keine etablierten Apparate vorhanden sind, um sie hörbar zu artikulieren.
Hier entstand also ein neues Element im System der "checks and
balances". Hier werden — oft durchaus begründete — Ohnmachts-
gefühle überwunden, die zu Staatsverdrossenheit führen können.

Die Chancen einer demokratisch verfaßten Gesellschaft, sach-
gerechte und zukunftsgerechte Antworten zu finden, hängen davon
ab, in welchem Umfang es gelingt, das Allgemeininteresse zu mobilisieren. Damit wird nicht behauptet, in Bürgerinitiativen geschehe
nur und immer eine solche Mobilisierung. Häufig ist es wohl eher so,
daß „Inklusivinteressen" vertreten werden, also eine Mischung von
„ausdrücklich vertretenem Einzel- und stillschweigend mitvertrete-
nem Allgemeininteresse" (so P.-C. Mayer-Tasch).

Sicherlich: von den Parteien gehen Willensströme in die Gesellschaft aus. Und — noch wichtiger — die Parteien sind auch Resonanz-
böden für die Schwingungen, die in der Gesellschaft entstehen.
Aber Parteien neigen dazu — zumal wenn zwei große politische
Lager um nur wenige Stimmprozente kämpfen —, nur Themen aufzugreifen, die bereits mehrheitsfähig sind. Wer aber sorgt dafür,
wichtige Themen mehrheitsfähig zu machen? Wir brauchen zusätzliche Transmissionsriemen für wichtige Bedürfnisse der Gesellschaft,
die — aus welchen Gründen im einzelnen auch immer — durch
bestehende Organisationen und Interessenvertretungen nicht ihrem
tatsächlichen Gewicht entsprechend zur Sprache kommen.

Es ist bemerkenswert und erfreulich, daß es Bürgerinitiativen
offenbar in wachsendem Maße gelingt, sich auch der Fachkompetenz
wissenschaftlicher Experten zu versichern, und zwar in der Regel so,
daß diese nicht nur ohne Entgelt arbeiten, sondern auch noch ihre
Unkosten selbst tragen. Dies zeigt zweierlei an: eine starke, uneigen-
nützige Motivation und ein offenbares Defizit an Ermutigung zum
Engagement für das Allgemeininteresse anderswo.

Hier wächst also Bürgerinitiativen in steigendem Maß das notwendige Unterfutter an Fachkompetenz zu, deren auch sie bedürfen,
damit das „Expertentum aller Laien" (das der Physiker Klaus Müller

als korrigierende Kraft gegen die Betriebsblindheit mancher Expertendominanz gefordert hat) sich mit Aussicht auf Erfolg an der Gestaltung unserer Lebensverhältnisse und an der Setzung von Prioritäten für unser gemeinschaftliches Handeln bewähren kann.

Gerade in einer Zeit, auf die Carl Friedrich von Weizsäckers Satz zutrifft, sie sei insofern instabil, als eben nicht ,,der bestehende Zustand die Fortdauer des Ganzen garantiert und in diesem Sinne bestehen soll'', bleibt uns keine gute Alternative dazu, ,,mehr Demokratie zu wagen''. Alle Erfahrung zeigt, daß autoritäre Regime nicht weniger, sondern einseitiger interessenabhängig sind. Sie schaffen sich nur die Mittel, diese Abhängigkeit besser zu verbergen. Auch und gerade autoritäre Herrschaftseliten pflegen sich mehr auf die Zukunft ihrer Herrschaft als auf die Zukunft der Menschheit zu konzentrieren.

Es ist daher realistisch, nicht optimistisch, mit Christian Graf von Krockow das Fazit zu ziehen: ,,Diszipliniertes, zukunftsbezogenes und verantwortliches Handeln läßt sich ... nur dort erwarten, wo im offenen Horizont einer offenen Gesellschaft und politischer Freiheit den Bürgern Verantwortung und Freiheit auch zugestanden und zugemutet werden''.

Es ist verständlich, zeugt aber nicht von Weitsicht, wenn viele Kritiker der Bürgerinitiativen in den Parteien und Verbänden in den Bürgerinitiativen vor allem Störfaktoren für Durchsetzung von Entscheidungen sehen. Für eine wachsende Zahl von Bürgern eröffnet sich in den Bürgerinitiativen eine Möglichkeit, von ihnen als wichtig erkannte und empfundene Dinge zusammen mit anderen aktiv zu unterstützen und zu durchdenken, eben weil die Themen, die hier verhandelt werden, relativ klare Konturen haben, zugleich aber auf leicht erfahrbare Weise eine Dimension des Grundsätzlichen aufweisen. Dies gilt von lokalen Bemühungen um menschengerechte Stadtentwicklung genauso wie für bundesweite Initiativen, die sich den weniger verschwenderischen Umgang mit den begrenzten Ressourcen der Erde zum Ziel gesetzt haben.

Es hat sich in den vergangenen Jahren bereits gezeigt, daß Gruppen wie die Bürgerinitiativen wirkungsvoll dazu beitragen können, Notwendiges machbar zu machen. Es geht nicht darum, daß Bürgerinitiativen und ähnliche Zusammenschlüsse die Willensbildung in Parteien und Parlamenten ersetzen. Sie können sie aber ergänzen,

beschleunigen — und zuweilen wohl auch Politiker vor resignieren-
dem Opportunismus oder phantasielosen Fortschreibungen bewahren.

Denn jene „Sachzwänge", auf die sich Politiker, Wirtschaftler und
Verbandsfunktionäre gern berufen, existieren ja oft nur deshalb, weil
der interne Interessenausgleich in und zwischen den etablierten
politischen und wirtschaftlichen Organisationen sie als Resultate
auswirft. Sie sind damit aber noch lange nicht Naturgesetze, sondern
belegen oft genug nur das Trägheitsgesetz aller großen Apparaturen.
Das kann vor allem in Zeiten wie den unseren, in denen die herkömmlichen Rezepte oft nicht ausreichen, zu einer gefährlichen
Resignation der Bürger führen, zu einer Resignation, die anfällig
macht für primitive reaktionäre oder angeblich revolutionäre Patent-
rezepte.

Wo Bürgerinitiativen einzelnen und Gruppen die Erfahrung vermitteln, daß sie sich konkret an der Suche nach sachgerechten
Antworten beteiligen können, daß individuelle Einsichten nicht
folgenlos bleiben müssen, sondern erkennbar, wenn auch oft nur
allmählich und schrittweise, zu strukturellen Veränderungen beitragen, gewinnt das demokratische System an Stabilität, erweitert sich
der Spielraum vernünftiger politischer Entscheidungen — auch
wenn für Parteien und Verbände die Prozeduren mühseliger werden
mögen.

Ich vermute, daß öffentlich wirkende Gruppen wie die Bürgerinitiativen indirekt eher dazu beitragen werden, das Geschehen in
Parteien und Verbänden interessanter zu machen, als daß sie das
Interesse der Bürger davon ablenken. Denn die etablierten Groß-
organisationen werden zu mehr Offenheit ermutigt und genötigt,
sie erhalten mehr Informationen über Themen und Ziele, die die
Bürger für wichtig halten. Und dies wiederum könnte sich positiv
auf die Bereitschaft von Bürgern auswirken, an der Meinungs- und
Willensbildung in Parteien und Verbänden selbst aktiv teilzunehmen.

Wolfgang Jäger

Bürgerinitiativen — Verbände — Parteien

Thesen zu einer funktionalen Analyse

Die Bürgerinitiativbewegung wird häufig in den Kategorien der Schuld, der Defizite und der Krise der repräsentativen Demokratie begründet. Auswüchse von Parteienstaat, Verbändestaat und Verwaltungsstaat werden meist als ursächlich für die engagierte Bereitschaft zahlreicher Bürger angegeben, in Bürgerinitiativen mitzuwirken. Mag dies in Einzelfällen oder allgemein zutreffen, eine politologische Analyse der Ursache der Bürgerinitiativbewegung muß tiefer greifen.

Eine für das Aufkommen der Bürgerinitiativbewegung in der Bundesrepublik ganz zentrale, aber kaum gestellte Frage betrifft den strukturellen und funktionalen Wandel des Parteien- und Verbändesystems in der repräsentativen Demokratie. Für eine annähernde Beantwortung dieser Frage sollen hier einige Thesen aufgestellt werden. Es ist nicht mehr beabsichtigt, als einige Akzente für die Erforschung und Bewertung von Bürgerinitiativen zu setzen.

I.

Der vor allem von *Otto Kirchheimer* im Anschluß an die Analysen von *Sigmund Neumann* beschriebene Wandel des westeuropäischen Parteiensystems von den individuellen Repräsentationsparteien über die Massenintegrationsparteien zu den Allerweltsparteien[1] hatte für die Einbindung des Bürgers in das politische System weitreichende Konsequenzen.

Die Integrationspartei faßte bekanntlich nicht nur fest und homogen „Interessen, Meinungen, Ideen oder Einstellungen" zusammen und versuchte, sie im politischen System durchzusetzen. Sie integrierte ihre Mitglieder auch in dem Sinne, daß sie zahlreiche Bedürfnisse erfüllte, die neben den eigentlichen Parteizielen herliefen, die sich sogar in Gegensatz zu den Parteizielen setzen konnten. Solche Bedürfnisse sind z. B. „die Zugehörigkeit zu einer Gruppe überhaupt, Gemeinschaft zu erleben, sich an Urteile anderer anpassen zu können, in einem Personenkreis beachtet zu werden, mit anderen sprechen zu können, von einer Idee erfüllt zu sein, sich sozial betätigen zu können".[2] Dazu gehören sogar Bedürfnisse, die heute vom Sozialstaat erfüllt werden.

Eine neben dieser „sozialen Integration"[3] weitere, gerade für die Analyse der modernen parteienstaatlichen repräsentativen Demokratie zentrale Funktion nicht nur der Integrationspartei, sondern auch der individuellen Repräsentationspartei bestand darin, dem Parteimitglied bzw. dem Parteiwähler eine eindeutig abgrenzbare Position im Spektrum der Politik zu ermöglichen. Der Bürger sah sich mit seiner persönlichen Lebenssituation weitgehend in oder von diesen Parteien im politischen System repräsentiert und auf einen Nenner gebracht. Es handelt sich hier um eine wichtige Dimension der Artikulationsfunktion der Parteien.

Aus der Perspektive der direkten Beziehungen zwischen Bürger und demokratischem politischen System zeigt sich diese Dimension der Artikulationsfunktion noch in einem anderen Licht: Auf der einen Seite steht die Komplexität politischer Probleme und Entscheidungsfindungsprozesse auf der Ebene des politischen Systems und auf der anderen Seite haben wir es prinzipiell und notwendig mit einer begrenzteren Problemverarbeitungskapazität des Bürgers zu tun. Der Ausgleich dieses Gefälles gehörte immer zu den wichtigsten Funktionen der politischen Parteien. Mit dieser Aussage verbindet sich auch eine Kritik an der herrschenden Perspektive der Parteien in der Forschung, nämlich weitgehend und einseitig die Transmission der Interessen und Anliegen von unten nach oben zu berücksichtigen, d. h. nur einen Aspekt der Artikulations- und Aggregationsfunktionen zu bevorzugen. So wichtig dieser Aspekt ist, der im Zentrum der innerparteilichen Demokratieforschung steht, so wenig darf der Aspekt der Reduktion der politischen Problematik durch die Parteien für die einzelnen Bürger vergessen werden.

Der Übergang von den älteren Parteien zur "catch-all party" brachte einschneidende Veränderungen der aufgezählten, von den Parteien ausgeübten Funktionen mit sich. Die Allerweltspartei erstrebt nicht mehr in erster Linie die intensive Integration ihrer Mitglieder und Wähler mit Hilfe zahlreicher ideologischer und sozialer Instrumente. Sie ist auch nicht mehr vornehmlich Interessenpartei. Es geht ihr vor allem um die Nominierung von Kandidaten für die öffentlichen Ämter. Ihr Augenmerk ist auf die Mehrheitsfähigkeit der Partei gerichtet. Dies gelingt ihr nur, wenn sie sich von gesellschaftlichen Einzelinteressen weitgehend abhebt und ein weites Interessenspektrum im Kompromiß vorweist. Dem Ziel der Mehrheitserringung werden ideologische Ausrichtung und Interessenvertretung untergeordnet. In den Worten Kirchheimers: ,,Wenn die Partei sich von Sonderinteressen fernhält, vergrößert sie ihre Erfolgsaussichten bei der Wählerschaft, aber es ist unvermeidlich, daß dadurch auch die Intensität der Anhänglichkeit, die sie erwarten kann, sinkt. Wenn die Partei eine Organisation ist, die weder Schutz für eine gesellschaftliche Position bietet, noch als ein Ankerplatz für intellektuelle Anliegen gilt und kein Bild für die Gestaltung der Zukunft besitzt, wenn sie statt dessen eine Maschine für kurzfristige und nur von Fall zu Fall auftauchende politische Alternativen wird, dann setzt sie sich den Risiken aus, denen sich alle Hersteller von Verbrauchsgütern gegenübersehen: die Konkurrenz bringt fast den gleichen Artikel heraus — in noch besserer Verpackung".[4] Dieser Sachverhalt wird bekanntlich oft kritisch mit den Schlagworten ,,mangelnder Parteienwettbewerb", ,,Entideologisierung der Politik", ,,Konvergenz der Parteiprogramme in der Wettbewerbsdemokratie" usw. angesprochen. Wilhelm Hennis kennzeichnete jüngst den Wandel so, daß ,,unsere Parteien, die traditionell in sektoralen und regionalen Kräften unseres Volkes so fest verwurzelt waren", sich ,,von diesem Wurzelwerk gelöst" haben und ,,heute eine Superstruktur" bilden, ,,die gesellschaftlich nicht sehr tief reicht".[5] Ausdruck dieser Situation ist etwa der große Anteil von Wechselwählern in den Bundestagswahlen (bis zu 30 %).

Eine seltener gestellte Frage betrifft jedoch das Problem, ob sich durch den Wandel der Parteien eine *funktionale Lücke* im politischen System auftat und — wenn ja — ob bzw. wie diese

Lücke ausgefüllt wurde. Kirchheimer selbst war Mitte der 60er Jahre von dieser Lücke überzeugt. Er schloß seine Analyse mit dem Satz, daß wir es vielleicht noch einmal bedauern werden, „daß die Massenpartei auf Klassen- oder Konfessionsbasis verschwunden ist — selbst wenn das unvermeidlich war — so wie wir bereits anderen Dingen der westlichen Zivilisation von gestern nachtrauern".[6] Auf der anderen Seite wird eine solche Lücke von vielen nicht empfunden, da die alten Parteien im wesentlichen als Ausdruck gesellschaftlicher Konflikte verstanden werden, die heute nicht mehr existierten und damit die älteren Parteitypen, auch den der Integrationspartei, überflüssig machten.

So richtig der Hinweis auf den Wandel der Gesellschaft und ihrer inneren Konflikte, der den Wandel der Parteien nach sich zog, auch ist, die Aufgaben, die die älteren Parteien für die Beziehungen des einzelnen Bürgers zum politischen System hatten, sind dabei außer acht gelassen. Es entstand in der Tat eine funktionale Lücke. Diese Lücke wurde zunächst in der Bundesrepublik wohl nicht so sichtbar, da sie von der starken Polarisierung durch die Außenpolitik in der Ära Adenauer verdeckt war. Sie wurde nach der Adenauer-Ära um so sichtbarer, als die rasche Ausdehnung staatlicher Aktivitäten, die Ausdehnung und Komplizierung des politischen Bereichs die Kluft zwischen der Komplexität der zur Entscheidung anstehenden politischen Materie auf der obersten staatlichen Ebene und der Ebene des einzelnen Bürgers immer offener sich zeigte — eine Kluft, die von den modernen Allerweltsparteien offensichtlich nicht überbrückt werden kann. Am deutlichsten wird dies heute in der Energieproblematik.

II.

Wird eine funktionale Lücke konstatiert, liegt die Frage nahe, „wieweit Parallel- oder Zubringerorganisationen in die durch den Parteiwandel geschaffene Lücke eintreten".[7] Füllten die Verbände die Lücke aus? Die Antwort ist: nein. Die Verbände traten in den Beziehungen des Bügers zum politischen System *nicht* an die Stelle der älteren Parteien, da sie selbst eine Entwicklung durchmachten, die sie von der Möglichkeit einer solchen Substitution sogar noch entfernte.

Bei der Begründung dieser These vermag man in der Verbändeliteratur nicht aus dem Vollen zu schöpfen. Die Forschung der Verbändegeschichte legt den Akzent eher auf die Entstehung als auf den Wandel der Verbände und des Verbändesystems. Dennoch läßt sich ein Bild umreißen. Die Organisation der Gesellschaft in Verbände stand in Deutschland seit der Reichsgründung immer quer zu ihrer Aufteilung nach Parteien.[8] Trotzdem wird man nach dem Grad dieses Querverlaufs differenzieren müssen. Allein schon die Tatsache unterschiedlicher Parteiensysteme − ein Mehrparteiensystem im Deutschen Reich und ein angenähertes Zweiparteiensystem in der Bundesrepublik − läßt den Schluß zu, daß die Affinität von Parteien und Verbänden im soziologischen wie ideologischen Sinne im Deutschen Reich größer war als sie es heute bei uns ist. Diese Affinität zeigte sich vor dem Ersten Weltkrieg am deutlichsten für die SPD und die sozialistischen Gruppen einerseits und für das Zentrum und die katholischen Gruppen andererseits. Am wenigsten traf sie auf die Nationalliberale Partei zu.[9] Verbandsinteressen waren in einem gewissen Ausmaß auf der Ebene des Parteiensystems anzusiedeln. In den Kategorien der strukturell-funktionalen Analyse: Die Artikulations- und Aggregationsfunktionen von Parteien und Verbänden wiesen keine allzu große Kluft auf. Es versteht sich, daß dies auch damit zusammenhing, daß den Parteien nach der Verfassung keine unmittelbare Regierungsverantwortung zufiel.

Mit dem Wandel der politischen Parteien und des Parteiensystems öffnete sich die Kluft zwischen der Partei und dem Interessenverband weiter. Beide wurden unabhängiger voneinander. Für die Partei im Sinne der Allerweltspartei wurde die Funktion der Aggregation von Interessen und Bedürfnissen immer wichtiger, zumal ja weniger Parteien gezählt wurden. Die Verbände auf der anderen Seite vermehrten sich mit der Ausdehnung der staatlichen Aktivitäten und dem Fortschreiten der Industriegesellschaft enorm und steigerten damit noch ihre Artikulationsfunktionen im Sinne einer außerordentlichen Differenzierung von Interessen und Bedürfnissen.[10] Oder aber: Einige Großverbände wie die Gewerkschaften machten eine parteiähnliche Entwicklung durch. Gleichsam als Allerweltsverbände sind auch sie kaum mehr geeignet, ihren Mitgliedern eine „allgemeine Grundorientierung"[11] anzubieten. Die Konsequenz, die der Wandel der politischen Partei zur Allerweltspartei für den Bürger mit sich brachte — die nachlassende Integration bzw. Bindung von Mitgliedern und Wählern in bzw. an die Partei — konnte deshalb nicht durch die Verbände kompensiert werden, sondern wurde eher noch verstärkt. Der Bürger, der auf eine kohärente Vermittlung seiner persönlichen Lebenssituation im politischen Bereich und umgekehrt des politischen Bereichs in seiner persönlichen Lebenssituation angewiesen ist, wurde hier sowohl von Parteien wie Verbänden immer mehr im Stich gelassen. Und dies angesichts der ständig zunehmenden Komplexität des politischen Aufgabenbereichs!

Ein weiterer Gesichtspunkt kann aus Überlegungen über die „Logik des kollektiven Handelns"[12] gewonnen werden. Die Verbände- und Bürgerinitiativenliteratur bezieht sich zur Erklärung der mangelnden Organisierbarkeit allgemeiner Interessen[13] bzw. zur Erklärung der Notwendigkeit von Bürgerinitiativen angesichts der „faktischen Unterrepräsentation der sozialen Allgemeininteressen"[14] gern auf Olsons Modell rationalen Handelns in Gruppen. Unter der Annahme des rationalen, am eigenen Vorteil orientierten homo oeconomicus, ist es nämlich nicht rational für den einzelnen, in einer großen Gruppe sich für allgemeine Interessen, d.h. kollektive Güter, die auch Nichtmitgliedern zustehen, einzusetzen; „es sei denn, die Mitglieder der großen Gruppe werden durch Zwang oder irgendwelche äußere Anreize dazu gebracht, in ihrem gemeinsamen Interesse zu handeln".[15] Der Hinweis auf Olsons Modell des kollektiven Handelns vermag nun zweifellos nützlich zu sein bei der Beantwortung der Frage, warum bestimmte Interessen unzureichend organisiert sind. Auf der anderen Seite ist es erstaunlich, daß dieses gruppentheoretische Modell in der Literatur nur zur Deutung defizitärer Zustände, aber nicht zur Erklärung der Bürgerinitiativen herangezogen wird. Anstatt gruppentheoretisch zu erklären, warum Bürgerinitiativen offensichtlich fähig sein sollen, allgemeine Interessen zu artikulieren, wird beispielsweise nur auf das höhere Bewußtsein beim aktiven Bürger bzw. seinen Willen zu mehr Einflußnahme oder seine Reaktion auf eine „Drucksituation" verwiesen,[16] die als Auslöser für die Gründung von Bürgerinitiativen dienten.

Verharrt man bei Olsons Modell, wird man zunächst zu fragen haben, ob es sich bei den Zielen der Bürgerinitiativen wirklich so eindeutig meist um Kollektivgüter oder doch häufiger als oft angenommen um Partikulargüter (wie z.B. der Kindergarten für eine Nachbarschaft) im Sinne Olsons handelt. Die Frage Privat- oder Allgemeininteresse würde damit zumindest aus einer Perspektive empirisch greifbar. Ginge es bei den Zielen von Bürgerinitiativen tatsächlich um Kollektivgüter, müßten zwei andere Faktoren näher untersucht werden: die Gruppengröße und die Partizipationsanreize. In der kleinen Gruppe kann es durchaus rational sein, das Kollektivgut bereitzustellen.[17] Außerdem mögen gerade hier zahlreiche private Partizipationsanreize psychischer oder sozialpsychischer Art wirksam sein.[18]

III.

Bürgerinitiativen werden bekanntlich oft als "single purpose movements" charakterisiert. Damit soll zum Ausdruck gebracht werden – meist kritisch in Bezug auf den Gemeinwohlanspruch der Bürgerinitiativen –, daß die Bürgerinitiativen sich aus den für die Gemeinwohlfindung zur Abwägung anstehenden Zielen und Interessen ein einziges Ziel bzw. Interesse auswählen und dieses ohne Rücksicht auf konkurrierende Ziele und Interessen durchzusetzen versuchen. Diese Charakterisierung ist einseitig; zumindest versperrt sie den Blick auf tieferliegende Schichten des Problems.

Leider läßt uns die empirische Forschung über die Bürgerinitiativen weitgehend im Stich, wenn es um die Frage nach der Einstellung der in den Bürgerinitiativen Aktiven zur Politik allgemein geht. Man könnte die Hypothese aufstellen, daß das in Bezug auf das Gesamtspektrum der Politik selektive Ziel der Bürgerinitiativen in den meisten Fällen die Einstellung zu den übrigen Politikbereichen prägt, daß es die Brille ist, durch die die übrige Politik gesehen wird. Dies dürfte vor allem für die umweltpolitisch tätigen Bürgerinitiativen gelten, die nach den vorliegenden empirischen Untersuchungen je nach Definition der Umweltpolitik zwischen 40 und 45 % aller Bürgerinitiativen ausmachen.[19] Und hier am deutlichsten dürfte die Hypothese wohl im Energiebereich bestätigt werden.

Wenn dem so wäre, würde dies in der Tat auch dafür sprechen, daß das Phänomen der Bürgerinitiativbewegung funktional dort anzusiedeln ist, wo die Parteien waren, bevor sie ihren Weg der Allerweltspartei antraten. Bürgerinitiativen können mit Hilfe der sie auslösenden großen individuellen Betroffenheit qua Motivationskraft die Rolle des Transmissionsriemens zwischen Bürger und Staat spielen: Transmissionsriemen in beiden Richtungen, als Bedürfnisvermittler vom Bürger zum Staat und umgekehrt als Vermittler eines kohärenten verständlichen Politikbildes.

Auch die inhaltliche Analyse der Bürgerinitiativziele unterstützt diese These in zweierlei Hinsicht. Man hat darauf hingewiesen, daß die Grundstimmung der Bürgerinitiativen nicht revolutionär, ja nicht einmal reformistisch, sondern *konservativ* sei.[20] In der Tat, ein Großteil der von Bürgerinitiativen verfochtenen Werte kann geradezu als *vorindustriell* charakterisiert werden. Es ist ein Aufstand gegen die zunehmende Komplexität von Politik und Gesellschaft und die Sehnsucht, Politik wieder auf einen Nenner bringen zu können. Am sichtbarsten wird dies in der Energieproblematik, die der einzelne Staatsbürger — auch der Intellektuelle — gar nicht mehr zu durchschauen vermag. Die Bürgerinitiativen schlagen diesen gordischen Knoten auf ihre Weise durch.

Ein zweites charakterisiert die Ziele der Bürgerinitiativen. Es sind Ziele, die mit den parteibildenden Faktoren der Vergangenheit — insbesondere der aus der Stellung im Produktionsprozeß sich ergebenden sozialen Lage — kaum etwas zu tun haben. Sie spiegeln im Grunde den im Wandel des Parteiensystems zum Ausdruck kommenden gesellschaftlichen Wandel wider. Es sind Ziele, die sich auch kaum parteipolitisch organisieren lassen, da sie sektoraler oder lokaler Natur sind. Gerade hier wird deutlich, wie unbefriedigend es ist, angesichts des Aufblühens der Bürgerinitiativbewegung nur vom Versagen der Parteien im Sinne subjektiver Schuld zu sprechen.

Mit der Art der Ziele korrespondiert die allgemein bekannte Art der sozialen Zusammensetzung der Bürgerinitiativen. Alle empirischen Studien bestätigen die Dominanz der Angehörigen der Mittelschichten. In diesem Zusammenhang wäre die Frage aufzuwerfen, ob Bürgerinitiativen Vorboten von Organisationen sein können, die die „nachindustrielle Gesellschaft" — eine Dienstleistungsgesellschaft — charakterisieren.[21]

Die Forschung läßt uns auch im Stich im Hinblick auf die Aktivitäten der Bürgerinitiativen unter dem Gesichtspunkt ihrer sozialen Funktionen für ihre Aktiven. Wahrscheinlich füllt sie teilweise die auf dem Gebiet der sozialen Integration von den Parteien geschaffene und von den Verbänden nicht zu schließende Lücke. Man denke nur an jene soziale Integration, die durch die bewußte Wiederbelebung nachbarschaftlicher Beziehungen erstrebt wird. Gerade hier müßte eine empirische Bürgerinitiativforschung auch ansetzen.

IV.

Zwei Folgerungen lassen sich aus dem skizzierten Gedankengang ziehen.

Zunächst sollten die Perspektiven der *Forschung* erweitert werden. Die systemischen Funktionen von Parteien, Verbänden und Bürgerinitiativen können nicht nur aus den systembezogenen Anliegen und formalen Aktivitäten dieser Organisationen wie Kandidatenaufstellung, Wahlkämpfen, Lobbying, Interessenartikulation, Demonstrationen usw. geschlossen werden. Viel stärker als es bisher geschehen ist, müßte die Einbindung der Mitglieder in ihre Organisationen und die Bedeutung dieser Einbindung für das Gesamtsystem betrachtet werden. Das einzelne Organisationsmitglied innerhalb seiner Organisation stand bislang in der Forschung hinter Organisation innerhalb des Gesamtsystems zurück. Die Erforschung der Partizipationsanreize, der Motivation der Organisationsmitglieder, die Analyse der sozialen Beziehungen etwa innerhalb der Bürgerinitiativen würden sicherlich weiterführen auch bei der Beurteilung der Stellung der Bürgerinitiativen in der repräsentativen Demokratie.

Auch für die *Beurteilung* der Bürgerinitiativen lassen sich aus den dargelegten Thesen Folgerungen ableiten. Die wichtigste Folgerung scheint mir darin zu liegen, daß die Bürgerinitiativen nicht nur zu Konsequenzen subjektiven Fehlverhaltens im Sinne der Arroganz der Macht von Parteipolitikern und Verwaltungsbeamten gestempelt werden können, auch wenn dieses immer angetroffen werden mag. Sind aber die Ursachen der Bürgerinitiativbewegung auch in einem strukturell-funktionalen Wandel des Parteiensystems zu suchen, so kann die Bewältigung einer durch die Bürgerinitiativbewegung artikulierten angeblichen Krise der repräsentativen Demokratie auch nicht einfach darin liegen, die Politiker und Beamten dazu zu bewegen, die durch die Bürgerinitiativen ausgedrückten Defizite aufzuarbeiten. Man sollte Bürgerinitiativen akzeptieren als interessenartikulierende Strukturen, als Ergänzung des vorpolitischen Raumes der repräsentativen Demokratie dort, wo Verbände und Parteien nicht wirksam sein *können*.

Anmerkungen

1 *S. Neumann* (1965), *O. Kirchheimer*, in: *G. Ziebura* (1969), S. 341—374.
2 *M. Hättich* (1975), S. 235—290, S. 240.
3 So *N. Lammert* (1976), S. 79 f.
4 *Kirchheimer* a.a.O., S. 366.
5 *W. Hennis* (1976), S. 85—100, S. 98; ders., in: ders./P. Graf Kielmansegg/ U. Matz (Hrsg.) (1977), S. 150—195, S. 176 ff. Zur historischen Entwicklung vgl. *M. Lepsius* (1966), S. 371—393.
6 *Kirchheimer* a.a.O., S. 374.
7 Ebd.
8 *T. Nipperdey*, „Interessenvertretung und Parteien in Deutschland vor dem Ersten Weltkrieg", in: PVS 1961, S. 262—280, S. 268.
9 Ebd., S. 272 ff.
10 *P. C. Mayer-Tasch* (1976), S. 35, spricht von einer „Überaggregation und Überselektion der sozial präsenten Interessen".
11 So *Hennis* (1977), S. 177, im Hinblick auf die politischen Parteien.
12 So der Titel des Buches von: *M. Olson* (1968).
13 Beispielsweise *J. Weber* (1977), S. 216 ff.
14 *Mayer-Tasch* a.a.O., S. 35 ff.
15 *Olson* a.a.O., S. 43.
16 So *Mayer-Tasch* a.a.O., S. 36, S. 105.
17 *Olson* a.a.O., S. 32 ff.
18 Ebd., S. 60 f.
19 Vgl. dazu vor allem die Sekundäranalysen: *B. Armbruster/R. Leisner* (1975), *Th. Ellwein/E. Lippert/R. Zoll* (1975).
20 *S. Haffner*, in: *W. Butz* u.a., (1974), S. 7—16, S. 15.
21 *D. Bell*, Die nachindustrielle Gesellschaft, Frankfurt/New York 1975.

Wolfgang Jäger

Recht und Politik — demokratietheoretische Probleme am Beispiel der Verbandsklage*

Ein im Rahmen der Umweltschutzproblematik derzeit von der deutschen Rechtswissenschaft intensiv diskutiertes Thema betrifft die sogenannte Verbandsklage in Umweltsachen.[1] Die Verbandsklage wird vor allem von den Umweltschutz- und Naturschutzverbänden und den Bürgerinitiativen gewünscht. Die Verwaltungsgerichtsbarkeit der Bundesrepublik tritt bekanntlich nur in Aktion, wenn sich jemand von der Verwaltung in seinen subjektiven Rechten verletzt fühlt und das Gericht anruft. Sieht jemand nur das Allgemeininteresse, das objektive Recht, durch die Verwaltung beeinträchtigt, kommt ihm kein Klagerecht zu. Die im Umweltschutzbereich tätigen Verbände fordern für sich nun das Recht, dann vor dem Verwaltungsgericht im Namen der Allgemeinheit klagen zu können, wenn sie die umwelt- und naturschützenden Gesetze von der Verwaltung nicht eingehalten sehen. Geht man einmal von dieser Intention und zum anderen von der Feststellung aus, daß die Einhaltung der vorhandenen, den Natur- und Umweltschutz betreffenden Gesetze von der Verwaltung nur unzureichend beachtet worden sei, so spricht nichts gegen eine Intensivierung der Verwaltungskontrolle durch die Verbandsklage.[2] Die Einführung der Verbandsklage würde zumindest partiell eine Rückkehr zur Konzeption der Verwaltungsrechtspflege von Rudolf von Gneist (1816—1895) bedeuten, der als Vater der deutschen Verwaltungsgerichtsbarkeit gilt. Gneist wollte durch die Verwaltungsrechtspflege nicht nur die subjektiven Rechte, sondern insgesamt das „objektiv-rechtliche Prinzip der Gesetzmäßigkeit der Verwaltung zur Geltung bringen".[3] Dies forderte — in Wor-

---

* Unveränderter Nachdruck aus: *Wolfgang Jäger/Hans-Otto Mühleisen*, Hrsg., Umweltschutz als politischer Prozeß, München 1976, S. 99—110.

ten des Staatsrechtslehrers H. H. Rupp — einen Klagetyp, „der, losgelöst von dem der Durchsetzung subjektiver Rechte dienenden Individualklagesystem, der Überprüfung einer Maßnahme ausschließlich am Maßstab des objektiven Rechts und des Wohls aller gewidmet ist".[4] Die Verbandsklage kann als solcher Klagetyp verstanden werden.

Diese Andeutungen der juristischen Debatte um die Verbesserung der Verwaltungskontrolle auf dem Gebiet des Umweltschutzes mögen hier genügen. Wo liegt ihre Relevanz für die Politikwissenschaft? Sie liegt dort, wo die Verfechter der Verbandsklage in ihrer Intention die Grenze der *Verwaltungskontrolle* überschreiten und in ihr eine *Form politischer Partizipation* sehen. Hier wird die Diskussion der Verbandsklage zur demokratietheoretischen Auseinandersetzung.

Daß diese Problemdimension nicht der reellen Grundlage entbehrt, zeigt etwa der dem Umweltforum 1974 vorgelegte Fragenkatalog. Die dort zur Verbandsklage gestellten „Statement-Fragen" kreisen weniger um die juristische Problematik als vielmehr um den Komplex der Mitbestimmung im politischen Entscheidungsprozeß. So kommt etwa in der Frage eines Diskussionsteilnehmers zum Ausdruck, daß die Verbandsklage zumindest indirekt als eine „rechtliche Möglichkeit" betrachtet wird, „die Allgemeinheit bei umweltrelevanten Entscheidungen der Verwaltung angemessen zu beteiligen".[5]

Das grundsätzliche Problem liegt hier einmal in der Schwierigkeit, eine klare Grenze zwischen Recht und Politik zu ziehen. Ist die Spannung zwischen dem politischen Prozeß und seiner rechtlichen Kontrolle ein Faktor permanenter Auseinandersetzung in jedem demokratischen Rechtsstaat, so gilt dies insbesondere auf dem Gebiete des Umweltschutzes. Versteht man unter Umwelt*recht* „ein Instrument von Umweltpolitik, das politische Grundentscheidungen verbindlich fixiert, kalkulierbare Detailregeln bereitstellt, rationale Entscheidungsprozesse gewährleistet und Lasten gerecht verteilt"[6], so muß die Handhabung des Umweltrechts durch die Gerichte um so „politischer" sein, je ungenauer die von den Gesetzestexten gesetzten Standards sind. Ein Beispiel liefert der Begriff „Stand der Technik", im Bundes-Immissionsschutzgesetz vom 15. März 1974.[7] Noch „politischer" wären Gerichtsverfahren, die etwa nachprüfen müßten, ob z.B. Regierungen bzw. Verwaltungen vor ihrer Entscheidung eingeholte wissenschaftliche Gutachten „objektiv" ausgewertet, widersprechende Gutachten „richtig" abgewogen hätten, vorher die Gutachter „objektiv" ausgewählt hätten, ob die gutachterlichen Ergebnisse wissenschaftlich überhaupt haltbar und neue einzuholen seien usw.

Zweifellos würde auf diese Weise im Extremfall die politische Ebene der Prioritätensetzung und Entscheidungsprozesse auf die judikative Ebene verlagert. Daß die von einer politischen Entscheidung in Initiativgruppen, Aktionsgemeinschaften, Vereinigungen usw. zusammengeschlossenen Betroffenen, die versuchen würden, die Entscheidung rückgängig zu machen, vom judikativen Wege regen Gebrauch machen würden, könnte man ihnen freilich nicht verargen. Vor Einführung der Verbandsklage müßten diese möglichen Konsequenzen reflektiert werden. Zumindest müßte der Gesetzgeber das Umweltrecht judikativ „handhabbar" formulieren.

Die hier vorgenommene Trennung zwischen Politik und Gerichtsbarkeit, die *strukturell-institutionell* einen zentralen Bestandteil unseres demokratischen Rechtsstaats ausmacht, wird aus der *funktionalen* Perspektive natürlich verwischt. Was für die *Verfassungs*gerichtsbarkeit ohne weiteres einleuchtet, gilt auch für die *Verwaltungs*gerichtsbarkeit: Die Tätigkeit der Gerichte muß auch als Teil der politischen Willensbildung angesehen werden.[8] In der Terminologie des strukturell-funktionalen Comparative-Politics-Ansatzes ist dieses Phänomen der sogenannten *Multifunktionalität der Strukturen* zuzuordnen.[9] Unter diesem rechtpolitischen bzw. politikwissenschaftlichen Gesichtspunkt ist es natürlich gerechtfertigt, die Verbandsklage als Möglichkeit der politischen Beteiligung zu betrachten. Dies gilt insbesondere dann, wenn in der angestrebten „Aufrechterhaltung des objektiven Rechts" die Chance erkannt wird, „ehedem unterprivilegierte Interessen in Richtung auf Öffnung und Entprivatisierung der Entscheidung" zur Geltung zu bringen, sei es durch das Gerichtsverfahren selbst, sei es als Konsequenz der Möglichkeit eines solchen Verfahrens schon antizipatorisch im Entscheidungsprozeß der Behörden.[10]

Dieses Modell der judikativ erreichbaren politischen Partizipation und Interessendurchsetzung bedarf der Verdeutlichung. Es gründet sich auf zwei miteinander verknüpfte Gedankengänge. Zum einen

wird von einer Kritik der pluralistischen Demokratietheorie ausgegangen. Der Pluralismus als ausschließliches Demokratiekonzept —
so lautet die Kritik — bevorzuge in der politischen Willensbildung
Interessen, die organisations- und sanktionsstark vertreten würden;
nichtorganisationsfähige Interessen beispielsweise seien unterprivi-
legiert.[11] Zum anderen stellt man fest, daß die Möglichkeiten der
Partizipation des Bürgers am Verwaltungshandeln — m. a. W. eine
Dimension der Verwaltungsdemokratisierung — ohnehin unterentwickelt seien und daß kurzfristig auch kaum Abhilfe erwartet werden könne. Beiden Defiziten, der Bevorzugung der mächtigen Interessen und der Bürokratie, soll durch die Verbandsklage entgegen-
gewirkt werden. Im Vergleich zu „politischen Lösungen" wie etwa
der Entscheidungsfällung durch eine demokratisierte Verwaltung sei
die Bürgerklage zwar nur als „zweitbeste Lösung", in jedem Falle
aber auch als eine Ergänzung der politischen Partizipation an den be-
hördlichen Entscheidungsprozessen zu werten.[12] Mit der Intention
ist es freilich nicht getan. Gerade der Politikwissenschaftler wird
nach möglichen — auch unbeabsichtigten — Konsequenzen der
Verbandsklage auf das Handeln der judikativen wie auch der poli-
tisch-bürokratischen Organe fragen müssen. Das Thema der politischen Wirkungen rechtsstaatlicher Kontrollen wurde bislang
allerdings weder von der Jurisprudenz noch von der Politikwissenschaft ausführlich diskutiert oder gar empirisch in Angriff genommen.[13] Eine Ausnahme bildet der Versuch von Fritz Scharpf, in
einem Vergleich der deutschen und amerikanischen Verwaltungskontrollen zu ersten Hypothesen über die politischen Folgen unterschiedlicher Formen von Verwaltungskontrollen zu gelangen. Der
inhaltlichen Überprüfung von Verwaltungs*entscheidungen* im deutschen Modell der Verwaltungsgerichtsbarkeit steht im amerikanischen Modell die Überwachung des Verwaltungs*verfahrens*, die
Überprüfung der „fairness" des Verfahrens, gegenüber. Damit
korrespondieren Differenzen im administrativen und auch im legislativen Bereich. Der amerikanische Gesetzgeber normiert die Verwaltungsprogramme weniger präzise, verabschiedet eher Regulierungs-
gesetze, die „die Regelung eines akut gewordenen Problems an eine
bestimmte — oft dafür neu geschaffene — Behörde (delegieren),
und sie verwenden dafür Maßstäbe, die der weiteren Konkretisierung
noch bedürfen".[14] Die Verwaltungsbehörde handelt pragmatisch,

d.h. verzichtet nun ihrerseits auf den „Erlaß gesetzesausfüllender Vorschriften", sondern geht in schrittweisen Einzelfalleintscheidungen unter besonderer Beachtung von Verfahrensregeln vor, die den Betroffenen ein möglichst großes Maß der Mitwirkung („notice, hearing, decision on the record") einräumen.[15] Wichtig für meinen Gedankengang ist Scharpfs Folgerung, daß die intensive Richtigkeitskontrolle, wie sie das deutsche Modell der Verwaltungsgerichtsbarkeit bietet, „zu einer Verlagerung der Sachentscheidung und der Kompetenz zur Konkretisierung des Verwaltungsprogramms auf die Verwaltungsgerichtsbarkeit führen" muß.[16] Damit aber wird die Spannung von vordemokratischem Rechtsstaat und „demokratischpolitischer" Führung problematisiert.

Es besteht nun zumindest die Möglichkeit, daß — aus der Perspektive des Gesamtregierungssystems — die Einführung der Verbandsklage als Partizipationsinstrument die ohnehin starke Position der Verwaltungsgerichte als politischer Entscheidungsträger weiterhin verstärkt und das demokratisch-politische Defizit im Entscheidungsprozeß noch vergrößert, d.h. aber auch zur Verminderung der in die repräsentativen und plebiszitären Strukturen unseres demokratischen Systems eingebauten Partizipationschancen beitragen kann. Es heißt, das Pferd vom Schwanz aufzuzäumen, wenn man die Partizipationsproblematik im Umweltschutz bei der Verwaltungsgerichtsbarkeit beginnen läßt. Vielleicht ist dies eine Konsequenz der bislang mehr juristischen als politikwissenschaftlichen Betrachtungsweise des staatlichen Umweltschutzes.

Die Verbandsklage als Partizipationsinstrument kann nicht erörtert werden ohne die Einbeziehung einer Analyse des administrativen, exekutiven und legislativen Handelns. Neben der Frage der *Effektivität* politischen Handelns[17] muß dabei vor allem die Frage der *Legitimation* der Entscheidungsträger in den Vordergrund treten. Das Problem der Effektivität zeigt sich vor allem an einer von Scharpf vermuteten Konsequenz der von der deutschen Verwaltungsgerichtsbarkeit beanspruchten extensiven Richtigkeitskontrolle, dem Zwang zur präzisen und umfassenden „rechtlichen Bindung und Durchnormierung der Verwaltungsprogramme".[18] „Wenn die deutsche Verwaltung überhaupt die Kontrolle über das eigene Programm behalten will, dann ist sie darauf angewiesen, dieses Programm so präzise wie irgend möglich in ‚gerichtsfesten' Gesetzen und Verord-

nungen festzulegen. Und wenn solche Festlegungen sich als vorschnell und wenig praktikabel erweisen sollten, dann ist es für unsere
Verwaltung vermutlich immer noch leichter, eine Verordnung abzu-
ändern oder die siebenundzwanzigste Novelle durchs Parlament zu
bringen, als gegen die höchstrichterliche Interpretation eines unbe-
stimmten Rechtsbegriffs ankämpfen zu müssen".[19] Der Zwang zur
vorwegnehmenden Normierung würde voraussichtlich die Selektivität der für Entscheidungen notwendigen Information vergrößern und
die Qualität der Informationen vermindern. Im Gegensatz zum amerikanischen Modell, das der Ebene der Verwaltung größere Entscheidungsfreiheit beläßt, verzichtet das deutsche Modell der ausgedehn-
teren vorwegnehmenden Normierung auf ein Verwaltungshandeln,
das dem Einzelfall gerechter werden kann als ein abstrakteres Ver-
waltungsprogramm, das alle denkbaren Fälle zu erfassen versucht,
dazu aber kaum in der Lage ist. Eine ,,experimentelle Verwaltungs-
praxis zur Informationsgewinnung für die Entwicklung neuer Entscheidungsalternativen und Verfahrensweisen" ist nur begrenzt möglich; stattdessen muß zu einem (zu) frühen Zeitpunkt eher auf Pro-
jektionen und Prognosen gesetzt werden. Soweit gerade die Gesetzgebung auf dem Gebiete des Umweltschutzrechtes *planerischen* Charakter hat, wird hier auf zahlreiche Instrumente verzichtet, die die
Planungstheorie vorsieht, um der Komplexität der politischen und
gesellschaftlichen Prozesse gerecht zu werden und dies nicht vorschnell auf zu wenige Variablen zu reduzieren. Das Experiment vor
allem, das in einem dezentralisierten Verfahren seinen korrektiven
Stellenwert hat, kann auf der obersten Ebene der Planung zum uner-
träglichen Risiko werden.

Es soll hier nicht behauptet werden, daß die aufgezeigten Konsequenzen der Einführung der Verbandsklage hinsichtlich der Effektivität staatlichen Umweltschutzes eintreten werden. Es kommt
jedoch darauf an zu zeigen, daß die Relevanz der Verbandsklage weit
über den judikativen Bereich hinausgeht. Dies offenbart auch die
Frage der politischen Legitimation im Umweltschutz.

Daß die Legitimationsproblematik zentral ist, braucht nicht
eigens betont zu werden angesichts der Flut demokratietheoretischer
Auseinandersetzungen der vergangenen Jahre.[20] Insbesondere in
Anbetracht des häufig beklagten plebiszitären Defizits unserer Verfassungsordnung ist es fraglich, ob die Legitimationsbasis einer

vermehrten Einbeziehung der Judikative in die politischen Entscheidungsprozesse des Umweltschutzes stark genug sein kann —
dies nicht zuletzt auch vor dem Hintergrund der Möglichkeit von
Urteilen, die den *Behörden* recht geben. Es ist nicht von der Hand
zu weisen, daß gerade dann die doch unter plebiszitärem Etikett
auftretenden Bürgerinitiativen und sonstigen Vereinigungen unter
den ersten wären, die den Verwaltungsgerichten die Legitimation
absprächen, eine behördliche Entscheidung zu rechtfertigen.

Diese Dimension trat bislang kaum in das Blickfeld der Diskussion
um die Verbandsklage. Vielleicht wird sie verhüllt von einem Legiti-
mationsbegriff, der — im Einklang mit einer bestimmten sich als
demokratiekritisch-progressiv verstehenden Position der Politikwissenschaft[21] — *inhaltlich* mit einer bestimmten *Gemeinwohl*interpretation gefüllt wird. So wird von Vertretern einer partizipatorisch
verstandenen Verbandsklage hervorgehoben, daß ,,die inhaltliche
Legitimität der von Umweltschutzorganisationen verfolgten Ziele
außer Frage" stehe.[22] Dies mag auf der programmatischen Ebene des
Umweltschutzbegriffes zutreffen; sobald es sich um konkrete Fälle
bzw. Entscheidungen und Einwände handelt, ist es unmöglich,
inhaltlich Legitimes von inhaltlich Illegitimem bzw. Gemeinwohl
und Privatwohl eindeutig zu unterscheiden, da sich alle Anliegen im
Mantel der Legitimität bzw. des Gemeinwohls präsentieren. Es ist
schon an dieser Stelle wichtig, darauf hinzuweisen, daß es im Rahmen der Umweltschutzproblematik — entgegen weit verbreiteten
Annahmen — in den seltensten Fällen möglich ist, eine Schwarz-
Weiß-Dichotomie von Privat- und Gemeinwohl zugrundezulegen.
In vielen Fällen geht es um unterschiedliche Interessen und um unterschiedliche Prioritätensetzungen. Als Beispiel für die Relevanz
dieser Aussage sei die Frage zitiert, die auf dem Umweltforum
1974 ein Vertreter der gewerblichen Wirtschaft an die Bundesregierung stellte: ,,Welche Maßnahmen gedenkt die Bundesregierung zu
ergreifen, damit nicht länger durch vorrangig individuelle Interessen
verfolgende Umweltschutzaktivitäten baureife Investitionsvorhaben
der Wirtschaft in Milliardenhöhe, insbesondere zur Durchführung
des Energieprogramms, blockiert bzw. verzögert werden, obwohl
einerseits die Einhaltung der gesetzlichen Bestimmungen gewährleistet ist und andererseits die Verwirklichung dieser Vorhaben
sowohl wegen ihres Einflusses auf das generelle Investitionsklima als

vor allem auch angesichts der sich besorgniserregend verschlechternden Arbeitsmarktlage aus Gründen des Gemeinwohls dringend erwünscht ist?"[23] Es gilt zunächst, vom weitverbreiteten Selbstverständnis der im Umweltschutz aktiven Initiativgruppen, Vereinigungen usw. abzurücken, daß die von ihnen verfolgten, gleichsam mit Volkesstimme verkündeten Ziele sich per se mit dem Gemeinwohl deckten, da die Gruppen und Vereinigungen ja „überparteilich" seien und nicht einmal unmittelbar aufgrund von subjektiven Rechtsverletzungen agierten. Angesichts der Tatsache, daß es meist „um gesellschaftspolitische Entscheidungen auf Grund komplizierter Abwägungen"[24] geht, können auch die einschlägigen Bürgerinitiativen und Verbände nur als eine Lobby im politischen Entscheidungsprozeß gelten. Über diesen Stellenwert hinaus geht zweifellos der Anspruch des wesentlich von den Bürgerinitiativen erarbeiteten „Wiedenfelser Entwurfes zur Neugestaltung des Genehmigungsverfahrens im Umweltschutz", wenn gefordert wird: „Die Bürgerinitiativen müssen selbst Organisationsformen finden, durch die sie ihre Legitimation, im jeweiligen Fall für die Mehrzahl der Bürger zu sprechen, nachweisen."[25] Daß diese Legitimation schon für existent gehalten wird, daran lassen die Äußerungen des Vorsitzenden des Bundesverbandes Bürgerinitiativen Umweltschutz keinen Zweifel.[26] Aber auch wenn diese Legitimation erst angestrebt würde, in jedem Falle handelt es sich um den Versuch der Bürgerinitiativen, sich in Konkurrenz mit den verfassungsmäßigen, letztlich durch allgemeine Wahlen legitimierten Repräsentativorganen und der von diesen politisch kontrollierten Behörden zu begeben. Dies macht verständlich, warum der Delegierte des Deutschen Städtetages auf dem Umweltforum 1974 so eindeutig aus der kommunalen Interessenperspektive gegen die Verbandsklage Position bezog: Im kommunalen Bereich „würde die Zulassung der Verbandsklage bedeuten, daß die richterliche Entscheidung gegenüber der Entscheidung eines vom Volke gewählten Gremiums als prinzipiell überlegen anerkannt würde, und zwar auch dann, wenn direkt Betroffene nicht vorhanden sind".[27] Und: „diejenigen, die gerade im kommunalen Bereich die Verbandsklage befürworten, müssen sich darüber im klaren sein, daß sie an die Stelle der 30 bis 90 unmittelbar vom Volk gewählten, dem Volk über ihre Parteien und direkt verantwortlichen Ratsvertreter die Entscheidung von drei oder vier Herren in den Kammern der Verwaltungsgerichte setzen wollen".[28]

Die Legitimationsproblematik zeigt sich auch aus der Perspektive einer als Folge der Verbandsklage möglichen ausgeweiteten Durchnormierung der Umweltschutzpolitik auf der legislativen Ebene auf Kosten der administrativen Entscheidungsspielräume. Ich habe festgestellt, daß eine Verminderung der Effektivität wahrscheinlich wäre, da im Unterschied zu einem gestaffelten und pluralistischen Entscheidungssystem mehr Informationen von der Spitze aufgenommen und verarbeitet werden müßten, deren Kapazität im Hinblick auf die gestellte Aufgabe aber geringer als in einem nichtzentralisierten Entscheidungssystem wäre. Ebenso wie eine Reduktion der Effektivität des politischen Systems in der Umweltschutzpolitik ist nun eine Reduktion der politischen Partizipation wahrscheinlich — eine mögliche Konsequenz, die im krassen Gegensatz zu den Erwartungen der Verfechter der Verbandsklage stünde. Diese These ist einleuchtend. Findet der politische Prozeß vornehmlich im Gesetzgebungsverfahren, durch eine extreme „Programmierung der Entscheidungsprämissen"[29] statt, muß auch dort die politische Partizipation — hier also etwa die Aktivität der Bürgerinitiativen — ansetzen. Gegenüber einem dezentralisierten Programmierungsverfahren (eher Zweck- als Konditionalprogramme)[30] müssen dabei die Partizipationsmöglichkeiten eingeschränkt sein.

Insgesamt gesehen könnte also die Einführung der Verbandsklage als Partizipationsinstrument eine doppelseitige Reduktion der politischen Partizipation bewirken: Einmal wird die durch die verfassungsmäßigen — im engeren Sinne politischen — Institutionen vorgesehene Partizipation durch eine Aufwertung der Gerichte als politischer Entscheidungsträger geschwächt. Zum anderen wird die Partizipation der in Verbänden, Vereinigungen und Bürgerinitiativen organisierten Öffentlichkeit durch eine stärkere rechtliche Durchnormierung und Zentralisierung der Umweltschutzprogramme reduziert.

Es stellt sich die Frage, warum die aufgezeigten Widersprüche von den Vertretern der Verbandsklage nicht gesehen werden. Sieht man einmal von der Problematik „Erkenntnis und Interesse" ab, liegt der Grund wohl in einer Illusion hinsichtlich des *Konsens-*

bedarfs der Umweltschutzpolitik. Wie die schon angesprochene Gemeinwohlproblematik zeigt, gilt der Umweltschutz als ein Kollektivgut mit niedrigem Konsensbedarf und damit auch niedrigerem Konfliktpotential und folglich hoher Legitimationskraft.[31] In diesem Fall käme in der Tat den Gerichten ein hoher Stellenwert im Umweltschutz zu.[32] In der Realität erweist sich jedoch die Umweltschutzpolitik als ein Problem mit höherem Konsensbedarf, höherem Konfliktpotential und geringerer Legitimationskraft. Dafür sorgen nicht zuletzt die verteilungspolitischen Aspekte des Umweltschutzes. Auf eine ausgeprägte Umweltschutzplanung bezogen, könnte sich die Konsensproblematik auch schnell an der zeitlichen Lücke zwischen Kosten und positiven Erträgen der Politik zeigen.[33] Probleme mit hohem Konsensbedarf aber sollten von anderen als den gerichtlichen Institutionen gelöst werden, in der Terminologie Luhmanns durch Verfahren mit hoher Komplexität und in pluralistischen Entscheidungsprozessen, die eher als zentralistische dazu tendieren, „komplexe Entscheidungsinhalte nicht im ganzen zu verarbeiten, sondern sie aufzulösen in eine Vielzahl miteinander nur wenig koordinierter Auseinandersetzungen um Detailprobleme".[34] Eine unzureichend reflektierte und unzureichend ausgeformte Verbandsklage könnte dies verhindern. Es ist durchaus denkbar, daß die partizipatorisch motivierte Einführung der Verbandsklage letztlich „counter-productive" sein könnte. Damit aber wäre sie auch als nur „zweitbeste Lösung" fraglich, da sie den Weg zur besten Lösung, die stärkere Einbeziehung der Betroffenen in den Willensbildungsprozeß, erschweren könnte. Dieser Willensbildungsprozeß muß auch auf der administrativen Ebene in ermessensentscheidungsfähigen Behörden stattfinden. Aber gerade diese Möglichkeit ist angesichts der „politischen Kosten" der Verbandsklage unwahrscheinlich. Die Verbandsklage taugt nur bedingt als plebiszitärer Ersatz.

Abschließend sei hervorgehoben, daß es in diesem Beitrag nicht darum ging, die Verbandsklage zurückzuweisen. Für ihre Rechtfertigung oder Ablehnung müßten weitere Argumentationsbereiche berücksichtigt werden. Das demokratietheoretische Problemgeflecht sollte aufgezeigt werden, in dem die Diskussion über die Verbandsklage gesehen werden muß, bislang aber nur ungenügend gesehen wurde. Die Verbandsklage kann aus der sozialwissenschaftlichen

Perspektive weder der theoretische noch der praktische Mittelpunkt der Umweltschutzproblematik unter Gesichtspunkten von
„Kooperation und Beteiligung im Umweltschutz" sein, wie es auf
dem Umweltforum 1974 den Anschein hatte.

Anmerkungen

1 Dazu vor allem: *Hans Heinrich Rupp*, Popularklage im Umweltschutz-
   recht?, in: ZRP, 5, 1972, S. 32 ff.; *Eckard Rehbinder/Hans-Gerwin Burg-
   bacher/Rolf Knieper*, Bürgerklage im Umweltrecht, Berlin 1972; Umweltforum 1974, Sitzungsprotokoll, S. 59 ff. Zur gegenwärtigen Haltung der
   Bundesregierung vgl. Umweltbericht '76 der Bundesregierung, Stuttgart
   1976, S. 17, 53 f., 62.
2 So etwa *Karsten Küppers*, Erde, Wasser, Luft und Feuer. Recht im Umweltschutz, in: Freiburger Universitätsblätter, H. 46, 1974, S. 52 ff.
3 *Rupp*, S. 33. Vgl. dazu auch *Axel Görlitz*, Verwaltungsgerichtsbarkeit in
   Deutschland, Neuwied/Berlin 1970, S. 31 ff.
4 *Rupp*, S. 35.
5 Umweltforum 1974, S. 75. „Hält die gewerbliche Wirtschaft an ihren in
   der Mitgliederversammlung der Arbeitsgemeinschaft für Umweltfragen
   vom 26.6.1974 geäußerten, prinzipiellen Bedenken gegen die Einführung
   einer Verbandsklage im Bereich des Naturschutzes und der Landschafts-
   pflege fest, obgleich ihre Befürworter die Auffassung vertreten, schon das
   Vorhandensein eines solchen Instruments werde die Bereitschaft zur Zusammenarbeit zwischen der Verwaltung und den klageberechtigten Verbänden fördern, und welche anderen rechtlichen Möglichkeiten sieht die
   gewerbliche Wirtschaft, die Allgemeinheit bei umweltrelevanten Entscheidungen der Verwaltung angemessen zu beteiligen?
6 *Eckard Rehbinder*, Grundlagen des Umweltrechts, in: Umweltschutz –
   Aber wie? Rechtliche Hindernisse, rechtliche Möglichkeiten. Schriften
   der Evangelischen Akademie in Hessen und Nassau, H. 95, Frankfurt
   1972, S. 22.
7 § 3, Abs. 6. „Stand der Technik im Sinne dieses Gesetzes ist der Entwick-
   lungsstand fortschrittlicher Verfahren, Einrichtungen oder Betriebsweisen,
   der die praktische Eignung einer Maßnahme zur Begrenzung von Emissio-
   nen gesichert erscheinen läßt. Bei der Bestimmung des Standes der Technik
   sind insbesondere vergleichbare Verfahren, Einrichtungen oder Betriebsweisen heranzuziehen, die mit Erfolg im Betrieb erprobt worden sind".
8 Dazu *Fritz Scharpf*, Die politischen Kosten des Rechtsstaats. Eine ver-
   gleichende Studie der deutschen und amerikanischen Verwaltungskontrollen, Tübingen 1970; *Rehbinder u.a.*, S. 136.
9 *Gabriel A. Almond/G. Bingham Powell*, Comparative Politics. A Develop-
   mental Approach, Boston/Toronto 1966, S. 31.

10 *Rehbinder u.a.*, S. 137.
11 *Rehbinder u.a.*, S. 134 ff.
12 *Rehbinder u.a.*, S. 129.
13 So *Scharpf*, a.a.O., S. 7.
14 *Scharpf*, a.a.O., S. 20.
15 *Scharpf*, a.a.O., S. 17 f. Der Verfasser ist sich darüber im klaren, daß die Realität auch in den USA viel komplexer als in dem vorgestellten Modell ist, vor allem aber darüber, daß auch das Verhältnis von Recht, Verwaltung und Politik in den USA im Bereich des Umweltschutzes nicht unumstritten ist. *Joseph L. Sax* etwa fordert eine stärkere Einbeziehung der Gerichte in den Umweltschutz, da die Verwaltung weithin versage (vgl. Defending the Environment. A Handbook for Citizen Action, New York 1970). Vgl. zur Stellung der amerikanischen Gerichte im Umweltschutz u.a. *Rehbinder u.a.*, S. 169 ff.; *Hans-Gerd Kausch*, Grundzüge des Umweltrechts der USA am Beispiel der Luftreinhaltung, Berlin 1972, insbesondere S. 112 ff.
16 *Scharpf*, a.a.O., S. 41.
17 Dazu *Scharpf*, a.a.O., S. 59 ff.
18 *Scharpf*, a.a.O., S. 53.
19 *Scharpf*, a.a.O., S. 55.
20 Eine subtile Diskussion des Legitimitätsbegriffs als politikwissenschaftlicher Kategorie findet sich bei *Peter Graf von Kielmannsegg*, Legitimität als analytische Kategorie, in: PVS, 12, 1971, S. 367 ff.
21 *Wolf-Dieter Narr/Frieder Naschold*, Theorie der Demokratie, Stuttgart 1971, S. 92, fordern die „aktive und inhaltliche" Definition der Legitimität. *Rehbinder u.a.*, S. 139, schließen sich in ihrem Plädoyer für die Verbandsklage dem Narr/Nascholdschen Legitimationsverständnis an.
22 *Rehbinder u.a.*, S. 139.
23 Umweltforum 1974, S. 5.
24 Der Delegierte des Deutschen Städtetages auf dem Umweltforum, S. 74.
25 Umweltforum 1974, S. 111.
26 Vgl. dazu die Äußerungen von *H. H. Wüstenhagen* auf dem Umweltforum.
27 *H. G. Lange*, in: Umweltforum 1974, S. 69.
28 Umweltforum 1974, S. 74.
29 *Niklas Luhmann*, Legitimation durch Verfahren, Neuwied/Berlin 1969, S. 244.
30 *Scharpf*, a.a.O., S. 20 f.
31 Vgl. zu dieser Problematik im Bereich der Planung *Fritz Scharpf*, Planung als politischer Prozeß, in: Die Verwaltung, 1, 1971, S. 1 ff., hier zit. aus: *F. Naschold/W. Väth* (Hrsg.), Politische Planungssysteme, Opladen 1973, S. 181 ff.
32 Zum Gerichtsverfahren als Verfahren mit geringer Komplexität vgl. *Luhmann*, a.a.O., S. 55 ff.
33 Dazu *Scharpf*, Planung als politischer Prozeß, S. 182.
34 Ebd., S. 184.

Roman Herzog

Verbände und Bürgerinitiativen — rechtspolitische Überlegungen*

Am Ende eines zweitägigen Colloquiums, das sich mit den großen Verbänden und mit ihren *Stiefschwestern*, den Bürgerinitiativen beschäftigt hat, steht für Politiker, die in einem Gesetzgebungsstaat wie der Bundesrepublik zu arbeiten haben, zwangsläufig die Frage nach möglichen oder gar notwendigen rechtspolitischen Konsequenzen. Diese Frage und die Sicht, aus der ich sie behandeln will, zwingt mich dazu, dies in zwei Abschnitten zu tun.

I.

Der erste Abschnitt muß sich der Frage widmen, ob die angeschnittenen Fragen durch ein umfassendes *Verbändegesetz* gelöst werden sollen, wie es die FDP vorschlägt und wie auch Teile der CDU/CSU es anfänglich für sinnvoll gehalten haben. Meine Antwort darauf ist eindeutig: Ein Verbändegesetz ist nicht der richtige Weg, weil es die Fragen, die es lösen *müßte*, nicht lösen *kann*. Lassen Sie mich diese These mit wenigen Sätzen — und damit natürlich auch mit den unvermeidlichen Verkürzungen des Argumentationsweges — begründen.

Der *Rechtsbegriff*, in dem unsere westlichen Rechtsordnungen bei allen inhaltlichen und allen theoretischen Unterschieden übereinstimmen, ist der eines nach innen *souveränen Staates*, d.h. eines Staates,

* Mit freundlicher Genehmigung des Verlages Bonn aktuell abgedruckt aus:
K. H. Biedenkopf/R. von Voss (Hg.): Staatsführung, Verbandsmacht und innere Souveränität. Von der Rolle der Verbände, Gewerkschaften und Bürgerinitiativen, Stuttgart 1977.

der sicher sein kann, daß die gesetzlichen Anordnungen, die er trifft, grundsätzlich von jedermann befolgt werden und dort, wo das ausnahmsweise einmal nicht der Fall ist, durch Verwaltungsakt Richterspruch und staatliche Vollstreckungsgewalt nötigenfalls durchgesetzt werden. Anders ausgedrückt. Unser Rechtsbegriff setzt voraus, daß die *Machtfrage* vorab entschieden ist.

Gerade diese Voraussetzung ist heute aber nicht mehr über jeden Zweifel erhaben. Weder ist sicher, daß Verbände und Bürgerinitiativen sich einem Gesetz freiwillig unterordnen würden, das aus ihrer Sicht wirklich „ans Eingemachte ginge", noch ist sicher, daß sich überhaupt eine ausreichende Mehrheit von Politikern fände, die die Bereitschaft und den Mut aufbrächten, ihnen „ans Eingemachte zu gehen".

Ist die Machtfrage aber nicht *vor* dem Erlaß eines Verbändegesetzes entschieden, so gibt es eigentlich nur zwei Möglichkeiten:
— Entweder nehmen Verbände und wohl auch Bürgerinitiativen schon Einfluß auf die inhaltliche Ausgestaltung des Gesetzes selbst. Dann wiederholt sich, was wir vom Parteiengesetz her kennen: ein inhaltsleeres Gesetz, in dem höchstens noch festgelegt wird, was ohnehin unbestritten ist, z.B. daß es wie in den Parteien auch in den Verbänden Mitgliederversammlungen und eine Art föderaler Struktur geben muß.
— Oder das Gesetz erhält wider Erwarten noch einen Inhalt, der der Machtfrage zu Leibe rückt. Dann wird es mit tödlicher Sicherheit von denen, an die es sich richtet, unterlaufen werden — um keinen deutlicheren Ausdruck zu gebrauchen.

Allenfalls kann es bei der gegenwärtigen politischen Situation noch zu einer inhaltlichen Entwicklung kommen, die wir als CDU/CSU keineswegs billigen können: zur Einbeziehung der Kirchen in den Anwendungsbereich eines Verbändegesetzes. Und niemand kann sagen, ob es nicht gerade hier dann doch zu wirklich einschneidenden Veränderungen käme, die 1. in der Öffentlichkeit auf eine gewisse vordergründige Popularität stießen, die 2. auf eine gewisse Bereitschaft der Kirchen zum Gesetzesgehorsam träfen und die dennoch 3. weder der Stellung der Kirchen in unserer offenen Gesellschaft angemessen noch für uns als CDU/CSU akzeptabel wären. Den *Gewerkschaften* würde niemand „ans Eingemachte gehen".

Hinzu kommt, daß weder die Umstände, denen Verbände und Bürgerinitiativen ihre Existenz verdanken, noch die Umstände, denen sie unangemessenen Einfluß verdanken, zur Disposition des heutigen Gesetzgebers stehen.

Die Verbände verdanken ihre Existenz kurz gesagt dem Umstand, daß unsere Gesellschaft eine pluralistische Gesellschaft ist. Pluralistisch aber ist einerseits infolge ihrer Arbeitsteiligkeit und andererseits wegen ihrer Freiheitlichkeit, vor allem wegen der in ihr herrschenden Gedanken- und Ideenfreiheit, und der Gesetzgeber, der daran etwas ändern wollte, verstieße frontal gegen alle Prinzipien des freiheitlichen Rechtsstaates.

Bürgerinitiativen aber gibt es — wiederum ganz kurz gesagt — deshalb, weil die bestehenden Parteien teils aus Verschlafenheit, teils aber auch infolge der Notwendigkeit, sich in ihrer Programmatik auf wenige zentrale Punkte zu beschränken, zunehmend solche Themen nicht gesehen oder zumindest nicht thematisiert haben, die dem Bürger aus diesem oder jenem Grunde „unter die Haut gehen". Mangelnde Sensibilität von Parteien kann man nicht durch Gesetz beseitigen, und die Notwendigkeit programmatischer Konzentration ist überdies nur dadurch zu beheben, daß man das bestehende Parteiensystem zugunsten eines Systems von vier, fünf oder sechs Parteien zertrümmert. Dadurch würde die Sauce teurer als der Braten. Denn dem bestehenden Parteiensystem verdankt die Bundesrepublik ihre politische und vor allem auch ihre soziale Stabilität in höherem Maße, als sich mancher Theoretiker einer vierten oder fünften Partei träumen läßt.

Was für die Existenz von Verbänden und Bürgerinitiaitven gilt, das gilt nicht weniger für die politisch-psychologischen Gründe des unangemessen großen Einflusses, den sie mitunter ausüben. Denn seien wir doch ehrlich: Dieser Einfluß beruht primär doch gar nicht auf Massenversammlungen und Demonstrationen und schon gar nicht auf den offenen Rechtsbrüchen, die in diesem Umfeld immer mehr zur Mode werden. Sondern er beruht, wenn er besteht, darauf, daß es Politiker — Minister und Abgeordnete — gibt, die sich von solchen Erscheinungen den Schneid abkaufen lassen. *Rechtlich* ist dagegen nichts zu machen. Rechtlich ist sogar schon alles Erdenkliche dagegen getan, insofern nämlich, als unsere Verfassung mit aller nur wünschenswerten Deutlichkeit die repräsentative Demokratie verankert. Flatternde Hosen an Politikerbeinen aber kann man durch Gesetze weder verbieten noch beseitigen.

Dasselbe gilt übrigens auch von dem mehr institutionellen Grund, dem manche Bürgerinitiative heute einen gänzlich unverdienten Einfluß verdankt. Ich meine die Tatsache, daß in unserer politischen Situation oft nur wenige oder doch nur wenige Tausend Stimmen über Sieg und Niederlage, über Regierungsmacht und Oppositionsschicksal entscheiden können. In einer solchen Lage hat begreiflicherweise jeder, der einige Tausend Stimmen in der einen oder anderen Richtung lenken kann oder jedenfalls diesen Eindruck zu erwecken vermag, einen unangemessenen Einfluß auf die den Staat tragenden Parteien. Nur: auch das kann nicht durch Gesetz verändert werden. Weder kann man — um das Beispiel der Bundespolitik aufzugreifen — durch Gesetz anordnen, daß der Stimmenunterschied zwischen SPD/FDP und CDU/CSU (in welcher Richtung auch immer) größer sein muß, als er seit dem 3. Oktober eben ist, noch kann man durch Gesetz der FDP vorschreiben, daß sie durch einen Koalitionswechsel diesen staatspolitisch höchst gefährlichen Schwebezustand beendet.

Man kann das Problem also drehen und wenden, wie man will. Den wirklich entscheidenden Ursachen für den gegenwärtigen Zustand ist durch Gesetzgebung nicht beizukommen. Das aber bedeutet, daß auch dem Problem mit einem Bundesgesetz über Massenverbände und Bürgerinitiativen nicht beizukommen ist.

II.

Nun schließt diese These selbstverständlich nicht aus, daß die Entwicklung mit der wir uns während der beiden letzten Tage beschäftigt haben, trotzdem zu *einzelnen* rechtspolitischen Folgerungen führt. Ich kann bei der zentralen Beschränkung, der wir alle unterworfen sind, nicht alle denkbaren Schritte in dieser Richtung aufzeigen. Möglich ist es jedoch, den *Grundgedanken* anzugeben, von dem aus Schritte dieser Art getan werden können und, wie ich meine, auch getan werden müssen.

Dieser Grundgedanke ist, mit einem Wort — das *demokratische Prinzip*. Wenn es zutrifft, daß vor allem die großen Verbände unserer Gesellschaft unmittelbar (z. B. durch Tarifverträge) oder mittelbar (z. B. durch präjudizierende Beteiligung an Kommissionen, Beiräten usw.) an der öffentlichen Gewalt partizipieren, dann ist es in einem Gemeinwesen, in dem alle Staatsgewalt vom Volk ausgeht, nur folgerichtig, sie auf ihre demokratische Legitimation zu befragen.

Hier gilt es nun, von Anfang an einen Fehlschuß auszuschalten, der in der gesamten deutschen Öffentlichkeit auftritt, sobald die Frage nach der demokratischen Legitimation von Verbandsgewalt gestellt wird: nämlich den Fehlschuß, daß ein Verband schon dann demokratisch legitimiert ist, wenn er über eine demokratische Binnenstruktur und eine demokratische Willensbildung verfügt, wenn er — um es verfassungsrechtlich auszudrücken — die Forderung erfüllt, die Art. 21 Abs. 1 Satz 3 GG an die politischen Parteien richtet.

Demokratische Binnenstruktur ist etwas grundsätzlich anderes als *demokratische Basis*, und gerade auf diese kommt es an. Lassen Sie mich das an einem allgemein bekannten Beispiel erklären. Niemand wird den deutschen Gewerkschaften die demokratische Binnenstruktur bestreiten und niemand wird weiterhin bestreiten, daß auch ihre innere Willensbildung, gemessen an Grundsätzen des Verfassungsrechts und der Staatspraxis, demokratischen Grundsätzen folgt. Nur: die Basis, auf die sich sich stützen können, mag vielleicht als Massenbasis zu bezeichnen sein, nicht aber als demokratische Basis. Denn sie vereinigen bestenfalls ein Drittel aller deutschen Arbeitnehmer in sich und überdies eben auch *nur* Arbeitnehmer. Daher die strikte Beschränkung der Tarifgebundenen, daher auch das weitverbreitete Mißbehagen, wenn sie ein allgemeines staatspolitisches Mandat für sich in Anspruch nehmen.

Aus der primitiven Erkenntnis, daß sich die einzelnen gesellschaftlichen *Gruppen* zu den in ihnen etablierten *Verbänden* in aller Regel verhalten wie der weitere Kreis zum wesentlich engeren und daß vor allem von Personenidentität zwischen beiden nicht annähernd die Rede sein kann, lassen sich einige Grundmaximen für die Beteiligung von Verbänden an staatlicher Willens- und Entscheidungsbildung ableiten, die in der Vergangenheit — auch von den Unionsparteien —

nicht selten gröblich verletzt worden sind und deren schrittweise Durchsetzung mir die eigentliche rechtspolitische Aufgabe im Zusammenhang mit dem Verbändewesen zu sein scheint:

1. Herrschaftliche Gewalt kann jeder Verband nur gegenüber solchen Personen ausüben, die sich ihm freiwillig angeschlossen haben, d.h. also nur gegenüber seinen Mitgliedern.

2. Die Mitglieder von „pluralistisch zusammengesetzten" Gremien, in denen *Entscheidungen fallen*, dürfen nur vom Staat berufen werden. Soweit sie aus der Verbändeszene geholt werden, ist zwar nichts dagegen einzuwenden, daß die Verbände ein gewisses Vorschlagsrecht erhalten. Den staatlichen Organen muß aber ein echtes Auswahlermessen bleiben.

3. Es ist besonders darauf zu achten, daß an solchen Gremien — entsprechend den Mitgliederzahlen — möglichst alle Verbände beteiligt sind, die es innerhalb einer gesellschaftlichen Gruppe gibt.

4. Nur bei echten *Beratungs*organen kann großzügiger verfahren werden. Die Grenze zwischen Entscheidungs- und Beratungsorganen ist aber nicht formal, sondern nach dem tatsächlichen Gewicht zu ziehen.

Ich bin mir selbstverständlich der Tatsache bewußt, daß diese Maximen, selbst wenn sie allgemein Anerkennung finden sollten, eben nicht durch ein einheitliches Verbändegesetz verwirklicht werden können, sondern durch Prinzipientreue bei der Abfassung und Novellierung der einzelnen Gründungsakte solcher Gremien, gleichgültig, ob sie in Gesetzesform oder in anderen Formen erlassen werden. Aber das scheint ja ohnehin eine der entscheidenden Aufgaben und Methoden künftiger Rechtspolitik zu sein: daß „Querschnittprobleme", die in den verschiedenen Sachbereichen immer wieder auftreten, künftig nicht mehr nach Lust und Laune der einzelnen Ministerien und Parlamentsausschüsse entschieden werden, sondern nach übergreifenden, allgemein gültigen Prinzipien.

Das ist — um nur ein einziges Beispiel zu nennen — unsere Aufgabe bei den Formeln, die das Zusammenleben des Staates mit den sogenannten freien Trägern in der Sozialpolitik regeln. Und es gilt auch hier bei der Durchsetzung des demokratischen Prinzips im Bereich der Verbände und — mit gewissem Abstand — der Bürgerinitiativen.

Thomas Ellwein

Bürgerinitiativen und Verbände

I.

Identifiziert man mit N. Luhmann das politische System aufgrund ihm eigener Rollen, interner Differenzierung, Macht, Stabilität, Variabilität, Autonomie und funktionaler Spezifikation gegenüber anderen Subsystemen und geht zugleich davon aus, daß das System in seinem formalen Entscheidungskern nach der Art der parlamentarischen Repräsentativdemokratie organisiert ist, so ergibt sich für die Summe der Vereinigungen in einer Gesellschaft dies: Potentiell kann es für alle Vereinigungen geboten erscheinen, auf den Willensbildungsprozeß im politischen System Einfluß zu nehmen, also Parteien, Vertretungskörperschaften und Exekutiven zum Adressaten eigener Wünsche, Vorstellungen oder Forderungen zu machen. Tatsächlich kommt es aber zu einer Aufgabenteilung. Nur für einen zahlenmäßig geringen Teil der Vereinigungen bildet jene Einflußnahme so die Haupttätigkeit, daß er sich der Lobby, den Interessenverbänden im engeren Sinne zurechnen läßt und damit in direktere Beziehung zum politischen System tritt. Für einen weitaus größeren Teil der Vereinigungen macht es der Vereinigungszweck allenfalls gelegentlich erforderlich, sich um Einflußnahme zu bemühen. Das veranlaßt jedoch noch keine Orientierung am politischen System. Die Masse, vor allem der Vereine — nicht nur ihrer Dachverbände —, arbeitet dagegen ohne nennenswerten Bezug zum politischen System. Das gilt, auch wenn man die personellen Verflechtungen zwischen Vereinen und Parteien nicht unterschätzt, die von der letzteren in Wahlzeiten und von den ersteren eingesetzt werden, wenn es z. B. um den Zuschuß zu einem Sportplatz geht.

Die Interessenverbände ordnete man früher einem ‚vorparlamentarischen' Raum zu. In ihm sollten sie, so meinte man, Interessen bündeln und aritkulieren, um sie dann diffus oder gezielt den verschiedenen Adressaten im politischen System vorzutragen. Bei solcher ‚Verortung' blieb offen, ob sich daraus eine Zugehörigkeit zum politischen System oder doch eine Anpassung an seine spezifischen Modalitäten ergibt. In der Klage über die ‚Herrschaft der Verbände' kam aber die Sorge zum Ausdruck, die Interessenverbände übten einen übermäßig großen Einfluß auf das politische System aus, ohne sich seinen Handlungsbedingungen zu unterwerfen. Auch die seit einigen Jahren andauernde Diskussion über eine Aufnahme der Interessenverbände in die Verfassungsordnung mit dem Ziel einer gewissen Gemeinwohlbildung der Verbändepraxis weist in eine solche Richtung. Ohne das auszudiskutieren und auf die jeweiligen Gegenpositionen einzugehen, sei hier unbeschadet ihres realen Einflusses auf das politische System für die Interessenverbände von einer Annäherung an die Handlungsbedingungen jenes Systems ausgegangen und dies aus der Gegenüberstellung zu den Bürgerinitiativen begründet. Das bezieht auch solche Großverbände ein, die wie die Gewerkschaften ein breiteres Zielspektrum haben.

Bürgerinitiativen lassen sich wie die Vereinigungen ebenfalls deutlich unterscheiden: Ein Teil — und zwar der sehr viel kleinere — von ihnen entspricht vielen Vereinen. Um eines konkreten Zieles willen entsteht eine Initiative. Errichtet man dann z.B. einen Kindergarten, wird später häufig eine Vereinsgründung notwendig: Man muß eine Trägerschaft bilden, das Unternehmen auf Dauer stellen, dazu repräsentations- und vertretungsfähig werden und sich mit Verhandlungspartnern — etwa der zuschußgebenden Gemeinde — auf eine verläßliche Verhandlungsbasis stellen. Bürgerinitiativen dieser Art ergänzen das jeweilige örtliche Vereinssystem und lassen sich, wie die Erfahrung lehrt auch häufig in dieses System integrieren.

Der größere Teil der Bürgerinitiativen handelt analog den Interessenverbänden. Initiativen dieser Art entstehen in den meisten Fällen, um auf politische Planungen der verschiedenen ‚Ebenen' des politischen Systems unmittelbar Einfluß zu nehmen. Adressaten solcher Initiativen sind mithin nicht andere Bürger — ‚die' Öffentlichkeit interessiert nur als Medium —, sondern Parteien, Vertretungskörperschaften, kommunale oder staatliche Exekutiven.

Fragt man nach der Rolle von Bürgerinitiativen im Repräsentativsystem, erscheint es gerechtfertigt, nicht alles, was sich des Begriffes Bürgerinitiative bedient, in die Betrachtung einzubeziehen, sondern nur diejenigen Initiativen, die wie Interessenverbände in der Hauptsache einflußheischend dem politischen System gegenübertreten. Diese Ausgrenzung der Interessenverbände aus der Summe der Vereinigungen und eines Teils der Bürgerinitiativen wird im folgenden durchgehalten. Es ist nur von Interessenverbänden und nur von solchen Initiativen, die Einfluß nehmen wollen, die Rede.

II.

Beginnen wir nun mit einer idealtypischen Entgegensetzung: Die Interessenverbände sind nicht Teil des politischen Systems. Sie vermitteln zwischen dem ökonomischen und dem sozio-kulturellen System auf der einen Seite und dem politischen System auf der anderen. Um das in der bisher gewohnte Weise tun zu können, passen sie sich aber, so unsere These, dem politischen System an: sie müssen sich in gewissem Umfange legitimieren, eindeutig repräsentieren lassen, berechenbar und möglichst dauerhaft sein, bestimmte Leistungen — z. B. in der Informationsbeschaffung — erbringen, die formale Kompetenz der Entscheidungsorgane respektieren und ähnliches mehr. Sie müssen vor allem die Arbeitsteilung im politischen Willensbildungsprozeß einhalten: Die Arbeitgeberverbände werden nicht ernst genommen, wenn sie sich um das Wohl der Arbeiter sorgen; die Tierschützer kommen den Naturschützern nicht ins Gehege; Sportverbände können für mehr Turnunterricht eintreten, aber nicht dafür, die erforderliche Zeit durch Kürzung der Unterrichtszeiten für Handarbeiten oder Verkehrserziehung zu gewinnen. Der erhebliche Einfluß der Interessenverbände im politischen System beruht auf solcher Arbeitsteilung wie auf einer deutlichen Orientierung am politischen System und an den Bedingungen, unter denen seine Entscheidungsprozesse ablaufen.

Faktisch kommt es sogar zu einem doppelten Anpassungsprozeß. Man paßt sich zum einen formal an. Interessenverbände gehören nach Maßgabe ihrer Satzungen wie nach Maßgabe ihres faktischen Verhaltens voll der Sphäre der Repräsentation zu. Sie benutzen zwar gelegentlich ihre Heerscharen zur Demonstration und lassen des Volkes Stimme etwas grollen. In der Hauptsache aber verhandeln die Repräsentanten und man läßt sie auch gewähren. Der innerverbandliche Willensbildungsprozeß respektiert in aller Regel die externen Verhandlungsbedingungen. Über sie gibt der Vorstand Auskunft. Er besorgt sich intern seine Legitimation aufgrund vorgängiger Information. Extern wird er direkt nach dieser Legitimation gefragt. Man unterstellt sie einfach und ordnet — meist richtig — das Gewicht des Verbandes nach Mitgliederzahl, verfügbarem Geld, Öffentlichkeitswirkung und der Beziehung zwischen dem Verbandszweck und den vermuteten oder tatsächlichen Primärinteressen der Mitglieder des Verbandes ein.

Zugleich erfolgt die Anpassung inhaltlich. In dem Maße, in dem sich Informationswege stabilisieren, Zugänge eröffnet werden, Verhandlungsgewohnheiten entstehen, kommt es zu einer Konzentration auf den jeweiligen Verbandszweck. Es entstehen Prioritäten. Für den Bauernverband muß die Kulturarbeit der Landfrauen hinter der EG-Marktordnung Milch zurücktreten.

Die Prioritäten regulieren die Arbeitsteilung. Interessenüberschneidungen, die sich nicht vermeiden lassen, werden in actu bereinigt. Man erringt Konsensfähigkeit, weil man prinzipiell und aktuell zwischen Primär- und Sekundärzwecken unterscheidet. Die Adressatenorientierung dominiert in der Regel die Konkurrenzorientierung. Selbst der Deutsche Beamtenbund und die ÖTV arangieren sich immer wieder, einer der wenigen Fälle, in denen sich dem potentiellen Mitglied konkurrierende Verbände anbieten. Faktisch wirken die Verbände flächendeckend mit nur unerheblichen Überschneidungen. Die Prioritätendiskussion mag dann heftig ausfallen, ist aber berechenbar vorstrukturiert.

III.

Bürgerinitiativen erscheinen diesem Verbändebild nur in der Adressatenorientierung vergleichbar. Im übrigen kommt alles auf ein aliud heraus: Bürgerinitiativen entziehen sich faktisch der Legitimationpflicht. Sie lassen offen, wer hinter ihnen steht. Ihre Repräsentation fluktuiert; über die Mandatszuteilung wird nicht gesprochen. Sie sind weder dauerhaft, noch berechenbar. Sie halten sich an keine Arbeitsteilung und wenden hier ihr Augenmerk einem Vorgang zu, der öffentlich noch gar nicht diskutiert ist, dort aber einem Ergebnis, das längst in alle Munde ist. Sie arbeiten spontan, hier initiativ, dort (nur) verstärkend. Und sie nehmen auf das politische System Einfluß, ohne sich ihm formal wie inhaltlich anzupassen. Ihr relativer Erfolg beruht geradezu auf ihrer Unangepaßtheit. Viele Bürgerinitiativen wären als Gesprächspartner nie angenommen worden, wenn man gewußt hätte, wie wenig Personen hinter ihnen stehen. Und umgekehrt: sobald Initiativen aus der Sphäre der Spontaneität heraus- und in die der Repräsentation eintreten, geraten sie deutlich in Schwierigkeiten. Mit einem der eingesessenen Verbände samt geklärter Finanzierung, funktionierender Organisation und geregeltem Zugang zur Öffentlichkeit wie zu den ausgewählten Adressaten des politischen Systems kann man es kaum aufnehmen, wenn man ,Dach' von fluktuierenden Grüppchen mit höchst heterogenen Vorstellungen sein will.

Die Spontaneität der Bürgerinitiativen entzieht sich selbstverständlich nicht den gesellschaftlichen Rahmenbedingungen. Sie beruht auf weitgehender Gruppen- und Schichtenhomogenität in den meisten der Initiativen. Die Mittelschichten finden sich bevorzugt. In ihnen gibt es am ehesten das Potential, das sich leicht und mittels der spezifischen Kommunikationswege, derer sich Bürgerinitiativen bedienen (müssen), mobilisieren läßt und das an sich zu politischem Engagement bereit ist oder doch seine Notwendigkeit bejaht, ein solches Engagement jedoch nicht in der Mitgliederrolle ausüben will, welche Verbände und Parteien bereitstellen. Das Merkmal der Spontaneität will mithin gesellschaftsspezifisch verstanden sein; nicht jede spontane Initiative kommt zum Zuge. Erfolgsvoraussetzung bleibt ein einigermaßen begehbarer Zugang zu den Massenmedien und zu den politisch Verantwortlichen. Er öffnet sich denen leichter, die eine gesellschaftliche Position einnehmen. Sie wirkt gewissermaßen als Ersatz für die Mühe, die man gemeinhin aufwenden muß, um seine Mitgliederrolle in Partei und Verband so gut zu spielen, daß sie in der konkreten Situation trägt, man mithin seine besonderen Anliegen mit einiger Aussicht

auf Erfolg einbringen kann. Das Mitglied kann aufgrund von organisationsinternen Bemühungen ein Mandat oder eine Position erringen,
die Zugang zur Sphäre der Repräsentation vermittelt; die Initianten
bedürfen dessen meistens nicht, weil ihnen der Zugang ohnehin
offensteht. Diejenigen Bürgerinitiativen, welche wie manche Atom-
kraftwerkgegner durch mehr oder weniger spektakuläre Aktionen
Aufmerksamkeit erst auf sich ziehen müssen, bilden soweit eine
Ausnahme. Das gilt auch quantitativ.

Schichtenspezifisch verbindet sich mit dem Element der Spontaneität ein Stück Honoratiorentum. In Bürgerinitiativen sammeln
sich — alle empirischen Befunde stimmen hier überein — Menschen,
die in weitergehendem Umfang Herr ihrer Zeiteinteilung sind als
andere. Dies bezieht sich auf die Berufssphäre wie auf den Freizeit-
bereich. Die Ärzte, Rechtsanwälte, Buchhändler, Kaufleute, welche
in Initiativen hervortreten, können untereinander leicht telefonisch
Kontakt herstellen, sind noch oder doch weniger durch Verbands-
und Parteienaktivität gebunden, gelten öffentlich als ‚unabhängig'
und haben vielfach die Chance, glaubwürdig zu behaupten, daß sie
ein allgemeines Interesse vertreten wollen, kein individuelles. Hono-
ratioren machen typischerweise nur gelegentlich Politik und gern
dort, wo sie ihre individuelle Sicht der Dinge ins Spiel bringen
können. Und wenn man auch — trotz des empirischen Befundes —
die Bürgerinitiativen nicht auf eine Gesellschaftsschicht oder einen
Verhaltenstypus festlegen darf, weil es sich hier mit hoher Wahr-
scheinlichkeit um ein Instrument oder eine Möglichkeit handelt,
die sich auch schichtenunspezifisch weiterentwickeln lassen, so
sollte man doch dieses individualistische Element nicht zu gering
bewerten. Es entspricht einem individualistischen Mißverständnis
von Partizipation, das in der Mittelschicht entstanden ist, ihr aber
heute nicht mehr allein zugerechnet werden kann, nachdem sich
entsprechende Verhaltensvorstellungen schichtenunspezifisch verbreitet haben.

Bürgerinitiativen und Verbände: Vor dem hier deskriptiv durch
vereinfachende Entgegensetzung gewonnenen Horizont stellen
sich viele Fragen. Zwei von ihnen werden in der durch das Thema
mitgegebenen Begrenzung aufgegriffen. Ich erachte es also für
möglich, eine solche Begrenzung einzuhalten, solange man die
Beziehungen zwischen Verbänden und Bürgerinitiativen zum poli-

tischen System wie zu den anderen gesellschaftlichen Teilsystemen stets mitdenkt. Die Fragen lauten: Was sagt das Entstehen von Bürgerinitiativen über Zielrichtung und Arbeitsweise der Verbände im engeren Sinne aus? Erweitern die Bürgerinitiativen das Spektrum politischer Partizipation oder stellen sie es wenigstens zu einem Teil wieder her?

IV.

Im Blick auf die erste Frage ist zunächst zu wiederholen, daß die Bundesrepublik Deutschland in sehr ausgeprägter Weise repräsentative Demokratie ist. Auch die Partizipation des Bürgers ist in ihr weitgehend formal geregelt und auf das Tun der Repräsentanten bezogen. Spontane Aktion ist damit nicht ausgeschlossen. Das politische System bedarf ihrer jedoch nicht. Es stellt sich auf Dauer, indem es sich bis zu einem gewissen Grad unabhängig von seiner ‚Umwelt‘, vom Austausch mit anderen Subsystemen und mit den einzelnen Bürgern macht. Dementsprechend lassen sich eine Sphäre der Repräsentation und eine solche (unmittelbarer) Partizipation unterscheiden und aufeinander beziehen. Die Bezüge bestehen aber nicht durchgängig und sie sind für längere Zeit auch nicht unentbehrlich. Die Interessenverbände gehören — darin besteht die oben erwähnte Adaptionsleistung des politischen Systems — zur Sphäre der Repräsenation. Ihr Tun wird von Professionals, Funktionären, eigenen Arbeitsstäben und aufgrund von langfristigen Programmen oder Zielsetzungen bestimmt. Sie sind der Sphäre unmittelbarer Aktion in der Regel entrückt. Unsere erweiterte These lautet: Die besondere Arbeitsweise der Interessenverbände bedeutet eine Orientierung an den Arbeits- und Einflußbedingungen des politischen Systems, welche wiederum erklärt, daß es zu Bürgerinitiativen außerhalb der Interessenverbände kommt.

Welche Folgen jene Orientierung für Macht und Einfluß der Interessenverbände hat, ist umstritten, jedenfalls unterschiedlich interpretierbar. Übereinstimmung scheint darüber zu bestehen, daß sie nicht selbst zum politischen System gehören. Keine Übereinstimmung besteht hinsichtlich ihres Einflusses auf dieses System. Solche Nichtübereinstimmung hat es nicht nur mit einer grund-

sätzlich unterschiedlichen Betrachtungsweise zu tun, derzufolge für
die einen Verbände notwendiger Bestandteil einer ‚pluralistischen
Gesellschaft' und notwendige Ergänzung der Parteien sind, die
zwischen Gesellschaft und Politik vermitteln, während die anderen
in den mächtigen Wirtschaftsverbänden die Transmissionsriemen
sehen, über welche die Forderungen des Kapitals zu Aktionen des
politischen Systems werden. Auch wenn man einen dominierenden
Einfluß des Kapitals annimmt, kann man die ‚Rolle der Verbände'
unterschiedlich beurteilen. Unbeschränkter Kapitalismus bedarf
der Verbände nicht, so läßt sich argumentieren. Da Verbände sich
ggf. gegenseitig neutralisieren, können sie sogar als Störfaktor wirken. Kurzum: Auch in dem ‚Lager', in dem man die Autonomie des
politischen Systems bestreitet, kommt man zu unterschiedlichen
Interpretationen des Verbändeeinflusses.

Ohne dies hier ausdiskutieren zu können, wird von uns ein relativ
großer Einfluß der Interessenverbände unterstellt, allerdings nach
der Maßgabe, daß dabei die zumindest relative Autonomie des
politischen Systems erhalten bleibt, also seine Fähigkeit, Forderungen und Druck von außen nach eigenen, vorher bekannten Kriterien
zu verarbeiten. Die Interessenverbände respektieren das, in dem sie
diese Kriterien sich zu eigen machen oder zumindest berücksichtigen
und indem sie ihrem Verhalten nach die ihnen vom System zuge-
wiesene ‚Rolle' annehmen — eine Rolle freilich am Rande des politischen Systems. Das trägt dazu bei, daß die Verbände, was man
ihnen in der einschlägigen Diskussion immer wieder vorgeworfen
hat, zu Vertretern des status quo werden, die man den eher dynami-
schen Parteien gegenüberstellt. Die Zuwendung zum status quo entspricht aber auch Bedürfnissen des politischen Systems, das sich
entlastet, indem es einen gewichtigen Teil seiner Außenbeziehungen
über die Verbände kanalisiert, diese aber gleichzeitig veranlaßt,
sich an interne Erfordernisse und Nuancen des politischen Systems
anzupassen. Die Entlastung ist um so notwendiger, als das politische
System über keine dominante Entscheidungszentrale verfügt, sondern
zu umständlichen Konsensbildungsprozessen gezwungen und deshalb
vielfältig, nicht nur an einer Stelle, beeinflußbar ist. Die Anpassung
der Verbände bewirkt z. B. ein gewisses Maß an öffentlicher Fest-
legung, die es erschwert, parteipolitisch unterschiedlich ausgerichtete

Entscheidungszentralen gegeneinander auszuspielen. Verbände müssen sich festlegen. Indem sie das tun, stärken sie den status quo.

Die externe status-quo-Orientierung der Verbände bleibt nicht ohne interne Rückwirkungen. Die meisten Interessenverbände in der Bundesrepublik erweisen sich als recht statische Gebilde — Peter Raschke hat das überhaupt für die meisten Vereinigungen nachgewiesen. Macht- und Richtungskämpfe kommen zwar in der eigenen Sphäre der Repräsentation vor, stellen sich aber zumeist als Personalkämpfe heraus. Ihre ‚Macht' i. S. von verläßlichem Einfluß erhalten die Interessenverbände nach Maßgabe ihrer eigenen Stabilität und Identität. Als soziale Gebilde stellen sie damit zwar einen Rahmen für die Artikulation zunächst unterschiedlicher Interessen innerhalb eines begrenzten Gebietes möglicher Interessen dar; ihre Struktur erzwingt jedoch einen innerverbandlichen Konsens, der inhaltlich weitgehend durch die Struktur vorbestimmt erscheint. In den ‚erfolgreichen' Verbänden kommt es selten zu Überraschungscoups; Verbandsstruktur und Funktionärskorps gewährleisten das Einhalten einer einmal eingeschlagenen, für Verhandlungspartner verläßlichen Linie.

Die in der Einflußrichtung den Interessenverbänden analogen Bürgerinitiativen können in unterschiedlicher Weise zur Beurteilung der Interessenverbände benutzt werden. Man kann sie als eine notwendige und wünschenswerte Ergänzung des Verbändesystems betrachten, das diesem ein Stück Spontaneität und Flexibilität bringt, ohne seine Konstanz und Stabilität zu gefährden. Man kann sie als eine Plattform für diejenigen betrachten, denen die Teilnahme am weitgehend vorstrukturierten Verbändeleben zu mühsam oder zu unerquicklich erscheint oder die nur zu gelegentlichem Engagement bereit sind, so oder so aber mit dem Instrument der Bürgerinitiativen aus der Vereinzelung heraustreten und dasjenige Gewicht erhalten können, das generell Gruppen zunächst einmal zugesprochen wird — solange, bis sie sich dann in das Gruppengefüge eingeordnet haben. Man kann schließlich von der beobachtbaren Erstarrung vieler Verbände ausgehen, die insofern zu konstruktiver Kritik führt, als es außerhalb der Verbände, eben in den Initiativen zur organisierten Aktion kommt.

Der Aspekt, unter dem man das genannte Verhältnis betrachtet, ergibt sich selbstverständlich aus dem jeweiligen theoretischen Ansatz. Ich selbst gehe davon aus, das materiell die Adaption der Interessenverbände an das politische System zu einer erheblichen Verfestigung geführt hat, zur Ausbildung von zielorientierten Routinen, welche die Verbandstätigkeit derart dominiert, daß es zu einer Zielreflektion nicht mehr kommt. Diese Annahme läßt sich hier nicht belegen. Die schwerfällige Reaktion auf ,neue' Themen — etwa auf den Umweltschutz in der Mitte der 60er Jahre oder auf die Probleme der dritten Lebensphase, die zum Ende der 60er Jahre zunehmend ins Bewußtsein traten — illustriert aber, was zu der Annahme führt. Nimmt man die Kirchen und ihr Verhältnis zu den ,neuen' Problemen der dritten Lebensphase, erscheint einigermaßen evident, daß überall dort, wo die Kirche verbandsartig organisiert ist (hier also nicht überwiegend interessenverbandsartig), jene Erstarrung größer ist (Innere Mission, Caritas) als dort, wo die Kirche etwa in der Ortsgemeinde zunächst eine abstrakte Kapazität bereitstellt, die abgesehen vom unmittelbaren Gemeindeauftrag zwar nicht beliebig, wohl aber flexibel und variabel eingesetzt werden kann. In vielen Gemeinden ist jedenfalls die Hinwendung zu einer neuen Form der Altenarbeit besser gelungen als in den Einrichtungen, die auf eine bestimmte Form von Altenarbeit fixiert waren. Ähnliches gilt generell für den Bereich der Interessenvertretung wie für das Bemühen, bestimmte Ideen zu fördern. Die Organisationsstruktur orientiert sich am Organisationszweck wie an den Erfordernissen eines Zugangs zum politischen System. Das eine verstärkt das andere, gestützt noch durch das allgemeine Beharrungsvermögen von Organisationen. Konkrete Zwecke — z.B. die Einkommenssteigerung — treten an die Stelle eines Betätigungsfeldes, auf dem man immer wieder neu ermittelt, was anzustreben ist.

Die bislang ,erfolgreichen' Bürgerinitiativen füllen in gewissem Umfang diese Lücke aus. Sie konzentrieren sich zumeist auf einen bestimmten Zweck und lösen sich auf, wenn sie ihr Ziel erreicht haben oder endgültig nicht mehr erreichen können. Sie verfügen damit über die Chance, sich dem jeweiligen Zweck anzupassen und in der Zielrichtung flexibel vorzugehen. Da sie nicht unmittelbar rechenschaftspflichtig sind, ja oft schon als erfolgreich gelten, wenn man von ihnen ,hört', erringen sie oft sogar eine erstaunliche Flexibilität, so zwar, daß sie für die jeweiligen Adressaten unberechenbar werden. Bürgerinitiativen haben bisher argumentiert, oft eine umfassendere Diskussion erst erzwungen, gedroht, demonstriert, vor Gericht geklagt usw.. In den meisten Fällen geschah das nach Bekanntgabe einer konkreten Planung und in der Absicht, diese zu verhindern, sie zu fördern oder verändernd auf die Planverwirklichung einzuwirken. Auch die Initiierung von konkreten Vorhaben spielte quantitativ eine gewisse Rolle, trat aber hinter der Reaktion auf öffentliche Planung und Vorhaben zurück. In jedem Fall mußten die Bürgerinitiativen im Vergleich zu den etablierten Interessenverbänden den Nachteil in Kauf nehmen, über keinen eingespielten Apparat zu verfügen; in vielen Fällen erwies sich das zumindest zeitweise als Vorteil, weil man so auch von eingespielten Routinen frei blieb, nicht auf vorgeformte Verhaltenserwartungen stieß und aus den verfügbaren Vorgehensweisen freier auswählen konnte.

Im konkreten Vergleich ergibt sich, daß Interessenverbände in ihrer Zielsetzung zu einer Schwerpunktbildung gezwungen sind, welche die weitere Zielreflexion wie das Verfolgen von sekundären Zielen behindern kann. Vereinfacht läßt sich sagen, daß Interessenverbände stark in der Pflege einer geronnenen Zielstruktur und schwach in der Diskussion der denkbaren Ziele sind. So gesehen stellen sich viele Bürgerinitiativen als ein aliud in der Verfahrensweise dar, das allerdings materiell eher komplementär zum Tun der Interessenverbände zu verstehen ist. Deshalb fällt die ‚Einordnung‘ der Bürgerinitiativen hinsichtlich ihrer Ziele nirgendwo schwer — Probleme der kommunalen Neugliederung, der Bau- oder Verkehrsplanung, kommunaler Einrichtungen, vor allem der Schulen und Kindergärten stehen neben denen des Umweltschutzes i. w. S. im Vordergrund und Gemeinden und Länder treten in der Bundesrepublik von ihrer Zuständigkeit her viel mehr als Adressaten auf als der Bund.

Sehr wohl fällt dagegen die Einordnung der Vorgehensweisen von Bürgerinitiativen schwer. Wir vergleichen hier mit den Interessenverbänden, nicht mit den Parteien. Dieser Vergleich ergibt recht eindeutig, daß die Interessenverbände den Weg ins politische System hinein schon eingeschlagen haben. Nur das erklärt die Überlegung im politischen System, sie in die konkrete Verfassung aufzunehmen, um sie so stärker zu ‚verfassungsgemäßem‘ Verhalten zu veranlassen. Die Initiativen haben jenen Weg nicht beschritten. Wollte man sie in die Verfassung einbauen, würde man sie ihres ureigenen Elementes — eben der Spontaneität — berauben, denn die Verfassung ist durch und durch die eines repräsentativen Systems. So bleibt es bei einem Platz außerhalb des politischen Systems, der sich dessen Bedingungen weithin entzieht. Ralf Dahrendorf meint dazu, ein demokratisches Gemeinwesen dürfe erst gar nicht die Notwendigkeit aufkommen lassen, „auf die Entscheidungsinstanzen mit anderen Mitteln einzuwirken als mit denen, die die Verfassungsstruktur selbst ausmacht. Aber wenn man das gesagt hat, hat man zugleich schon gesagt, daß dieser theoretische Grundsatz die Wirklichkeit nicht beschreibt".

Im Ergebnis läßt sich die erste Frage wohl so beantworten: Im Blick auf die Interessenverbände machen viele Bürgerinitiativen deutlich, daß zum einen die Interessenverbände infolge ihrer oft schwerfälligen und damit einseitigen Zielorientierung das Interessenspektrum in ganz allgemeinen Fragen (Beispiel Umweltschutz) wie in sehr konkreten Zusammenhängen nicht abdecken und daß zum anderen ihre Vorgehensweisen oft zu routinisiert sind oder als zu routinisiert gelten, um nicht den Versuch zu provozieren, es auf anderen Wegen zu versuchen. Da sich dies zunächst als erfolgreich erwies, haben die Bürgerinitiativen vorderhand einen Platz neben den Interessenverbänden errungen.

V.

Der Erfolg von Bürgerinitiativen, soweit sich von ihm sprechen läßt — die vielen Enttäuschungen in diesem Bereich sind bekannt —, erklärt sich zum einen daraus, daß die Entscheidungsinstanzen des politischen Systems überrascht und uneinheitlich auf die neuen Vorgehensweisen reagierten und angesichts der allgemeinen Demokratievorstellungen keine allzu ablehnende Haltung einnehmen konnten. Zum anderen macht es den Erfolg aus, daß Bürgerinitiativen ein personelles Engagement auf sich ziehen konnten und noch können, das konkret den Parteien und Interessenverbänden nicht oder nicht mehr zur Verfügung steht. Zwar sind zahlreiche Initianten Partei- oder Verbandsmitglieder. Sie nehmen aber an der Initiative teil, weil sie hoffen, so schneller zum Zuge zu kommen als auf den geordneten Wegen der innerorganisatorischen Willensbildung und im

Rahmen einer Zielverfolgungsstrategie der jeweiligen Organisation, die langfristig nach Prioriäten und Vorgehensweise festliegt. So gesehen gibt die Bürgerinitiative den politisch Aktiven eine zusätzliche Bewegungsmöglichkeit und Bürgerinitiativen wären wieder komplementär als bloße Erweiterung des Aktionsfeldes zu verstehen.

Daß es so nicht liegt, zeigt der enge Zusammenhang zwischen der Entwicklung der Bürgerinitiativen und der gegenwärtigen Demokratie-, vor allem Partizipationsdiskussion. Initiativgruppen bilden sich und gehen dabei von der als selbstverständlich geltenden Forderung nach möglichst unmittelbarer Partizipation aus. Da sie — gruppenintern — in der Regel in einem kleineren Zirkel verbleiben und die Arbeitsteilung meist längerhin undiskutiert funktioniert, stehen sie entweder gar nicht oder erst sehr spät vor der Notwendigkeit, sich zu ,organisieren'. Auch das gelingt vielfach noch ohne größere Komplikationen einfach vermöge der gewissermaßen ,natürlichen' oder interessenbedingten Verteilung von Aktivitätspotentialen. Jedenfalls vermögen es die meisten Initiativen, gruppenintern eine Atmosphäre der Partizipation aller aufrechtzuerhalten, die nicht durch Satzungen, Tagesordnungen, Vorsitzende oder Funktionäre und ihre Vorrechte wie ihren Wissens- oder Informationsvorsprung beeinträchtigt ist. Da man sich weiter nur auf ein Ziel konzentriert, mithin im Gruppenzusammenschluß ein Höchstmaß an Homogenität erreichen kann — vor allem dort, wo man sich gegen etwas wehren will —, wird jene Atmosphäre der Partizipation noch durch eine Grundstimmung der (internen) Harmonie verstärkt. Der ,Gegner' sitzt außen. Auch Konkurrenz- und Dominanzstreben treten vielfach zurück, weil keine internen und schon gar keine externen Posten zu vergeben sind und alle Funktionen ohnehin mehr oder weniger ehrenamtlich wahrgenommen werden. Meist zahlt man dabei drauf. Demgemäß richten sich die ,eigentlichen' Partizipationserwartungen nach außen; Enttäuschungen erscheinen in der Regel umweltbedingt, werden also nicht auch durch die unerquicklichen Verhältnisse in der eigenen Organisation, durch den dortigen Konkurrenzkampf, die Animositäten usw. neutralisiert. Politische Professionals kennen die internen Schwächen zu genau, um alle Schuld nach draußen abzuschieben — das tut man nur in der Öffentlichkeit; faktisch entlastet das das politische System. Für Bürgerinitiativen hält man eine solche Entlastung nicht oder nur selten bereit. Die Diskussion über die ‚Frustrationen' bei Initianten spiegelt das wider. Insofern verstärken die Bürgerinitiativen die Erwartungen wie die Enttäuschungen, welche sich mit politischer Partizipation verbinden, ohne selbst einen Teil der damit entstehenden Probleme zu verarbeiten. Der von ihnen erzeugte Partizipationsdruck wird ungefiltert an das politische System weitergegeben.

Die Vorstellung erscheint plausibel, daß Bürgerinitiativen auf dem Nährboden sich verbreitender Partizipationserwartungen gedeihen, dann diese Erwartungen selbst verstärken, jedoch nur wenig dazu beitragen, sie wenigstens teilweise zu befriedigen — die Sekundäreffekte von zusätzlicher Kommunikation, Geselligkeit usw., die es auch bei der Teilnahme an solchen Initiativen gibt, können hier ausgeklammert werden. Man partizipiert in Zusammenhang mit Initiativen nur, wenn man je nach Vorhaben etwas verhindert oder erreicht, nicht also schon dadurch, daß man an der Initiative teilnimmt.

Dennoch signalisiert der Bestand an Initiativen eine Kritik an der innerorganisatorischen Beschaffenheit von Parteien und Verbänden. Diese Kritik ist neben derjenigen zu sehen, die sich gegen die Programm- oder Zielverfestigung und — dem folgend — die Routinisierung des Vorgehens wendet. Initianten sind zum Engagement bereit, sehen dafür aber vielfach in Parteien und Verbänden keine Möglichkeit. Beide erscheinen ihnen ggf. zu eng mit dem politischen System verflochten, um Forderungen an dieses System zureichend zu kanalisieren.

Die bisher vorliegenden empirischen Untersuchungen geben nur eingeschränkt über diejenigen Auskunft, die sich an Initiativen beteiligen. Lediglich ihre Schichtenzugehörigkeit erscheint einigermaßen deutlich. Mit der gebotenen Zurückhaltung läßt sich aber folgender Zusammenhang entwickeln:

Gut die Hälfte der (erwachsenen) Bevölkerung in der Bundesrepublik hält nach Repräsentativbefragungen ein stärkeres politisches und soziales Engagement für notwendig. Wer dieser Gruppe zugehört, akzeptiert (in irgend einer Weise) das politische System und geht davon aus, daß Engagement auch (irgend einen) Sinn habe. Die genannte Hälfte unterscheidet sich von der anderen vorwiegend nach sozialer Schicht, Lebensalter, Lebenseinstellung und Lebensführung. Wer das Engagement bejaht, zeichnet sich durchschnittlich durch mehr Aktivitäten etwa in der Freizeitnutzung aus. ‚Bejahung' bedeutet nicht, sich entsprechend zu verhalten. Tatsächlich politisch oder sozial aktiv oder zu unmittelbarer Aktivität bereit sind nur etwa 9 bis 11 Prozent der Erwachsenen in der Bundesrepublik. Innerhalb dieser Gruppe läßt sich einigermaßen gesichert ein Unterschied zwischen den bereits Aktiven und den nur zur Aktivität Bereiten ausmachen. Die Aktiven sind durchschnittlich älter, sie wohnen häufiger in kleineren und mittleren Gemeinden — 55 Prozent aller Aktiven wohnen entgegen der statistischen Bevölkerungsverteilung in Gemeinden bis zu 25 Tausend Einwohnern — und sie nutzen ihre Freizeit anders. Der (hier nicht zu erklärende und auf die benutzten Methoden zu beziehende) ‚Intellektuellenfaktor' ist bei ihnen etwas geringer. Das bedeutet u. a., daß das politische System bei einem erheblichen Teil der Gruppe, die vorwiegend das politische und soziale Aktivitätspotential ausmacht, diese Aktivität nicht auf sich zu ziehen vermag. „Oft tritt sogar das Gegenteil ein. Die ‚Anfälligkeit' vieler ‚Intellektueller' für Aktionen besonderer Art — bis hin zu aussichtslosen Parteigründungen — wäre hier zu erwähnen. Kritische Einsicht in die Probleme der ‚normalen' und gebahnten Beteiligungswege verbindet sich häufig nicht mit einer realen Einschätzung dessen, was anders, unmittelbarer, beteiligungsfreundlicher, wirkungsvoller usw. gestaltet werden könnte. Bei den Engagierwilligen, aber nicht Aktiven aus dieser Gruppe zeigt sich auf der Einstellungsdimension politische Entfremdung höher besetzt als bei den Aktiven. Daß man auch Phänomene wie intellektuellen Hochmut oder intellektuelle Wirklichkeitsdistanz zur Erklärung heranziehen könnte, sei nur erwähnt. Verweigerung von eigener Aktivität bei voller Einsicht in deren Notwendigkeit und bei Vorliegen der dafür erforderlichen oder begünstigenden Voraussetzungen muß kritisch gegen die Betreffenden gewendet werden. Zugleich muß man umgekehrt registrieren, daß jene Teilgruppe ggf. ein ausgeprägteres Sensorium für den Widerspruch zwischen der angestrebten partizipatorischen Demokratie mit einem partnerschaftlichen Verhältnis zwischen Mandanten und Mandataren und der praktizierten, rein repräsentativen Demokratie entwickelt." Die genannte Teilgruppe macht zu einem Teil den ‚neuen Mittelstand' aus. Sie lehnt

,formelle Teilnahme' in Parteien und Verbänden zum Teil wohl auch wegen der sich damit verbindenden Dauerhaftigkeit, Bindung und den Sekundäreffekten (Geselligkeit, Verbindung zu anderen Mitgliedern usw.) ab. Ihr liegt die ,demokratische Teilnahme' mehr, die sich zumindest scheinbar direkter auf das jeweilige Ziel richtet. Bürgerinitiativen rekrutieren sich vermutlich aus Resten des alten Honoratiorenbürgertums und aus diesem neuen Mittelstand. Soweit sie das tun, bedeuten sie ein Stück Verweigerung gegenüber den Möglichkeiten, welche das politische System anbietet. Gleichzeitig bedeuten sie aber, daß an anderer Stelle neue Möglichkeiten geschaffen werden. Das Spektrum politischer Partizipation im Sinne unserer Frage wird zweifellos größer.

Unsere zweite Frage läßt dennoch keine eindeutige Antwort zu. Wir können faktisch feststellen, daß die Bürgerinitiativen Möglichkeiten zu politischer Partizipation und Einflußnahme eröffnet haben, die es vorher nicht gab. Diese Möglichkeiten erscheinen vor allem für den Typus der Gelegenheits-Aktiven von Interesse, der nicht dauerhaft an der Aufrechterhaltung der politischen Ordnung mitwirken will. Solche Mitwirkung muß sich auf die Auslese des politischen Personals wie auf die Diskussion der möglichen Interessen und Ziele beziehen. Der Gelegenheits-Aktive will sich darauf beschränken, fallweise in das politische Geschäft einzusteigen. In einer stärker plebiszitär ausgerichteten Demokratie wie in den Vereinigten Staaten verbindet man dieses Phänomen mit der Hoffnung auf einen Ausgleich, was wegen der Vielzahl spontaner Beteiligungsfälle auch plausibel erscheint. Im übrigen kann man dort solche Fälle schon wegen der weitaus weniger fest gefügten Strukturen von Parteien und Verbänden nicht als ein aliud zu diesen oder gar als Konkurrenz zu ihnen begreifen. In einer ausgeprägt repräsentativen Demokratie stellt sich dagegen das Phänomen fallweiser Aktivität anders dar. Es läßt sich nur zu einem Teil politischer Normalität zurechnen, sofern dieser selbstverständlich auch die Unterscheidung zwischen den Professionals der Politik und der Interessenvertretung, den dauerhaft Engagierten (ohne Übertritt ins Lager der Professionals) und den Gelegenheits-Politikern und -Aktiven zugehört. Zu einem anderen Teil wendet es sich kritisch gegen das politische System, was explizit in den von manchen Bürgerinitiativen bevorzugten Formen des Auftretens und in der verbreiteten verbalen Radikalität zum Ausdruck kommt, ohne daß sich neue Wege eröffnen. Die Kritik läuft darauf hinaus, daß das System die Professionals übermäßig begünstige und — obzwar auf Teilnahme abgestellt — politische Teilnahme von (zu) vielen Vorbedingungen abhängig mache. Diese Kritik ist berechtigt, Abhilfe ist nicht in Sicht. Noch mehr ,geordnete' Partizipation wäre keine. Zu wiederholen ist aber, daß in Initiativen die Sehnsucht verborgen sein mag, sich den Handlungsbedingungen nicht nur der Repräsentativ-, sondern auch der Massendemokratie zu entziehen, in der jede Gruppenbildung, jedes Bemühen, die Mehrheit zu erringen, um etwas zu verändern, auf den Widerstand der vorhandenen Gruppen und Mehrheiten wie der vorhandenen Zielsysteme und eingebürgerten Prioritätenvorstellungen stoßen muß. In den Initiativen liegt, so läßt sich wohl sagen, ein Stück romantischer Demokratievorstellung verborgen, welche die Zahl der ggf. zu Beteiligenden — 40 Millionen also hierzulande — außer acht läßt und einem Aktionismus den Weg bereiten will, der sich auf den Einzelfall konzentriert, weshalb man die Einbindung dieses Einzelfalls in größere Zusammenhänge, die politisch-programmatisch strukturiert werden müssen, beiseite schieben muß. Der politischen Ordnung entspricht es aber, daß zu spät kommt, wer sich erst einschaltet, wenn aufgrund eines langwierigen Entscheidungsprozesses die konkreten Folgen sichtbar werden.

VI.

Als die Bürgerinitiativen entstanden und sich verbreiteten, begrüßte man sie im allgemeinen wohlwollend. Das Wohlwollen nahm ab, als es zur Eskalation, zum Mißbrauch von Initiativen oder zu ihrer Unterwanderung kam. Ein Teil der gegenwärtigen Diskussion über die Bürgerinitiativen ist von dieser Entwicklung bestimmt. Nun läßt sich bei keiner Institution und bei keinem Verfahren im politischen System Mißbrauch ausschalten. Man sieht deshalb Kontroll- und Korrekturmöglichkeiten vor. Fehlen sie, wie bei den Verbänden, kommt es zu dem Versuch, sie enger an die Verfassungsordnung zu binden. Wie ausgeführt, würde ein solcher Versuch die Bürgerinitiativen im Kern zerstören: der Mangel an Regeln, die Vielfalt der

Formen, die Chance der Spontaneität zeichnen sie aus. Man wird deshalb nur sehr vorsichtig ordnend eingreifen können und wollen, wenn man dem Grunde nach eine solche Beteiligungsmöglichkeit bejaht.

Die wissenschaftliche Erörterung wird sich im übrigen von aktuellen Entwicklungen nicht übermäßig bestimmen lassen. Sie muß davon ausgehen, daß sich mit den Bürgerinitiativen eine Beteiligungsform Raum schafft, die zum einen das Postulat nach Beteiligung nachdrücklicher unterstreicht als das bisher wohl der Fall war und die zum anderen sich kritisch gegen das Beteiligungsangebot in Parteien und Verbänden wendet. Von den Interessenverbänden und von den mutmaßlichen Folgen, die das Entstehen von Bürgerinitiativen für sie hat, war hier die Rede. Unsere Überlegungen lassen sich so zusammenfassen:

Viele Bürgerinitiativen machen eine erhebliche Skepsis gegenüber der Möglichkeit deutlich, in Interessenverbänden eine neue Zieldimension oder ein neues Interesse so zu artikulieren, daß der Verband daraufhin sein Einflußpotential in der gewünschten Richtung einsetzt. Diese Skepsis beruht auf mangelndem Verständnis für die Bedingungen der Massen- und Repräsentativdemokratie; sie geht aber insofern von einem realistischen Bild der Interessenverbände aus, als diese dem status quo einerseits und dem politischen System andererseits vielfach zu weitgehend adaptiert sind, um Veränderungen im eigenen Interessenhorizont frühzeitig zu erkennen und zu reflektieren und um alle denkbaren Möglichkeiten der Einflußnahme zu nutzen. Auf ihre ‚Mitglieder' bezogen zeigen die Bürgerinitiativen, daß in einer übermäßig repräsentativen Demokratie eine Form des politischen Engagements gefordert wird, zu der viele nicht bereit sind, und daß entsprechend die Chancen des Gelegenheits-Politikers von vornherein stark beeinträchtigt sind, sofern es ihm nicht gelingt, extraordinäre Formen des Vorgehens zu finden, die von der Routine des politischen Systems noch nicht aufgearbeitet sind.

Von Bürgerinitiativen spricht man gerne als ‚Herausforderung' für Parteien und Verbände, auch für die Demokratie insgesamt. Die Möglichkeiten solcher Initiativen sollten nicht überschätzt werden. Wohl aber sollte man ernst nehmen, was sie sichtbar machen. Es sind dies in erster Linie Zielfindungsprobleme in einem allzu arbeitsteilig verfahrenden und damit die Zielstruktur immer schon präformierenden politischen System und es sind Beteiligungsprobleme in eben diesem System, das auf sich selbst bezogen eine Professionalisierung begünstigt und prämiert, die jenen demokratischen Grundannahmen nicht entspricht, welche zumindest Stücke unmittelbarer oder plebiszitärer Demokratie in das repräsentative System einbeziehen.

Literaturhinweis: Soweit in diesem Beitrag auf einen empirischen Befund hingewiesen wurde, findet sich dieser in der Hauptsache in: *P. Raschke* (1978), *H. Borghorst* (1976), *Th. Ellwein, E. Lippert, R. Zoll* (1975) und in der dort genannten und verarbeiteten Literatur sowie in: *Forschungsgruppe Ellwein-Zoll*, „Voraussetzungen für soziales und bürgerschaftliches Engagement ...‟ Expertise für das Bundesministerium für Jugend, Familie und Gesundheit. Manuskript Januar 1977. Für den hier nicht explizierten demokratietheoretischen Zusammenhang verweise ich auf *mein* Regierungssystem der Bundesrepublik Deutschland. 4. Auflage, Opladen 1977.

Oscar W. Gabriel

Bürgerinitiativen im lokalpolitischen Entscheidungsprozeß Entstehungsbedingungen und Aktionsmuster

1. Problemstellung

Noch vor kurzer Zeit gehörte der „unpolitische Deutsche" zu den Stereotypen der political-culture-Forschung: Relativ ausgeprägte politische Kenntnisse und Vertrauen in die Leistungsfähigkeit der Verwaltung paarten sich mit schwach entwickelter Einschätzung der eigenen politischen Einflußmöglichkeiten und geringer Teilnahmebereitschaft an öffentlichen Angelegenheiten.[1] Nicht zuletzt das Entstehen der Bürgerinitiativen weist dieses Bild als korrekturbedürftig aus.

Die Veränderungen der Einstellungen und Verhaltensweisen insbesondere der bundesdeutschen Mittelschichtbürger besitzen für unser Thema schon deshalb Bedeutung, weil sie sich in erster Linie im lokalen politischen System auswirken: Die Bürgerinitiativen betrachten die kommunale Selbstverwaltung und die Kommunalpolitik als ihr bevorzugtes Aktionsfeld.[2]

Im Rahmen dieser Untersuchung ist vor allem der Frage nachzugehen, welche Faktoren zur Erklärung des massierten Auftretens der Bürgerinitiativen im kommunalen politischen System herangezogen werden können. Weiterhin bedarf es der Klärung, wie sich die beobachtbaren Aktivitäten der Initiativen auf Struktur und Ablauf des kommunalen Willensbildungsprozesses auswirken.

2. Bürgerinitiativen als spezifische Formen lokalpolitischer Partizipation

Ähnlich wie das nationale politische System der Bundesrepublik ist auch das lokale in seinen Grundzügen repräsentativ verfaßt.[3]

Zwar sehen einige Gemeindeordnungen und neuere Planungsgesetze die Möglichkeit direkter Bürgerbeteiligung an gemeindlichen Sachentscheidungen vor, doch werden die verfügbaren Spielräume politischer Partizipation faktisch kaum genutzt.[4] Das Gros der Gemeindebürger beschränkt sich auf die Stimmabgabe bei Gemeindewahlen. Obgleich die lokale politische Kompetenz im Vergleich zur nationalen besser ausgeprägt ist,[5] übertrifft das Engagement in gemeindlichen Angelegenheiten kaum die Teilnahme an der Staatspolitik. Erstaunen wird dieser Tatbestand jedoch nur denjenigen, der die mit politischer Aktivität verbundenen zeitlichen, informationellen usw. Kosten übersieht. Normalerweise bedarf es hoher Motivation oder direkter Betroffenheit, damit sich der Bürger über das übliche Maß der Stimmabgabe hinaus politisch engagiert.[6] Konventionelle politische Beteiligungsformen, wie Partei- oder Vereinsarbeit, Übernahme eines kommunalen Mandats, zeichnen sich durch hohe Kosten und geringe selektive Anreizwirkung aus.

Gegenüber diesen mit beträchtlichen Ansprüchen an die Leistungsbereitschaft der Partizipierenden verbundenen Formen kollektiver politischer Aktivität stellt die Mitarbeit in Bürgerinitiativen ein Novum dar, indem sie Partizipation auf der Basis kleiner Gruppen organisiert, die Kosten des Engagements senkt (Punktualität, Kurzfristigkeit) und zudem selektive Anreize bietet, welche Beteiligung motivieren (Mobilisierung von Betroffenen für die Erreichung konkreter, persönlich als lohnend empfundener ideeller oder materieller Ziele): Bürgerinitiativen können als Formen *spontaner, unmittelbarer, kollektiver politischer Beteiligung* verstanden werden, die das Ziel verfolgen, das *auf konkrete Probleme bezogene Entscheidungshandeln* der zuständigen Organisationen mit den Präferenzen der Betroffenen in Einklang zu bringen. Ersatzweise für die als zuständig betrachteten Instanzen handelnde Bürgergruppen stellen spezielle Varianten der Initiativbewegung dar, sind aber im Rahmen der Untersuchung kommunaler Entscheidungsprozesse von minderer Bedeutung.

Somit ergeben sich folgende, die Bürgerinitiative gegenüber anderen Formen politischer Beteiligung typischerweise auszeichnende Merkmale: *die Spontaneität, Punktualität und zeitliche Begrenztheit des Engagements, die unmittelbare Bezogenheit auf konkret erfahrbare Problemsituationen im alltäglichen Leben, der kollektive Charakter der Aktionen und die unmittelbare Einwirkung auf die Entscheidungsträger.*[7] In dieser Kombination sind sie bei anderen Trägern politischer Willensbildung nicht zu finden.

Vergleicht man diese Merkmale mit jenen konventioneller Beteiligungsformen an gemeindlichen Sachentscheidungen, so könnte man in der Tat die Behauptung aufstellen, die Bürgerinitiativen hätten bislang nicht verfügbare Einflußkanäle auf das politische System geöffnet.[8] Diese Annahme trifft jedoch nur in begrenztem Maße zu.

3. Entstehungsbedingungen der Bürgerinitiativen als lokalpolitische Willensbildungsformationen

Auf den ersten Blick stellen Bürgerinitiativen die Antwort auf einen bislang nicht befriedigten Partizipationsbedarf dar. Soweit diese Vermutung zutrifft, unterliegt die Betätigung in ihnen den uns bekannten Determinanten politischer Beteiligung.[9] Ungeklärt bleibt dabei aber die Frage, welche Gründe für die Bevorzugung einer bestimmten Partizipationsform auf einer bestimmten Ebene des politischen Systems verantwortlich sind. Nach vorherrschender Meinung ist dies auf Funktionsdefizite des politischen Systems zurückzuführen.[10] Obgleich diese Auffassung einige zutreffende Erklärungen des infrage stehenden Sachverhaltes enthält, bleibt sie doch unvollständig; denn sie isoliert das Phänomen Bürgerinitiative aus dem Gesamtzusammenhang der Partizipationsbewegung und berücksichtigt nicht den generellen Anstieg politischer Beteiligung seit dem Ende der 60er Jahre. Darüber hinaus vernächlässigt sie — als Folge der Überbetonung sozio-ökonomischer und institutioneller Determinanten — den äußerst bedeutsamen Komplex normativer Strukturen.

Das Zusammenspiel folgender Entwicklungen dürfte eine generelle Verstärkung der Partizipationsbereitschaft, insbesondere in den jüngeren, akademisch gebildeten Bevölkerungsgruppen der Bundesrepublik ausgelöst haben: (1) eine zunehmende Institutionalisierung partizipatorischer Normen in Verbindung mit einem Anstieg der subjektiven politischen Kompetenz, die eine verstärkte Teilnahme*bereitschaft* hervorriefen; (2) die Popularisierung bislang unbekannter oder negativ sanktionierter Verhaltensweisen zur Beeinflussung des Regierungshandelns, welche neue Partizipations*instrumente* verfügbar machte; (3) das steigende Verlangen der Bürger nach staatlichen Leistungen, insbesondere nach Kollektivgütern und die begrenzten Möglichkeiten der öffentlichen Hand, diese Bedürfnisse zu befriedigen, die das *Erfordernis* politischer Beteiligung als im Eigeninteresse liegend bewußt machten; (4) die fehlende Institutionalisierung punktuell wirksamer und einzelproblembezogener Einflußkanäle im politischen Entscheidungsprozeß, die das Erfordernis begründeten, den zunehmenden Partizipationsbedarf *außerhalb der etablierten Formen* politischer Beteiligung geltend zu machen. Hinzu kamen einige spezifisch lokalpolitische Entwicklungen, die zu einer Konzentration der Bürgerinitiativbewegung auf die lokale Ebene des politischen Systems führten, nämlich: (5) die auf der lokalen Ebene erschwerten Bedingungen der Befriedigung eines steigenden Bedarfs an kollektiven Gütern; (6) die besonderen Möglichkeiten der Organisation partizipatorischer Aktivitäten in kleineren sozialen Einheiten und (7) die Politisierung der kommunalen Selbstverwaltung seit der Mitte der 60er Jahre.

Trotz der Interdependenz gesamtsystemischer und lokaler Bestimmungsgrößen können wir uns auf die drei letztgenannten Aspekte beschränken.

3.1. Kommunale Selbstverwaltung und Kollektivgüter

Der Gesetzgeber ordnet den kommunalen Selbstverwaltungsorganen die Erledigung der in der Örtlichkeit verwurzelten öffentlichen Aufgaben zu.[11] Nahezu sämtliche der von den Bürgerinitiativen artikulierten Anliegen besitzen einen derartigen örtlichen Bezug,[12] so daß die Initiativen die Kommunalorgane nicht zu Unrecht als „natürliche" Adressaten ihrer Forderungen betrachten. Deren Möglichkeiten, den an sie herangetragenen Anliegen zu entsprechen, nehmen wiederum infolge der zunehmend verringerten autonomen Handlungsmöglichkeiten der Gemeinden stetig ab.[13] Die Notwendigkeit der Prioritätensetzung angesichts verknappter frei verfügbarer Mittel und gesetzlicher Bindungen der Entscheidungskapazitäten trifft auf eine Vielfalt von Forderungen nach kommunalen Leistungen. Die entstehende Lücke zwischen Ansprüchen und Befriedigungsmöglichkeiten führt zu einer wachsenden Unzufriedenheit mit den gemeindlichen Lebensbedingungen und läßt insbesondere bei den mittelständischen Bevölkerungsgruppen das Gefühl entstehen, man müsse in Auseinandersetzung mit den kommunalen Gremien eine Verbesserung der örtlichen Lebensverhältnisse erzwingen.[14]

3.2. Zur Organisierbarkeit lokalpolitischer Beteiligung

Partizipation an politischen Entscheidungen wirft nicht zuletzt organisatorische Probleme auf, die in der für die Aktitäten der Bürgerinitiativen typischen Merkmalskombination von Unmittelbarkeit, Spontaneität, Problemgebundenheit usw. auf nationaler Ebene kaum zu bewältigen sind. Auf der lokalen Ebene dagegen ermöglicht es die vergleichsweise geringere Systemkomplexität dem Partizipationswilligen, den Adressaten geplanter Einflußnahme ausfindig zu machen, direkten Kontakt mit ihm aufzunehmen, Druck auf ihn auszuüben und weitere Bedingungen erfolgreicher, d.h. Entscheidungen beeinflussender, Partizipation zu realisieren. Generell wird man die Vermutung äußern können, daß die organisatorischen Voraussetzungen erfolgreicher politischer Beteiligung im lokalen politischen System um ein vielfaches günstiger sind als im nationalen.[15] Daß zwischen der Größe einer Organisation und den verfügbaren Partizipationsmöglichkeiten für ihre Mitglieder ein Zusammenhang besteht, wird man zu den einigermaßen gesicherten Erkenntnissen der Partizipationstheorie rechnen können.[16]

3.3. Die „Politisierung" der kommunalen Selbstverwaltung

Schließlich ist auf den veränderten, zuweilen als „Politisierung" der kommunalen Ebene beschriebenen Stellenwert der Kommunalpolitik seit dem Beginn der 70er Jahre hinzuweisen.[17] Wurde sie zunächst, der deutschen Selbstverwaltungstradition entsprechend, als eine Art „Unpolitik" betrachtet, so bewirkten nicht zuletzt die oben beschriebenen Entwicklungen eine verstärkte Betonung der

Idee des *"self-government"*. Dies kommt nicht allein in wissenschaftlichen Publikationen und programmatischen Erklärungen der politischen Parteien zum Ausdruck, auch manifeste Veränderungen im Erscheinungsbild der kommunalen Selbstverwaltung, wie die „Parlamentarisierung" der Kommunalpolitik, die zunehmende Bedeutung politischer Parteien bei gleichzeitigem Gewichtsverlust der bewußt unpolitisch agierenden Freien Wählervereinigungen u. a. m. unterstreichen die Gültigkeit dieser Annahme. Erst das Bewußtsein, kommunale Selbstverwaltung habe mit der Entscheidung über politische Prioritäten zu tun und stelle sich nicht bloß als Ratifikation sachlich ohnehin notwendiger Vorgänge dar, verschaffte der Bürgerinitiativbewegung den erforderlichen Aktionsradius.

Bürgerinitiativen sind meiner Ansicht nach weder Besonderheiten des lokalen politischen Systems — vielmehr organisieren sie sich aufgrund verhältnismäßig günstiger Ausgangsbedingungen vorzugsweise auf dieser Ebene —, noch lassen sie sich als Einzelphänomene aus dem Gesamtzusammenhang der Partizipationsbewegung isolieren, will man nicht zu einer unangemessenen Interpretation dieses Phänomens kommen. Schließlich ist nicht zu übersehen, daß es ähnliche Phänomene bereits in den 50er Jahren und früher gab, wenn diese auch keine der Bürgerinitiativbewegung vergleichbare Breitenwirkung und kein ihr entsprechendes Einflußpotential erreichten. Von zentraler Bedeutung dürften die in der einschlägigen Literatur nur am Rande beschriebenen Veränderungen der politischen Kultur der Bundesrepublik gewesen sein. Dies ergibt sich nicht zuletzt aus dem Tatbestand, daß die mit Vorrang herausgestellten sozio-ökonomischen und institutionellen Bedingungen keineswegs typische Errungenschaften des Entstehungszeitraums der Bürgerinitiativbewegung darstellen, sondern in mehr oder minder starkem Ausmaße zum Erscheinungsbild der kommunalen Selbstverwaltung in der gesamten Nachkriegsperiode gehören. Bedeutung für die Partizipationsbewegung gewannen diese Phänomene erst im Zusammenhang mit einer veränderten Sichtweise der Kommunalpolitik, welche die prekäre Entwicklung der gemeindlichen Lebensbedingungen ins Bewußtsein brachte.

4. Funktionen der Bürgerinitiativen in der Lokalpolitik

Ähnlich wie bei den Entstehungsbedingungen ist es auch bei der Bestimmung der Funktionen der Bürgerinitiativen kaum möglich, gesamtsystemische und lokale Aspekte voneinander zu trennen.

4.1. Generelle Systemfunktionen der Bürgerinitiativen

Da davon auszugehen ist, daß die Bedeutung der Bürgerinitiativen für das politische System und für den einzelnen Partizipierenden in anderen Beiträgen dieses Bandes behandelt werden, müssen hier einige knappe Hinweise genügen. In Anlehnung an Parsons[18] können wir systematisch zwischen zwei Funktionen jedes Handlungssystems unterscheiden und diese wie folgt auf die Initiativbewegung beziehen:
(1) Zu den wichtigsten *symbolischen* (expressiven) Funktionen der Bürgerinitiativbewegung wird man sicherlich die durch sie bewirkte Institutionalisierung und Diffusion partizipatorischer Handlungsmuster und Normen rechnen können.
(2) In *instrumenteller* Perspektive sind die Initiativen als Beiträge zur Verbesserung der Problemverarbeitungskapazität und der Interessenberücksichtigung des politischen Systems zu betrachten.

Diese Funktionen erfüllen die Bürgerinitiativen nicht nur für das politische System, sondern auch für den einzelnen Partizipanten (Erlernen demokratischer Verhaltensmuster, Instrument der Interessenpolitik), wobei freilich der Hinweis erforderlich ist, daß Individual- und Systemfunktion auseinanderfallen und sich nicht zuletzt infolge dessen disfunktionale Folgewirkungen einstellen können, deren Behandlung in der Diskussion der Leistungen der Initiativbewegung insgesamt etwas zu kurz gekommen ist.

4.2. Spezifische Funktionen der Bürgerinitiativen im lokalpolitischen Entscheidungsprozeß

Die nachfolgende Untersuchung spezifisch-lokalpolitischer Funktionen bezieht sich, der o.g. Klassifizierung entsprechend, auf instrumentelle, systemische Aspekte. Dabei empfiehlt es sich, den typischen Ablauf lokalpolitischer Entscheidungen zugrundezulegen, da in den einzelnen Phasen des Entscheidungsprozesses quantitativ und qualitativ unterschiedliche Spielräume bürgerschaftlicher Mitwirkung offenstehen.

Der politische Entscheidungsprozeß läßt sich als Folge *analytisch* unterscheidbarer Phasen und als mehr oder minder formalisiertes Zusammenspiel verschiedener Rollenträger betrachten. In Anlehnung an eine frühere Arbeit[19] gliedern wir den Entscheidungsablauf in folgende — voneinander nicht unabhängige — Abschnitte auf: (1) Die Thematisierung von Entscheidungsproblemen, (2) die Entscheidungsvorbereitung, (3) den formalen Entscheidungsakt, (4) die Implementation der Entscheidungen. In jeder dieser Phasen übernehmen die Initiativen bestimmte charakteristische Funktionen, was nicht bedeutet, daß diese Funktionen nicht während des gesamten Prozeßverlaufes wahrgenommen würden, doch sind sie typische Merkmale einzelner Phasen des Entscheidungsprozesses.

4.3.1. Die Initiativfunktion

Die Initiativfunktion gehört charakteristischerweise zur ersten Phase des Entscheidungsprozesses, der Thematisierung von issues. Bislang nicht berücksichtige Interessen und nicht artikulierte Probleme werden von den Bürgerinitiativen aufgegriffen und artikuliert. Erst mit ihrer expliziten Formulierung eröffnet sich die Chance, sie zum Gegenstand öffentlicher Auseinandersetzung und zum Thema politischer Entscheidungen zu machen. Sofern diese Aufgaben erfüllt werden, vermögen sie die Wert- und Interessenberücksichtigung des politischen Systems zu erhöhen. Das Einflußpotential der Bürgerinitiativen in dieser Phase besteht in der Mitwirkung an der Bestimmung der politischen Themenstruktur. Diese wirkt sich auch in späteren Phasen des Prozesses aus, denn die Initiatoren bestimmter politischer Maßnahmen müssen von der Verwaltung und den politischen Mandatsträgern ins Entscheidungskalkül einbezogen werden, da von dieser Seite Widerstände oder Unterstützung für die Lösungsvorschläge der Selbstverwaltungsorgane zu erwarten sind. Aus den einschlägigen Untersuchungen ergibt sich, daß die Initiativfunktion einen, wenn nicht *den* Schwerpunkt der Arbeit der Bürgerinitiativen ausmacht.

4.3.2. Die Informationsfunktion

In der Phase der Entscheidungsvorbereitung, der vermutlich die Schlüsselstellung für den gesamten Prozeßverlauf zukommt[20] erfüllen die Bürgerinitiativen vornehmlich die Funktion eines Informationsträgers. Sie lassen den an der Entscheidung beteiligten Akteuren Informationen über gemeindliche Problemlagen und daraus resultierende soziale Betroffenheiten zukommen, entwickeln eigene Lösungsvorschläge, die als Alternativen zu den Verwaltungsentwürfen in den politischen Entscheidungsprozeß eingehen, stellen ihren Sachverstand zur Verfügung usw. Auf diese Weise gewinnen sie Einfluß auf die nähere Strukturierung und die Vorauswahl der Entscheidungsalternativen. Da die Verwaltung und die Lokalvertretung von sich aus keine Initiativen zur Organisation kontinuierlicher Zusammenarbeit mit bürgerschaftlichen Gruppierungen ergreifen, sich jedoch auch nicht gegen diese sperren,[21] besitzen die Bürgerinitiativen die wohl größte Möglichkeit zur Durchsetzung ihrer Forderungen, wenn sie in dieser Phase eine kontinuierliche Zusammenarbeit mit der Verwaltung anstreben. Wie Borsdorf-Ruhl im Ruhrgebiet herausfand, erhöht dies die Erfolgsaussichten der Initiativen ganz beträchtlich, denn die Verwaltungsorgane bevorzugen die Zusammenarbeit mit Gruppierungen, die kontinuierlich tätig sind und mit denen bereits einschlägige Erfahrungen gemacht wurden.[22]

4.3.3. Die Kontrollfunktion

In der Phase des formalen Entscheidungsprozesses bestehen aufgrund der gemeinderechtlichen Bestimmungen, sieht man von einigen unbedeutenden Ausnahmen ab, keine Möglichkeiten zur direkten Einflußnahme auf die Entscheidung. Indirekt kann ein solcher Einfluß dennoch ausgeübt werden. Die Gemeindeordnungen der Bundesländer sehen grundsätzlich die Öffentlichkeit der Gemeinderatssitzungen vor. In einigen Ländern gilt entsprechendes für die Ausschüsse. Wie jedem Bürger steht auch dem Mitglied der Bürgerinitiative das Recht zu, an den öffentlichen Sitzungen der kommunalen Gremien teilzunehmen und auf diese Weise den Gang der Auseinandersetzung zu verfolgen. Angesichts der restriktiven Öffentlichkeitspraxis der kommunalen Organe ist die Wirksamkeit dieses Kontrollinstruments allerdings nicht zu überschätzen.[23]

4.3.4. Die Korrektivfunktion

Bei der Durchführung lokalpolitischer Entscheidungen sind die Handlungsmöglichkeiten der Initiativen rein reaktiver Natur. Es handelt sich dabei in der Regel um das Beschreiten des Rechtsweges oder bestimmte Formen zivilen Widerstandes, die in der Studentenrevolte entwickelt wurden. Da zu diesem Zeitpunkt bereits eine endgültige Entscheidung gefallen ist und seitens der Entscheidungsträger kaum noch Möglichkeiten flexiblen Reagierens offenstehen, steigt in dieser Phase das Konfliktpotential zwischen Amtsinhabern und bürgerschaftlichen Gruppierungen an. Die Folgen der Veränderung einer Entscheidung sind in dieser Phase gravierend und kostspielig. In der Vergangenheit erwies sich als erfolgreichste Verhinderungsstrategie das Beschreiten des Rechtsweges. Ungleich schwieriger ist es, die Entscheidungträger zur Inangriffnahme bestimmter Maßnahmen zu zwingen.

Die Beschreibung der möglichen Funktionen der Bürgerinitiativen in der kommunalen Selbstverwaltung ging von der Voraussetzung der Kooperationsbereitschaft aller Beteiligten aus. Sobald diese fehlt oder verlorengeht, verschiebt sich die Auseinandersetzung von der Verhandlungsform auf diejenige (begrenzter) Gewaltanwendung, wie in den letzten Jahren deutlich zu beobachten war (Wyhl, Brokdorf). Damit verschlechtern sich die Erfolgschancen der Bürgerinitiativen, zumal sie auf diese Weise nicht selten in einen Konflikt mit anderen gesellschaftlichen Gruppierungen geraten. Initiativen, die auf eine möglichst weitgehende und rasche Verwirklichung ihrer Forderungen zielen, werden sich auf die beiden ersten Prozeßphasen konzentrieren. Inwieweit dies bereits geschieht, ist aus dem verfügbaren Datenmaterial nicht zu entnehmen. Es kann jedoch die Vermutung geäußert werden, daß die Mehrzahl der Initiativen sich in diesem Sinne verhält.

5. Die Bürgerinitiativen im innergemeindlichen Rollensystem

Eine Chance, ihre Ziele durchzusetzen, besitzen die Bürgerinitiativen nur dann, wenn es ihnen gelingt, den für die Lösung des Problem zuständigen Adressaten ausfindig zu machen und — mittels welcher Instrumente auch immer — von der Berechtigung ihrer Anliegen zu überzeugen.[24] Anhaltspunkte hinsichtlich der Verteilung der Entscheidungskompetenzen ergeben sich aus den gemeinderechtlichen Bestimmungen über die Zuständigkeiten der kommunalen Organe und aus dem gemeindlichen Aufgabenkatalog. Diese formalen Regelungen liefern aber kein zuverlässiges Bild gemeindlicher Einflußstrukturen; denn spätestens seit dem Methodenstreit in der Community-Power-Forschung dürfte die Diskrepanz zwischen formalem und faktischem Einfluß allgemein bekannt sein.[25]

Im Interesse der Durchsetzung ihrer Anliegen sind die Initiativen gezwungen, sich bis zu einem gewissen Grade ins kommunale Rollensystem einzufügen. Alleine oder im Verbund mit anderen gemeindlichen Gruppierungen bemühen sie sich um die Durchsetzung der gewünschten Alternative. Die Notwendigkeit der Mobilisierung öffentlicher Unterstützung scheint ihnen durchaus bewußt: Etwa zwei Drittel der in der Berliner Untersuchung erfaßten Initiativen waren stark oder schwach integriert, nur 8 % der Gruppen völlig isoliert.[26]

Die in Frage kommenden Koalitionspartner — andere Initiativgruppen, pressure-groups, Parteien, Ratsfraktionen und bestimmte Untereinheiten (Ressorts) der Verwaltung[27] — besitzen jedoch, wie aus der Verdichtung bestimmter Beziehungen hervorgeht, eine unterschiedliche Anziehungskraft auf die Initiativen. Im Hinblick auf die faktischen Verhältnisse wie auf die Datenlage können sich die folgenden Darstellungen auf die Beziehungen der Bürgerinitiativen zur Verwaltung, den Parteien und den Gemeindevertretern beschränken.

5.1. Bürgerinitiativen und Kommunalverwaltung

Soweit die Datenlage überhaupt Verallgemeinerungen zuläßt, ist die Feststellung, die Initiativgruppen betrachteten die Verwaltung als den wichtigsten Adressaten ihrer Forderungen, begründet.[28] Nach den Ausführungen Langes und seiner Mitarbeiter[29] unterhielten lediglich 10 % der in der Erhebung erfaßten Initiativen keinerlei Kontakte zur Verwaltung. Diese hervorgehobene Stellung verdankt sie vermutlich der hohen Einschätzung ihrer fachlichen Kompetenz, der Erwartung gerechter Behandlung durch die Behörden und der ihr zugeschriebenen Bedeutung im politischen Entscheidungsprozeß der Gemeinde.[30]

Dennoch treten zwischen Initiativen und Verwaltung Konflikte auf, deren Intensität stark von den jeweils anstehenden Problemlagen und früheren Erfahrungen in der Zusammenarbeit bestimmt wird.[31] Positiv- und Negativbeziehungen halten sich in etwa die Waage. Trotz der allgemein beobachteten Entkrampfung des Verhältnisses scheinen Ambivalenz und Unsicherheit in der wechselseitigen Einschätzung noch stark verbreitet.[32] Völlige Ablehnung der Initiativen durch die Verwaltung ist heute kaum noch anzutreffen bzw. wird zumindest nach außen nicht zu erkennen gegeben. Die Verwaltungsstrategie hat sich offensichtlich auf Konfliktvermeidung, flexibles Reagieren und punktuelles Nachgeben eingespielt.[33] Doch übernimmt die Verwaltung in dieser Beziehung nicht den aktiven Part: Ohne die Zusammenarbeit mit den Initiativen zu verweigern, bemüht sie sich aber auch nicht, mit ihnen ins Gespräch zu kommen.[34] So bleibt deren Einbeziehung in die kommunale Willensbildung von Zufällen abhängig, sporadisch und unsystematisch.[35] Dieser Zustand ändert sich in dem Maße, in dem die Verwaltungen über Erfahrungen im Umgang mit Initiativen verfügen, wie am Beispiel der schon länger tätigen, gut organisierten Gruppierungen deutlich wird.[36]

5.2. Bürgerinitiativen und parteimäßige Politik

Gegenüber den Kontakten zur Verwaltung nehmen sich diejenigen zu Parteien und Vertretungskörperschaft bescheiden aus.

Dies entspricht wohl dem bereits erwähnten Zug der politischen Kultur der Bundesrepublik und der Tatsache, daß die Idee des "self-government" hier erst spät Fuß faßte.

Neben den Instrumenten, die die Initiativen in ihren Kontakten mit der Verwaltung einsetzen, kommt in ihren Beziehungen zu Parteien und Parlamentariern die personelle Verflechtung hinzu: In vielen Initiativen wirken Parteimitglieder mit, etliche sind von Parteien ins Leben gerufen und werden durch sie unterstützt.[37] Dennoch bemühen sich die Initiativen, „Parteipolitik" aus ihren Aktionen herauszuhalten und kooperieren aus gegebenem Anlaß mit den Parteien, die zu punktueller Untersützung bereit sind.[38] Nicht anders als im oben behandelten Fall der Verwaltung kennzeichnet Ambivalenz die Beziehungen zwischen Parteien und Initiativen. Einerseits stellt die bloße Existenz dieser Organisationen die Funktionsfähigkeit der Parteien als vermittelnde Instanzen zwischen Bevölkerung und Amtsträgern in Frage, andererseits bemühen sich die Parteien, die Initiativen für ihre Zwecke nutzbar zu machen.[39] Wenn auch Grossmanns Behauptung, die Parteien seien kurzfristig bis zur Grenze der Selbstverleugnung zur Unterstützung der Initiativen bereit, sicherlich übertrieben ist, so sind die Parteien doch wesentlich stärker auf eine Zusammenarbeit mit den Initiativen angewiesen, als dies für die Verwaltung gilt. Je größer das Maß öffentlicher Unterstützung für die Ziele der Initiativen, desto weniger vermögen sich die Parteien dem Gebot der Kooperation zu entziehen, wenn sie ihren Volksparteianspruch legitimieren und die betreffenden Wählergruppen an sich binden wollen. Insbesondere den oppositionellen Gruppierungen bietet die Zusammenarbeit mit den Initiativen eine Profilierungschance, da sie, anders als die mit der Verwaltung zusammenarbeitende Mehrheit, auf konkrete, für den Bürger spürbare Leistungen nur im Ausnahmefalle verweisen können.[40]

Von einer erfolgreichen Zusammenarbeit profitieren ebenfalls die Initiativen, denen auf diese Weise zusätzliche Ressourcen zur Mobilisierung öffentlicher Unterstützung zufließen.[41] Über die Parteiorganisationen vermittelt, finden die Anliegen der Initiativen Eingang in den formal-organisatorischen Entscheidungsprozeß und eine politische Gruppierung, die sich in der öffentlichen Diskussion einmal für die Ziele der Initiative eingesetzt hat, wird diese

Unterstützung während der Behandlung in den zuständigen Gremien kaum ohne für sie nachteilige Folgen entziehen können.

Die Beziehungen zwischen Initiativen und einzelnen Parteien sind bislang nicht hinlänglich untersucht. Einige, wenn auch unklare Andeutungen finden sich im Bericht der Berliner Forschungsgruppe, aus dem hervorgeht, daß Negativbeziehungen am häufigsten zur SPD und am seltensten zur F.D.P. bestanden.[42] Es fragt sich allerdings, ob die bei Lange u. a. referierte Verteilung der Positiv- und Negativbeziehungen nicht eher die Mehrheitsverhältnisse in den Gemeinden widerspiegelt als eine Parteiaffinität der Initiativen.

Zusammenfassend ist festzustellen, daß die Wahl des richtigen Adressaten einer Forderung sowie eine planvolle Koalitions-Strategie der Initiativen deren Durchsetzungschancen beträchtlich erhöhen. Isolierte Gruppen dürften kaum Erfolge erzielen können. Andererseits kommt der in den Initiativen vorzufindende Sachverstand sicherlich der Qualität politischer Problemlösungen in der Gemeinde zugute, und sei es auch nur im Sinne einer Sensibilisierung der Entscheidungsträger für bislang nicht erkannte Problemlagen. Dabei ist die in der Verwaltungsorientierung der Initiativen liegende Gefahr nicht zu übersehen: Sie könnte nämlich dazu beitragen, das Informations- und Kompetenzgefälle zwischen Rat (insbesondere der Opposition) und Verwaltung weiter zu vertiefen.

6. Aktionsmuster und Erfolgsbedingungen der Initiativen

Ebenso bedeutsam wie die Integration der Initiativen ins lokalpolitische Rollengefüge ist für deren Erfolg die Wahl geeigneter Instrumente zur Beeinflussung der Entscheidungsträger. Als gängiges Aktionsmuster der meisten Initiativen bildete sich eine Strategie heraus, welche die Mobilisierung öffentlichen Drucks mit der Demonstration von Verhandlungsbereitschaft kombiniert.[43] Welche der beiden Komponenten jeweils vorherrscht, hängt nicht zuletzt vom Prozeßverlauf ab. Unter den eingesetzten Mitteln zur Beeinflussung der Entscheidungsträger spielen konventionelle Aktionsformen (Eingaben an die Verwaltung, Durchführung von Versammlungen, Einholen wissenschaftlicher Gutachten usw.) ebenso eine Rolle wie die aus der Studentenrevolte stammenden Methoden des sit-in und go-in, der Verabschiedung von Resolutionen, des Verteilens von Flugblättern usw.[44] Neben dem Bemühen, die Entscheidungsträger unter Druck zu setzen, bezwecken diese Aktivitäten die Mobilisierung öffentlicher Unterstützung für die Ziele der Initiative.[45] Diese gehört zu den unabdingbaren Voraussetzungen erfolgreichen Vorgehens, wie der periodisch erzielte (Teil-)Erfolg auf dem Wege zum Ziel. Dient erstere dazu, das Argument zu entkräften, die Initiative verfolge lediglich partikulare Interessen und operiere gegen das Gemeinwohl, so sind Teilerfolge notwendig, um die Frustration der Mitglieder und Anhänger in Grenzen zu halten und die personellen Ressourcen zu stabilisieren.

Das Vorgehen der Initiativen in der Auseinandersetzung mit den öffentlichen Entscheidungsträgern weist eine gewisse Regelmäßigkeit auf.[46] Die interne Stabilisierung in personeller, organisatorischer und finanzieller Hinsicht ist dabei ebenso bedeutsam wie Erfolge im Umfeld: Ausgehend von einer im kleinen Kreise wahrgenommenen Problemsituation werden Lösungsvorschläge entwickelt und der Öffentlichkeit vorgestellt. Nach erfolgter Verbesserung der Organisationskapazität und der internen Diskussion der Strategie trägt man die Anliegen an die Verwaltung heran und bemüht sich um die Unterstützung durch Parteien, Massenmedien usw. Da erfahrungsgemäß im ersten Anlauf der Erfolg ausbleibt, sucht man um weitere Unterstützung nach und verschärft unter Umständen die Form der Auseinandersetzung. Diese Politik der kleinen Schritte, die eher einem "trial-and-error-Verfahren" als einer komplex angelegten Strategie gleicht, wird bis zur Erreicherung des Zieles oder bis zum endgültigen Scheitern fortgeführt.

Obgleich einige wenige Daten hierzu vorliegen,[47] kann man eine Erfolgsbilanz der bisherigen Tätigkeit der Initiativen in der Lokalpolitik nicht ziehen. Dies hängt u.a. damit zusammen, daß im Laufe der Aktivitäten Zielveränderungen eintreten, unterschiedliche Erfolgsparameter angegeben werden und auch Nebeneffekte, wie die Mobilisierung der Öffentlichkeit, die Vermittlung politischer Fertigkeiten an die Mitglieder, die Verstärkung der politischen Kompetenz selbst dann als Erfolge angesehen werden können, wenn das ursprünglich gesetzte Ziel nicht erreicht wurde. Doch läßt sich feststellen, daß die Erfolgsaussichten nicht ausschließlich von der Kooperationsbereitschaft der Verwaltung abhängen. Die Initiativen vermögen durch eine geschickte Strategie den Aktionsverlauf in erheblichem Umfange zu ihren Gunsten zu beeinflussen. Besonders günstig sind nach Braun[48] die Erfolgschancen, wenn eine stabile Kerngruppe kontinuierlich ein begrenztes Ziel verfolgt, sich über die Implikationen des zu lösenden Problems im klaren ist; die in Frage stehende Angelegenheit einem größeren Personenkreis nicht nur relevant, sondern auch praktisch einsichtig gemacht werden kann und schließlich die Initiativmitglieder über ein beträchtliches Maß an Phantasie, Artikulationsvermögen und Organisationskapazität verfügen.

Inwieweit die in der lokalen Politik tätigen Initiativen diesen Bedingungen genügen, läßt sich nicht generell feststellen, doch setzt erfolgreiches politisches Handeln offenkundig ein relativ hohes Maß an politischer Kompetenz voraus, gleichgültig in welcher Organisationsform es vonstatten geht.

7. Schlußbemerkung

„Bürgerinitiativen bilden über den jeweiligen Anlaß hinaus zugleich eine praktische Kritik der Parteien und der heutigen Gestalt parlamentarischer Demokratie".[49] —

Gängige Formeln dieser Art gehen sicherlich nicht völlig an den Systemfunktionen der Initiativen und am Selbstverständnis ihrer Mitglieder vorbei. Dennoch liefern sie nur sehr partielle — und damit verkürzende — Erklärungen dieses Phänomens. Im Erstarken der Initiativbewegung äußert sich zwar Kritik an Fehlleistungen von Politik und Verwaltung, die im kommunalen Bereich besonders drastisch dokumentiert sind. Ebenso bedeutsam sind jedoch die eingetretenen Veränderungen im politischen Bewußtsein der bundesdeutschen Mittelschicht, die diese Form politischer Partizipation erst möglich machten. Bürgerinitiativen stellen somit keine spezifische Erscheinung des lokalpolitischen Systems dar. Vielmehr führte das Vorliegen entsprechender Randbedingungen dazu, daß sich die kommunale Ebene als besonders geeignetes Feld für die Formulierung von Partizipationsforderungen erwies.

Anmerkungen

1 Vgl. *G. A. Almond/S. Verba* (1965), Tab. VI, S. 148; S. 312 f.

2 *H. Bilstein/K. G. Troitzsch* (1972), S. 263; *U. Bermbach* in: *W. D. Narr*, Hrsg. (1975), S. 335; *A. Werner*, in: *H. G. Wehling*, (Hrsg.), (1975), S. 255, 257; *P. C. Mayer-Tasch* (1976), S. 111.

3 Vgl. *W. Helmke/K. H. Nassmacher*, in: *R. Frey*, Hrsg., (1976), S; 188, 197.

4 Vgl. ebda., S. 185.

5 Vgl. *Almond / Verba*, a.a.O., S. 140 ff.; *R. A. Dahl / E. Tufte:* Size and Democracy, Standford, Cal., 1973, S. 50 ff.

6 Hierauf aufmerksam gemacht zu haben, ist das große Verdienst der ökonomischen Theorie der Politik, vgl. grundlegend: *A. Downs:* Ökonomische Theorie der Demokratie, Tübingen 1968; *M. Olson* (1968), S. 4 ff., 59 ff.; explizit für die Partizipation durch Bürgerinitiativen: *R. Eckert*, in: Partizipation (1970), S. 33 ff.

7 Vgl. *Mayer-Tasch*, a.a.O., S. 14.

8 Vgl. *H. Grossmann* (1971), S. 166.

9 Vgl. *L. Milbrath* (1965), S. 110 ff.; *S. Verba/N. Nie* (1972), S. 9 ff., 123 ff.

10 Vgl. *T. Schiller:* in: Partizipation (1970), S. 114 f.; *R. Lange* et al.: (1973), S. 253 ff.; vgl. weiter: *Bermbach*, a.a.O., S. 358; *Werner*, a.a.O., S. 254 f.; *Mayer-Tasch*, a.a.O., S. 27 ff. Daneben nennen einige Autoren sozio-ökonomische (vgl. *W. Euchner*, in: *Narr*, a.a.O., S. 325–333) bzw. sozio-ökologische (vgl. *Mayer-Tasch*, a.a.O., S. 23 ff.) Bedingungen als Ursachen.

11 Vgl. *G. Leibholz / H. J. Rinck:* Grundgesetz für die Bundesrepublik Deutschland. Kommentar anhand der Rechtsprechung des Bundesverfassungsgerichts, 5. Aufl., Köln 1975, S. 584 Anm. 11.

12 Vgl. *B. Borsdorf-Ruhl*, in: *Narr*, a.a.O., S. 349; *P. v. Kodolitzsch*: (1975), S. 273 ff., bes. Tab. S. 274.

13 Vgl. *D. Thränhardt*, in: *H. Rausch/T. Stammen*, Hrsg., (1974), S. 117–133; *B. Tillmann*, in: *Frey*, a.a.O., S. 66–96.

14 Vgl. *Euchner*, a.a.O., S. 329 f.

15 Vgl. *Borsdorf-Ruhl*, a.a.O., S. 346.

16 Vgl. *Olson*, a.a.O., S. 42–51; *Dahl/Tufte*, a.a.O., S. 61 ff., 86 ff.

17 Vgl. *H. G. Wehling*, a.a.O., S. 7 f.

18 *T. Parsons:* Zur Theorie sozialer Systeme, hersgg. von S. Jensen, Opladen 1976, S. 85 ff.

19 *O. W. Gabriel*, in: *L. Albertin* et al., (1978) (erscheint demnächst, Seitenangaben nach Manuskript), S. 78 ff.

20 Vgl. ebda., S. 120 ff., dort weitere Literaturangaben.

21 Vgl. *Borsdorf-Ruhl*, a.a.O., S. 347; *v. Kodolitzsch*, a.a.O., S. 267 f.

22 Vgl. *Borsdorf-Ruhl*, a.a.O., S. 357 f.

23 Vgl. *Gabriel*, a.a.O., S. 169 ff., dort Literaturverweise.

24 Vgl. *Mayer-Tasch*, a.a.O., S. 140 f.

25 Vgl. zusammenfassend: *J. Ueltzhöffer*, in: *Wehling*, a.a.O., S. 95–130; *O. W. Gabriel/H. P. Labonte*, in: *H. Albers* et al., (1976), S. 192 ff.

26 Vgl. *Lange* et al., a.a.O., S. 282.
27 Vgl. *Mayer-Tasch*, a.a.O., S. 114 ff.
28 Vgl. *Borsdorf-Ruhl*, a.a.O., S. 356; *Werner*, a.a.O., S. 264; *Mayer-Tasch*, a.a.O., S. 20.
29 Vgl. *Lange* et al., a.a.O., S. 276.
30 Vgl. *Almond/Verba*, a.a.O., S. 262 ff.; vgl. *G. Lenzer:* Staatsbürgerliches Verhalten im kommunalen Bereich. Eine soziologische Untersuchung der politischen Anteilnahme in einer bayerischen Marktgemeinde, Phil. Diss., München 1962.
31 Vgl. *v. Kodolitzsch*, a.a.O., S. 273 ff., mit detaillierten Angaben über die Konflikthäufigkeit in einzelnen Aufgabenfeldern.
32 Vgl. *Lange* et al., a.a.O., S. 276; *Bermbach*, a.a.O., S. 335; *Mayer-Tasch*, a.a.O., S. 19, 22.
33 Vgl. *Lange* et al., a.a.O., S. 284; *v. Kodolitzsch*, a.a.O., S. 265 ff.; bes., S. 270; *Werner*, a.a.O., S. 264; *Mayer-Tasch*, a.a.O., S. 21 glaubt dagegen „zähes Mauern" beobachtet zu haben.
34 Vgl. *Borsdorf-Ruhl*, a.a.O., S. 361.
35 Vgl. *Lange* et al., a.a.O., S. 276; *v. Kodolitzsch*, a.a.O., S. 267 f., 275.
36 Vgl. *Borsdorf-Ruhl*, a.a.O., S. 357; *v. Kodolitzsch*, a.a.O., S. 269.
37 Vgl. *Lange* et al., a.a.O., S. 266 f.; *Borsdorf-Ruhl*, a.a.O., S. 359.
38 Vgl. *Werner*, a.a.O., S. 265.
39 Vgl. *Grossmann*, a.a.O., S. 166 f.; *Borsdorf-Ruhl*, a.a.O., S. 359.
40 Vgl. *Mayer-Tasch*, a.a.O., S. 136 f.
41 Vgl. ebda.
42 Vgl. *Lange* et al., a.a.O., S. 279; *Werner*, a.a.O., S. 265.
43 Vgl. *Mayer-Tasch*, a.a..O., S. 143 ff.
44 Vgl. *U. Kempf* (1974), S. 9; vgl. auch: *Borsdorf-Ruhl*, a.a.O., S. 360; *v. Kodolitzsch*, a.a.O., S. 275.
45 Vgl. *Werner*, a.a.O., S. 263.
46 Vgl. *Bilstein/Troitzsch*, a.a.O., S. 268 f.; *G. Braun*, in: *Grossmann*, a.a.O., S. 56 ff; *Mayer-Tasch*, a.a.O., S. 69 ff, 111 ff., 129 ff.
47 Vgl. *Lange* et al., a.a.O., S. 273 f.; *Borsdorf-Ruhl*, a.a.O., S. 360 f.
48 Vgl. *Braun*, a.a.O., S. 54.
49 *Schiller*, a.a.O., S. 119.

Helmut Köser

Bürgerinitiativen in der Regionalpolitik

I. Einleitung

Nach den bisher vorliegenden empirischen Untersuchungen sind 64 % der Bürgerinitiativen auf lokaler Ebene organisiert, 23 % auf regionaler.[1] Beschränken die lokalen Bürgerinitiativen ihre Aktivitäten vorwiegend auf den Bereich der Stadtplanung (Wohnen, Stadtsanierung, Verkehr), so wenden sich die regionalen Bürgerinitiativen vor allem Problemen des Umweltschutzes zu.[2] Die vielbeschworene „Krise der Stadt"[3] scheint demnach der Entstehungsanlaß für lokale, die in jüngster Zeit immer häufiger diskutierte „Umweltkrise" Entstehungsanlaß für regionale Bürgerinitiativen zu sein.[4] So verfolgen die badisch-elsässischen Bürgerinitiativen mit ihrem Widerstand gegen das bei Wyhl am Oberrhein geplante Kernkraftwert die Erhaltung der in ihrer ökologischen Funktion bedrohten Rheinauewälder;[5] die Verhinderung des Baues einer Magnetschwebebahn durch das Donauried, die Erhaltung des Asseler Sandes an der Unterelbe als eines der letzten großen Feuchtgebiete, die Verhinderung einer Autobahn durch das Regental, der Schutz des Wattenmeeres vor der deutschen Nordseeküste vor Wasserverschmutzung und gigantischen Baumaßnahmen[6] — dies alles sind Beispiele, die die spezifische Raumbezogenheit von Bürgerinitiativen verdeutlichen, die sich für den Umweltschutz engagieren. Es ist also nicht abwegig, den ökologischen Kontext des Phänomens „Bürgerinitiativen" auf regionaler Ebene zu verorten.

Leider ist in der Literatur dieser Zusammenhang bisher fast gar nicht berücksichtigt worden. Das scheint daran zu liegen, daß die Bürgerinitiativen selbst zwar ihre umweltpolitischen Zielvorstellungen häufig und ausführlich darstellen und begründen, dagegen jedoch kaum Aussagen über ihren *politischen* Adressatenbereich machen.

Sieht man einmal von den zahlreichen normativen Leitvorstellungen wie „Basisdemokratie" (etwa im Zusammenhang mit Volksbegehren) oder „Graswurzeldemokratie" ab, mit denen die im Umweltschutz engagierten Bürgerinitiativen ihre Demokratievorstellung häufig charakterisieren,[7] so fehlt es in den Broschüren und Flugblättern fast gänzlich an empirischen Aussagen über die regionale Handlungsebene des Staates. Dies ganz im Unterschied zu den lokalpolitisch engagierten Bürgerinitiativen, die ihren lokalen Adressaten in der Regel recht gut kennen und ihr Engagement in vielen Städten und Gemeinden in Form von Bürgerforen, Planungsbeiräten, organisierter Gemeinwesenarbeit u.a. mehr bereits fest etabliert haben.[8] Besonders auffallend bei den Umweltschutzbürgerinitiativen ist nicht nur ihr grundlegendes Mißtrauen gegenüber „dem Staat",[9] sondern auch ihre Abneigung, mit „dem Staat" oder „den Parteien" in engeren Kontakt zu kommen. Das Verhandeln mit staatlichen Institutionen bzw. Politikern wird in der Regel als letzte der sich anbietenden taktischen Möglichkeiten gewählt; bevorzugt werden meistens Proteste, Demonstrationen und Platzbesetzungen, Gerichtsentscheide und/oder Volksbegehren. Das Mißtrauen gegenüber dem Staat kommt in einem Politikverständnis zum Ausdruck, welches dichotomisch unterscheidet zwischen der opportunistischen Partei- und Staatspolitik einerseits und der idealistischen Umweltschutzpolitik der Bürgerinitiativen andererseits.[10] Dieses dichotomische Politikverständnis geht einher mit einer ebenso dichotomischen Sichtweise der Umweltproblematik: Ökonomie und Ökologie, Lebensstandard und Lebensqualität, Wachstum und Umweltschutz schließen sich nach dieser Sichtweise *grundsätzlich* aus. Berücksichtigt man hierbei, daß der Adressat „Staat" konträr zu dieser Auffassung die gleichwohl ebenso *grundsätzliche* Vereinbarkeit des ökonomischen mit dem ökologischen Zielkriterium behauptet und seinen Planungen zugrunde legt, dann wird deutlich, daß aus diesen konträren Grundsätzen heraus zwangsläufig Konfliktsituationen zwischen Bürgerinitiativen und Staat resultieren müssen. Was den einen als „fauler Kompromiß" erscheint, betrachtet der andere als „befriedigende Lösung".

Die Häufigkeit solcher Konfliktsituationen nimmt dann zu, wenn der Staat als Daseinsvorsorgestaat immer mehr öffentliche Aufgaben vor allem im Infrastrukturbereich wahrnehmen muß; an Bedeutung gewinnt hier in zunehmendem Maße die regionale Handlungsebene,

da gerade im Infrastrukturbereich zahlreiche Aufgaben von den
Kommunen auf die Regionen verlagert werden (Industrieansiedlung,
Nahverkehr, Abwasserbeseitigung, Wasserversorgung etc.). Der Daseinsvorsorgestaat tritt mehr und mehr auf regionaler Ebene in
Erscheinung und wird zwangsläufig an den dort vollbrachten Leistungen gemessen. So ist es nicht verwunderlich, wenn auch die ökologischen Nachfolgeerscheinungen der Daseinsvorsorge dem Staat
angelastet werden, die sinkende Lebensqualität als Kehrseite des
wachsenden Lebensstandards als vom Staat verschuldet betrachtet
wird.

Das Problem der Vereinbarkeit bzw. Unvereinbarkeit der Bürgerinitiativbewegung mit der repräsentativen Demokratie muß — jedenfalls vom ökologischen und regionalpolitischen Kontext her — als
ein Problem fehlender Entsprechungen und tiefgreifender Gegensätze im „Dialog" zwischen Bürger und Staat verstanden werden: Im
Bereich der politisch-institutionellen Handlungsebene, im Bereich
von Sprache und Kommunikation sowie im Bereich des Problembe-
wußtseins. Diese Gegensätze finden ihren sichtbarsten Ausdruck in
den häufig bis zu massiven Gewalttätigkeiten eskalierenden Konfliktsituationen à la Wyhl und Brokdorf. Im folgenden soll die These vertreten werden, daß die Strukturdefekte der regionalen Handlungsebene des Staates[11] die Organisations- und Aktionsformen, die Zielsetzungen und Erfolgschancen der Bürgerinitiativen im Bereich des
Umweltschutzes ganz entscheidend bestimmen. Diese die allgemeine
Tendenz zur Bürokratisierung und Zentralisierung verstärkenden
Strukturdefekte sollen daher zunächst skizziert werden; zugleich soll
aufgezeigt werden, daß eine Reform der regionalen Ebene im Sinne
einer Parlamentarisierung der Regionalpolitik eine Institutionalisierung und Versachlichung des Konfliktaustrags herbeiführen könnte.

In einem zweiten Abschnitt soll am Beispiel der Region des süd-
lichen Oberrheins gezeigt werden, daß die mangelnde Beherrschung
des ökonomisch-ökologischen Zielkonflikts in der bisher praktizierten Regionalpolitik und Regionalplanung extra-konstitutionelles
Bürgerengagement geradezu herausfordert. Die Schwierigkeit, zwischen Umweltschützern einerseits und Politikern und Planern andererseits zu einem beide Seiten befriedigenden Ausgleich zu kommen,
soll anhand des Umweltverständisses der badisch-elsässischen Bürgerinitiativen einerseits und des Raum- und Entwicklungsbegriffs im

Landesentwicklungsplan für Baden-Württemberg (LEP) sowie im Regionalplan-Entwurf 77 (RPE) des Regionalverbands Südlicher Oberrhein (RVSO) verdeutlicht werden. Konfliktverschärfend wirkt als spezifisches Merkmal der Oberrheinregion die Grenzlage zu Frankreich und zur Schweiz: Ist politisch verantwortete Regionalpolitik im Raum bisher nicht möglich, so ist politisch verbindliche grenzüberschreitende Planung zwischen den durch nationalstaatliche Grenzen getrennten Räumen nahezu ganz unmöglich. Nationale Konkurrenz dominiert an den Grenzen, Umweltschutzpolitik über die Grenzen hinweg praktizieren dagegen die Bürgerinitiativen.

II. Im Dickicht der Instanzen und Paragraphen — Die regionale Handlungsebene des Staates

Auf keiner Ebene tritt der „planende Verwaltungsstaat" so deutlich in Erscheinung wie auf der regionalen.[12] Die Entleerung ländlicher Gebiete und die Entstehung industrieller Ballungszentren führte in der jüngsten Vergangenheit zu der Einsicht in die Notwendigkeit, die ungleiche Entwicklung von Räumen planvoll zu lenken und das Gefälle zwischen Stadt Land zu beseitigen.[13] Raumordnungspolitik mußte politisch-institutionell zwangsläufig in „Zwischen-Organisationsbereich"[14] zwischen Kommunal- und Landesebene eingerichtet werden. Die zunächst geschaffenen regionalen Planungsgemeinschaften waren freiwillige Zusammenschlüsse von Landkreisen und Gemeinden; als weitere Mitglieder konnten ihnen sonstige Körperschaften, Personen und Vereinigungen angehören, die an der regionalen Planung Anteil hatten. Eine bestimmte Rechtsform war nicht vorgeschrieben, in der Praxis handelte es sich meist um Vereine des bürgerlichen Rechts.[15] Diese privatrechtliche Organisationsform erwies sich als unzulänglich, weil sie nicht ausreichte, bei der Aufstellung der Regionalpläne die überörtlichen Gesichtspunkte gegenüber den Einzelinteressen der Mitglieder ausreichend zur Geltung zu bringen.[16] Ihrer Entwicklung nach ist die Raumordnung also nicht aus der staatlichen Planung, sondern aus der Kooperation der Gemeinden und Gemeindeverbände mit staatlichen Instanzen hervorgegangen.[17]

Wegen der Inkongruenz von Lebens- und Verwaltungsraum wurde es als notwendig angesehen, die Teilräume allein nach den Erfordernissen der Raumordnung abzugrenzen. Das Bundesraumordnungsgesetz (BROG) trägt diesen Erwägungen und Erfahrungen Rechnung und gebietet den Ländern, Rechtsgrundlagen für eine Regionalplanung zu schaffen, wenn diese für die Teilräume geboten erscheint. Wie die Regionen näher zu bestimmen sind, überläßt das BROG der Landesgesetzgebung.[18] Zur Klassifizierung und Abgrenzung von Regionen bieten sich drei Kriterien an: 1. das Kriterium der Homogenität, 2. das Kriterium der Interdependenz und 3. das Kriterium der Planung.[19] Für die Abgrenzung nach dem Homogenitätskriterium interessiert insbesondere die Gleichartigkeit bezüglich bestimmter Merkmale. Für die Abgrenzung nach der Funktionalität sind die Interdependenzen zwischen einem Zentrum und dem in sein Einfluß- bzw. Ausstrahlungsgebiet fallenden wirtschaftlichen Aktivitäten relevant. Bei Planungsregionen kann dem Homogenitätsprinzip oder dem Funktionalprinzip das größere Gewicht gegeben werden; sie können im allgemeinen nicht unabhängig von der politisch-verwaltungsmäßigen Aufgliederung eines Landes abgegrenzt werden. Die räumliche Begrenzung der Region muß sich nach den Aufgaben richten. Da Raumordnung auf Strukturverbesserung abzielt, die Struktur eines Raumes aber sich in der Zuordnung seiner Funktionen ausdrückt, sind die funktionalen Zusammenhänge in einem Raum wesentlich auch für die räumliche Begrenzung der Region. Es mußten daher Regionen gebildet werden, die nach ihren naturräumlichen Gegebenheiten und nach der vorhandenen, vor allem aber nach der anzustrebenden Struktur und Ausstattung sich gegenseitig ergänzen. Sie sollen den Einwohnern die Wahrnehmung der wichtigsten Daseinsfunktionen (Arbeit, Wohnen, Verkehr, Bildung, Kultur, Erholung) gewährleisten. Über die Bedeutung der Regionalplanung für die Raumordnung und die Mittel, wie die Probleme gelöst werden können, besteht bisher keine Einigkeit. Die Auffassungsunterschiede spiegeln sich in den einzelnen Landesplanungsgesetzen wider.[20]

Auch die Organisation der Regionalplanung und ihrer Träger ist entsprechend den Landesplanungsgesetzen in den Bundesländern unterschiedlich geregelt, wobei die Trägerstruktur in ihrer vertikalen und horizontalen Dimension außerordentlich kompliziert erscheint.[21]

Für die größeren Flächenstaaten (Baden-Württemberg, Bayern, Nordrhein-Westfalen) gelten als Trägerebenen das Land, die Regierungs-
bezirke, die Regionen sowie in Zweckverbänden zusammengeschlos-
sene Kommunen. Hinzu kommen im Fall grenzüberschreitender
Regionalplanung sog. interregionale Planungskommissionen (z. B. in
der Regio Basiliensis, ferner die Commission Tripartite in den fran-
zösisch-schweizerisch-deutschen Grenzgebieten). Es fällt außerordentlich schwer, innerhalb der Staatsorganisation die einzelnen Träger
voneinander abzugrenzen, da die meisten Politikbereich in irgendeiner Weise interdependent sind; zwischen Raumordnungspolitik
und Wirtschaftspolitik, Agrarpolitik und sektoraler Strukturpolitik,
Sozialpolitik und Finanzpolitik wird dies besonders deutlich.[22] Es
überschneiden sich jedoch nicht nur die Planungsbereiche, sondern
auch die Planungskompetenzen. So sind die Innenministerien und
die Regierungspräsidien nicht allein oberste bzw. obere Planungs-
behörden, die sich auf die Funktion der Fachaufsicht z. B. der Regionalverbände und der Kommunen beschränken, sie greifen vielmehr
durch die Landesplanungsgesetze (Landesentwicklungspläne) und die
Rechtsaufsicht der Regierungspräsidien in die Planungskompetenz
der Regionalverbände ein, wie diese wiederum über die Regionalpläne in die Bauleit- und Flächennutzungspläne der Kommunen eingreifen.[23]

Hieraus ergibt sich 1. ein Zentralisierungsprozeß, durch den die
staatliche Verwaltungstätigkeit bis hin zu den kleinsten Einzelfallent-
scheidungen immer häufiger in die zentrale Länderexekutive verlagert wird; 2. eine Förderprogrammitis, die zu einer fast undurch-
schaubaren Töpfchenwirtschaft bei der Vergabe staatlicher Zu-
schüsse für kommunale und regionale Investitionen führt; vor allem
die Regierungspräsidien sehen sich immer weniger in der Lage, verschiedene Aufgabenbereiche zu einem Gesamtkonzept zu koordinieren;[24] 3. zahlreiche Kompetenzüberschneidungen und fehlende
Handlungsmöglichkeiten, um Regionalplanung in wirksame politische Praxis umsetzen zu können;[25] 4. eine Dominanz der staatlichen Verwaltung in der Regionalplanung, die durch die pluralistische Zusammensetzung der Regionalverbände (bzw. in einigen
Bundesländern regionalen Planungsbeiräte) kaum gemindert wird.
So sind in den Planungsbeiräten zwar private Einrichtungen wie
Wirtschaftsverbände, Kammern, Berufsverbände, Gewerkschaften

und Wissenschaftler vertreten, wie denn auch in den sog. Regionalparlamenten die Gemeinden und Kreise vertreten sind, andererseits
hat aber gerade diese Pluralität aufgrund der zahlreichen Interes-
sengegensätze eine weitgehende Paralysierung der Regionalverbände
zur Folge. Die Erstellung der Regionalpläne ist daher ein außerordentlich mühseliger und zeitaufwendiger Prozeß, der einen uner-
bittlichen Wettbewerb der Gemeinden und Kreise um die Nutzung
ihrer Ressourcen erzeugt; es kann also schließlich 5. eine mangelnde
Effizienz und Koordinierungsfähigkeit in der Regionalpolitik konstatiert werden.

Unter dem Eindruck der zunehmenden Bedeutung der Regionalpolitik und der oben skizzierten gravierenden Strukturdefekte der
regionalen Handlungsebene des Staates wurde in jüngster Zeit die
Forderung nach einer Parlamentarisierung der Regional- und Landesplanung erhoben.[26] Die Durchsetzung dieser Forderung erfolgte bisher in einigen Bundesländern nur in Ansätzen und fast immer auf
Landesebene. So werden die Landesentwicklungspläne nach wie vor
von den Landesregierungen erarbeitet, sie müssen jedoch von den
Landtagen als Gesetze verabschiedet werden. Die in Baden-Württemberg geschaffenen Regionalparlamente können bezüglich ihrer Legitimation und Kompetenz kaum als solche bezeichnet werden; sie
bestehen aus delegierten Kreisräten und Gemeinderäten der Stadt-
kreise und besitzen keine Gesetzgebungskompetenz. Ein direkt vom
Volk gewähltes Regionalparlament hätte nicht nur eine unmittelbare Beteiligung der Bevölkerung an der Regionalpolitik zur Folge,
ein solches vom Volk gewähltes Regionalparlament würde überdies
für mehr Öffentlichkeit und Transparenz in der Regionalplanung
sorgen. Den Bürgerinitiativen würde sich ein den spezifischen Raum-
problemen entsprechender Adressat anbieten; dem oben angeführ-
ten Zentralisierungs- und Bürokratisierungsprozeß würde zumindest
partiell dann begegnet, wenn derartigen Regionalparlamenten eine
echte Legislativ- und Kontrollfunktion übertragen würde. Überdies
würde sich den Bürgerinitiativen die Möglichkeit bieten, sich als
Regionalparteien an den Regionalwahlen zu beteiligen und als Fraktion ihre Raumordnungsvorstellungen in die parlamentarische Willensbildung einzubringen.[27] Dies bedeutet eine Institutionalisierung
des Konfliktaustrags und zwar auf der „richtigen", d.h. dem jeweiligen Raum und seinen spezifischen Problemen entsprechenden Ebene;

Planungsbereiche mit hohem Konfliktpotential (z. B. der Energiesektor) könnten auf diese Weise demokratisch-legitimatorisch abgesichert werden.[28] Zweifellos wird durch eine solche Reform eine
Reihe von Fragen aufgeworfen, die hier nicht beantwortet werden
können. So müßten parlamentarisierte Regionen zwangläufig Voll-
zugsaufgaben übernehmen, die den Regierungspräsidien genommen
werden müßten, die rechtliche Stellung zur Landesplanung müßte
überdacht werden, auf die Kreisentwicklungspläne müßte ganz verzichtet werden.[29]

III. Regionalentwicklung — ökonomisch und/oder ökologisch?
Das Beispiel „Südlicher Oberrhein".

Die Auseinandersetzung um das Kernkraftwerk Wyhl, die mit der
spektakulären Platzbesetzung der badisch-elsässischen Bürgerinitiativen und dem ebenso spektakulären Polizeieinsatz so großes Auf-
sehen erregte,[30] muß vor dem Hintergrund des wirtschaftlichen Ent-
wicklungsstandes der deutsch-französischen Grenzgebiete Südbadens
und des Elsaß gesehen werden. Beide Gebiete sind im Vergleich zu
anderen Regionen wirtschaftlich unterentwickelt. Bedingt durch die
Grenzlage zum ehemaligen „Erbfeind" war die Investitionsneigung
von Unternehmen nach dem Ersten und nach dem Zweiten Weltkrieg
gering. Die in der Landwirtschaft zu erzielenden Einkommen hielten
mit den in der Industrie zu erzielenden Vergleichseinkommen anderer Gebiete nicht mehr Schritt; das Pro-Kopf-Einkommen in Südbaden liegt noch heute unter dem Bundesdurchschnitt. Im Elsaß ge-
riet vor allem die Textilindustrie in eine Krise; der expandierende
Weinbau konnte den Arbeitsplatzmangel nur geringfügig beseitigen.
Erst die politische Entspannung zwischen Frankreich und Deutschland und die Gründung der EWG sowie der Ausbau der Nord-Süd-
Verbindungen der Verkehrsinfrastruktur führten zu einer Standort-
verbesserung und damit auch zu einer besseren Investititionstätigkeit
der Wirtschaft. Seit Mitte der 60er Jahre wurde beiderseits des
Rheins versucht, über eine durch Planung gesteuerte Verbesserung
der Infrastruktur die wirtschaftliche Entwicklung zu fördern. Diese
zunächst einseitig am ökonomischen Effizienzkriterium orientierte
Entwicklungsplanung nennt als Ziele: 1. die Optimierung des gesamt-

wirtschaftlichen Wachstums über den bestmöglichen Einsatz der produktiven Faktoren im Raum, 2. die Schaffung von gleichwertigen Lebensbedingungen in allen Teilen des Landes durch Beseitigung struktureller Disparitäten.[31] Dieser Zielvorstellung entspricht die im Landesentwicklungsplan für Baden-Württemberg (LEP) niedergelegte Absicht, das Rheintal zwischen Basel und Frankfurt zu einer europäischen Wirtschaftsachse zu entwickeln.[32] Ähnliche Vorstellungen vertritt auch die „Interessengemeinschaft Mittleres Elsaß-Breisgau" (CIMAB), die ein „Musterbeispiel einer regionalen Entwicklung" anstrebt.[33] Regionalentwicklung wird hier also ganz im Sinne der klassischen angelsächsischen „regional economic policy" als Raumwirtschaftspolitik verstanden.[34]

1. Der ökonomisch-ökologische Zielkonflikt in der Regionalplanung

Die Gretchenfrage der Umweltschützer, ob das ökonomische Zielkriterium der Regionalentwicklung mit dem ökologischen Zielkriterium des Umweltschutzes zu vereinbaren ist oder nicht, stellt sich im Bereich der Regionalplanung möglicherweise anders als im Bereich der politischen Praxis. Es handelt sich darüber hinaus wahrscheinlich weniger um ein prinzipielles als vielmehr um ein graduelles Problem, welches gegenwärtig nur ansatzweise gelöst werden kann. Es fehlt bisher an operationalen Indikatoren, die meßbar und entscheidbar machen, was z.B. „menschenwürdige Umwelt" oder „Gleichwertigkeit der Lebensbedingungen" sein kann oder wieviel Lebensqualität „noch" mit wieviel Lebensstandard zu vereinbaren ist.[35] Der Regionalplan-Entwurf des Regionalverbands Südlicher Oberrhein (REP)[36] hat das ökologische Zielkriterium in sein Entwicklungskonzept einbezogen und dieses Problem zumindest verbal im Sinne einer *grundsätzlichen* Vereinbarkeit zu lösen versucht: „Ziel der Planung ist weder eine einseitig ökologische noch eine einseitig ökonomische Orientierung. Uns kommt es auf Ausgleich an."[37] Im Entwurf werden als allgemeine Ziele für die Entwicklung der Region genannt: „Für den Verbandsbereich Südlicher Oberrhein ist eine Entwicklung anzustreben, die für alle Bürger im Verbandsbereich ein ausreichendes Angebot an Wohnungen, Erwerbsmöglichkeiten und

Infrastruktureinrichtungen in zumutbarer Entfernung sowie eine menschenwürdige Umwelt sicherstellt."[38]

In dem Bemühen, den ökonomisch-ökologischen Zielkonflikt zu lösen, geht der Planentwurf von einer funktionalen Trennung des Raumes in zwei Teilräume aus: so wird der Rheinebene und der Vorbergzone als Raum mit überdurchschnittlicher Standortgunst die ökonomische, dem Schwarzwald als einer Erholungslandschaft die ökologische Funktion zugewiesen.[39] Mit dieser Funktionstrennung allein ist der Zielkonflikt jedoch zumindest für die Rheinebene nicht gelöst; für diesen Teilraum sucht der Plan die klassische Lösung des Kompromisses: die gewerblich-industrielle Entwicklungsmöglichkeit von Gemeinden wird einerseits durch die Berücksichtigung ökologischer und siedlungsstruktureller Randbedingungen beschränkt (dies gilt in erster Linie für die am Rheinauewald gelegenen Gemeinden), andererseits wird Gemeinden, die innerhalb von sog. Entwicklungsachsen liegen, „in größerem Umfang" eine industrielle und gewerbliche Entwicklung ermöglicht.[40] Im Folgenden soll anhand von zwei konkreten Einzelfällen gezeigt werden, daß der Plan das ökologische mit dem ökonomischen Zielkriterium nicht vereinbaren konnte und daß durch diese mangelnde Beherrschung des Zielkonflikts Bürgerengagement geradezu herausgefordert wird. Es handelt sich erstens um die geplante Rheinbrücke bei Ottenheim (Schwanau), und zweitens um die Standortplanung für das Kernkraftwerk Wyhl im Zusammenhang mit der Abgrenzung des „Kaiserstuhlraumes".

(1) In Anlehnung an den Landesentwicklungsplan wird im Regionalplan-Entwurf zwischen Lahr und Ottenheim (Schwanau)[41] eine regionale Entwicklungsachse ausgewiesen, die hinsichtlich ihrer Siedlungsstruktur und ihrer Verkehrsinfrastruktur ausgeformt werden soll, wobei zugleich die Rheinauen als *geschlossener* regionaler Grünzug erhalten bleiben sollen.[42] Die hier interessierende Verkehrsinfrastruktur soll so verbessert werden, daß durch eine Querachse das Kinzigtal (Schwarzwald) über Lahr und den Rheinübergang bei Ottenheim mit dem Elsaß verbunden wird.[43] Diese „regional bedeutsame Straße"[44] wird in der vorgesehenen Trassierung bisher noch unberührten Rheinauewald zerschneiden, der dem des mittlerweile zum Naturschutzgebiet erklärten „Taubergießen" kaum nachsteht.[45] Damit verstößt der Plan gegen das explizit formulierte

Ziel, daß die Rheinauen als geschlossene Grünzüge erhalten bleiben
sollen, daß naturnahe Ökotopen zu schützen sind und daß „besonders wertvolle, nicht wiederbringliche landschaftliche Substanz" gesichert werden müsse.[46] Die logische und konsequente Schlußfolgerung aus diesem Planziel wäre der Vorschlag gewesen, auch dieses
Rheinauegebiet zum Naturschutzgebiet zu erklären. Dabei wäre
noch nicht einmal das ökonomische Zielkriterium tangiert worden,
da ja die Entwicklungsachse bei der Gemeinde Ottenheim enden
soll. Inzwischen wurde in Ottenheim und in den benachtbarten
Riedgemeinden eine Bürgerinitiative gebildet, die sich den Schutz
der dortigen Rheinauewälder zum Ziel gesetzt hat.[47] Möglicherweise hätte der anstehende politische Konflikt durch die in der
Regionalplanung durchaus gängige adäquate Mittelwahl zumindest
gemildert werden können. Dies hätte im konkreten Fall bedeutet,
eine Lösung der geringeren Flächenbeanspruchung zu suchen und
die betroffenen Bürger an der Planung zu beteiligen. Als „kleine",
den ökologischen Bedingungen Rechnung tragende Lösung würde
sich hier anbieten: 1. die Anbindung des bestehenden Rheinüber-
gangs bei Nonnenweier an das Lahrer Verkehrsnetz, 2. die Wider-
herstellung der alten, im Krieg zerstörten Rheinbrücke bei Ottenheim.[48]

(2) Die Planung des Standortes für das Kernkraftwerk bei Wyhl
wird bestimmt durch die „Sondernovelle zum Landesentwicklungsplan für das Kaiserstuhlgebiet" und durch den RPE, der dieser Sondernovelle Rechnung tragen mußte.[49] Während in der Sondernovelle
der Begriff „Kaiserstuhlgebiet" sehr vage definiert wird und eine
klare Grenzziehung nicht erkennbar ist, ergibt sich aus dem RPE
eine eindeutige Abgrenzung a. durch die Ausweisung der beiden
Entwicklungsachsen Freiburg — Breisach (südlich) und Emmendingen — Sasbach (nördlich) und b. durch die Trennung des Kaiserstuhlraumes in die beiden Nahbereiche „Kaiserstuhl — Tuniberg"
und „Nördlicher Kaiserstuhl". Hier wird zur Lösung des Zielkonflikts im kleinen das gleiche Verfahren der Teilung der Räume
wie im großen im gesamten Verbandsgebiet angewandt. Der Bereich
„Kaiserstuhl-Tuniberg" wird danach zu einer Art Naturschutzgebiet
des Weines, während das nördliche Kaiserstuhlgebiet, zu dem auch
die Gemeinde Wyhl gehört, als Raum der regionalen Wirtschaftsför-
derung gewerblich-industriell entwickelt werden soll.[50]

Der Plan verdeutlicht das Bemühen, den Standort Wyhl in seiner Richtigkeit und Zweckmäßigkeit zu begründen, den ökonomisch-ökologischen Zielkonflikt kann er *so* jedoch nicht lösen. Denn ebenso wie im Fall der Rheinbrücke bei Ottenheim verstößt der KKW-Standort im Rheinauewald gegen die im Plan enthaltene Ökologie-Klausel. Die im RPE vorgeschlagene Ausweisung des Rheinauewaldes als Naturschutzgebiet mit Ausnahme des vorgesehenen Baugeländes würde zwar eine großflächige Industrialisierung auf der badischen Rheinseite verhindern, den Bau des Kernkraftwerks jedoch dennoch ermöglichen. Dieses muß den Umweltschützern, die das ökologische Zielkriterium zur obersten Maxime ihres Handelns machen, als „fauler Kompromiß" erscheinen. Hinzu kommt, daß das ökologische Umweltverständnis die Industrialisierungsprozesse beiderseits der nationalen Grenzen in ihre Gesamtheit unter dem Aspekt der daraus resultierenden Umweltbelastung berücksichtigt.

2. *Das ökologische Umweltverständnis der Bürgerinitiativen*

Unter „Umwelt" verstehen die Bürgerinitiativen in erster Linie den natürlichen Lebensraum des Menschen, bestehend aus den „natürlichen" Elementen Luft, Wasser, Erde sowie der Pflanzen- und Tierwelt.[51] Auch der Mensch wird als Teil seiner Umwelt angesehen; ihm ist es allerdings gelungen, kraft seiner Intelligenz und seiner technischen Fähigkeiten die Umwelt zu beherrschen und durch seine zivilisatorischen Maßnahmen das ökologische Gleichgewicht zu gefährden bzw. zu zerstören. Dem Menschen droht die Gefahr, mit der Zerstörung der Umwelt seine eigenen Existenzbedingungen zu vernichten. Bewältigung der Umweltkrise bedeutet nach diesem Verständnis somit die Bewahrung bzw. Wiederherstellung des ökologischen Gleichgewichts.[52] Analog dazu wird unter „Raum" oder „Region" ein Gebiet verstanden, welches unabhängig von seiner ökonomischen, politisch-verwaltungsmäßigen oder kulturellen Funktion aus dem ökologischen Gleichgewicht geraten ist oder zu geraten droht. In der Auseinandersetzung um das KKW Wyhl verstehen die badisch-elsässischen Bürgerinitiativen unter „Region" das gesamte Gebiet des Rheingrabens zwischen Schwarzwald, Vogesen und dem Schweizer Jura. Folgerichtig wird auch das geplante Kernkraftwerk in Wyhl nicht isoliert als Einzelprojekt gesehen, sondern in Zusammenhang mit den im Problemraum Oberrhein insgesamt projektierten Kernkraftwerken und darüber hinaus mit den Industrialisierungsplänen im allgemeinen.[53] Der Zusammenschluß der ursprünglich lokalen Bürgerinitiativen zu einem regionalen Dachverband ist der organisatorische Ausdruck dieses ökologischen Raumverständnisses. Für die sog. Regio wurde als internationaler Zusammenschluß der Umweltschutzverbände am Rhein die „Rheintal-Aktion e.v. "gebildet.

Einen diesen regionalen Dachverbänden der Bürgerinitiativen entsprechenden politisch kompetenten Adressaten gibt es auf der regionalen Handlungsebene der Rheinanliegerstaaten nicht; die „Konferenz Oberrheinischer Regionalplaner" kann als ein Gutachtergremium bezeichnet werden, welches im Auftrag der Regierungen Siedlungsbestandspläne erarbeitet. Die „Conference Tripartite", in der die regionalen Instanzen der drei Anliegerstaaten vertreten sind, hat nur beratende Funktion und ist über unverbindliche Vorschläge zur grenzüberschreitenden Planung bisher nicht hinausgekommen. Das gleiche gilt für die „Commission Tripartite", die sich aus Regierungsvertretern der jeweiligen Zentralregierungen, der Länder bzw. der Departements und Kantone zusammensetzt. Für die Willensbildung innerhalb dieser Kommissionen ist besonders charakteristisch, daß gerade „heiße Eisen" bewußt ausgeklammert werden, um überhaupt zu irgendwelchen Ergebnissen zu kommen. So beklagte der Bürgermeister von Schwanau mit Recht: „Wir hatten uns erhofft, daß die neuen Gremien (Commission Tripartite) die Probleme anpacken, die uns auf den Nägeln brennen, aber die brennendsten Fragen wurden bisher ausgeklammert. Das ist ein entscheidender Fehler, *denn die Bevölkerung erhält den Eindruck, sie müsse diese Fragen selbst in die Hand nehmen, wenn die offiziellen Gremien versagen.*"[54] Erschwerend wirkt auf die grenzüberschreitende Planung ferner die partielle Überschneidung der Planungskompetenzen der verschiedenen Kommissionen.[55]

So bestimmen nach wie vor die jeweiligen nationalen Planungen die Entwicklung der Oberrhein-Region, wobei sich — bedingt durch die Grenzlage am Rhein — ein Addierungseffekt ergibt, der die ökologischen Folgen aus der Sicht der Umweltschützer so bedenklich erscheinen läßt. Dieser Addierungseffekt sei an zwei Beispielen erläutert: nach dem RPE werden auf deutscher Seite am Rhein drei Industrievorsorgezonen ausgewiesen, die — wenn man die Planungen des Oberelsässischen Generalrates mitberücksichtigt — jeweils einer von insgesamt neun elsässischen Industrievorsorgezonen gegenüberliegen. Sollten diese Planungen verwirklicht werden, so entstehen hier in unmittelbarer Nähe der Rheinauewälter und der Reblandschaft des Kaiserstuhls drei (möglicherweise vier) Industriezonen.[56] Der gleiche Addierungseffekt, bedingt durch nationales Konkurrenzdenken und fehlende grenzüberschreitende Planung, ist auch im Bereich der Standortplanung für Kernkraftwerke festzustellen: So sind auf französischer Seite als Standorte nach wie vor Marckolsheim und Gerstheim (neben Lauterbourg und Sundhouse) im Gespräch, auf deutscher Seite laut LEP und RPE die gegenüberleigenden Orte Wyhl und Meißenheim.[57]

Es ist also durchaus verständlich, wenn die badisch-elsässischen Bürgerinitiativen das Schlagwort vom „Ruhrgebiet am Oberrhein" verbreiten.[58] Das Schlagwort scheint jedoch dadurch seine Berechtigung zu verlieren, daß die Entwicklungsplanungen beiderseits des Rheins — jede für sich gesehen — keine großflächige Industrialisierung zulassen, wobei der RPE erheblich restriktiver vorgeht als der elsässische Raumordnungsplan.[59] In beiden Regionen sollen nach dem punktachsialen Prinzip Industrie- und Gewerbegebiete durch Landschaftszonen voneinander getrennt werden. Dennoch kann durch den erwähnten Addierungseffekt in der Gesamtregion Oberrhein das von den Bürgerinitiativen befürchtete „Ruhrgebiet" entstehen; allerdings haben die Bürgerinitiativen bisher nicht angegeben, ab welcher Größe nach ihren Vorstellungen eine Industriezone als „Ruhrgebiet" anzusehen ist. Auch hier fehlt es ganz offensichtlich an meßbaren Indikatoren, die anzeigen, wann ein Industrialisierungsgrad erreicht ist, der als ökologisch bedenklich bezeichnet werden kann.

Die sich für den Umweltschutz engagierenden Bürgerinitiativen stehen hier vor einem Dilemma: sie müssen entweder diese Indikatoren erarbeiten (wie auch die öffentliche Planung darangeht, Indikatoren für die Prüfung der Umweltverträglichkeit zu ermitteln) und sich mit der Einsicht begnügen, daß umweltpolitische Zielsetzungen allenfalls Annäherungen an einen Idealzustand sein können,[60] oder aber diesen Idealzustand ohne Rücksicht auf das politisch Mögliche anstreben, wobei sie sich der Gefahr aussetzen, nicht ernst genommen zu werden.

IV. Zusammenfassung

Es wurde eingangs die These vertreten, daß die mangelnde Beherrschung des ökonomisch-ökologischen Zielkonfliktes in der öffentlichen Planung extrakonstitutionelles Bürgerengagement für den Umweltschutz geradezu herausfordert. Diese These wurde anhand der Regionalentwicklung im Bereich des Regionalverbands Südlicher Oberrhein exemplarisch erläutert, wobei als Spezifikum dieser Region die Grenzlage zum Elsaß berücksichtigt werden mußte; insofern kann das hier herangezogene Beispiel nur begrenzt Allgemeingültigkeit beanspruchen. Es wurde ferner versucht, die o.a. These mit der geringen Handlungsfähigkeit des Staates zu begründen, die als Strukturdefekte der regionalen Handlungsebene charakterisiert wurden; dies, obwohl oder gerade weil vor allem im Infrastrukturbereich die öffentlichen Aufgaben ständig zunehmen. Die Bewältigung der Umweltkrise bei gleichzeitiger Sicherung der Arbeisplätze wäre — verfolgt man diesen Gedankengang weiter — ein institutionelles Problem, das durch eine Reform der politischen Institutionen gelöst werden könnte. Bürgerinitiativen wären dann überflüssig, wenn der Staat in die Lage versetzt würde, den ökonomisch-ökologischen Zielkonflikt zu lösen. Gegen diese Annahme ist eingewandt worden, daß noch so perfekte Organisationsreformen die Problemlösung nicht gewährleisten können, solange nicht der Stand der Umweltforschung verbessert wird und eine wissenschaftlich abgesicherte Umweltpolitik ermöglicht.[61] Dieses Argument läßt sich umkehren: selbst die gesichertsten wissenschaftlichen Erkenntnisse über ökologische Zusammenhänge tragen wenig zur Problemlösung bei, wenn die politischen Institutionen nicht in der Lage sind, diese Erkenntnisse in die politische Praxis umzusetzen; es kommt auf beides an. Unabhängig davon erscheint eine grundsätzliche Lösung des Zielkonflikts schon deswegen kaum möglich, weil Problembewußtsein und Wertvorstellungen in einer pluralistischen Gesellschaft stets unterschiedlich sein werden. So wird bei der Feststellung und Bewertung von „Umweltverträglichkeit" ein allgemeiner Konsens schwer zu finden sein. Umweltpolitik — ob öffentlich durch den Staat oder privat durch die Bürgerinitiativen — steht in einer pluralistischen Demokratie im notwendigen Wechselspiel von Konflikt und Konsens, allerdings sollte der Konfliktaustrag so gestaltet sein, daß tiefgreifende Spaltungen vermieden werden. Hierbei muß es zunächst einmal darum gehen, die gravierenden Mängel in der öffentlichen Planung zu beseitigen. Ob die in den letzten Jahren geschaffenen Umweltbehörden dazu beitragen können, muß bezweifelt werden. Die Institutionalisierung der öffentlichen Umweltpolitik erfolgte bisher fast ausschließlich im verwaltungsinternen Bereich und zu einseitig unter dem zweifelsohne notwendigen Effizienzkriterium.[62] Wichtiger für die Überwindung der Entfremdung zwischen Bürger und Staat ist m. E. die Notwendigkeit, der Dominanz der staatlichen Verwaltung ein parlamentarisches Gegengewicht entgegenzusetzen und zwar so, daß die raumspezifischen Probleme innerhalb dieses Raumes politisch verbindlich geregelt und demokratisch-legitimatorisch abgesichert werden; parlamentarisierte Regionen könnten dies ermöglichen.

Anmerkungen

1 Nach *R.P. Lange* (Hrsg.) (1973), S. 268.
2 *Lange* (Hrsg.), a.a.O., S. 262.
3 Vgl. dazu den „Spiegel-Titelbericht „Sind die Städte (überhaupt) noch zu retten?“, in: „Der Spiegel“ v. 7. Juni 1971 (Nr. 24); *A. Mitscherlich* (1965); *H. U. Klose*, auch in: *H. Köser* (Hrsg.) (1978); zur Krise der amerikanischen Städte vgl. *J. Jacobs*: Stadt im Untergang, Frankfurt/Berlin 1970.
4 *P.-C. Mayer-Tasch* (1976), S. 23 ff.
5 Vgl. dazu aus der Sicht der Bürgerinitiativen *H.-H. Wüstenhagen* (1975); *B. Nössler/M. de Witt* (Hrsg.) (1976); *N. Gladiz* (Hrsg) (1976).
6 Über derartige Fälle berichtet regelmäßig „Natur und Umwelt“, Vierteljahreszeitschrift für Ökologie und Umweltpolitik, hrsg. v. Bund Natur- und Umweltschutz.
7 Exemplarisch sei hier genannt die Zeitschrift „graswurzelrevolution. Für eine gewaltfreie, herrschaftslose Gesellschaft“ (erscheint in Göttingen), in der sozialistische und plebiszitärdemokratische Ideen vertreten werden.

8 Vgl. dazu den Aufsatz von *O. W. Gabriel*, in diesem Band. — Das Defizit regionalpolitisch orientierter Untersuchungen zeigt sich z. B. in den Arbeiten des Forschungsverbundes „Bürgernahe Gestaltung der sozialen Umwelt", der sich fast ausschließlich dem kommunalen Bereich zugewandt hat; vgl. *F.-X. Kaufmann* (Hrsg.) (1977).

9 „Staat" wird hier in der Regel mit „Regierung" gleichgesetzt.

10 Vgl. *Nössler/de Witt* (Hrsg.), S. 5, Anm. 1; „opportunistisch" heißt nach diesem Verständnis, daß der Staat die Interessen der Wirtschaft vertritt; so heißt es in einem Flugblatt der badisch-elsässischen Bürgerinitiativen: „Behörden und Politiker, die bezahlt werden, um uns zu schützen, haben sich überwiegend als unzuverlässig, unwissend und opportunistisch erwiesen"; aus: *Nösler/de Witt* (Hrsg.), S. 248/249; „Die Landesregierung ... übernimmt vorbehaltlos die am Gewinn und möglichst hohen Absatzzahlen orientierte Politik der Versorgungsunternehmen. Sie erklärt das Geschäftsziel von privatrechtlichen Unternehmen unbesehen zum öffentlichen Interesse"; aus: *Gladitz* (Hrsg.), S. 45 (Flugblatt der bad.-elsäss. Bürgerinitiativen).

11 Die Analyse der „Strukturdefekte" orientiert sich am Maßstab a. der Handlungsfähigkeit des Staates und b. der normativen Prämissen einer „autonom-pluralistisch-sozial-rechtsstaatlichen" Ordnung, wie sie Fraenkel für die sog. westlichen Demokratien formuliert hat; vgl. *E. Fraenkel*: Strukturdefekte der Demokratie und deren Überwindung, in: drs.: Deutschland und die westlichen Demokratien, Stuttgart 1964, S. 48 ff.

12 *Mayer-Tasch* a. a. O., S. 39 ff.

13 Raumordnung in der BRD, in: Informationen zur politischen Bildung, Folge 128, Mai/Juni 1968, S. 9; *R. Waterkamp* a. a. O., S. 5; ders. (1973); *U. Brösse* (1974).

14 Nach *R.-R. Grauhan/G.-W. Green*: 15 Thesen zur politischen Innovation am Beispiel der Regionalpolitik. Diskussionsgrundlage für die 2. Tagung der Arbeitsgruppe „Comparative Politics" in Buchenbach b. Freiburg, April 1970, S. 1; vgl. dazu auch *R.-R. Grauhan* u. a. (1971), S. 423 f.

15 *H. U. Evers* (1973).

16 *K. Kaiser/M. von Schaeven*: Stuttgart und die Region Mittlerer Neckar, Stuttgart 1973, S. 185.

17 *Evers* a. a. O., S. 117.

18 Ebd., S. 119.

19 Nach: *E. Lauschmann* (1973), S. 7 ff; vgl. auch *J. H. Müller* (1976); *F. Malz* (1974), S. 432 ff u. 447 ff.

20 *Evers* a. a. O., S. 119 f.

21 *Brösse* a. a. O., S. 46 ff.

22 Ebd., S. 48.

23 *V. Frhr. von Malchus*: Regionalplanung im Spannungsfeld zwischen Raumentwicklungsplanung und Bauleitplanung, in: Materialien zur kommunalpolitischen Bildung, hrsg. v. d. Konrad Adenauer Stiftung, Bonn 1976, S. 409 ff.

24 So kritisierte der Präsident des Regierungsbezirks Südbaden die „zentralistischen Kompetenzansprüche und Einzelfall-Eingriffe von oben" sowie das bürokratische Gestrüpp der zahlreichen Fördermöglichkeiten; vgl. „Badische Zeitung" v. 23.12.1977, S. 9.

25 *Brösse* a.a.O., S. 48; Erfolgskontrollen regionalpolitischer Maßnahmen sind bislang allerdings noch nicht durchgeführt worden; neue Möglichkeiten der Zusammenarbeit zwischen Regionalpolitikern und Regionalwissenschaftlern bieten sich mit den sog. Wirkungsanalysen an; vgl. dazu *G.-M. Hellstern/H. Wollmann:* Wirkungsanalysen: Eine neue Variante wissenschaftlicher Politikberatung, in: transfer 4. Planung in öffentlicher Hand, Opladen 1977, S. 157 ff; konzeptionelle Vorschläge sind bisher vor allem für die kommunale Ebene gemacht worden; vgl. dazu *P. Kevenhörster/A. Windhoff-Héritier:* Policy-Analyse in der Kommunalpolitik. Zur praktischen Verwertbarkeit wissenschaftlicher Information, Arbeitspapier f. d. Wiss. Kongreß der Deutschen Vereinigung für Politische Wissenschaft v. 4.–7. Okt. 1977 in Bonn; *G. Rinsche*, in: *P. Kevenhörster* (Hrsg.) (1977), S. 55 ff.

26 von *Malchus* a.a.O., S. 415 ff.

27 Immer häufiger werden in jüngster Zeit „Grüne Listen Umweltschutz" (GLU) aufgestellt, mit denen sich die Umweltschutz-Bürgerinitiativen an Kommunal-, Kreistags- und auch an Landtagswahlen beteiligen. – Der Landesverband Baden-Württemberg des „Bundes Natur- und Umweltschutz" ist entsprechend den Planungsverbänden in 12 Regionalverbände untergliedert; oberstes Organ einer Region ist die Vertreterversammlung, die aus je einem von den Mitgliedern gewählten Delegierten der Stadt- und Landkreise besteht; die Vertreterversammlung wählt den aus 11 Personen bestehenden Vorstand des Regionalverbandes; vgl. „Natur und Umwelt" H. 1/1978, S. 9. 12.

28 Vgl. *H. Borghorst* (1976).

29 In diese Richtung geht ein Vorschlag des Bezirksverbands der Jungen Union Südbaden; vgl. dazu das auf dem Bezirkstag in Oberndorf am 15. Okt. 1977 verabschiedete Papier „Zukunftschancen in Südbaden" S. 5/6; ähnliche Vorstellungen vertritt auch der Bezirksausschuß der SPD Südbaden.

30 Zur politikwissenschaftlichen Analyse des Falles „KKW Wyhl" vgl. *B. Jünemann* in: *W. Jäger/G. Mühleisen* (Hrsg.) (1976), S. 111 ff.

31 Vgl. dazu *G. Keller* (1977), S. 89 ff.

32 Staatsministerium von Baden-Württemberg (Hrsg): Landesentwicklungsplan Baden-Württemberg mit Begründung v. 22. Juni 1971, Stuttgart 1971, S. 65 f.

33 Nach: „Badische Zeitung" v. 24.11.1976, S. 10.

34 *Lauschmann* a.a.O., S. 3 f.

35 Bemerkenswerte Ansätze finden sich in den Gutachten des Rates der Sachverständigen für Umweltsfragen; vgl. dazu ders.: Umweltprobleme des Rheins, 3. Sondergutachten, Stuttgart/Mainz 1976.

36 Regionalverband Südlicher Oberrhein (Hrsg.): Regionalplanentwurf 77 nach dem Beschluß der Verbandsversammlung vom 12.5.1977, Freiburg 1977 (im Folgenden zit. RPE).

37 So der stellv. Direktor des Regionalverbands Südlicher Oberrhein (im Folgenden zit. RVSO) *Wiederhold*; nach „Badische Zeitung" v. 24.11.1976, S. 10.

38 RPE S. 11.

39 Ebd.

40 RPE S. 13.

41 Zur Gemeinde Schanau gehören nach der Gebietsreform die Teilorte Allmannsweier, Nonnenweier, Ottenheim und Wittenweier.

42 RPE S. 19.

43 Die verkehrsinfrastrukturelle Zweckmäßigkeit dieser Querachse ist offensichtlich umstritten. Sachargumente scheinen im sog. Brückenstreit jedoch kaum eine Rolle zu spielen, ökologische schon gar nicht. Vielmehr wird die Auseinandersetzung geprägt von Lokalrivalitäten und parteipolitischen Querelen; vgl. die ausführliche Berichterstattung im „Lahrer Anzeiger" und in der „Lahrer Zeitung".

44 Regionalverband Südl. Oberrhein, RPE-Kurzfassung S. 11.

45 Da nach dem RPE die Trasse über die Rheinstaustufe Gerstheim führen soll, muß eine Schneise durch den Rheinauewald geschlagen und ein Damm durch das Feuchtgebiet geschüttet werden; eine weitgehende Zerstörung dieses Ökotops wäre die Folge.

46 RPE S. 12 u. 19.

47 Entstehungsanlaß der „Bürgerinitiative Ried" waren die geplanten KKW-Standorte Meißenheim und Gerstheim; der Verf. war bei der Gründungsversammlung anwesend und konnte die Signalwirkung, die von Wyhl ausging, beobachten.

48 Eine Beteiligung der Bürgerinitiative unter Einbeziehung von Gegenplanungskonzepten würde sich hier anbieten; in einigen Regionen ist dies bereits praktiziert worden; vgl. *H. Muntzke*: Die Beteiligung der Bürger an der Regionalplanung in der Region Untermain/Frankfurt/M., in: Der Gemeindetag 1972, H. 1, S. 2.

49 Sondernovelle zum Landesentwicklungsplan für das Kaiserstuhlgebiet, Erlaß des Innenministeriums Baden-Württemberg v. 2. Juli 1976.

50 Sondernovelle zum LEP S. 2 u. 3; RPE S. 16, 19 u. S. 89 u. 93.

51 Exemplarisch sei hier genannt *H. Gruhl*: (1975), S. 31 ff u. 115 ff.

52 Zur Problematik der Präzisierung des ökologischen Gleichgewichtsbegriffs vgl. *W. Buchholz*, in: *Jäger/Mühleisen* (Hrsg) (1976), S. 63 ff.

53 Dies wird besonders deutlich in den Gutachten, die die badisch-elsässischen Bürgerinitiativen im Hauptsacheverfahren um das KKW-Wyhl dem Verwaltungsgericht Freiburg vorgelegt haben; vgl. *R. Beeretz/S. de Witt*: Wyhl. (1977).

54 Nach: „Badische Zeitung" v. 24.2.1977, S. 10.

55 Die Auseinandersetzung um die KKW-Projekte in Wyhl, Kaiseraugst und Fessenheim hatten immerhin zur Folge, daß die Conference Tripartize eine Arbeitsgruppe „Umweltbelastung und Energieversorgung" bildete, die die Umweltbelastung durch Industriebetriebe *vor* deren Errichtung ermitteln soll; allerdings stellt sich auch hier das Problem der Definition von „zumutbaren Belastungsgrenzen"; vgl. „Badische Zeitung" v. 5.11.1976.

56 Nach: „Badische Zeitung" v. 25.10.76.

57 Mit der Bildung einer deutsch-französischen Regierungskommission scheint eine politisch verbindliche Koordinierung der Standortplanung für Kern-Kraftwerke in Sicht zu sein; vgl. „Badische Zeitung" v. 21.1.1978.

58 Vgl. dazu die zahlreichen Stellungnahmen und Kommentare in: „Was Wir Wollen", Zeitung des Bauplatzbesetzer von Marckolsheim und Wyhl, hrsg. vom Internationalen Komitee der Bauplatzbesetzung; oder: „Informationsdienst zur Verbreitung unterbliebener Nachrichten", Sondernr. v. 19.3. 1975; „Der Bauplatz in Wyhl. Geschichte einer Besetzung", Dokumentation, ersch. in der Schriftenreihe Erde und Kosmos, Schönau/Schwarzwald. – Vgl. zu diesem Thema ferner *K. Köhler/T. Lehner*: Ruhrgebiet am Oberrhein? Sendung des Südwestfunks Baden-Baden am 9.1.1975, Manuskript der Autoren.

59 Zweifelsohne hat der RPE die Entwicklungseuphorie vieler Gemeinden erheblich gedämpft, so vor allem im Bereich der Siedlungsstruktur.

60 *Buchholz* a.a.O., S. 65.

61 *R. Eckert*, Umweltschutz und Exekutive, in: *Jäger/Mühleisen* (Hrsg.), a.a.O., S. 96.

62 Ebd., S. 78 ff.

IV. Bürgerinitiativen — soziologische und sozialisationstheoretische Aspekte

Peter C. Dienel

Zur Stabilisierung funktionaler politischer Sozialisation. Die Frage nach der Bürgerinitiative der Dritten Generation

Im Folgenden wird die Bürgerinitiative — obgleich z. Z. andere ihrer Aspekte im Vordergrund der Diskussion stehen — unter dem Gesichtspunkt der politischen Sozialisation erörtert. Auch von hier aus gesehen erweist es sich als sinnvoll und als möglich, nach einer neuen Form der Bürgerinitiative zu fragen.

Zur politischen Sozialisation

Das politische Teilsystem einer Gesellschaft erfordert von den teilnehmenden Personen bestimmte Einstellungen, Fähigkeiten und Kenntnisse. Sie werden in Sozialisationsprozessen erworben. Diese Prozesse müssen nach Informations- und Motivationsangebot, sowie nach institutionalisierter Gelegenheit so bemessen sein, daß die erforderlichen Eigenschaften in einem Ausmaß zur Verfügung stehen, das diejenigen Gleichgewichte sicherstellt, die dem jeweiligen politischen System angemessen sind.

Einige der Einstellungen, Kenntnisse und Fähigkeiten müssen nur in bestimmten Rollen des politischen Systems zur Verfügung stehen (‚spezielle Fähigkeiten‘); andere werden von allen innerhalb des Systems Agierenden erwartet (‚generelle Fähigkeiten‘).

Der Erwerb derartiger Fähigkeiten wird über sehr unterschiedliche Lernprozesse geleistet. Es erscheint zweckmäßig, folgende Arten von Lernprozessen zu unterscheiden:

— Manche der erforderlichen Kenntnisse, Einstellungen oder Fähigkeiten finden sich beim einzelnen Bürger wie „von selber" vor.
Sie werden z. B. in familiären, örtlichen und nationalen oder
mitunter auch in berufsständischen Zusammenhängen vermittelt
(„traditionale Lernprozesse").

— Wenn die Ergebnisse dieser Form des Lernens als nicht mehr ausreichend empfunden werden, werden — ähnlich wie das auch
sonst, z. B. im Hinblick auf sprachliche, berufliche oder religiöse
Bildungsinhalte geschieht — intentionale Lernprozesse organisiert,
die — etwa in Form von Berufsausbildung oder Schule — die
Lücken schließen sollen („organisierte Lernprozesse").

— Je pluraler die Zusammenhänge werden, die eine Gesellschaft
ihren Bürgern bietet, desto häufiger ergeben sich Situationen,
in denen dem einzelnen der Erwerb der erforderlichen, traditio-
nal nicht mehr vermittelten Fähigkeiten, Kenntnisse und Einstellungen auf nichtintentionale Weise angeboten wird. Durch
den Vollzug eigentlich anders ausgerichteter Verhaltensweisen
werden, sozusagen als Nebeneffekt, die benötigten Eigenschaften miterworben („situative Lernprozesse").

Vergleicht man den Ertrag unterschiedlicher Lernprozesse, so
fällt auf, daß ihr Lerneffekt unterschiedlich groß ist. Das hat Gründe.
Der organisierte Lernprozeß ist z. B. aufwendiger als der situative.
Hier muß man sich z. B. nicht so viele Gedanken um die Bereit-
stellung der erforderlichen Informationen machen. Sie sind in der
gegebenen sozialen Situation präsent. Auch der Einbau zusätzlicher
Lernmotivationen — in der Schule ein ständiges Problem — ist hier
nicht nötig. Solche Motivationen werden von den sachlichen Anforderungen, die ja gerade die Situation als solche ausmachen, mitgeleistet.

Diese Vorzüge der situativen Lernprozesse sprechen dafür, diese
Art von Lernprozessen viel häufiger anzuwenden. Die Schwierigkeit,
entsprechende Situationen aufzufinden bzw. zu konstruieren, verhindert das aber. So werden organisierte Lernprozesse zum Regelfall. Die Institutionalisierung organisierter Lernprozesse wird zudem
durch Nebeneffekte unterstützt, die von der betreffenden Einrichtung mitgeleistet werden. So darf z. B. die Entstehung und Erweiterung der Einrichtung „Schule" nicht ohne Verbindung zu ihren

übrigen Funktionen, etwa der inzwischen häufiger diskutierten Hüte-oder Kustodial-Funktion[1] gesehen werden.

Dessen ungeachtet kann festgehalten werden, daß situative Lern-prozesse die nachhaltigste Wirkung haben. Es liegt daher nahe, sie auch zur politischen Sozialisation zu nutzen.

Der Bürger als Zentralfigur einer Demokratie

Die Demokratie, wie sie sich bei uns entwickelt hat, stellt an den einzelnen Teilnehmer und damit an seine Sozialisierung besonders hohe Anforderungen. Theoretisch ist hier der Bürger die Zentralfigur des gesamten Ordnungsentwurfs.

Sämtliche Einrichtungen unseres sehr differenzierten politischen Systems nehmen das Interesse und das Einverständnis „des Bürgers" als grundlegend für sich in Anspruch. Alle Gewalt geht, wie das Grundgesetz sagt, vom Volke aus. Jedes Gerichtsurteil beginnt mit der Formulierung „im Namen des Volkes". Der Bürger hat eine legi-timierende Funktion.

Selbst da, wo unsere Verfassungen eine Willensbildung unmittel-bar durch den Bürger nicht vorsehen, steuert der Bürger mit seinen Erwartungen im Regelfall alle Vorhaben öffentlichen Handelns. Die Ängste und Hoffnungen des Bürgers bilden die Vorgaben für das, was in Staat und Stadt geschieht, und zwar sogar dann, wenn die Wahl-kampfstrategen der politischen Parteien, aus was für Gründen auch immer, entsprechende Themen in der öffentlichen Diskussion über-gehen. Die bei der Bundestagswahl 1976 versäumte dann aber ver-stärkt einsetzende Energiediskussion belegt das.

Indirekt durch seine Vertreter und direkt durch seine Teilnahme an der Wahl kontrolliert der Bürger die gesamte staatliche Apparatur. So, jedenfalls, sieht es unsere Verfassung. Sie räumt sogar jedem ein-zelnen Bürger das Recht zum Widerstand in dem Fall ein, daß die verfassungsmäßige Ordnung beseitigt werden soll (Art. 20 GG). Letztlich also legitimiert, steuert und kontrolliert der Bürger alle Ausübung öffentlicher Herrschaft.

Eine derartige Inanspruchnahme des Bürgers durch unseren demo-kratischen Ordnungsentwurf setzt bei dieser Zentralfigur bestimmte Fähigkeiten, Kenntnisse und Einstellungen voraus. Der Bürger muß

u. a. in der Lage sein, seine eigenen Interessen zu artikulieren. Er muß über ein Minimum an Verfahrenswissen verfügen und die Arbeitsteilung im politischen Teilsystem der Gesellschaft als für ihn funktional begreifen, also ein gewisses Maß an Systemvertrauen aufbringen. Vor allem aber muß er langfristige Interessen der Allgemeinheit wahrnehmen und bejahen können. Schließlich muß er in bestimmten Fällen motiviert sein, seine Wertvorstellungen und die der Allgemeinheit wirksam in die Steuerungs- und Kontrollprozesse einzubringen.

Diese Fähigkeiten, Kenntnisse und Einstellungen, die in bestimmten Situationen als bei Mehrheiten von Bürgern vorhanden unterstellt werden, werden schon seit langem nicht mehr hinreichend über traditionale Lernprozesse sichergestellt. So hat man denn auch seit vielen Jahren in Form von Schule oder politischer Bildung organisierte Lernprozesse mit der Erwartung eingerichtet, die erforderlichen Haltungen und Fähigkeiten beim einzelnen bewirken zu können. Das aber gelingt nicht immer.

Daß die politische Zentralfigur unseres Systems so häufig nicht entwurfsentsprechend funktioniert, hat unter anderem zur Folge, daß viele öffentliche Probleme nicht rechtzeitig oder nicht sachgerecht gelöst werden können. Wir registrieren einen wachsenden Problemstau. Er signalisiert für manchen die Grenzen der Leistungsfähigkeit unseres Systems. Der politische Terrorismus ist von daher keine Zufallserscheinung. Immer mehr Bürger überlassen sich der politischen Apathie oder reagieren aggressiv. Die eingangs erwähnten Gleichgewichte lassen sich daher heute bei uns immer schwerer aufrechterhalten.

Der Bürger ist knapp — was nun?

Das Dilemma der Demokratie scheint nicht zuletzt darin begründet, daß der „demokratiegeeignete Bürger" nicht in ausreichender Menge vorhanden ist. Normale Leute sind mit vielem beschäftigt, nur nicht damit, die Langfristinteressen der Allgemeinheit zu vertreten. Die traditionalen politischen Lernprozesse gewährleisten nicht die beim Bürger erforderlichen Basisfähigkeiten. Auch der zunehmend verstärkten politischen Bildung ist der entscheidende Erfolg versagt. Vielleicht helfen hier situative Lernprozesse weiter, die dem einzelnen Bürger Einstellungen, Fähigkeiten und Kenntnisse ermöglichen, die für unseren demokratischen Ordnungsversuch funktional sind.

Die sozialen Positionen, in denen diese Bürgerqualitäten so nebenbei mitvermittelt werden, sind aber nicht sehr dicht gesät. Planer, Bürgermeister, Ratsherr oder Minister können nur wenige werden. Derartige Positionen sind daher so gut wie reserviert für die sozialaktiven Eliten. Die Masse der Steuerzahler, Benutzer und Verkehrsteilnehmer findet sich in ganz anderen Lernsituationen vor. Der Staat tritt dem einzelnen als Abverlangender, als Aufpasser und Einschüchternder gegenüber. Hier werden — bei Licht betrachtet — Apathie, Mißtrauen oder Eigeninteresse eingeübt.

Es hat aber auch immer wieder politische Zustände gegeben, die den Angehörigen einer Gesellschaft situative Lernprozesse für funktionale Fähigkeiten massenhaft eröffnet haben. In der politischen Kultur der Vereinigten Staaten sind noch heute Verhaltensweisen und Strukturelemente wirksam, die deutlich mit der „Frontier-Situation" zusammenhängen, in der sich der einzelne vor 200 Jahren vorfand. Die Berliner Blockade im Kalten Krieg der Nachkriegszeit oder die Bürgerrechtsbewegung im Amerika der 60er Jahre haben für viele Betroffene eine funktionale Provokation dargestellt, deren sozialisierende Kraft belegbar ist.

Gesellschaftliche Bedingungen dieser Art, die ganze Bevölkerungen betreffen, lassen sich in der Regel nicht einfach „herstellen". Ihr beeindruckender Sozialisationseffekt legt aber nochmals die Frage nahe, ob sich nicht doch, wenigstens im positionellen Bereich Lernsituationen auffinden lassen, die für eine vermehrte Inanspruchnahme geöffnet werden können.

Viele haben eine solche Erweiterung in dem Entstehen der Bürgerinitiativen gesehen.

Die Bürgerinitiative als Lernchance

Nicht die Politikwissenschaft oder die leitenden Instanzen der Verwaltung, sondern die Bürger selber sind darangegangen, auf dem Felde der politischen Entscheidungen neue Positionen ins Spiel zu bringen. Die Dynamik und der erstaunliche Umfang dieser „Bürgerinitiativbewegung" braucht im Rahmen des vorliegenden Sammelbandes nicht nochmals belegt zu werden. Inzwischen gilt manchen die Beteiligungsform der Bürgerinitiative sogar als „unverzichtbar für die Funktionsfähigkeit unseres politischen Ordnungssystems".[2] Der Bürger ist „mit einem Gefühl der nahen Ohnmacht, aber im Wissen um seine im Gesetz verankerte Souveränität"[3] an vielen Orten aktiv geworden.

Diese Bürgerinitiativ-Bewegung stellt sich heute unterschiedlich strukturiert dar. Aus den spontanen Einzweck-Aktionen der ersten Stunde haben sich mehrfach regionale oder aufgabenorientierte Kooperationsformen entwickelt. Neben den isolierten örtlichen Initiativen sind so verbandsartige Strukturen entstanden, mit eigenen Publikationsmöglichkeiten, Forschungsvorhaben und Kongressen. Eine zweite Generation bürgerinitiativer Organisationsformen hat sich etabliert.

Alle diese Aktivitäten haben für den teilnehmenden Bürger sozialisierende Auswirkungen. Die Wirkungen der Bürgerinitiative der zweiten Generation sind dabei hier weniger interessant. Sie bieten mit ihren Funktionärspositionen die begrenzten Lernmöglichkeiten, die die Organisationsfigur des „Verbandes" seit je schon efferiert hat. Die spontane Bürgerinitiative aber stellt für den einzelnen neuartige, zahlenmässig recht umfangreiche Lernchancen zur Verfügung. Sind diese Lernchancen für unsere Gesellschaft funktional?

Theoretiker der politischen Bildung haben diese Frage bejaht. Man ging weithin davon aus, daß eine derartige Teilnahme „zu eigenen Motivbildungen, zu demokratischem Verhalten und zu demokratischer Einstellung" führt.[4] In der Bürgerinitiative wird am Ernstfall gelernt. Hier wird die Fähigkeit unter Beweis gestellt und dabei neu gewonnen, die eigenen Interessen zu artikulieren. Hier übt der Einzelne seine demokratische Kritikfähigkeit ein. Ganze Gruppen eignen sich gemeinsam auf den relevanten Wissensgebieten Spezialkenntnisse an. Die Engagierten bilden soziale Kerne neuen Denkens.

Die graue Literatur, die im Einzugsbereich der Bürgerinitiativen in den letzten Jahren entstand, ist durchtränkt von dieser emanzipatorischen Emphase. Die Bürgerinitiative sah sich als „eine Bildungsbewegung mit einer ausgesprochen interessanten Dimension".[5] Aber nicht nur die Beteiligten lernen. Möglicherweise ändern auch die Per-

sonen, die von derartigen Bürgerinitiativen — beispielsweise über das
Fernsehen oder die Zeitung — erfahren, ihr Verhalten. Damit werden,
wenn auch sehr punktuell, sogar „Massen" erreicht. Das Durchhalten
in Wyhl und die jeweiligen Zwischenerfolge dort prägten das Bewußtsein einer ganzen Region. Zeitweilig herrschte ein Gemeinschaftsge-
fühl „wie nach einem Fliegerangriff". Wird darin nicht eine neue
Einstellung spürbar?

Grenzen der „Lernsituation Bürgerinitiative"

Insgesamt aber bleibt der Beitrag, den die Bürgerinitiativen zur
Politischen Bildung des Bürgers leisten, verglichen mit den Erwartun-
gen merkwürdig defizitär. Zum einen erweisen sich die Lerneffekte
als örtlich begrenzt, als schichtenbegrenzt und als erfolgsabhängig.
— Der „Leidensdruck", der zur Bildung einer Bürgerinitiative er-
    forderlich ist, ergibt sich in der Regel erst mit der örtlichen Kon-
    kretion eines Problems.
— Die Bürgerinitiative erfaßt vorwiegend bestimmte soziale Schich-
    ten. Es sind — wieder einmal — die sozialaktiven Eliten und nicht
    die von den Unterschichten und den Diskriminierten gestellten
    „schweigenden Mehrheiten", denen sich hier eine Lernchance
    öffnet.
— Für die Mehrheit der Teilnehmer sind bestimmte Lerneffekte vom
    erfolgreichen Ausgang der Initiative abhängig. Wird das erstrebte
    Ziel nicht oder nicht ganz erreicht, so vertieft sich bei ihnen die
    strukturell latente politische Frustration.
Zum anderen werden viele der im politischen Teilsystem massen-
haft benötigten Einstellungen und Fähigkeiten von der Bürgerini-
tiative überhaupt nicht stabilisiert und überhaupt nicht hervorge-
rufen.
— So wird z. B. die notwendige Identifikation mit dem Staat, für
    deren Einübung bestimmte traditionale Mechanismen kaum noch
    zur Verfügung stehen, auch hier nicht ermöglicht. Bürgerinitiati-
    ven setzen geradezu ein Versagen des Staates voraus.
— Die Bürgerinitiative produziert kein Zutrauen in die Richtigkeit
    rechtmäßig zustandegekommener Entscheidungen. Aber auch

gegenüber den Einrichtungen der repräsentativen Demokratie als solcher weckt die Bürgerinitiative nicht das generelle Systemvertrauen, das für das Bestehen eines politischen Systems unabdingbar ist (Parteienverdrossenheit, Legitimationskrise).

— Nur selten bietet sich hier dem Bürger die Gelegenheit, im Langfristinteresse der Allgemeinheit denken zu lernen. Der Bürger vertritt, was sich ihm als sein Eigeninteresse darstellt. Nun gibt es aber eine wachsende Zahl entscheidender Probleme, die sich nur lösen lassen, wenn Mehrheiten von Bürgern die Fähigkeit erwerben, die Langfristinteressen der Allgemeinheit auszumachen und zu bejahen. Sind diese Fähigkeiten nicht gegeben, so wird unsere politische Maschine bestimmte Fragen weiterhin als unpopuläre Probleme oder Zukunftsprobleme vor sich herschieben müssen.

Eine weitere Grenze der Lernsituation Bürgerinitiative hängt mit der Art des outputs an Entscheidungen zusammen, den dieses Verfahren ausstößt.

— Diese Entscheidungen sind so nicht in jedem Falle übernehmbar in die formalen Entscheidungsprozesse der politisch-administrativen Apparatur. Sie liegen „häufig nur im Interesse bestimmter Bürgergruppen, manchmal sogar nur einzelner Bürger".[6] Im Namen der Rechte des Individuums angetreten, ist die Bürgerinitiative geeignet, eben diese einzuschränken.

— Die Bürgerinitiative ist außerdem offen für Fremdsteuerungen. Ihr politischer Mißbrauch ist nicht auszuschließen.

Bildungseffekte positiver Art, wie sie sich durch eine Vermehrfachung des Verfahrens Bürgerinitiative dennoch ermöglichen ließen, wären — wegen dieser Produkt-Mankos — mit Sicherheit zu teuer erkauft.

Schließlich gibt es auch — und zwar zunehmend — Probleme, die sich mit der Bürgerinitiative überhaupt nicht bearbeiten lassen. Das Dilemma, in dem sich unsere Gesellschaft verfangen findet, ist häufig zu komplex, als daß es sich mit Hilfe von Bürgersozialisation bewältigen ließe. Manche Fragen erfordern zu viel speziellen Sachverstand, als daß sie ‚von jedem' angegangen werden könnten. Die durch diese Probleme ausgelösten Verunsicherungen und Ängste sind aber real. Mit ihnen muß daher auf andere Weise, und zwar arbeitsteilig umgegangen werden.

Der Bedarf nach neuen Formen

Die Anforderungen, die sich für unser politisches System aus der Konfrontation mit der heutigen Wirklichkeit ergeben, wie auch (in dem hier dargestellten Zusammenhang: insbesondere) die fehlenden Sozialisationschancen für den Bürger machen es notwendig, nach einer entsprechenden Ergänzung unserer ‚demokratischen Infrastruktur' Ausschau zu halten. Vermutlich wird es zu Formen der bürgerschaftlichen Beteiligung kommen müssen, die

— der neu dokumentierten Handlungsdisponiertheit des Bürgers Realisationsmöglichkeiten eröffnen, die mit dem Gesamtsystem verträglicher sind, als es die Bürgerinitiative der ersten Generation in der Regel war,

— die aber zweitens gleichzeitig dem Bürger mehr Zugangsmöglichkeiten gewähren, als das von der Bürgerinitiative der zweiten Generation geleistet werden kann

— und die es dem Bürger schließlich auch erlauben, bestimmte Probleme einfach für ‚zu komplex' zu halten und sie so aus dem Bereich des ihn politisch Betreffenden auszugrenzen.

Damit ist so etwas wie ein ‚dritte Generation' der Bürgerinitiative abzusehen. Zur Stabilisierung der erforderlichen politischen Sozialisation erscheint ein massenhaftes Angebot solcher Lernsituationen sinnvoll.

Versuche mit neuen Formen

Ein Versuch, der dem genannten Bedarf nach neuen Formen entspricht, soll hier abschließend erwähnt werden: das Modell PLANUNGSZELLE. Eine grundlegende Darstellung dieses Verfahrens ist soeben veröffentlicht worden.[7] Einem solchen Versuch wird man, gerade weil er neu- und eigenartig ansetzt, einiges an Mißverständnissen, Gegnerschaft und gesellschaftlichen Reibungswiderständen voraussagen können. Die Erfahrungen, die die Parlamente und Parteien, Räte und Verwaltungen mit ,,zusätzlicher Bürgerbeteiligung" gemacht haben, sind zudem generell nicht sehr ermutigend.

Dennoch ist es in den letzten Jahren zu Testläufen dieses Modells gekommen. Es fanden sich Stadtverwaltungen, die bereit waren, dieses Verfahren einzusetzen. Die Ergebnisse der ersten Erprobung waren positiv. Damit wuchs das Interesse höheren Orts. Das Innenministerium des Landes Nordrhein-Westf. gab grünes Licht für weitere Versuche. Das Vorwort des Herausgebers der letzten Testberichte schließt deutlich mit einer Aufforderung: „Möge dieser Bericht andere Städte und Gemeinden anregen, das Modell PLANUNGS-ZELLE zur kommunalpolitischen Entscheidungsvorbereitung anzuwenden."[8] Zudem befanden die Technokraten der GEWOS, des Planungsträgers der „Neuen Heimat", daß das Verfahren Planungszelle aus der Kindheitsphase herausgetreten sei, und daß es hinsichtlich seiner Voraussetzungen, Praktikabilität und Ergebnisse als ausreichend abgesichert gelten kann.[9]

Inzwischen ist erkennbar, daß neben dem Einsatz im kommunalen Bereich die Verwendung der PLANUNGSZELLE jetzt auch auf übergeordneten Ebenen der Verwaltungshierarchie ansteht. Das Bayerische Staatsministerium für Landesentwicklung und Umweltfragen ist entschlossen, Vorgänge die bisher behördenintern erwogen und abgeklärt wurden, für den Bürger auf diese Weise zugänglich zu machen. In der Durchführung dieses Entscheides ist bereits abgeprüft worden, welche Planungsmaßnahmen für solche „Bürger-Gutachten" zunächst in Frage kommen sollten.

Damit erscheint es erstmals möglich, Vorgänge auf der Ministerialebene in einer geordneten Weise für den Bürger zu öffnen. Mit den harten Diskussionen, von denen solche Erstversuche aller Erfahrung nach begleitet werden, wird auch hier zu rechnen sein. Sie sind zu begrüßen. Wie anders sollte es dahin kommen können, daß die erforderlichen Möglichkeiten einer Stabilisierung funktionaler politischer Sozialisation institutionalisiert werden.

Anmerkungen

1   Zu der im öffentlichen Bewußtsein weitgehend tabuisierten „Hütefunktion" der Schule vgl. *P. Dienel*, Beteiligung an der regionalen Bildungsplanung, S. 86 ff, in: Integrierte Verfahren regionaler Bildungs- und Entwicklungsplanung, Hannover, 1974 (Veröffentlichungen der Akademie für Raumforschung und Landesplanung. Forschungs- und Sitzungsberichte Bd. 93), sowie jetzt vor allem *K. Plake*, Sozialer Identitätsanspruch und die Legi-

timation der Betreuung: Zur Kustodialfunktion der Sozialisationsorga-
nisationen, in: Zeitschrift für Soziologie, Jg. 6, Heft 3, Juli 1977, S. 264—278.

2 *H. Zilleßen,* in: Arbeitsgemeinschaft für Umweltfragen (Hrsg.), (1977),
   S. 15.

3 so *K. Gerosa,* Bürgerinitiativen. Sensoren lebendiger Demokratie, in: Das
   Forum. Zeitschrift der VHS Bayerns, Heft 4/1977, S. 26.

4 *R. Gronemeyer,* (1973), S. 84.

5 *W. Haverbeck,* in: Arbeitsgemeinschaft für Umweltfragen (Hrsg.), Umweltforum 1977, S. 21.

6 Bürgerinitiativen und Gemeinden. Thesen des Deutschen Städte- und Gemeindebundes, in: Städte- und Gemeinderat, Heft 11/1977, S. 358.

7 *P. Dienel,* (1978).

8 „Bürger planen Haspe" in: Schriftenreihe Landes- und Stadtentwicklungs-
   forschung des Landes NW, Band 2.020, Dortmund 1978.

9 *A. Kögler,* in: Der Architekt 2/1977, S. 60.

Günter Trautmann

Defizitärer Planungsstaat und politische Legitimität — Der Fall Brokdorf

0. *Einleitung: Politischer Funktionswandel der Bürgerinitiativen seit 1973*

In Brokdorf wurde 1976/77 die parteienstaatliche Grundlage und politische Legitimität des bundesrepublikanischen Parlamentarismus der vielleicht stärksten Belastungsprobe in der Nachkriegszeit ausgesetzt. Bürgerinitiativen, noch Anfang der siebziger Jahre mühelos integrierbare Selbsthilfeorganisationen auf kommunaler Ebene,[1] leisteten regional organisierten Widerstand gegen staatliche Planungsentscheidungen und wurden dabei von einer starken Solidaritätswelle in breiten Bevölkerungskreisen getragen. Im Oktober/November 1976 setzte die nur schwach organisierte ,,Bürgerinitiative Umweltschutz Unterelbe" (BUU) unerwartete Protest- und Solidarisierungspotentiale frei. Sie zog aber auch Organisationskader kommunistischer Gruppen an, unter denen besonders KBW und KPD/ML den gewaltsamen Konflikt zwischen Staat und Bürger ins Prinzipielle zu steigern suchten.

Die BUU erwirkte 1976/77 nicht nur Gerichtsentscheidungen gegen den geplanten Bau eines Kernkraftwerks in Brokdorf und stornierte den staatlichen Planungsprozeß.[2] Sie erzwang auch grundsätzliche Diskussionen über die Legitimität von Bürgerinitiativen und löste sogar eine partielle Revision energiepolitischer Optionen der Parteien aus. Durch den gerichtlich verfügten Baustopp wurde der Fall Brokdorf vorerst zwar nur dilatorisch gelöst. Parteienstaatliche Flexibilität, die sich unter dem starken Problemdruck seit Ende 1976 zeigte, und eine prinzipiell demokratische Ausrichtung der Bürgerinitiativen, die auf das Mittel des gewaltlosen Widerstands keineswegs verzichtet haben, lassen aber auch langfristig eine Kom-

promißfindung im Rahmen des parlamentarischen Repräsentativsystems erwarten.

Seit ihrer Gründung im Januar 1974 unterschied sich die BUU
von traditionellen Bürgerinitiativen in Programmatik, Organisationsstruktur und politischem Wirkungsradius. Der „Bundesverband
Bürgerinitiativen Umweltschutz", dem die BUU angeschlossen war,
konnte seit 1972 einen starken Mitgliederzuwachs verzeichnen.
Ende 1977 zählte der Bundesverband etwa 3 000 Mitgliedsgruppen,
von denen sich ungefähr 700 mit Fragen der Kernenergienutzung
beschäftigten.[3] Im Oktober/November 1976 zeigte das informelle
Kommunikationssystem der Bürgerinitiativen in Schleswig-Holstein,
daß die BUU auch ohne die Instrumente institutionalisierter Öffentlichkeit mit Erfolg zu einer Großdemonstration aufrufen und organi-
sationspolitischen Anschluß auf nationaler Ebene gewinnen konnte.
Fast alle größeren Umweltschutzinitiativen waren 1977 einem der
fünf Dachverbände angeschlossen. Jede vierte Mitgliedsgruppe wirkte
wie die BUU auch in einer Regionalorganisation mit.[4]

Traditionelle Bürgerinitiativen richteten sich Ende der sechziger
Jahre noch überwiegend gegen Fehlentwicklungen des kommunalen
Sozialsystems, vertraten zumeist punktuelle Zielsetzungen und wählten vor allem Gemeindebehörden als politischen Adressaten. Bürgerinitiativen zum Umweltschutz und besonders im Bereich von Kernkraftwerken nahmen seit Wyhl und Brokdorf Züge einer neuen sozialen und politischen Bewegung an und zeichneten sich durch höhere
Organisationskomplexität, umfassendere Programmatik, größere Soli-
darisierungschancen bei betroffenen Bürgern und eine politisch stärkere Abkoppelung von parteienstaatlichen Repräsentativsystem aus.
Etwa 200 000 Aktiv- und 1,2 Millionen registrierte Mitglieder, hinter
denen ein Potential von 13—20 Millionen Aktivierbaren vermutet
wird[5], lassen schon auf organisatorischer Ebene die neue Qualität
von Bürgerinitiativen der zweiten Generation erkennen. Auch in
Brokdorf zeigte sich 1974/76 an ungewöhnlich hohen Einwendungs-
quoten bei Erörterungsterminen, daß die BUU trotz schwacher
Organisationsstruktur starke Widerspruchspotentiale aktivieren
konnte.

Prognosen und Analysen, die noch zu Anfang der siebziger Jahre
Bürgerinitiativen als kurzlebige Lokalphänomene, spontane Selbsthilfeorganisationen des gehobenen Mittelstands, bestenfalls als parti-

zipatorische Bereicherung des Planungsstaats oder politische Sozialisationschancen für apathisierte Bevölkerungsschichten begriffen, erwiesen sich als unzureichend.[6] Ebenso geringe Erklärungs- und Prognosekraft hatten theoretische Modelle, nach denen Bürgerinitiativen fast ausschließlich im Reproduktionsbereich tätig werden und sich als planungsstaatliche Ressource für partizipatorische Defizite nutzen lassen.[7] Die parteienstaatliche Integrierbarkeit von Bürgerinitiativen zum Umweltschutz wurde bis Brokdorf ebenso überschätzt wie ihr Widerstandspotential vor allem im Bereich von Kernkraftwerken unterschätzt wurde.

Politiker stuften die politische Relevanz von Bürgerinitiativen trotz intensivierter Dialoge mit Bürgern 1973—1976 nicht sehr hoch ein. Bevölkerungsbefragungen schienen das politische Urteil zu bestätigen. Das Batelle-Institut stellte zwar schon 1975 bei Felduntersuchungen in Wyhl und Ludwigshafen fest, politische Erfahrungen betroffener Bürger hätten zu einem grundsätzlichen Vertrauensbruch geführt, der sich in parteistaatlicher Skepsis und Staatsverdrossenheit manifestiere.[8] Solange die Verdrossenheit aber regional blieb und nicht zur erfolgreichen Aufstellung „Grüner Listen" führte, mußten Vertrauensverluste bei der betroffenen Bevölkerung zwar beunruhigend wirken, aber nicht als bedrohlich für die Stabilität des politischen Systems perzipiert werden — zumal in weiteren Erhebungen Anzeichen für allgemeine und stark anwachsende Legitimitätsverluste bestritten wurden. 1977 stellte das Batelle-Institut in einer Zeitreihenuntersuchung sogar fest, die Parteien hätten keinen wesentlichen Sympathieschwund zu verzeichnen — auch nicht bei Bürgern, die Umweltinitiativen unterstützten.[9] In den Untersuchungsfeldern Voerde/Niederrhein, Mannheim/Ludwigshafen und Kreis Emmendingen (Wyhl) konnte das Institut keinen relevanten Vertrauensschwund für die parteienstaatliche Demokratie beobachten, verschiedentlich sogar erhöhte Vertrauensbereitschaft feststellen.

Legitimationsverluste — soweit durch Analysen von Einstellungen, die nur vorsichtige Prognosen über Verhaltenspotentiale zulassen, empirisch überhaupt meßbar[10] — waren auch an der Unterelbe 1973/76 wahrzunehmen. Die betroffene Bevölkerung fühlte sich Ende 1974/Anfang 1975 zwar durch keine Partei in der ablehnenden Haltung gegen das Kernkraftwerk repräsentiert und artikulierte auch enttäuschende Erfahrungen mit planungs- und parteienstaatlichen Defiziten.[11] Bei den Kommunal-, Landtags- und Bundestagswahlen Schleswig-Holsteins 1974—76 waren aber selbst in Brokdorf keine signifikanten Verluste bzw. Gewinne für CDU/SPD/FDP/SSW festzustellen. Eine „Grüne Liste" nur auf Kommunal- bzw. Kreisebene wurde von der BUU in dieser Zeit nicht einmal in ernstere Erwägung gezogen. Trotz empirisch geringer Krisensymptome eskalierte am 13. November 1976 der strukturelle Konflikt der Vorjahre aber zu einer massiven Gewaltauseinandersetzung zwischen Staat und Bürgern.

Wie konnte es zu der „Schlacht um Brokdorf"[12] kommen, die keiner der ursprünglichen Akteure im planungspolitischen Konflikt des Kreises Steinburg gewollt oder vorhergesehen hatte? Warum entwickelte sich die BUU, die zunächst nur ein kommunales Beteiligungsrecht am staatlichen Entscheidungsprozeß geltend machte und in ihrer öffentlichen Kritik durch die Oppositionsparteien SPD/FDP/SSW weitgehend unterstützt wurde, im Oktober/November 1976 vorübergehend zu einer Bürgerbewegung, die am Sachverstand staatlicher Entscheidungsträger, politischen Augenmaß der Regierung sowie der Funktionsfähigkeit des parlamentarischen Systems zweifelte und ihre Aktionen hart am Rande der Legalität orientierte?

Ohne Zweifel bildet ein weit höherer Grad existentieller Betroffenheit der Bevölkerung eine Voraussetzung für größere Widerspruchspotentiale im Bereich von Kernkraftwerken. Im Vergleich zu traditionellen Bürgerinitiativen, die mit der Kritik an punktuellen Defiziten zumeist nur kommunal wirksam blieben, lösten öffentlich diskutierte Restrisiken und ungelöste Probleme der Kerntechnologie weit stärkere Resonanz in der betroffenen Bevölkerung aus. Strahlenwirkungen, Abwärmeprobleme, Reaktorsicherheit und Entsorgungsfragen waren auch unter Experten in zahlreichen Einzelpunkten umstritten, und die Öffentlichkeit konnte spätestens bei den Erörterungsterminen den Eindruck gewinnen,[13] daß die Landesregierung mit dem forcierten Ausbau von Kernenergie leichtfertige Entscheidungen getroffen hatte. Der hohe Grad existentieller Betroffenheit durch Standortentscheidungen führte umso eher zu erhöhtem Widerspruch als es Regierung, Parlament und Parteien, die auf energiepolitischem Gebiet nahezu identische Positionen vertraten, nicht gelang, die Notwendigkeit und Sicherheit des neuen Energiekonzepts vor der Öffentlichkeit plausibel zu vertreten.

Befürchtungen und begründete Einwände betroffener Bürger konnten durch einen Planungsstaat nicht verringert werden, der sich den Anschein umfassender Kompetenz gab und Entsorgungsfragen, die auch das zuständige Gericht 1977 als nicht hinreichend gelöst betrachtete, in der Öffentlichkeit stark herunterspielte. In Brokdorf wurde die existentielle Betroffenheit der Bevölkerung zudem durch einen Planungsschock verstärkt, der sich aufgrund überstürzter Standortplanungen und durch eine obrigkeitsstaatliche Informationspolitik gegenüber Parlament, Gemeinden und Öffentlichkeit einstellte. Die plötzlichen Entscheidungen waren umso weniger einsichtig, als in parlamentarischen Diskussionen schon frühzeitig deutlich wurde, daß die Landesregierung noch kein koordiniertes Energiekonzept entwickelt hatte und der Staat auch nicht über die notwendigen Planungskapazitäten verfügte, um Standortentscheidungen unabhängig von der Energiewirtschaft zu treffen.[14] Planungsdefizite förderten aber die Tendenz zu autoritärem staatlichen Verhalten, mit dem offene Probleme überdeckt und das Genehmigungsverfahren beschleunigt werden sollte. Die Landesregierung wich auch bei den Erörterungsterminen einem offenen Dialog mit betroffenen Bürgern aus. Entscheidungen wurden der Öffentlichkeit präsentiert, aber nicht öffentlich diskutiert. Als sich stärkere Widerstände gegen die Standortwahl entwickelten, tendierten Regierung und Verwaltung statt dessen zu einer rigiden Durchführung des staatlichen Planungsvorhabens und versuchten, den ohnehin engen Legal- und Partizipationsrahmen des Genehmigungsverfahrens durch erhöhte Polizeipräsenz zu sichern. Der strukturelle Zusammenhang von staatlichen Planungsdefiziten, obrigkeitlicher Informationspolitik, autoritärem Verfahrensstil und polizeistaatlicher Präsenz, der sich 1974–76 ausbildete, trug wesentlich zu den Konflikteskalationen im Oktober/November 1976 bei.

Lösten forcierte Planungsentscheidungen einen starken Widerspruch und die Konstituierung von Bürgerinitiativen aus, so zeigten sich auch die Parteien in Schleswig-Holstein nur bedingt in der Lage, energiepolitische Probleme aufzugreifen und die Kritik der Bürgerinitiativen angemessen auf die parlamentarische Ebene zu transponieren.[15] Auch die Opposition gehörte 1973–76 in energiepolitischen Grundsatzfragen faktisch zur Regierungspartei. Indem SPD/FDP/SSW aber die Kritik der Bürgerinitiativen am Planungs- und

Entscheidungsstil der Regierung teilten, erweckten sie zunächst Hoffnungen auf weitergehende Unterstützung. Tatsächlich führten sie bis 1976 aber nur einen Pseudo-Dialog mit betroffenen Bürgern, die sich in ihrer Einstellung gegen das Kernkraftwerk durch keine Partei repräsentiert sahen. Die Staatsnähe auf energiepolitischem Sektor implizierte auch für die Oppositionsparteien eine strukturelle Bürgerferne. Der Widerspruch von staatsbürgerlicher Belobigung durch SPD/FDP und faktischem Allparteienkonsens in Energiefragen führte bei Mitgliedern der Bürgerinitiativen zu einem Vertrauensschwund gegenüber dem parteienstaatlichen System.[16] Besonders die SPD, die unter dem Druck kernenergiefreundlicher Gewerkschaften stand und durch den Zielkonflikt von Ökonomie und Ökologie zusätzlich belastet war, blieb in der Vermittlerrolle zwischen Bürgerinitiativbewegung und Parteiensystem stark eingeschränkt und konnte im November 1976 nur nach starken innerparteilichen Auseinandersetzungen im Parlament einen Baustopp fordern und für eine längere Denkpause plädieren.

I. Defizite des Planungsstaats: Tendenzen zu fremdbestimmter Planung und autoritärer Entscheidung

Die „Bürgerinitiative Umweltschutz Unterelbe" (BUU), die im Januar 1974 gegründet wurde, konnte mit ihrer öffentlichen Kritik an staatlichen Planungsdefiziten auf parlamentarische Debatten zurückgreifen. Als das Kieler Kabinett Ende 1973 unter dem Eindruck der vorangegangenen Ölkrise zu forciertem Ausbau der Kernenergie überging und eine schnelle Standortentscheidung fällte, standen energiepolitische Koordinierungs- und Planungskonzepte für Schleswig-Holstein noch in den Anfängen; ausgereifte Standortüberprüfungen lagen ebensowenig vor.[17] Umso erstaunlicher war für den Landtag, die regionale Öffentlichkeit und betroffene Gemeinden das Planungstempo, in dem staatliche Stellen die komplexe Materie angingen und zu kurzfristigen Standortentscheidungen kamen. Die Hektik der Regierung und zuständiger Ministerien in Kiel[18] führte nicht nur zu parlamentarischen Anfragen und einer vorübergehenden Oppositionsstimmung auch bei CDU-Kommunalpolitikern. Sie provozierte auch die Bildung von Bürgerinitativen, die auf den Planungsschock mit der Aktivierung betroffener Bürger reagierten.

Parlament und Öffentlichkeit mußte das Verständnis für schnelle Entscheidungen umso schwerer fallen, als der Staat nur über schwache Planungskapazitäten verfügte. Erst im Mai 1973 hatte die Landesregierung — trotz zahlreicher Krisenprognosen seit 1970 — ein energiewirtschaftliches Programm für Schleswig-Holstein in Aussicht gestellt, das noch nicht vorlag, als die atom- und wasserrechtlichen Genehmigungsverfahren 1974/76 abgeschlossen wurden.[19] Staatliche Planungsentscheidungen 1973—76 waren daher von strukturellen Investitionsentscheidungen und Planungskapazitäten der Energiewirtschaft stark abhängig. Wirtschaftsminister Westphal räumte am 31.1.1974 vor dem Landtag ein, in der Standortfrage sei die Regierung dem Vorschlag der „Nordwestdeutschen Kraft-Werke AG" (NWK) gefolgt, nachdem eine interministerielle Arbeitsgruppe unter Federführung des Wirtschaftsministeriums sich mit der Prüfung möglicher Standorte beschäftigt hatte.[20] Im Landesplanungsausschuß sah sich der SPD-Energieexperte Hamer am 16.1.1974 zu der Frage veranlaßt, ob Standorte von der Landesregierung oder von Kernkraftwerken geplant würden.[21] Der energiepolitische Sprecher der SPD, Schwalbach, konstatierte vor dem Parlament unwiderlegt die Hilflosigkeit des Landes bis zur „Unterstellung unter das Know-How großer privater Unternehmen" und vermutete, die Landesregierung sei dem Management großer Energieversorgungsunternehmen nicht gewachsen. Unter Anspielung auf staatliche Planungsdefizite und fremdbestimmte Entscheidungen gab Becker (SPD) die parlamentarische Empfehlung, die Politik müsse ihr Primat gegen Wirtschaft und Technik deutlicher zum Ausdruck bringen.[22]

Mit staatlichen Planungsdefiziten korrespondierte in Schleswig-Holstein eine obrigkeitliche Informationspolitik, die Parlament und Landtagsausschüssen nur schwachen Einblick in die Standortüberlegungen gab und an einer Informationshierarchie[23] orientiert war, in der relevante Details jeweils nur bis zum Landratsamt durchdrangen und betroffene Gemeinden erst verspätet unterrichtet wurden. Die Arkanpraxis sollte Planungsschwierigkeiten überdecken und kommunale Beteiligung auf ein planungsstaatlich verträgliches Minimum reduzieren. Zum regionalpolitischen Vermittler staatlicher

Entscheidungen wurde 1973/74 ein Landrat, der mit zurückhaltender Informationspolitik und durch Retardierung kommunaler Willensbildung die energiepolitischen Vorstellungen und Standortüberlegungen der Regierung im Namen kommunaler Aufsichtspflicht
uneingeschränkt an Kreis, Gemeinden und Öffentlichkeit weitergab.
Im November 1973 ernannte Ministerpräsident Stoltenberg mit deutlicher Absicht Landrat Brümmer, der auch für die Regionalplanung
zuständig war, zum Vorsitzenden der Kommission für Umweltfragen.[24] Mit der regionalpolitischen Doppelrolle, die durch Brüm-
mers Mitgliedschaft im opponierenden „Verein für Natur-Umwelt-
schutz" (VfNU)[25] noch komplizierter wurde, versuchte der Staat,
die von der Öffentlichkeit bestrittene Vereinbarkeit von Naherho-
lung und Kernkraftwerk durch eine symbolische Personalunion
deutlicher werden zu lassen. Jedenfalls wies Brümmer schon frühzeitig darauf hin, daß die Regierung Sicherheitsfragen hinreichend
prüfe und sich durch Kabinettsbeschluß verpflichtet habe, keine
weitere Industrialisierung über das ursprüngliche Regionalplanungs-
konzept hinaus zu betreiben und die zwei Zielfunktionen Naher-
holung/Kernkraftwerk gleichzeitig zu realisieren.[26]

   Für die Gemeinde Brokdorf, die über einen Etat von knapp
einer halben Millionen DM verfügte, mußten zusätzliche Gewerbe-
steuereinnahmen von Hunderttausend DM schon während der Bau-
zeit großartige kommunalpolitische Perspektiven eröffnen.[27] Nachdem Kieler Fachleute außerdem errechnet hatten, das Haushalts-
volumen werde sich nach Inbetriebnahme des Kraftwerks etwa ver-
zehnfachen, wurden kommunale Vorbehalte gegen die Standortentscheidungen noch schwächer. Bei einer Befragung vor den Gemeindewahlen im März 1974 zeigten sich Bürgermeister Block und
die CDU-Kandidaten in der Standortfrage zwar noch unentschieden.[28] Der Kreisausschuß aber hatte unter dem Eindruck des groß-
zügigen Angebotes und latenten Drucks schon im Februar 1974 sein
bedingtes Ja zur Kraftwerksentscheidung gegeben.[29] Die Landesregierung sollte durch verbindliche Zusagen die Naherholungs-
und Fremdenverkehrsfunktion sichern und vor allem für die
Finanzierung entsprechender Einrichtungen in den betroffenen
Gemeinden Brokdorf, Wewelsfleth und Borsfleth sorgen. Mit
allen staatlichen Planungsmitteln mußte garantiert werden,
daß eine weitere Industrialisierung im Raum Brokdorf unter-

blieb. Außerdem sollte das künftige Kernkraftwerk in die Landschaft eingebunden werden und der staatlich finanzierte Ausbau des Verkehrsnetzes dafür sorgen, daß es zu keiner Belästigung der betroffenen Gemeinden kam. Die Überlegung, ob bisherige Zusagen der Landesregierung zunächst durchgeplant und auch ausgeführt sein müßten, bevor der Inhalt des revidierten Regionalplans zur Kenntnis genommen werde, ließ der Kreisausschuß später fallen. Die Regierung konnte am 16.8.1974 die 1. Änderung des Regionalplans für den Planungsraum IV im Amtsblatt bekannt geben, nachdem sich auch die Oppositionsparteien im Parlament, auf Kreis- und Ortsebene sehr zurückhaltend mit praktischer Kritik an der Standortfrage gezeigt hatten.[30]

Die beschleunigten Änderungen des Regional- und Flächennutzungsplans 1973/74 hatten gezeigt, daß Staat und Behörden ihre volle Autorität zur forcierten Durchsetzung der Standortentscheidung einbrachten. Auch beim wasserrechtlichen Erörterungstermin im März 1976 dominierten obrigkeitsstaatliches Auftreten und ein reglementierender Verfahrensstil. Einwender wurden durch die Verwaltung gehindert, Gutachten abzulichten.[31] Auswärtige Einwender erhielten behördliche Einschreiben, die auch bei zurückhaltenden Beobachtern die Vermutung aufkommen ließen, damit werde ein staatlicher Einschüchterungsversuch unternommen. Der Leiter des Amtes für Land- und Wasserwirtschaft Itzehoe, der den nicht-öffentlichen Charakter der Veranstaltung betonte, trennte die Einwender nach dem Grad der Betroffenheit in zwei Gruppen und versuchte, ein einheitlicheres Vorgehen der Bürger beim Erörterungstermin zu verhindern.[32] Als es am Eröffnungstag zu einer äußerst schwach begründeten Ablehnung von Gutachtern kam, mußte der 2. BUU-Vorsitzende, Rechtsanwalt Maximilian Freiherr von Gleichen, der sich bisher als konzilianter Vermittler zwischen Staat und Bürgern gezeigt hatte, konstatieren, eine derartige Behinderung des Rechts auf Hinzuziehung von Gutachtern habe er nie erlebt.[33]

Die rigide Verhandlungsführung wurde 1976 durch erhöhte Polizeipräsenz gesichert. Nachdem die BUU 1975 angekündigt hatte, den Platz notfalls zu besetzen, falls mit dem Bau vor einer Gerichtsentscheidung begonnen werde, übertrug Landrat Brümmer Ende des Jahres seine Konflikterwartungen schon auf den kommenden Erörterungstermin. Brümmer stattete den traditionellen Weihnachtsbesuch des Landrats bewußt der Polizeistation Wilster ab und stellte in Aussicht, die Polizei dieses Raumes werde im kommenden Jahre besonders zu tun haben.[34] Nach der aufsehenerregenden Visite fragte der BUU-Vorsitzende in der Presse, warum der Landrat, der noch keinen Kontakt zur Bürgerinitiative gesucht hatte, solche Äußerungen vor der Polizei abgab, nachdem zahlreiche Politiker die Bürgerinitiativen in ihrer Auffassung unterstützt hatten.[35] Im März 1976 wurden jedenfalls mehr als 200 Polizisten beim Erörterungstermin in Wilster eingesetzt.[36] Selbst ein Mitglied des Marschenausschusses beim niedersächsischen Landvolk äußerte sein Befremden über den starken Polizeieinsatz, und die Oppositionsparteien stellten im Parlament die Verhältnismäßigkeit des polizeilichen Großaufgebots nachträglich[37] infrage. Als es im Oktober/November 1976 zu gewaltsamen Auseinandersetzungen in Brokdorf kam, hatte die staatliche Strategie, durch Demonstration von Autorität und erhöhten Polizeieinsatz den engen Legalrahmen des Planungsprozesses abzusichern, zur Entstehung und Struktur des Konflikts wesentlich beigetragen.

II. Defizite des Parteienstaats: Späte Reaktion und Pseudo-Dialog

Die Parteien in Schleswig-Holstein reagierten verspätet und nur zögernd mit öffentlicher Kritik an der Standortentscheidung. Die CDU hatte als Regierungspartei schon Ende 1973 die staatlichen Planungsentscheidungen unterstützt und sich bei der Kandidatenbefragung zu den Brokdorfer Kommunalwahlen im März 1974 nur taktisch unentschieden gezeigt.[38] Die Oppositionsparteien, von denen die energiepolitischen Grundvorstellungen der Landes- und Bundesregierung durchaus geteilt wurden, gerieten dagegen seit 1973 in ambivalente Situationen. Auf Druck der Bürgerinitiativen kritisierten SPD/FDP/SSW die Landesregierung wegen offensichtlicher Planungsdefizite und des staatlichen Entscheidungsstils, ohne das energiepolitische Konzept der Regierung substantiell anzugreifen. SPD und FDP bemühten sich statt dessen, energiepolitische Grundsatzfragen 1973—76 möglichst zu umgehen und die Kritik an der Wachstumsproblematik vorbei auf das atom- und wasserrechtliche Genehmigungsverfahren zu lenken.[39]

Die FDP, die sich auf Bundesebene schon Anfang der siebziger Jahre um Bürgerinitiativen bemühte, kam der BUU in Schleswig-Holstein weit entgegen und wurde 1973—76 am ehesten als politischer Adressat akzeptiert.[40] Die SPD dagegen war in Energie- und Standortfragen einer doppelten innerparteilichen Belastung ausgesetzt. Der potentielle Widerspruch von Wirtschaftswachstum, Energiesicherung und Umweltschutz wurde für die Arbeiterpartei seit der Ölkrise besonders aktuell. Nachdem DGB und Einzelgewerkschaften die Umweltschutz- der Arbeitsmarktpolitik zunehmend unterordneten,[41] wirkten sich die gewandelten Positionen auch auf das parlamentarische Verhalten der SPD-Fraktion in Energiefragen aus. In Schleswig-Holstein kam es über Wachstumsfragen schon 1973/74 zu Spannungen zwischen Bürgerinitiativen und Gewerkschaften.[42] Die SPD, die sich grundsätzlich schon Anfang der siebziger Jahre für verstärkten Ausbau von Kernenergie ausgesprochen hatte, versuchte 1973—76, den Zielkonflikt von Ökonomie und Ökologie durch Differenzierung des innerparteilichen Meinungsspektrums zu überwinden.

Während die Partei auf Ortsebene nachdrücklich gegen die Standortentscheidung Stellung nahm, verlor sich der oppositionelle Impuls schon weitgehend auf der Kreisebene und gelangte nur stark abgeschwächt an den Landesvorstand.[43] Im Kieler Landtag, vor dem die SPD nicht über die freidemokratische Oppositionslinie hinausging, trug der umweltpolitische Sprecher der Fraktion Stojan technische und verfahrungsmäßige Bedenken gegen die energiepolitische Planungsentscheidungen vor, während der wirtschaftspolitische Sprecher H. Schwalbach, zugleich ÖTV-Bezirksleiter, die Notwendigkeit wirtschaftlichen Wachstums betonte und sogar auf eine Straffung des atomrechtlichen Genehmigungsverfahrens drängte.[44] Die innerparteilichen Spannungen wurden 1973—76 noch verdeckt durch dilatorische Programmkompromisse und ein reduziertes Oppositionsverhalten im Parlament — bei unverbindlicher Regierungskritik an der Basis. Sie brachen unter starkem außerparlamentarischen Druck im Oktober/November 1976 umso stärker durch.[45]

In den betroffenen Gemeinden schlossen sich die SPD-Ortsvereine der BUU-Kritik weitgehend an. SPD-Kandidaten legten sich Anfang 1974 bei der Brokdorfer Gemeindewahl darauf fest, gegen ein Kernkraftwerk in Brokdorf vorzugehen.[46] Die Spannung von basis-

demokratischer Kritik und parlamentarischem Entscheidungsvor-
behalt im Repräsentativsystem löste die SPD — wie der Staat — auf
der Kreisebene. Während eine Regionalkonferenz der Ortsvereine
Beidenfleth, Wewelsfleth und Brokdorf in Anwesenheit des Kreis-
vorsitzenden feststellte, die Landesregierung wolle die betroffenen Gemeinden überfahren und die Standortentscheidung
müsse verhindert werden,[47] hatte der Fraktionsvorsitzende der SPD
im Steinburger Kreistag und DGB-Bezirksleiter P. Barth schon ein
bedingtes Ja zur Standortentscheidung formuliert, das mit den
planungspolitischen Vorstellungen der CDU nahezu identisch war.[48]
Für die Landesregierung war es unter solchen Voraussetzungen
politisch nicht schwierig, die Zustimmung des Kreisausschusses und
der Gemeindevertretung zur Änderung des Regionalplans zu erhalten. Auch in den energiepolitischen Debatten des Kieler Landtags
und im Landesplanungsausschuß beschränkte sich die SPD auf
kritische Fragen zum Planungs- und Entscheidungsstil der Regierung
und stellte die Standortentscheidung für Brokdorf nicht grundsätzlich infrage.[49]

Erst seit August 1975 gab es Ansätze zu einer offeneren innerparteilichen Auseinandersetzung über Grundsätze des Bonner Atom-
programms. Ein jungsozialistischer Antrag, der einen dreijährigen
Bau-, Genehmigungs- und Betriebsstopp forderte, wurde nach
Einwendungen der Landesvorstandsmehrheit aber nicht dem
Landesparteitag 1975 vorgelegt, sondern einer neu zu bildenden Arbeitskonferenz überwiesen, die sich im November 1975
konstituierte und dem Landesvorstand im März 1976 Materialien
zur Beschlußfassung vorlegte.[50] Der Landesvorstand drängte
keinesfalls auf eine zügige Behandlung der brisanten Materialien,
die sich für eine Denkpause mit Baustopp aussprachen. Er griff
auf die Vorarbeiten der Kommission erst zurück, als die Demonstration vom 30./31. Oktober 1976 der SPD eine deutlichere Position in der Energiefrage abverlangte.[51] Landesverband und Fraktion sahen sich seit Oktober/November 1976 gezwungen, ursprüngliche energiepolitische Optionen aufzugeben, falls es zwischen Parteien und Bürgerinitiativen nicht zu einem politischen
Legitimitätsbruch kommen sollte. Die SPD versuchte nunmehr über
eine Revision des energiepolitischen Programms zu erreichen, woran
sich die Partei seit 1973 nur schwach interessiert gezeigt hatte:

Einwendungen und Befürchtungen betroffener Bürger und der Bürgerinitiativen innerparteilich stärker zu diskutieren und im Repräsentativsystem zu vermitteln.[52]

III. Entstehung und Organisation der BUU 1973 bis 1976. Die Reaktion betroffener Bürger auf planungs- und parteienstaatliche Defizite

Die „Bürgerinitiative Umweltschutz Unterelbe" entwickelte sich 1973—76 in drei Phasen: (a) Entstanden als lokale Organisationen opponierender Kommunalpolitiker und Bürger versuchte die BUU zunächst, Öffentlichkeit und Parteipolitiker gegen die Standortentscheidung Brokdorf zu gewinnen und planungspolitische Entscheidungen der Regierung auf kommunaler Ebene zu verhindern. Politische Einflußnahme auf Gemeindevertretungen und Ämter war neben einer regen Öffentlichkeitsarbeit die wichtigste Aktionsform der Frühphase 1973/74, in der die Bürgerinitiativen nur schwache Organisationserfolge erzielten und keinen wirksamen Druck auf das Parteiensystem ausüben konnten.[53] (b) Nachdem der erste Erörterungstermin im November 1974 gezeigt hatte, daß die Landesregierung mit obrigkeitsstaatlichen Methoden auf ein schnelles Genehmigungsverfahren drängte und Erörterungen im engsten Legalsinn durchführte, bereitete sich die BUU in der Mittelphase 1975/76 verstärkt auf den Gerichtsweg vor und kündigte an, einen Baubeginn vor Gerichtsentscheid notfalls durch Platzbesetzung und gewaltlosen Widerstand zu verhindern.[54] Nach dem zweiten Erörterungstermin im März 1976 versuchten die Bürgerinitiativen mit Erfolg, durch zahlreiche Kontakte und öffentliche Veranstaltungen Bundes- und Landespolitiker für die Auffassung zu gewinnen, daß vor Baubeginn eine Gerichtsentscheidung abgewartet werden müsse. Durch die politischen Zusicherungen wollte die BUU der angekündigten Platzbesetzung stärkere Legitimität verleihen. Aufgrund politischer Konflikterfahrungen seit 1974 erweiterten die Bürgerinitiativen gleichzeitig ihre regional orientierten Einwände gegen die Standortentscheidung zu einer prinzipielleren Kritik an richtungslosem Wachstum und industrieller Interessendominanz.[55]

(c) Als es durch das Übermaß polizeistaatlicher Reaktion auf die angekündigte Platzbesetzung im Oktober/November 1976 zu einer für die Bundesrepublik einmaligen Gewalteskalation zwischen Staat und Bürgern kam und militante Gruppen den Konflikt ins Prinzipielle zu steigern suchten, sah die BUU in der Wilster Marsch von weiteren Besetzungen ab, zumal das zuständige Verwaltungsgericht im Dezember 1976/Februar 1977 einen vorläufigen Baustopp aussprach und einem Teil der BUU-Bedenken Rechnung trug. Die BUU in der Wilster-Marsch distanzierte sich Ende 1976 deutlicher als im Vorjahr von millitanten Gruppen, die seit der ersten Großdemonstration versuchten, Bürgerinitiativen für eigene Zwecke zu instrumentalisieren.[56] Die vorübergehend zu einer sozialen Bewegung angewachsene BUU spaltete sich über der Gewaltfrage und demonstrierte bei einer erneuten Großveranstaltung am 19. Februar 1977 überwiegend getrennt in militante und radikaldemokratische Gruppen.

Als am 12. Januar 1974 die konstituierende Gründungs- und Mitgliederversammlung der BUU stattfand, war das politische Klima für eine regional organisierte Bürgerinitiative günstig. Bei Kommunalpolitikern, auf Bürgerversammlungen und in Befragungen wurde schon Ende 1974 ein großes Widerstandspotential gegen die Standortentscheidung der Regierung sichtbar. Den oppositionellen Einstellungsmusters betroffener Bürger entsprach 1973/74 aber keineswegs das organisationspolitische Verhalten. Die BUU konnte daher nur geringe Anfangserfolge erzielen.[57] Am 12. Januar 1974 erklärten etwa hundert Anwesende den Beitritt. Bei der Mai-Feier 1975 zählten die Bürgerinitiativen etwa 160 Mitglieder. Noch im Oktober/November 1976 waren Organisationspotential und regionale Struktur der BUU zu schwach, um die geplanten Großdemonstrationen organisatorisch vorbereiten und politisch leiten zu können.[58]

Erster Vorsitzender der BUU wurde 1974 der Landwirt und Ortsvertrauensmann des Bauernverbandes R. Hellerich, der die Verankerung der Bürgerinitiativen im sozialen und politischen Milieu der Region repräsentierte.[59] Der Vorstand konnte mit zwei Lehrern, jeweils einem Staatswissenschaftler, Ingenieur und Bildhauer zwar keinen Anspruch auf soziale Repräsentanz erheben, aber die regionale Streuung der Organisation sicherstellen. Die Vorstandsmitglieder kamen aus den unmittelbar betroffenen Gemeinden Brokdorf, Borsfleth, Krempdorf, Sankt Margarethen, Glückstadt,

Hochfeld und Wewelsfleth. Mit regionalpolitischen Organisations-
perspektiven konstituierte sich die BUU als Verein, der die Sicherung
gesunder Lebensbedingungen, die Erhaltung und Pflege der Elbmar-
scher Kulturlandschaft und des Kreises Steinburg sowie Pflanzen-
und Tierschutz verfolgte. Zur politischen Durchsetzung der Zielvorstellungen planten die Bürgerinitiativen, Kontakte mit politischen
Parteien, Verbänden und traditionellen Naturschutzvereinen aufzunehmen, um den kommunalen Planungsprozeß zu beeinflussen.[60]

Reagierte das Parteiensystem 1973/75 auf Bürgerinitiativen wohlwollend, aber ohne Entwicklung realer Oppositionsimpulse, so stand
vom Verbandsystem noch weniger Unterstützung in der Standortfrage zu erwarten. Ende 1973 zeichnete sich im Kreis Steinburg
ab, daß die Gewerkschaften trotz umweltpolitischer Vorbehalte
die Gleichung von Energiesicherung und Arbeitsplatzsicherheit
auch auf Brokdorf uneingeschränkt anwendeten und — wie die
SPD — nur schwache Vorbehalte gegen die Standortentscheidung
anmeldeten.[61] 1973/74 kam es zu verbandspolitischen Spannungen
zwischen DGB/ÖTV/GEW und BUU, die mit der ÖTV-Demonstra-
tion für das Kernkraftwerk Brokdorf am 5. November 1976 unübersehbar wurden.[62] Der einflußstarke Bauernverband Schleswig-Holstein,[63] durch den Widerspruch von Agrarinteresse und CDU-Loya-
lität in der umweltpolitischen Meinungsbildung ohnehin paralysiert,
hielt zwar Kontakte zu BUU-Sprechern, ließ sich aber keineswegs
gegen staatliche Planungsentscheidungen gewinnen. Er war freilich
auch nicht gegen Bürgerinitiativen zu mobilisieren, die Kai-Uwe
von Hassel schon 1974 mit dem weit hergeholten Vorwurf kommunistischer Außensteuerung konfrontierte. Der Landesjugend-
verband führte zahlreiche Veranstaltungen zu umweltpolitischen
Problemen durch und hielt gegenüber Regierungsmitgliedern eine
deutlichere Distanz, blieb mit kritischen Einwendungen aber im
Rahmen der CDU-Bedenken.[64] Von den regional einflußreichen
Verbänden sprach sich allein der „Verein für Natur- und Umweltschutz" mit BUU-ähnlichen Argumenten gegen ein Kernkraftwerk
in Brokdorf aus.[65] Als die Bürgerinitiativen 1975 in 20 000-facher
Auflage ein Flugblatt herausbrachten, in dem gewaltloser Widerstand und eine Bauplatzbesetzung angekündigt wurde, unterzeich-
neten neben dem regional unbedeutenden „Weltbund zum Schutz
des Lebens" und der „Gesellschaft für Natur- und Umweltschutz

Cuxhaven/Land e. V." nur die mitgliederschwachen Organisationen „Bürgeraktion Küste", zwei Initiativen in Bützfleth und Otterndorf und ein „Arbeitskreis KKW im Fachbereich Physik an der Universität Hamburg".[66]

Trotz geringer Organisationserfolge und schwacher Resonanz im Parteien- und Verbandssystem das bis 1976 keine sichtbaren Legitimationsverluste verzeichnete, gelang es der BUU 1974/75, durch intensivierte Öffentlichkeitsarbeit eine unerwartet hohe Zahl an Einwendungen gegen das geplante Kernkraftwerk zu organisieren. Im August 1974 wies BUU-Geschäftsführer St. Karkow auf das Einspruchsrecht im Rahmen des atomrechtlichen Genehmigungsverfahrens hin und rief zu einem Sammeleinspruch auf.[67] Der „Verein für Natur- und Umweltschutz Steinburg" schloß sich dem Vorschlag wenig später an.[68] Als der Termin am 12.12.1974 eröffnet wurde, erhoben 9 Gemeinden, 16 Vereinigungen, 156 Einzel- und 20 407 Personen im Sammelverfahren Einspruch gegen die Regionalplanung und Standortwahl, fehlende Sicherheit und belastende Auswirkungen des Kernkraftwerks auf die Umwelt sowie Verfahrensmängel.[69] Anderthalb Jahre später gingen zum Erörterungstermin im wasserrechtlichen Genehmigungsverfahren 5 800 Einwendungen ein.[70] Erstaunlich hohe Einspruchsquoten und die große Partizipationsbereitschaft bei den Verhandlungen 1974/76 entsprachen vorangegangenen Bevölkerungsbefragungen, die schon Ende 1973 ein großes regionalpolitisches Widerspruchs- und Solidarisierungspotential indiziert hatten. Trotz fehlender Unterstützung durch die CDU-nahe Regionalpresse, die Bürgerinitiativen zunehmend skeptischer gegenüberstand, wurde 1974/76 deutlich, daß die BUU mit der Standortkritik eine breite Bevölkerungsmeinung repräsentierte. Als sich seit November 1974 Funk und Fernsehen stärker in die regionale Berichterstattung einschalteten und die Brokdorfer Vorgänge im März 1976 auch in der überregionalen Presse stärker beachtet wurden, erhielten die BUU-Aktivitäten umso größere Wirksamkeit.[71]

Mit zunehmender Resonanz der Bürgerinitiativen befürchtete die Landesregierung einen Legitimitätsverlust staatlicher Planungsentscheidungen, dem sie mit öffentlicher Kritik an der BUU zu begegnen suchte. Während Kabinettsmitglieder, Regierungspartei und

CDU-nahe Presse staatsbürgerliche Beteiligung in liberal-konservativem Sinn unverbindlich lobten, unterschieden sie nach dem ersten Erörterungstermin deutlicher zwischen „besorgten" Bürgern und „berufsmäßigen" Kernkraftgegnern.[72] Kai-Uwe von Hassel ging über die dezente Diskreditierung der BUU frühzeitig hinaus. Der Bundestagsvizepräsident nahm Anfang 1974 Kontakte mit führenden Vertretern der BUU auf und empfahl, vorsichtig mit Argumenten umzugehen, die „aus östlichen Quellen eingeschleust" sein könnten.[73] Der Hinweis an den gemäßigt liberalen Initiatorenkreis war umso überraschender, als kommunistische Gruppen erst vor dem zweiten Erörterungstermin im März 1976 Interesse an den Brokdorfer Vorgängen zeigten und ab Oktober/November 1976 organisierten Einfluß auf die Bürgerinitiativbewegung zu gewinnen suchten. Schon zwei Jahre zuvor aber folgerte Kai-Uwe von Hassel aus der bloßen Tatsache, daß zwei Professoren der Bremer Universität beim Erörterungstermin für die BUU auftraten, kommunistische Gruppen hätten sich der Bürgerinitiative ermächtigt; die „biederen, aufrechten Bürger" seien aber nicht imstande, die Situation zu durchschauen.[74]

Erfahrungen mit autoritärem Planungsstil und politischen Diskreditierungsversuchen ließen in Bürgerinitiativen frühzeitig den Gedanken aufkommen, die Landesregierung mit der Ankündigung einer Bauplatzbesetzung unter Druck zu setzen. Schon im August 1974 verwies der BUU-Geschäftsführer St. Karkow auf das Vorgehen der Bürgerinitiativen in Markolsheim, Wyhl und Sasbach mit der konfliktorientierten Bemerkung, Bürger müßten im öffentlichen Interesse ihre Geschicke selbst in die Hand nehmen, wenn zuständige Politiker keine koordinierte Umweltschutzpolitik zustande brächten.[75] Bei einer Demonstration im Kieler Landtag am 27.5.1975 und anschließenden Gesprächen mit Spitzenpolitikern aller Parteien forderte eine BUU-Delegation, seit Wyhl dürfe es keinen Baubeginn vor Gerichtsentscheid geben.[76] In einem aufsehenerregenden Flugblatt, daß die Interessenverflechtung von Staat und Wirtschaft kritisierte, betonte die BUU im Dezember 1975 erneut ihre Entschlossenheit, Gewalt, die durch den Bau von Kernkraftwerken auf betroffene Bürger ausgeübt werde, gewaltlosen Widerstand entgegenzusetzen.[77] Vor dem zweiten Erörterungstermin im März 1976 organisierte der Umweltschutzverband Schleswig-Holstein —

mit nur geringer Beteiligung — eine Sternfahrt zum Baugelände, bei
der eine symbolische Begehung die Widerstandsbereitschaft betroffener Bürger verdeutlichen sollte.[78]

Nicht nur in der Öffentlichkeit versuchte die BUU, Verständnis
für die Legitimität einer Platzbesetzung bei sofortigem Baubeginn
zu wecken. Auch Bundes- und Landespolitiker konnten von der
Bürgerinitiative auf öffentliche Voten gegen einen Baubeginn vor
Gerichtsentscheid festgelegt werden. Ende 1975 stellte R. Hellerich
nach Gesprächen mit den Vorsitzenden der CDU-/SPD-Umweltaus-
schüsse öffentlich fest, die Politiker teilten die Meinung der BUU,
daß mit dem Bau eines Kraftwerks erst begonnen werden könne,
wenn die Klagen betroffener Bürger vor den Gerichten einschlägig
beschieden würden.[79] 1976 vertraten die Bundestagskandidaten
aller Parteien, unter ihnen Kai-Uwe von Hassel, im Wahlkampf die
gleiche Auffassung.[80] Als W. Maihofer am 18.10.1976 im Fernsehen
versicherte, solange es offene Fragen bei der Wiederaufbereitungs-
anlage und Endlagerung gäbe, könne keine weitere Genehmigung
für Atomkraftwerke ausgesprochen werden,[81] sah sich die BUU in
der Legitimität ihrer Forderungen auch durch den zuständigen Bundesinnenminister bestätigt.

IV. Gewalteskalation und Konfliktverlauf

Als Sozialminister Claussen am 25. Oktober 1976 die erste Teilgenehmigung für das Kernkraftwerk Brokdorf unterzeichnete und
den sofortigen Vollzug anordnete, löste die Regierung in Schleswig-
Holstein nicht nur die größten polizeistaatlichen Aktionen der
Nachkriegszeit aus. Sie provozierte auch eine Vertrauenskrise des
parlamentarischen Repräsentativsystems, die auch Bundesregierung
und Spitzenpolitiker aller Parteien zwang, sich mit der Bürgerinitiativbewegung auseinanderzusetzen und nach partizipatorischen
Formen der Konfliktregelung zu suchen. Parlament und Öffentlichkeit in Schleswig-Holstein wurden von der Regierung bewußt im
Dunkeln über den genauen Baubeginn gelassen, während sich Kern-
kraftbetreiber und Polizei auf eine „Nacht- und Nebel-Aktion"[82]
vorbereiteten, die Bürgerinitiativen von der angekündigten Platzbesetzung abhalten sollte.

Das zuständige Ministerium gab vor Baubeginn weder den Einwendern schriftlichen Bescheid, noch wurde das Parlament ausreichend informiert.[83] Auf einer gemeinsamen Sitzung des Wirtschafts- und Landesplanungsausschusses hüllte sich Sozialminister Claussen in Schweigen zu den brisanten Details. Noch am 25. Oktober 1976 erweckte er den Eindruck, als kenne er den Termin des Polizeieinsatzes nicht. Am gleichen Tag gab der Minister aber Chefredakteuren CDU-naher Landeszeitungen, die sich später einhellig hinter die Regierung stellten, Einzelheiten über das staatliche Vorgehen bekannt — eine gouvernementale Informationssteuerung, die auf scharfe Kritik im Parlament stieß und auch im Landespressetag ein politisches Nachspiel hatte.[84] Selektive Informationspolitik und clandestine Einsatzplanung eröffneten aber in der Nacht zum 26. Oktober 1976 den Baukolonnen der NWK und 300 Polizeibeamten die Möglichkeit, den Platz für das Kernkraftwerk durch Stacheldraht und Staatspräsenz abzusichern.[85]

Als die BUU zu einer Demonstration am 30. Oktober 1976 aufrief, an der sich etwa 5—8 000 Personen beteiligten, wurde die Baustelle nach einer partiellen Besetzung trotz gegenteiliger polizeilicher Zusicherung durch einen äußerst rigiden Einsatz geräumt, bei dem aus nächster Nähe Chemical Mace gegen sitzende Demonstranten eingesetzt wurde.[86] Das polizeiliche Vorgehen löste eine breite Solidaritätswelle auch bei der ortsansässigen Bevölkerung aus. Der Schweigemarsch des nächsten Tages, an dem etwa 2—4 000 Personen teilnahmen, signalisierte schon einen deutlichen staatlichen Autoritätsverlust.[87] Die Landesregierung versuchte bei der zweiten Großdemonstration am 13. November, durch vervierfachten Polizeieinsatz den Konflikt noch rigider zu regeln. In Brokdorf wurden 1 300 Beamte, 16 Wasserwerfer, 12 Hundeführer, 10 Reiter und zeitweilig auch drei Hubschrauber eingesetzt.[88] Als sich etwa 20—30 000 Personen an der Demonstration beteiligten, entwickelte sich eine bürgerkriegsähnliche Auseinandersetzung, nach der etwa 500 Demonstranten ärztlich versorgt und 80 Polizeibeamte behandelt werden mußten.[89] Durch den massiven Polizeieinsatz konnte zwar eine erneute Platzbesetzung verhindert werden, die quasimilitärische Abriegelung schränkte aber das Demonstrationsrecht bis zur Unkenntlichkeit ein und drängte die Polizei in eine dubiose Rolle, die wesentlich zur Konflikteskalation in Brokdorf beitrug.

Fernsehen, Rundfunk und Presse beschrieben die Auseinandersetzungen des 13. November 1976 in Kategorien des Bürgerkriegs.[90]
Auch Ministerpräsident Stoltenberg räumte nachträglich ein, über
Einzelheiten des Polizeieinsatzes könne kritisch mit ihm gesprochen
werden, wenn sich auch für ihn nichts an der Gesamtbeurteilung
einer unerhörten Gefahrenlage geändert hatte.[91] Während Kabinett und Regierungspartei den massiven Polizeieinsatz mit Hinweisen
auf die Militanz einzelner kommunistischer Gruppen, besonders
des KBW und der KPD/ML, verteidigten, kritisierten SPD und FDP
die fehlende Bereitschaft der Regierung, die überwiegende Mehrheit
friedlicher Demonstranten von kleinen militanten Gruppen deutlich
zu unterscheiden.[92] Der SPD-Fraktionsvorsitzende Matthiesen warf
der Landesregierung in der parlamentarischen Diskussion sogar
kaltes Staatsverständnis mit einer technokratischen Grundhaltung
vor, die formale Rechtspositionen in den Rang politischer Objektivität erhebe und über Bürgerinteressen stelle.[93]

Die Gewalteskalation und der politische Konflikt um Brokdorf
hatten am 13. November 1976 ihren Höhepunkt erreicht. Als am
19. Februar 1977 bei noch größerem Einsatz von Polizei und Bun-
desgrenzschutz eine dritte Großdemonstration stattfand, an der
sich etwa 40—50 000 Personen in Brokdorf und Itzehoe beteiligten,
waren zwar erweiterte Voraussetzungen für neue Konflikte gegeben,
das politische Klima und die Handlungsstrategien der Bürgerinitiativen hatten sich seit November 1976 aber entscheidend verändert.
Zur politischen Konfliktentschärfung trug vor allem die Entscheidung des Verwaltungsgerichts Schleswig-Holstein bei,[94] das am
15.12.1976 einen vorläufigen Baustopp verfügte. Am 9.2.1977
vertrat die 10. Kammer die von der Landesregierung abweichende
Auffassung, das Genehmigungsverfahren müsse als Gesamtkomplex
behandelt werden. Besonders wegen der ungelösten Entsorgungsfrage, die ernste Zweifel an der Rechtmäßigkeit der ersten Teilgenehmigung begründe, entschied das Gericht, den Baustopp nicht
aufzuheben.[95] Als Ministerpräsident Stoltenberg das Urteil mit dem
Hinweis kritisierte, der Bundesinnenminister habe in mehreren
Stellungnahmen den Rechtsstandpunkt der Landesregierung einge-
nommen, wies Staatssekretär Baum aus dem Bonner Ministerium
darauf hin, die Entsorgungsfrage sei im Rahmen des Kieler Genehmi-
gungsentscheids trotz entsprechender Hinweise nicht ausreichend

überprüft worden.[96] Den Bedenken der Bürgerinitiativen war damit
in einem zentralen Punkt durch Verwaltungsgericht und Bundesministerium Rechnung getragen. Die Gerichtsentscheidung und der
vorläufige Baustopp verstärkten den Trennungsprozeß zwischen militanten und radikaldemokratischen Gruppen, der sich schon nach
der ersten Demonstration im Oktober 1976 abzeichnete.

Zur Konfliktentschärfung trugen auch SPD und FDP bei, die im
Kieler Landtag Strukturschwächen des parteienstaatlichen Systems
selbstkritisch eingestanden und nunmehr einen offeneren Dialog mit
den Bürgerinitiativen suchten.[97] Unter großen innerparteilichen
Auseinandersetzungen veränderte die SPD Schleswig-Holsteins ihre
energiepolitischen Optionen und versuchte auf parlamentarischer
Ebene, wenn auch erfolglos, einen Baustopp durchzusetzen.[98] Die
FDP legte noch im November 1976 ein Gesetz zur Änderung des
Landesplanungsgesetzes vor, um das Parlament an künftigen Stand-
ortplanungen stärker zu beteiligen und Partizipationsdefizite des
Repräsentativsystems auszugleichen.

Vor allem intensivierten die Parteien, wie auch die Landesregierung, die politischen Kontakte zu Bürgerinitiativen. Die parteienstaatlichen Vermittlungsversuche kulminierten vor dem 19.2.1977
in einem Treffen zwischen Repräsentanten der gemäßigten Bürgerinitiativen und Vertretern der SPD, FDP, SSW, Jungsozialisten und
Jungdemokraten, die gemeinsam zur Demonstration nach Itzehoe
aufriefen und eventuellen Gewaltaktionen vor Brokdorf eine deutliche Absage erteilten.[99] Nachdem auch Bundeskanzler Schmidt
in der Regierungserklärung vom Dezember 1976 mit deutlicher Anspielung auf Brokdorf versichert hatte, Protestbewegungen hätten
Anspruch auf faire Behandlung durch die Staatsorgane und dürften
auch dann nicht ins gesellschaftliche Abseits gedrängt werden, wenn
sich Extremisten an Demonstrationen beteiligten,[100] wurde die
Landesregierung auch durch den Bund unter stillen Druck gesetzt,
Signale politischen Einlenkens zu geben. In einem Schreiben vom
3.2.1977 an Ministerpräsident Stoltenberg verdeutlichte der Bundeskanzler noch einmal, daß mit den Bürgerinitiativen vor dem 19.2.
1977 intensive und offene Gespräche geführt werden müßten, um
Mißtrauen abzubauen und eine Vertrauensbasis herzustellen.[101]
Tatsächlich hatte sich die Landesregierung schon um Kontakte mit
der BUU bemüht und trug durch die öffentliche Ankündigung, sie

werde eine zweite Teilgenehmigung nicht vor einer neuerlichen
Gerichtsentscheidung aussprechen, im Rahmen ihrer politischen
Möglichkeiten ebenfalls zur Verbesserung des politischen Klimas
bei.[102]

Der gerichtlich verfügte Baustopp und die Integrationsbemühun-
gen von Bundes- und Landespolitikern, von denen die Entstehung
einer außerparlamentarischen Opposition oder ökologischen Partei
nach den Brokdorfer Ereignissen nicht mehr ausgeschlossen wurde,
wirkte auf Politik und Organisationsstruktur der BUU zurück. Die
Bürgerinitiativen der Wilstermarsch nahmen schon vor den Gerichtsentscheidungen von weiteren Besetzungsversuchen Abstand, da sie
ein Konzept des gewaltlosen Widerstands vertraten.[103] Nach dem
13. November 1976 erklärte R. Hellerich,[104] die BUU habe zu einer
friedlichen Demonstration aufgerufen und mit Absicht einen Demonstrationsort in zwei Kilometer Entfernung vom Bauplatz gewählt; die Ereignisse seien der Bürgerinitiative aber entglitten.
Nachdem handlungsstrategische Differenzen zwischen der BUU-
Marschenkonferenz und der Hamburger BUU, die seit November
1976 zunehmend durch den KB beeinflußt wurde, in einem Brief
vom 27.1.1977 öffentlich zum Ausdruck kamen,[105] bahnte sich
aus zahlreichen Konferenzen im Januar/Februar 1976 die endgültige organisationspolitische Trennung an. Während kommunistische Gruppen, unter denen sich aber nur der mitgliederschwache
KBW für erneute Besetzungsversuche aussprach, für Brokdorf als
Demonstrationsort eintraten, rief der „Bundesverband Bürgerinitiativen Umweltschutz" und die BUU mit den großen Parteien dazu
auf, in Itzehoe zu demonstrieren.[105] Am 19. Februar 1977 kam es
nur zu geringen Auseinandersetzungen zwischen Staat und Bürgern.
Die größte Gewalteskalation der Nachkriegsgeschichte, die von
rechten Presseorganen und militanten Gruppen bewußt projiziert
wurde, blieb aus. Die parteienstaatliche Flexibilität und demokratische Orientierung der Bürgerinitiativen hatte neben dem gerichtlich
verfügten Baustopp zu einer Entspannung des politischen Klimas und
zu einer vorläufigen Konfliktregelung entscheidend beigetragen.

Anmerkungen

(Abkürzungen: DS = Drucksache des Kieler Landtags, HA = Hamburger Abendblatt, KN = Kieler Nachrichten, LPA = Landesplanungsausschuß, LTP = Landtagsprotokoll, NR = Norddeutsche Rundschau, PS = Pressespiegel 1974—1976 — Materialien zum Widerstand gegen das geplante Atomkraftwerk in Brokdorf, Hamburg o. J. (1977), VfNU = Verein für Natur- und Umweltschutz, WZ = Wilster Zeitung).

1 *B. Borsdorf-Ruhl* (1973), Bürgerinitiativen in Bayern (1973), *J. Dittberner* (1973), 194 ff., *R.-P. Lange* (Hrsg.), (1973), 247 ff.; zur Definitionsfrage u. a. *P. C. Mayer-Tasch* (1977).

2 Vgl. Beschluß des VG Schleswig vom 15.12.1976, in: Demokratie und Recht 1/1977, 88 ff.; Der Landtag, Pressespiegel, 28/10.2.1977.

3 *W. Andritzky* (1978); neuerer Literaturüberblick zu Bürgerinitiativen gegen Atomkraftwerke *H. J. Benedict* (1977), 179 ff.

4 *W. Andritzky*, a. a. O., 16; zur regionalpolitischen Organisationstendenz vergl. auch *H.-H. Wüstenhagen* (1975).

5 Nach einer Ende 1977 abgeschlossenen Umfrageaktion unter 3 000 BIs, an der sich 330 Gruppen beteiligten, *W. Andritzky*, a. a. O., 18.

6 etwa *B. Armbruster/R. Leisner* (1975), *U. Bermbach* (1974), 547 ff., *H. Bilstein/K. G. Troitzsch* (1972), 263 ff., *W. Butz* (1974), *P. Dienel* (1971), *K.-H. Flach* (1972), 245 ff., *R. Gronemeyer* (1973), *H. Zielleßen* (1974).

7 Etwa *C. Offe*, in: *H. Grossmann* (1971), 152 ff., überzeugend gegen diese Fehleinschätzung *L. Mez* (1977), S. 101 ff.

8 *Battelle-Institut* (1975), S. 310.

9 *Battelle-Institut* (1977), S. 128.

10 Zum theoretischen Problemspektrum *J. Habermas* (1973), bes. S. 61 ff.; zur Methodik des *Battelle-Instituts*, Bericht (1975), a. a. O., S. 6 ff.; nicht sehr ergiebig *G. Schmidtchen*, Ist Legitimität meßbar?, = ZParl 2/1977, S. 232 ff.

11 *U. Mommsen* (1977), S. 44 ff.

12 Etwa Hamburger Abendblatt v. 15.11.1976.

13 Zur extensiveren Auslegung des Begriffs und der politischen Funktion von Erörterungen, *P. C. Mayer-Tasch*, a. a. O., S. 64 ff.

14 So erfolgte noch am 31.10.1973/7.11.1973 eine kleine Anfrage zum Verbleib des angekündigten Energieprogramms; vgl. auch Schwalbach (SPD), LTP, 51. S. v. 4.12.73, 316 ff.

15 So auch die parlamentarische Selbstkritik durch SPD/FDP, LTP, 28. S. v. 23.11.1976, passim. Zur Kritik am Norddeutschen Parlament und an fehlender gemeinsamer Landesplanung etwa Jahresber. d. Handelskammer Hamburg. 1972, KN v. 16.1.1973.

16 Ergebnis nicht-standardisierter Interviews der Mitglieder der BUU.

17 LTP, 39. S. v. 22.5.1973, 2410 ff.; 51. S. v. 4.12.1973, 3147 ff.

18 Repräsentativ die Kritik bei *E. Sachse*, Bürgermeister von Wewelsfleth, PS, 16.

19 Zur Energiedebatte 1976, vgl. LTP, 28. S. v. 23.11.1976, 1918 ff.

20 LTP, 55. S. v. 31.1.1974, 3459 f.

21 LPA, 31. Sitz. v. 16.1.1974.

22 LTP, 55. Sitz. v. 31.1.1974, 3462.

23 PS, 16.

24 PS, 6, Nr. 41.

25 Zum VfNU, PS, S. 10, 15, 27, 37, 75, 112.

26 PS, 6 und 15.

27 PS, 17, 25.

28 Zur Befragung vgl. Pressemitteilung des BUU-Vorstandes, PS, 32.

29 Ebd., S. 30.

30 Amtsblatt f. S/H, Nr. 33 v. 19.8.1974; NR v. 16.8.1974; WZ v. 16.8. 1974.

31 Zur Kritik am Ablauf auch der SPD-Kreisvorstand, PS, 122.

32 WZ v. 10.3.1976; dazu Offener Brief der BUU an das Ministerium f. Ernährung etc. v. 1.3.1976.

33 NR v. 9.3.1976.

34 NR v. 27.12.1975; WZ v. 27.12.1975.

35 Erster BUU-Vorsitzender, PS, 95.

36 WZ v. 10.3.1976; PS, S. 119 f.

37 NR v. 9.3.1976.

38 Auf die Frage: „Wollen Sie für Brokdorf ein Atomkraftwerk?" antworteten von der CDU 4 Kandidaten: unentschieden, 1 Kandidat: nein, PS, 32.

39 LTP, 3. Sitz. v. 15.6.1971, 73 ff. (Stojan/SPD); 4. Sitz. v. 16.6.71, 110 f. (Schwalbach/SPD); in der Fragestunde der 10. Sitz. v. 24.6.1972, 455 ff.: keine Bemerkungen über AKWs; 39. Sitz. v. 22.5.1973, 2410 ff. (Matthiesen/SPD); ebd.: Olderog/CDU, 2442 ff.; 46. Sitz. v. 16.10.1973, 2833 ff. (Hamer/SPD); vgl. bes. die Debatte anläßlich der Regierungserklärung zur Energiekrise und zur konjunkturellen Situation in ihrem Auswirkungen auf S/H, 51 Sitz. v. 4.12.1973, passim und die Behandlung parlamentarischer Initiativen in der 55. Sitz. v. 31.1.1974, passim; weiterhin Bericht der Landesregierung zur Energiepolitik (DS 7/1240), der aufgrund eines Landtagsbeschlusses v. 31.1.1974 (DS 7/819) zustande kam und in der 72. Sitz. v. 4.3.1975 diskutiert wurde.

40 Zu den frühen Bemühungen der FDP vgl. zahlreiche Aufsätze in „liberal", 12/1970 ff.; etwa *K.-H. Flach*, 245 ff.

41 Zum Problem Atomkraft und Gewerkschaften vgl. *O. K. Flechtheim, L. Mez, V. Brandes, L. Mez/Th. v. Zabern, J. Dyllick/D. Kampe/W. Sewing, A. Brock, F.-K. Griewat, M. Wilke, E. Schmidt*, in: *L. Mez/M. Wilke* (Hrsg.) (1977), 92—190.

42 Zu öffentlichen Stellungnahmen von DGB/ÖTV/GEW im Kreis Steinburg, PS, S. 11, 33, 85, 89, 91, 128, 150, 165; schon Ende 1973 sprach sich der DGB-Kreisvorsitzende *P. Barth* mit nur wenigen Vorbehalten für Brokdorf aus, ebd., 11 f.

43 Einschlägiges Material und Rekonstruktion der innerparteilichen Entscheidungsprozesse (mit Ausnahme der Orts- und Kreisebene), *K. Sick*, Willensbildung im Parteienstaat — Die SPD Schleswig-Holstein und die politischen Entscheidungen über das geplante Kernkraftwerk Brokdorf zwischen 1973 und 1977, Staatsarbeit, Hamburg 1977, Az. LPrA/365 -31.1. B(H)77, S. 36 ff.; Herrn Sick verdanke ich auch zahlreiche weitere Hinweise.

44 Etwa LTP, 4. Sitz. v. 16.6.1971, 110 ff.; 51. Sitz. v. 4.12.1973, 316 ff.; so auch in Interviews, schriftlichen Stellungnahmen und zahlreichen Briefen; zur Demonstration von NWK-Arbeitern am 5.11.1976 für ein Kernkraftwerk in Brokdorf, an der sich der ÖTV-Bezirksvorsitzende und Mitglied des LTs *Hans Schwalbach* beteiligte, Stuttg. Ztg. v. 6.11.1976; zur innergewerkschaftlichen Meinungsbildung, *L. Mez/M. Wilke*, a.a.O., S. 138 ff.

45 Etwa SIB (Soz. Informationsdienst, hrsg. v. Landesvorstand und Landtagsfraktion der SPD in S/), 1.11.1976, Nr. 285/76; SPD, Heißer Draht, 4.11.1976, Nr. 19/76; Protok. der Klausursitz. des Landesvorst. v. 5./6.11.1976 in Kiel-Schilksee; SIB v. 8.11.1976, Nr. 289/76; Protokoll der Sitz. des Landesv. am 15.11.1976 in Kiel; SIB v. 13.12.1976, Nr. 324/76; Prot. der Sitz. des Landesv. v. 24.1.1977 in Kiel; SIB v. 31.1. 1977, Nr. 31/77; Vorlage des geschäftsf. Landesv. und des Vorst. der Landtagsfraktion vom 11.2.1977 zur Sondersitz. des Landesv. v. 12.2. 1977.

46 Etwa WZ v. 11.1.1974.

47 PS, 36; zur Stellung der SPD im Kreis Steinburg vgl. auch, ebd., S. 22, 31, 33, 55, 56, 83, 122, 144, 186.

48 Ebd., S. 32.

49 Etwa LTP, 72. Sitz. v. 4.3.1975, passim.

50 Vgl. Übersicht von *R. Selzer*, SPD-Landesverband S/H, Beschlüsse, 1975 ff.; idj (Informationsdienst der Jungsozialisten) v. 8.9.1975; SPD Landesverband S/H, Dringlichkeitsantrag z. Landesparteitag v. 20.9.1975, betr. Kernenergie; SIB v. 26.11.1975, Nr. 247/75; SIB v. 28.4.1976, Nr. 145/76; Prot. über die Fachbereichskonf. „Kernenergie" am 25.11. 1975 in Kiel; Wachstum-Energie-Lebensqualität: Fachkonf. der s/h SPD am 30.4.1976 in Kiel; zu weiteren Einzelheiten *K. Sick*, a.a.O., S. 38 ff.

51 Vgl. Prot. des Landesv. am 5./6.11.1976; SIB v. 8.11.1976, Nr. 289/76.

52 Vgl. außer den sonstigen einschlägigen Materialien etwa die Presseerklärung des SPD-Landesverbandes Kiel zum Treffen mit der BUU am 8.2.1977 in Quickborn.

53 Zur Reaktion der FDP vgl. PS, 33, 55, 73, 74, 129, 174; zur SPD vgl. Anm. 53; zur CDU, ebd., 14, 66, 72, 96 f., 150.

54 Vgl. etwa das öffentlichkeitswirksame Flugblatt der BUU v. Dez. 1975, abgedr. in: Brokdorf: Der Bauplatz muß wieder zur Wiese werden! Hamburg 1977, 59 ff.

55 Ebd.

56 Zur differenzierteren Darstellung der BUU-Entwicklung vom Oktober
    1976—Februar 1977, mein unv. Ms. „Organisation und Politik der
    BUU 1974—1977", Hamburg 1977.

57 Das bestätigen Gespräche mit BUU-Mitgliedern und eine Durchsicht der
    Presse, PS, 22 ff.

58 Dazu NR v. 14.1.1974; auf der Jahreshauptversammlung wurde als wich-
    tigster organisationspolitischer Erfolg die hohe Einwendungsquote
    betont, NR v. 13.2.1974.

59 Zum politischen Bewußtsein der Bevölkerung in agrarischen Gebieten
    und Brokdorf, *U. Mommsen*, a.a.O., 9 ff.

60 Konstituierende Versammlung der BUU, NR v. 14.1.1974.

61 Der Gewerkschaftseinfluß war schon auf der Kreisebene deutlich: Paul
    Barth, DGB-Kreisvorsitzender, sprach sich für den Standort aus (PS, 11)
    und vertrat seine Vorstellungen auch als SPD-Vorsitzender des Steinbur-
    ger Kreistags (PS, 32).

62 Zum DGB im Steinburger Kreis vgl. Anm. 48; zur Demonstration am
    5.11.1976, Stuttg. Ztg. v. 6.11.1976.

63 Vor allem Kabinettsmitglieder, aber auch einzelne Mitglieder der BUU
    suchten Kontakte zum Bauernverband, PS, passim.

64 Zu den öffentlichen Veranstaltungen der Landjugend, ebd., 13, 37, 58,
    62.

65 WZ v. 5.12.1973; PS, 15, 27, 37, 75, 111 f.

66 Brokdorf, a.a.O., S. 60.

67 NR v. 20.8.1974; abgedr. PS, 36.

68 Ebd., 37.

69 Zahlen nach Angaben des Sozialministeriums, 1. TG, 45.

70 Zu Einzelheiten NR v. 6.3.1976; WZ v. 6.3.1976.

71 Über den politischen Verstärkungseffekt der Presse, vgl. auch Bürger-
    initiativen im Bereich von Kernkraftwerken, a.a.O., S. 78 ff.; die Brok-
    dorfer Vorgänge bestätigen die Ergebnisse.

72 PS, passim.

73 *Kai-Uwe von Hassel* am 6.3.1974 bei einem Besuch in Wilster, PS, 28.

74 NR v. 19.11.1974.

75 PS, 38.

76 Offener Brief an den Präs. des S/H Landtags, CDU-Fraktion, FDP-Frak-
    tion, SPD-Fraktion, SSW und Presse vom BUU-Geschäftsführer, abgedr.
    PS, 77.

77 Vg. Brokdorf, a.a.O., S. 60; vgl. auch Pressekonferenz *Sachse/Häuser*,
    v. 2.2.1976, abgedr. PS, 104.

78 WZ v. 1.3.1976; NR v. 1.3.1976.

79 WZ v. 30.12.1975; abgedr. PS, 95.

80 NR v. 14.9.1976; WZ v. 16.9.1976.

81 Brokdorf, a.a.O., S. 67, WZ v. 29.9.1976, NR v. 27.9.1976.

82 So SPD-Fraktionsführer Matthiesen am 27.10.1976 vor dem Kieler Land-
    tag.

83 Zum folgenden LPT, 26. Sitz. v. 27.10.1976, passim.

84 Die Landespressekonferenz hatte gegen die Vorab-Information der fünf Chefredakteure protestiert; auch eine nachträgliche Erklärung wurde durch die LP bemängelt, die einstimmig feststellte, sie könne sich mit der Einteilung in besonders verantwortliche und andere Journalisten nicht einverstanden erklären, DLZ v. 5.11.1976.

85 Zur Sicht des Innenministers vgl. den „Zusammenfassenden Bericht..." v. 10.12.1976, S. 1 ff.; zur detaillierten Analyse der Vorgänge mein unv. Ms., Organisation und Politik der BUU 1973–1977; zur Pressereaktion vgl. Spiegel 46/1976, 115 ff.; Morgenpost v. 1.11.1976; Hamburger Abendblatt v. 1.11.1976; FR v. 2.11.1976; Tagesspiegel v. 2.11.1976; vgl. auch die Presseerklärung der BUU v. 30.10.1976.

86 Dazu auch die parlamentarische Kritik in der 28. Sitz. v. 23.11.1976 durch SPD/FDP, 1935 ff., 1979 ff.

87 Bei den folgenden Zahlen ist die untere Schätzziffer Polizei- und die obere Schätzziffer BUU-Angaben entnommen; bei Zahlenangaben über Demonstrationsbeteiligung und Verletzte liegen journalistische Angaben (Spiegel, FR, FAZ) zumeist in der Mitte; zum Schweigemarsch außer zahlreichen Presseberichten, Brokdorf, a.a.O., S. 113 f.; Bericht des Innenministeriums, a.a.O., S. 12.

88 Bericht des Innenministeriums, a.a.O., S. 21; zu den Vorgängen aus polizeilicher Sicht, ebd., S. 13 ff.; aus Sicht der BUU, Brokdorf, a.a.O., 116 ff.

89 Bericht des Innenministeriums, S. 14, 19; nach Angaben des Innenministeriums wurden in Wilster nur 50 verletzte Demonstranten behandelt, ebd., S. 20; die BUU gibt sogar 700 Demonstranten an, die von Ärzten behandelt werden mußte, Brokdorf, a.a.O., S. 122.

90 FR v. 15.11.1976: „Der Rückweg von der Demonstration wurde zum Horror-Trip"; „Sturm auf Brokdorf wurde abgewehrt"; Stern 43/1976: „Der Bürgerkrieg in Brokdorf"; Hamburger Abendblatt v. 15.11.1976: „Die Schlacht von Brokdorf"; Bild-Zeitung: „Krawalle in Brokdorf: Jetzt ist die Umwelt zerstört" v. 15.11.1976; Spiegel 48/22.11.1976: „Rundumschlag mit der chemischen Keule" über die Reaktionen der Regierungen, Parteien und Verbände vgl. FR v. 16.11.1976; Bericht der Landesregierung zum Polizeieinsatz vgl. FR v. 21.12.1976.

91 Ministerpräsident *Stoltenberg* in einem Interview, Spiegel, 48/22.11. 1976, S. 76.

92 LTP, Sitz. v. 23.11.1976, 1935 ff., 1961 ff, 1979 ff.; SIB v. 15.11.1976, Nr. 295/76; vgl. auch die scharfen Angriffe des SPD-Landesvorsitzenden *G. Jansen* in seiner Rede auf der Kernenergie-Konferenz v. 20.11.1976.

93 LTP, Sitz. v. 23.11.1976, S. 1942.

94 KN v. 11.2.1977; FR v. 11.2.1977; zum Beschluß des Verwaltungsgerichts Schleswig vom 15.12.1976, = Demokratie und Recht 1/1977, S. 88 ff.

95 Schleswig-Holsteinische Landeszeitung v. 18.2.1977; Lübecker Nachrichten v. 10.2.1977.

96 Schleswig-Holsteinische Landeszeitung v. 11.2.1977.

97 Vgl. etwa die erste Lesung des Entwurfs eines Dritten Gesetzes zur Änderung des Gesetzes über die Landesplanung (FDP-Entwurf) LTP, 29. Sitz. v. 7.12.1976, passim.

98 Aus den umfangreichen Materialien zur innerparteilichen Diskussion der SPD vgl. Protokoll der Klausursitzung des Landesvorstandes am 5./6. November 1976 in Kiel-Schilksee.

99 Zit. im Hamburger Abendblatt v. 17.12.1976.

100 Br. d. Bundeskanzlers an Ministerpräsident Stoltenberg v. 3.2.1977, S. 2.

101 Zur Position der Landesregierung vor der Großdemonstration vgl. die Erklärungen Stoltenbergs im Kieler Landtag, LTP, 32. Sitz. v. 15.2.1977, 2173 ff., 2181 ff., 2197 ff.

102 Der BUU-Vorsitzende Hellerich hatte zunächst noch Verständnis für die Besetzungsaktion des 30.10.1976 gezeigt, DLZ v. 3.11.1976; nach 13.11. distanzierte er sich aber deutlich: vor drei Wochen sei eine „friedliche Besetzung des Platzes" richtig gewesen, inzwischen habe sich die Situation aber gewandelt, Spiegel v. 22.11.1976, S. 82.

103 Ebd.: An der Demonstration hätte sich etwa 30 000 Personen beteiligt, von denen freilich etwa zweitausend, in der Mehrzahl wohl Kommunisten, von Anfang an versuchten, die Polizei zu provozieren; für solche Provokanten seien die Bürgerinitiativen aber nicht verantwortlich zu machen; nunmehr würden sie versuchen, Demonstranten von Besetzungen abzuhalten.

104 Abgedr. in Brokdorf, a.a.O., S. 161 ff.

105 Kieler Nachrichten v. 12.2.1977; kritisch gegenüber einem zu engen Zusamengehen von Bürgerinitiativen und Parteien der linke Flügel der radikaldemokratische BUU, beschlossen auf der Regionalkonferenz in Glückstadt v. 13.2.1977; auch die Bundesregierung gab vor der Demonstration am 19.2. eine öffentliche Erklärung ab, abgedr. in FR v. 5.2. 1977; zum Verlauf der Demonstration FR v. 21.2.1977; Welt v. 21.2. 1977, FAZ v. 21.2.1977.

Paul v. Kodolitsch

Effizienzsteigerung oder Systemüberwindung — zur empirischen Erfolgsbilanz der Bürgerinitiativen

Einleitung

Eine Bürgerinitiative (BI) ist natürlich vor allem dann erforderlich, wenn sie das sich selbst gesteckte Ziel zu erreichen vermag. Erfolgreich kann sie aber auch dann noch sein, wenn sie dieses Ziel nur teilweise oder gar nicht erreicht. Wenn es ihr z. B. „nur" gelingt, Bürger zu aktivieren, die Presse zur Berichterstattung zu veranlassen, eine öffentliche Diskussion auszulösen oder die Verwaltung zur Rechtfertigung ihrer Position zu bewegen.

Kriterien müßten daher entwickelt werden, die es ermöglichen, den Erfolg von Bürgerinitiativen auch jenseits des Maßstabes zu messen, inwieweit BI ihre Ziele erreichen. Derartige Kriterien zu bestimmen, setzt aber voraus, daß man sich klar darüber ist,

— was eigentlich eine Bürgerinitiative ist (Begriffsbestimmungen dazu gibt es fast ebenso viele wie Autoren, die zu diesem Thema schreiben),

— welche Funktionen BI in der Bundesrepublik haben bzw. haben sollen,

— und was noch als Effizienzsteigerung des politischen Systems der Bundesrepublik bzw. schon als Systemüberwindung oder -veränderung eingestuft werden muß.

Angesichts all dieser ungeklärten Fragen kann der hier vorzulegenden Erfolgsbilanz der BI kein umfassender Kriterienkatalog zugrunde gelegt werden. Stattdessen soll von jenen Defiziten des politischen Systems der Bundesrepublik ausgegangen werden, die meist für das Entstehen von BI verantwortlich gemacht werden:

1. Die Tatsache, daß viele Bürger zunehmend dazu neigen, ihre Interessen nicht nur in Parteien und Verbänden, sondern verstärkt

auch in BI, und nicht gegenüber ihren gewählten Repräsentanten, sondern direkt gegenüber der Verwaltung zu äußern, muß als „Kritik an der Effizienz der bestehenden Strukturen der Interessenberücksichtigung" in der Bundesrepublik interpretiert werden.[1]

2. In BI wird jedoch nur Kritik an den bestehenden Strukturen des Willensbildungs- und Entscheidungsprozesses manifest. Denn BI entstehen meist erst dann, wenn Bürger von ganz konkreten Problemen direkt betroffen werden. Dies zeigt, daß vor allem auch die materiellen Leistungen des Staates Anlaß zur Kritik geben.

In BI manifestiert sich somit zum einen Kritik an den bestehenden Strukturen des staatlichen — und kommunalen — Willensbildungs- und Entscheidungsprozesses und zum anderen, und dies offensichtlich vorrangig, Kritik an den materiellen Leistungen des Staates — und der Gemeinden —. Der Erfolg der BI ist also daran zu messen, inwieweit es ihnen gelingt, bestimmte materielle Interessen durchzusetzen und den Prozeß der Interessenberücksichtigung zu verändern.

I

Veränderungen des Prozesses der Interessenberücksichtigung

Am Prozeß der Interessenberücksichtigung sind zum einen die Bürger selbst und zum anderen die staatlichen Organe beteiligt, die in ihrem Namen die Gewalt ausüben. Beteiligt sind aber auch die sogenannten intermediären Gewalten (Parteien, Verbände, Presse usw.), die zwischen den Bürgern und den staatlichen Organen vermitteln. Dementsprechend kann man folgende Veränderungen im Prozeß der Interessenberücksichtigung unterscheiden:

1. Veränderungen im Bereich des staatlichen Willensbildungs- und Entscheidungsprozesses,
2. Veränderungen im Bereich der intermediären Gewalten und
3. Veränderungen beim Bürger selbst.

1. Veränderungen des staatlichen Willensbildungs- und Entscheidungsprozesses

a) Veränderungen des verfaßten staatlichen Willensbildungs- und Entscheidungsprozesses

(1) Die Einschaltung von BI

Die auffälligste Art, den verfaßten politischen Entscheidungsprozeß zu verändern, ist zweifelsohne die, BI direkt in diesen Prozeß einzuschalten:

— Die FDP beschloß auf ihrem 26. ordentlichen Bundesparteitag Ende Oktober 1975 in Mainz, „Bürgerinitiativen sollte verstärkt ein Informations- und Vortragsrecht in den Kommunalinstitutionen gewährt werden".[2] So hat z.b. die schleswig-holsteinische FDP vorgeschlagen,[3] die Gemeindeordnung dahingehend zu ändern, daß BI das Recht erhalten sollten, in den öffentlichen Sitzungen der kommunalen Vertretungskörperschaften das Wort zu ergreifen, wenn Tagesordnungspunkte verhandelt werden, die sie betreffen.

— Der schleswig-holsteinische Landtag hat seinen Petitionsausschuß in „Ausschuß für Bürgerinitiativen und andere Eingaben" umbenannt und ihn damit ausdrücklich auch den BI geöffnet.

— Die wirksamste Art der Einschaltung der BI in den verfaßten politischen Entscheidungsprozeß wäre wohl die, in das Prozeßrecht die Verbandsklage einzuführen. Damit würde den BI, auch wenn sie selbst bzw. ihre Mitglieder nicht rechtlich betroffen sind, der Rechtsweg eröffnet.[4]

(2) Verstärkung der Bürgerbeteiligung

Zweifelsohne ist es u.a. der Verdienst der BI, daß die Forderung, die Bürger müßten verstärkt am Willensbildungs- und Entscheidungsprozeß beteiligt werden, heute allgemein anerkannt, und, wenigstens in Ansätzen, auch verwirklicht wird:

— So verpflichtet das StBauFG und das novellierte BBauG die Gemeinden, bei ihren Planungen die Betroffenen bzw. die Bürger
   mitwirken zu lassen bzw. zu beteiligen.
— Bürgerbeteiligung bildet auch einen der Schwerpunkte der Diskussionen um eine Reform der Gemeindeordnungen, die in sechs
   Bundesländer vorbereitet wird oder bereits abgeschlossen ist.
— Indirekt spielt die Forderung, die Bürgerbeteiligung zu verstärken,
   auch dort eine Rolle, wo es darum geht, die Parlamente (von der
   Bundes- bis zur Gemeindeebene) und die Parlamentsfraktionen
   besser mit Informationen darüber zu versorgen, welche Wünsche
   und Bedürfnisse die Bürger haben. Auf diese Weise sollen die Vertretungskörperschaften in die Lage versetzt werden, die Interessen
   jener besser zu vertreten, die sie repräsentieren, und die allmäch-
   tig erscheinenden Verwaltungsapparate im Namen der Bürger
   besser zu lenken und zu kontrollieren.

(3) Einschätzung der Effizienz dieser Maßnahmen

All diese Maßnahmen zur Verstärkung der Bürgerbeteiligung und
zur direkten Einschaltung der BI in den Entscheidungsprozeß verbessern sicherlich den Prozeß der Interessenberücksichtigung in der
Bundesrepublik: Sie steigern die Effizienz des Willensbildungs- und
Entscheidungsprozesses, weil sie zumindest tendenziell eine bessere
Berücksichtigung der Bedürfnisse und Interessen der Bürger ermöglichen.

Dies stellt zwar zweifelsohne eine qualitative Veränderung des
repräsentativ verfaßten politischen Systems der Bundesrepublik dar.
Doch man kann geteilter Meinung darüber sein, ob diese Veränderung zur Überwindung dieses Systems beiträgt oder nicht:
— Man kann diese Frage mit dem Hinweis darauf verneinen, daß mit
   all diesen Maßnahmen nicht in die Entscheidungshoheit der repräsentativen Organe eingegriffen wird. Verdeutlicht wird dies z.B.
   durch die Tatsache, daß der Bürgerentscheid bei all diesen Reform-
   vorhaben keine Rolle spielt, obwohl er z.B. in der Gemeindeordnung Baden-Württembergs schon lange verankert und die repräsentative Demokratie gerade auf Gemeindeebene weit weniger

konsequent verwirklicht ist als auf Bundesebene, d. h. Raum für plebiszitäre Elemente vorhanden wäre.

— Man kann sich aber auch auf den Standpunkt stellen, daß Bürgerbeteiligung trotz der Tatsache, daß sie zumindest dem verfaßten Entscheidungsprozeß nach die Entscheidungshoheit der repräsentativen Organe nicht beschränkt, ein Stück Systemveränderung darstellt. Denn die Ergebnisse von Beteiligungsverfahren können nicht einfach unbeachtet bleiben, wenn man die Bürger zur Beteiligung aufgefordert hat und dann ihre Interessen auch erkennbar werden.

Da empirische Untersuchungen darüber allerdings weitgehend fehlen, ob Bürgerbeteiligung bei den in der Bundesrepublik praktizierten Beteiligungsverfahren (z. B. nach StBauFG) nur eine Alibifunktion hat, oder ob diese Verfahren den Bürgerinteressen mehr Durchsetzungsvermögen verleihen, kann die Frage der systemverändernden Kraft der Bürgerbeteiligung hier nicht beantwortet werden.

b) Veränderungen außerhalb des verfaßten staatlichen Willensbildungs- und Entscheidungsprozesses

(1) Bürgerbeteiligung und Einschaltung von BI

Auch außerhalb des verfaßten staatlichen Willensbildungs- und Entscheidungsprozesses findet, insbesondere im kommunalen Rahmen, Bürgerbeteiligung statt, und werden BI in den Prozeß der Interessenberücksichtigung eingeschaltet. Daß derartige Maßnahmen im Einzelfall diesen Prozeß zugunsten der BI zu verbessern vermochten, ist sicherlich nicht zu leugnen,[5] doch ob damit generell eine Änderung dieses Prozesses verbunden ist, muß bezweifelt werden:

— Zum einen handelt es sich dabei um Maßnahmen, die lediglich einzelne Gemeinden durchführen und die somit nicht allgemeine Praxis sind.

— Zum anderen werden diese Maßnahmen meist nicht generell für alle kommunalen Vorhaben vorgeschrieben, sondern sie beschränken sich auf einzelne Planungsbereiche bzw. Einzelprojekte.

— Zudem können sie von den Gemeinden, da sie ja nicht zu deren
  Pflichtaufgaben zu zählen sind, jederzeit auch wieder eingestellt
  werden.

— Außerdem können sich die Gemeinden gerade gegenüber BI nur
  selten dazu durchringen, ein über den pragmatischen Umgang
  mit derartigen Initiativen hinausweisendes Beteiligungsprogramm
  zu entwickeln.[6]

(2) BI und dritte Gewalt

Die spektakulären Erfolge, die sich BI vor Gerichten erstritten
haben, könnten den Eindruck vermitteln, die BI hätten hier einen
Bündnispartner gefunden, mit dessen Hilfe sie den Willensbildungsprozeß in der Bundesrepublik wenn nicht bestimmen, so doch
sicherlich beeinflussen könnten. Doch dieser Eindruck täuscht
offenbar: Zum einen nehmen nur wenige Bürgerinitiativen überhaupt
Zuflucht zur Justiz, und zum anderen ist die Erfolgsquote der BI
vor Gericht nicht so hoch, daß die Annahme, die Justiz sei Bündnispartner der BI, gerechtfertigt wäre. Denn von 390 BI wandten sich
nur 31 an Gerichte. Von jenen 13 BI, über die Angaben über Erfolg
oder Mißerfolg vor Gericht vorliegen, bekamen 7 vor Gericht Recht,
5 wurden abgewiesen und einer wurde die Klagebefugnis bestritten,
bekam aber in der Sache Recht.

2. Veränderungen im Bereich der intermediären Gewalten

a) Presse und BI

BI sind bei ihrem Hauptbemühen, die Öffentlichkeit für ihr Anliegen zu mobilisieren und so die Verwaltung unter Druck zu setzen,
vor allem auf die Hilfe der Presse angewiesen. Die Presse kann „maßgeblich dazu beitragen ..., örtliche Aktivitäten zu wecken, Identifikation zu erzeugen und soziale Integration zu schaffen", weil der
Anteil der Zeitungsleser an der erwachsenen Bevölkerung sehr hoch
und ein großes Interesse für den lokalen Teil der Zeitungen vorhanden ist.[7]

Die Presse, insbesondere die lokale, ist ihrerseits an den BI interessiert, weil sie ihr Produkt, die Zeitung, besser absetzen kann, wenn sie über BI berichtet:

— Denn es gibt eine „Konjunktur" für BI und alle damit zusammenhängenden Fragen wie Bürgerbeteiligung usw.;
— die Aktionen von BI besitzen meist einen hohen News-Wert;
— die Berichterstattung über BI hat für den Leser einen großen Identifikationswert, weil er die dort geschilderten Probleme kennt und beurteilen kann;
— da Lokalredakteure außerdem mangels eigener Fachkenntnisse häufig dazu neigen, der offiziellen Verwaltungsberichterstattung kommentarlos zu folgen, nutzen sie die ihnen von den BI gebotenen Chance, auch einmal die andere Seite zu Wort kommen zu lassen, um ihre Lesernähe zu demonstrieren.

Angesichts dieser Interessenlagen haben sich BI und Presse zu einer Art Zweckbündnis gefunden: Die BI versorgen die Presse mit Informationen, und die Presse berichtet über BI. Auf diese Weise entwickeln BI und Presse meist gute Beziehungen zueinander.[8]

Das Zweckbündnis zwischen BI und Presse hat zweifelsohne den Prozeß der Interessenberücksichtigung zugunsten der BI verändert. Denn die Berichterstattung der Presse verschafft den BI diejenige Öffentlichkeit, die Voraussetzung für ihren Erfolg ist. Diese Veränderung ist aber aus zweierlei Gründen weniger tiefgreifend als es zunächst scheint:

— Zum einen berichtet die Presse nur über BI, wenn diese spektakuläre Aktionen unternehmen oder besonders heftige Fehden mit der Verwaltung ausfechten usw. Die Berichterstattung über BI ist somit weder umfassend noch kontinuierlich, d.h. von ihr profitieren weder alle BI noch einzelne BI zu jeder Zeit.
— Zum anderen besteht nicht nur zwischen Presse und BI ein Zweckbündnis. Ähnliche Bündnisse unterhält die Presse auch mit der Verwaltung, mit Verbänden, mit den Parteien, mit der Wirtschaft, deren Anzeigen sie braucht usw. Die BI können also kaum damit rechnen, daß sie in ihren Auseinandersetzungen die Presse stets auf ihrer Seite finden; sie können nicht einmal immer mit deren wohlwollender Neutralität rechnen.

b) BI und Parteien

Zwar sehen die Parteien trotz mancher Skepsis die BI inzwischen als grundsätzlich positiv zu bewertendes Phänomen an.[9] Doch die Beziehungen zwischen BI und Parteien haben sich weniger gut entwickelt, als danach anzunehmen gewesen wäre.

Die BI konkurrieren mit den Parteien nicht nur um das Potential engagementbereiter Bürger,[10] sondern sie verschärfen mit ihrem häufig sehr ausgeprägten Antiparteienaffekt auch noch das ohnehin schon bestehende Mißtrauen der Bürger gegenüber dem „Parteienstaat". Dieser Affekt ist durchaus konsequent, wenn man sich vergegenwärtigt, daß das die meisten BI auslösende staatliche Handeln zwar möglicherweise nicht alleine von den Parteien bestimmt, von ihnen (bzw. von ihren Parlamentsfraktionen) aber in jedem Fall zu verantworten ist. Daher wird das kritisierte staatliche Handeln mit dem der Parteien identifiziert. BI verstehen sich deshalb häufig selbst als Alternative zu den Parteien und werden von vielen Bürgern auch als solche empfunden: Jeder dritte Bundesbürger würde sich, so eine Umfrage der Wickert-Institute, für eine BI entscheiden, wenn diese sich an den Wahlen beteiligen würden.[11] Zwar taten dies bislang nur wenige, doch wo sie es taten, konnten sie beachtliche Erfolge erzielen:

— Die „Bürgerinitiative Baden-Baden" konnte auf Anhieb einen Sitz im Gemeinderat erobern,

— während die „Wählergemeinschaft Unabhängiger Bürger", hervorgegangen aus einer BI gegen die Untertunnelung einer Kreuzung in Berlin-Zehlendorf, bei den Wahlen zur Bezirksverordnetenversammlung sogar 14 % der Wählerstimmen für sich gewinnen konnte. Sie konnte damit nicht nur eine Fraktion bilden, sondern ihr stand auch die Besetzung eines Stadtratspostens zu.

Angesichts derartiger Erfolge bestehen Pläne, die BI als Partei zu formieren und sich bereits an den Landtagswahlen in Niedersachsen 1978 zu beteiligen.[12] Dieselben Erfolge haben aber auch zu Diskussionen darüber geführt, wie sich die BI als Alternative zu den Parteien etablieren könnten, ob BI ganz auf die „extrakonstitutionelle Mobilisierung und Aktion" abstellen sollten,[13] ob sie zur Fundamentalopposition gegen die „Bonner Parteien" übergehen sollten.[14]

— Derartige Überlegungen haben in der BI-Bewegung durchaus ihre Tradition, wurden doch gerade zu Anfang dieser Bewegung an die BI die Hoffnung auf eine „sozialistische Transformation des spätkapitalistischen Systems" geknüpft, vorausgesetzt ihnen gelänge der Aufbau und die Organisation einer wirklichen Gegenmacht.[15]

— Organisatorische Anknüpfungspunkte für derartige Strategien, wenn auch nicht unbedingt mit sozialistischer Zielsetzung, sind durchaus vorhanden. Die erfolgreichsten BI (gemessen an ihrem Mobilisierungserfolg), die Umweltinitiativen, haben einen Bundesverband gegründet, der großen Einfluß ausübt. In diesem Verband werden offenbar auch Überlegungen darüber angestellt, wie die BI mit einer Politik der Verweigerung den Staat und die Parteien zwingen könnten, ihre Energiepolitik zu revidieren.[16]

Alle derartigen Versuche sind m. E. jedoch eher geeignet, die bestehenden Mängel des Prozesses der Interessenberücksichtigung zu verschärfen, statt sie abzubauen. Würde die gesamte BI-Bewegung jenen Weg betreten, der in einigen wenigen, wenn auch sehr einflußreichen BI z. Zt. diskutiert wird, dann müßte die gesamte BI-Bewegung mit einem Rückschlag bei der Durchsetzung ihrer Forderungen rechnen:

— Zum einen würden die staatlichen Institutionen und die Parteien auf die Fundamentalopposition der BI mit einer ebenso fundamentalen Repression reagieren. Für eine solche Reaktion gibt es bereits erste Anzeichen, und für ein solches Verhalten gibt es durchaus auch Vorbilder aus der Anfangsphase der BI-Bewegung.[17]

— Zum anderen würden sich die BI, zu regionalen oder bundesweiten Verbänden zusammengefaßt, einer Entwicklung aussetzen, die bislang von keiner Großorganisation vermieden werden konnte: Sie würden verbürokratisieren, sie verlören ihre Basisnähe und ihre Spontaneität. Sie würden sich bald mit denselben Problemen konfrontiert sehen, die sie heute noch zur Kritik an den „verkrusteten" staatlichen Institutionen, an den Parteien und den großen Verbänden veranlassen.

BI können nach all dem ihren Einfluß nur in dem Maße geltend machen, indem sie zum einen Probleme aufgreifen, die von den Trägern des normalen Willensbildungs- und Entscheidungsprozesses vernachlässigt werden, was eine gewisse Distanz zu diesen sicherlich ein-schließt. Diese Distanz darf zum anderen aber nicht zu einem völli-gen Abbruch jeder Kommunikation und Kooperation mit den be-stehenden Institutionen führen.[18] Denn nur diese sind in der Lage, die von den BI ausgehenden Anstöße in politische Entscheidungen umzusetzen.[19]

3. Mobilisierung des Bürgerengagements

Der Erfolg der BI bei der Veränderung des Prozesses der Interes-senberücksichtigung in der Bundesrepublik hängt wesentlich auch davon ab, wieviele Bürger von den BI mobilisiert werden können und in welchem Umfang ihnen eine allgemeine Politisierung der Bürger gelungen ist, d.h. ob die BI es erreicht haben, die politische Kompe-tenz des Normalbürgers, seine Sachkenntnis und seine Beteiligungs-bereitschaft zu erhöhen.

a) *Zum Umfang der BI-Bewegung und zum Rekrutierungsvermögen der einzelnen BI*

Zwar stellen die BI — neben den traditionellen Aktivitäten wie Teilnahme an Wahlen und Wahlversammlungen, Zeitungslektüre und Gesprächen über Politik — die bevorzugte Form der politischen Teil-nahme dar [20] und 59 % der erwachsenen Bevölkerung sehen in BI ein wirksames Mittel zur Durchsetzung bestimmter Ziele.[21] Doch dieses Reservoir von potentiellen Mitgliedern steht den BI nicht völ-lig zur Verfügung. Denn nur 34 % sind bereit, in einer BI mitzuar-beiten, und sogar nur 3 % (nach anderen Umfrageergebnissen sollen es 12 % sein) haben dies bislang wirklich getan.[22]

Als Kriterium dafür, inwieweit es einzelnen BI gelingt, die in der Bevölkerung in breitem Umfang vorhandenen Sympathien für BI allgemein in aktive Mitarbeit in einer bestimmten BI umzusetzen, können zum einen die Mitgliederzahlen (1) und zum anderen die Zahl der Unterschriften (2) genommen werden, die bei Unterschrif-tensammlungen von BI erzielt werden.

(1) BI sind, was die Bekanntgabe ihrer Mitgliederzahlen anbelangt, sehr zurückhaltend, so daß zu diesem Problembereich nur sehr wenige Angaben vorliegen, und die wenigen, die es gibt, eher skeptisch zur Kenntnis genommen werden sollten, da diese Angaben, gerade wenn es um hohe Mitgliedszahlen geht, sicherlich auch propagandistische Funktionen erfüllen. So geben die 931 im „Bundesverband der Bürgerinitiativen Umweltschutz" zusammengeschlossenen BI an, mehr als 300 000 Mitglieder zu vertreten,[23] die „Schutzgemeinschaft gegen Fluglärm" in Waldshut-Tiengen gibt an, 50 000 Mitglieder zu haben,[24] die „Interessengemeinschaft steuergeschädigter unterhaltspflichtiger Väter und Mütter", die sich als größte deutsche BI bezeichnet, hat 2 000 Mitglieder,[25] die BI „Gesunde Umwelt" in Ingolstadt gibt an, 6 000 Mitglieder zu haben.[26] Derartig hohe Mitgliedszahlen erreichen die meisten BI jedoch nicht. Von 33 BI, zu denen Angaben vorliegen,[27] werden folgende Mitgliederzahlen genannt:

— 15 BI haben bis zu 100 Mitglieder,
— 11 BI haben zwischen 100 und 300 Mitglieder,
— nur 4 BI haben zwischen 300 und 600 Mitglieder, und
— nur 3 BI haben über 600 Mitglieder.

Gerade bei jenen BI, die angeben, über 100 Mitglieder zu haben, muß man allerdings in Rechnung stellen, daß hier zu unterscheiden ist zwischen jenen, die aktiv mitarbeiten, und jenen, die nur gelegentlich Geld spenden, an Versammlungen teilnehmen, Unterschriften leisten oder an Demonstrationen teilnehmen.[28]

(2) Nimmt man als Kriterium für den Erfolg der BI bei der Mobilisierung der Öffentlichkeit die Zahl der Unterschriften, die sie sammeln, um ihren Forderungen Nachdruck zu verleihen, dann ergibt sich folgendes Bild:

— Die höchste hier ermittelte[29] Zahl von Unterschriften beträgt 34 000, die von einer BI gesammelt wurden, die sich gegen die Bundesautobahnplanung auf dem Bodanrück bei Konstanz einsetzt.[30] Eine BI in Berlin, die für die Erhaltung eines Kinderkrankenhauses kämpft, sammelte 32 684 Unterschriften.[31] BI in München, die sich für die Erhaltung bzw. Nichtbebauung von zwei Plätzen, für die Erhaltung eines Krankenhauses, für die Verlängerung der Polizeistunde in Schwabing und gegen den

Bau eines Großflughafens einsetzen, sammelten zwischen 20 000 und 30 000 Unterschriften.[32]

— Die Mehrzahl der BI, die Unterschriften sammeln, erreichen jedoch derart hohe Zahlen nicht. Sie müssen sich mit Ergebnissen zwischen 200 und 3 000 Unterschriften begnügen.[33]

Gegen derartige Statistiken läßt sich freilich einwenden, daß sie den vergleichenden Aspekt in zweierlei Hinsicht vernachlässigen:

— Zum einen lassen sie das Problem der Ortsgröße unberücksichtigt: 1 100 Unterschriften können in einer kleineren Gemeinde in Baden-Württemberg z. B. schon 200 mehr sein, als zur Einleitung eines Bürgerbegehrens notwendig sind, während in einer größeren Stadt bzw. in einem ganzen Bundesland für denselben Zweck wesentlich mehr Unterschriften gesammelt werden müßten.

— Zum anderen lassen sie aber auch die Tatsache unberücksichtigt, daß bestimmte Probleme wesentlich mehr Betroffene erzeugen als andere, und daß das Bürgerengagement sich auf bestimmte Bereiche konzentriert, während andere Bereiche (und kaum weniger wichtige) nicht mit derselben Aufmerksamkeit rechnen können. Die durchschnittlich höchsten Unterschriftenzahlen erzielen BI, die sich in Großstädten für die Erhaltung bestimmter Krankenhäuser einsetzen (über 12 000), die sich gegen Bundesautobahnplanungen und gegen bestimmte kommunale Bauvorhaben wenden (über 5 000). BI, die sich im Bereich Schule und Bildung betätigen, können nur mit sehr viel weniger Unterschriften rechnen (ca. 100).[34]

Trotz solcher Einwände vermögen derartige Statistiken jedoch zu illustrieren, daß die BI durchaus so viel Unterstützung in der Bevölkerung mobilisieren können, daß Entscheidungsträger unter Druck gesetzt werden können. Hier wird deutlich, daß in der Bundesrepublik in weiten Teilen der Bevölkerung durchaus die Bereitschaft vorhanden ist, in einer Bürgerinitiative zwar nicht immer gleich aktiv mitzuarbeiten, sie aber doch durch Unterschrift zu unterstützen. Hier läßt sich durchaus eine Veränderung des Prozesses der Interessenberücksichtigung sehen. Allerdings muß dabei aber auch bedacht werden, daß sich das Instrument der Mobilisierung der Öffentlichkeit allmählich abnützen kann: Der Druck, der von großen Zahlen ausgeht, nimmt in dem Maße ab, in dem man sich an immer größere Zahlen gewöhnt.

II

Durchsetzung der materiellen Interessen der BI

1. Problemlage

Zwei Probleme gibt es bei der Erstellung einer Bilanz der materiellen Erfolge von BI zu bewältigen: zum einen müssen realistische Angaben über Erfolge bzw. Mißerfolge von BI gewonnen werden (a), und zum anderen müssen Beurteilungsmaßstäbe dafür entwickelt werden, was als Erfolg bzw. als Mißerfolg einer BI einzuschätzen ist (b).

a) Materialbasis

Realistische Angaben über die Erfolge von BI zu erhalten ist sehr schwierig:
— Fragt man die Betroffenen, d.h. die BI selbst und die normalerweise mit den Forderungen von BI konfrontierten Verwaltungsbehörden, dann erhält man häufig sehr subjektive Auskünfte: BI neigen dazu, den Erfolg ihrer Aktivitäten zu überschätzen, während die Verwaltungen, je nach Interessenlage, versuchen, sich entweder als Wahrer von Bürgerinteressen zu profilieren, oder den Erfolg von BI herunterzuspielen, um nicht den Eindruck aufkommen zu lassen, sie gäben jeder Bürgerforderung nach, wenn sie nur nachdrücklich genug gestellt werde.
— Wertet man die Presse aus, so erhält man möglicherweise etwas objektivere Berichte, sieht sich dann aber mit dem Problem konfrontiert, daß diese Berichte höchst lückenhaft sind, da die Presse weder vollständig noch kontinuierlich über die Aktivitäten von BI berichtet.
Im folgenden wird versucht, beide Methoden miteinander zu verbinden. Es werden die bereits vorhandenen empirischen Untersuchungen, die auf Befragung von BI und Verwaltungen basieren,[35] mit der Presseberichterstattung zu insgesamt 121 BI verglichen.[36]

b) Beurteilungskriterien

Bisherige Untersuchungen gehen davon aus, daß der Erfolg von BI bei der Durchsetzung ihrer materiellen Interessen daran zu messen sei, inwieweit es den BI gelingt, ihre Forderungen in Entscheidungen der zuständigen Entscheidungsträger umzusetzen.[37] Demnach kann man BI, denen es gelingt, ihre Forderungen durchzusetzen, von jenen unterscheiden, denen dies nicht gelingt. Diesen Unterscheidungsmerkmalen wird dann noch eine Kategorie „Teilerfolge" hinzugefügt, die aber meist nicht weiter differenziert wird.

Dieses Beurteilungsschema wird im folgenden in zweierlei Hinsicht ergänzt:

— Zum einen wird die Kategorie „Teilerfolg" dahingehend präzisiert, daß darunter alle Erfolge von BI gerechnet werden, die auf Nebengebieten erzielt werden, wenn das eigentliche Anliegen der BI nicht erreicht wird, d. h. konkret u. a.: eine Entschädigung erstritten wird, für Betroffene bestimmte Schutzeinrichtungen geschaffen werden, eine BI einen Preis erhält usw.

— Zum anderen wird als weitere Kategorie zur Beurteilung der materiellen Erfolge von BI „Betrieb einer Einrichtung" eingeführt. Mit dieser Kategorie kann man all jenen BI gerecht werden, die gewillt sind, selbst, d. h. durch eigene Arbeit, bestimmte Probleme zu bewältigen, ohne den Staat bzw. die Gemeinde zu bemühen. Derartige BI, in der Regel im sozialen Bereich tätig, betreiben Beratungsstellen, Kinderhorte, Spielplätze, Altentagesstätten, Schularbeitszirkel für Gastarbeiterkinder, betreuen Behinderte usw.

All diese Kriterien sagen freilich nichts darüber aus, ob die „Erfolge" von BI auch Erfolge für das Gemeinwesen Bundesrepublik sind. So schlägt sich ein Baustop für ein Kernkraftwerk als Erfolg einer BI nieder; er bedeutet möglicherweise auch einen Erfolg für den Umweltschutz, aber er verhindert Investitionen und die Einrichtung neuer Arbeitsplätze. Die oben entwickelten Beurteilungskriterien enthalten somit keine Aussagen über die „opportunity costs" von Erfolgen von BI. Sie liefern vielmehr nur Hinweise darauf, inwieweit BI ihre Ziele zu verwirklichen vermögen.

2. Durchsetzung der materiellen Interessen der BI

a) Erfolgsdimensionen

Von den hier erfaßten 121 BI, zu denen konkrete Angaben über ihre Erfolge und Mißerfolge vorliegen,
— konnten 29 (24 %) nachweislich Einfluß auf den Entscheidungsprozeß ausüben,
— konnten 22 (18 %) ihre Forderungen vollständig durchsetzen,
— während 23 (19 %) dies nicht gelang.
— 8 BI (6,6 %) erzielten Teilerfolge,
— und 39 BI (32,2 %) betreiben kontinuierlich bestimmte Einrichtungen.

Zweierlei fällt auf, wenn man diese Ergebnisse mit jenen früherer empirischer Untersuchungen vergleicht.[38]
— Zum einen halten sich Erfolge und Mißerfolge von BI nach den früheren Untersuchungen nicht wie hier die Waage, sondern die Mißerfolge dominieren dort deutlich.
— Zum anderen liegt dort der Prozentsatz jener BI, die Teilerfolge erzielten, erheblich höher als bei den hier erfaßten 121 BI.

Während die große Differenz in den Prozentsätzen der Teilerfolge erzielenden BI wohl nur durch die Tatsache zu erklären ist, daß unterschiedliche Erfassungsmerkmale angewandt wurden, scheinen die Mißerfolge von BI tatsächlich weniger häufig geworden zu sein als früher. Denn nicht nur die Differenz zwischen Mißerfolgen und Erfolgen, sondern auch der Prozentsatz der Mißerfolge ist geringer geworden: Er lag nach früheren Untersuchungen bei 33 % bzw. 23 %, während er bei den hier erfaßten 121 BI bei 19 % liegt. Man könnte somit die Auffassung vertreten, die BI hätten gelernt, entweder ihre Interessen besser zu vertreten, oder doch zumindest so zu formulieren, daß sie realistischerweise erwarten können, sie durchzusetzen; vielleicht hat auch nur die Verwaltung gelernt, BI nicht von vornherein abzulehnen und ihnen entgegenzukommen. Für solche Thesen reicht freilich das bisher vorliegende „Beweismaterial" zur Begründung noch nicht aus. Hier müßten sicherlich noch sehr viel umfassendere Untersuchungen als bisher durchgeführt werden.

b) Erfolgsdimensionen und Ziele von BI

Bei der Erstellung der Erfolgsbilanz von BI darf man nicht von der Zielsetzung der BI abstrahieren. Stellt man diese in Rechnung, dann ergibt sich folgendes Bild:[39]

— Diejenigen BI, die bestimmte Einrichtungen betreiben, arbeiten vor allem im sozialen Bereich für Alte, für Kinder, für Behinderte, für Obdachlose, Drogenabhängige usw. Nur wenige BI betreiben Informationsläden, Bürgerzentren oder ähnliche Einrichtungen.

— Die meisten Erfolge erzielen die BI, die im Bereich der Verkehrsplanung aktiv sind. Von 15 dort tätigen BI setzten sich 10 mit ihren Forderungen durch, 3 erzielten Teilerfolge, und nur 2 konnten ihre Absichten nicht verwirklichen.

— Die meisten Mißerfolge mußten jene BI hinnehmen, die Bebauungspläne ändern bzw. verhindern wollten. Von 17 derartigen Initiativen konnten sich 12 nicht durchsetzen, und nur 4 waren erfolgreich; eine erzielte einen Teilerfolg (Entschädigung).

Eine Erklärung dafür zu finden, daß Verkehrsinitiativen besonders erfolgreich sind, während Bauinitiativen häufig scheitern, ist schwer. Der öffentliche Druck, den BI zu erzeugen vermögen, erklärt die unterschiedlichen Erfolgsaussichten dieser BI jedenfalls nicht, da beide Arten von Initiativen zu jenen zählen, die am meisten Zustimmung in der Bevölkerung mobilisieren können. Auch hier ist festzustellen, daß das vorhandene Material als Beleg für derartige Thesen noch keinesfalls ausreicht.

III

Ergebnis

Die Erfolgsbilanz der BI zeigt, daß diese ihre materiellen Interessen besser als Änderungen des Prozesses der Interessenberücksichtigung durchzusetzen verstehen. Dies entspricht der Erkenntnis, daß es den meisten BI mehr darum geht, ihre materiellen Forderungen zu verwirklichen, als darum, den auf allen Ebenen grundsätzlich repräsentativ verfaßten Entscheidungsprozeß zugunsten einer Verstärkung des plebiszitären Elementes zu verändern. BI konzentrieren sich in aller Regel darauf, ihre Forderungen in direkten Auseinandersetzungen mit den Entscheidungsträgern durchzusetzen. Veränderungen des Prozesses der Entscheidungsfindung werden dabei selten bewußt angestrebt.

Die kommunalen und staatlichen Entscheidungsträger haben sich auf dieses Verhalten der BI eingestellt:

— Auf der einen Seite wurde das Angebot an Beteiligungsmöglichkeiten an dem dem Entscheidungsprozeß vorgeschalteten Willensbildungsprozeß erweitert, ohne damit den Anspruch aufzugeben, grundsätzlich dürfte in die Entscheidungsfreiheit der gewählten Entscheidungsorgane nicht eingegriffen werden. Damit wird den BI ermöglicht, ihre Forderungen anzumelden, ohne daß ihnen damit Entscheidungsbefugnisse zugestanden werden.

— Auf der anderen Seite werden die materiellen Forderungen der BI gerade von den hauptsächlich betroffenen kommunalen Entscheidungsträgern so häufig als berechtigt anerkannt, daß bei den meisten BI der Eindruck entsteht, sie könnten ihre Forderungen durchsetzen, wenn sie diese nur nachdrücklich genug vertreten.

Solange diese Zusammenhänge sowohl von den BI als auch von den Entscheidungsträgern als Spielregeln anerkannt und eingehalten werden, kann man die Aktivitäten der BI durchaus als Beiträge zur Stabilisierung des Systems der repräsentativen Entscheidungsfindung in der Bundesrepublik einstufen. Dies setzt allerdings voraus, daß zwischen Entscheidungsträgern und BI keine grundsätzlichen Konflikte über die materiellen Forderungen der BI entstehen. Dort, wo diese Voraussetzung nicht mehr gegeben ist, verändert sich offenbar die Qualität der Auseinandersetzung zwischen BI und staatlichen und kommunalen Entscheidungsträgern.

Deutlich wird dieser Zusammenhang z. Zt. vor allem in der Diskussion um die Errichtung von Kernkraftwerken und um die Energieversorgung der Bundesrepublik. Hier zeichnet sich ein Konflikt ab, der offenbar nicht mehr durch einen pragmatischen Interessenausgleich beigelegt werden kann und der deshalb auch die Formen der Auseinandersetzung verändert. Hier begnügen sich die einzelnen BI nicht mehr damit, ihre Forderungen individuell zu vertreten, sondern sie haben sich zu einem schlagkräftigen, bundesweit organisierten Verband zusammengeschlossen. Dieser Verband scheint gewillt, zumindest partiell „zivilen Ungehorsam" zu üben, und damit zu ver-

suchen, die bislang anerkannten Spielregeln des repräsentativ verfaßten Entscheidungsprozesses zu durchbrechen. Hier scheinen sich
die BI nicht mehr damit zu begnügen, nur Kritik an der Effizienz
der bestehenden Strukturen des Prozesses der Interessenberücksichtigung zu üben, indem sie die institutionalisierten Wege dieser Interessenberücksichtigung verlassen, sondern sie gehen offenbar dazu
über, über die Durchsetzung ihrer materiellen Interessen hinaus auch
gezielt die Änderung der Strukturen des verfaßten Willensbildungs-
und Entscheidungsprozesses zu betreiben.

Anmerkungen

1 *M. Rodenstein*, Die Legitimationstheorien von *Jürgen Habermas* und
  Niklas Luhmann als Ansätze zur Analyse der Legitimationsprobleme
  moderner politischer Systeme, staatswirtschaftliche Dissertation München,
  1976, vervielfältigtes Manuskript, S. 162.
2 So die dort beschlossenen „Thesen Liberaler Kommunalpolitik", II, These
  1 b, in: Kommunalpolitische Grundsatzprogramme der Parteien, Text-
  sammlung und Synopse, bearb. von *M. Bretschneider, B. Göbel*, hrsg. vom
  Deutschen Institut für Urbanistik, Berlin 1976, S. 64.
3 Lt-Dr. 8/160 vom 25.11.1975, § 16 a zur Änderung der Gemeindeordnung.
4 Die FDP-Landtagsfraktion in Stuttgart hat einen Gesetzesentwurf „Klagerecht für Umwelt- und Naturschutzverbände und Bürgervereinigungen"
  erarbeitet (Stuttgarter Zeitung vom 5.10.1977).
5 Nach einer vom Autor dieses Beitrags geführten Kartei von z. Zt. 390 BI
  (künftig als Kartei zitiert) erreichten von 29 BI, zu denen konkrete Angaben über ihren Einfluß auf den Entscheidungsprozeß vorliegen,
  — 8 BI einen vorläufigen Aufschub fälliger Entscheidungen,
  — 6 BI eine Beteiligung am Entscheidungsprozeß,
  — 5 BI einen Zusammenschluß mit anderen BI,
  — 4 BI führten konkrete Aktionen durch,
  — 3 BI konnten einzelne politische Parteien umstimmen,
  — und 3 BI gelang es, Entscheidungsträger umzustimmen.
6 So verfügen z. B. nur wenige Städte wie Hannover über Richtlinien zur
  Förderung von BI, obwohl viele Städte BI fördern.
7 *W. Helmke, K.-H. Naßmacher*, in: *R. Frey* (Hrsg.) (1976), S. 182 ff., hier
  S. 190.
8 Vgl.: *R. P. Lange* u. a., in: (1973), und *H.-G. Scholand*, Zum Nachdenken,
  hrsg. von der Landeszentrale für Politische Bildung, Wiesbaden 1973, S.
  30 f.; *B. Borsdorf-Ruhl*, (1973), S. 86.

9 Vgl.: Kommunalpolitische Grundsatzprogramme der Parteien, S. 22, 26, 35, 52 f., 64, 71.

10 Während nur 34 % der Gesamtbevölkerung zu einer Mitarbeit in einer BI bereit sind, sind dazu 63 % der potentiellen Parteimitglieder bereit (Infas-Report vom 23. Juli 1973). Da Freizeit knapp ist, ist die Betätigung in einer Partei bzw. in einer BI durchaus alternativ zu sehen.

11 Der Abend vom 21.6.77.

12 Vgl.: Süddeutsche Zeitung vom 17.5.77. („Falscher Ehrgeiz der Bürgerinitiativen").

13 *U. Bermbach* warnt vor dieser Alternative, in: *U. Kempf* (1974), S. 87.

14 „Schwarz oder Rot, wir schlagen Euch tot", Bürgerinitiativen — Stopp für den Staat, in: Spiegel Nr. 13, 21.3.77, S..34 ff., hier S. 49.

15 *C. Offe*, in: *H. Grossmann* (Hrsg.) (1971), S. 152 ff., S. 159 u. S. 163 f.

16 So bekennt sich der inzwischen zurückgetretene Vorsitzende Wüstenhagen zum zivilen Ungehorsam (Bürger-Initiative Nr. 5/77, An Eidesstatt, S. 7).

17 *Kodolitsch*, Bürgerinitiativen und Gemeindeverwaltungen, S. 265.

18 Vgl.: *U. Bermbach* a.a.O., S. 87.

19 Eine gesonderte Darstellung des Verhältnisses BI-Verbände erübrigt sich hier. Denn rund die Hälfte aller BI unterhalten zwar Kontakte zu Verbänden und Vereinen (*Lange*, S. 32 f.; *Borsdorff-Ruhl*, S. 86 und 88), doch die Kooperation ist nur eine punktuelle, nämlich dort, wo sich Interessenübereinstimmungen ergeben. Problematisch hat sich in letzter Zeit das Verhältnis Gewerkschaften-BI entwickelt. Die Meldungen, daß BI Projekte in Milliardenhöhe (und damit die dort benötigten Arbeitsplätze) verhindern bzw. verzögern, hat gewerkschaftliche Proteste gegen die „Arbeiskiller" (so das Hamburger Abendblatt vom 13.9.77) ausgelöst (vgl. z.B. IG Bergbau und Energie, allein auf dem Energiesektor ständen 200 000 Arbeitsplätze auf dem Spiel, in: Hamburger Abendblatt vom 13.9.77; Protest der GdED gegen die Aktionen von BI gegen die Neubaustrecken der Bundesbahn, Süddeutsche Zeitung vom 7.10.77).

20 *G. D. Radtke* (1976), S. 19, Tabelle 1.

21 Emnid-Informationen 11/12-1973, S. 6.

22 Infas-Report vom 23. Juli 1973; 12 % gibt Emnid an (vgl. Anm. 21).

23 Stuttgarter Zeitung vom 12.5.77 „Bürgerinitiativen fühlen sich ersetzbar".

24 Sutttgarter Zeitung vom 12.7.77.

25 Tagesspiegel vom 15.6.77.

26 Süddeutsche Zeitung vom 21.7.77.

27 Kartei (vgl. Anm. 15).

28 *Lange*, S. 19.

29 Kartei.

30 Stuttgarter Zeitung vom 3.2.77.

31 Kinderkrankenhaus Lichtenrade, Tagesspiegel vom 7.4.77.

32 Süddeutsche Zeitung vom 11.7.77, Stuttgarter Nachrichten vom 8.6.77, Süddeutsche Zeitung vom 10.11.76, Zeit vom 4.6.77, Süddeutsche Zeitung vom 8.4.76.

33 Von insgesamt 66 BI (Kartei) wurden folgende Zahlen erreicht:

Anzahl der Unterschriften	Anzahl der Bürgerinitiativen*
0 − 100	1
100 − 200	6
200 − 500	11
500 − 1000	10
1000 − 3000	12
3000 − 6000	6
6000 − 10000	1
10000 − 30000	5
30000 − 40000	1

* Die BI summieren sich nicht auf 66, da bei 11 BI Angaben zur Zahl der Unterschriften fehlen.

34 Kartei.
35 *Borsdorf-Ruhl* a.a.O., und: *Lange* (vgl. Anm. 28).
36 Kartei. In diese Zahl sind diejenigen BI eingeschlossen, die Einfluß auf den Entscheidungsprozeß nehmen (vgl. Anm. 18).
37 Vgl.: *Borsdorf-Ruhl* a.a.O., S. 91 f.; *Lange* a.a.O., S. 26 ff.
38 Folgende Vergleichsdaten liegen diesen Aussagen zugrunde (in %):

Art des Erfolges	Untersuchungen		
	121 BI	Lange	Borsdorf-Ruhl
Einflußnahme auf Ent-scheidungsprozeß	24		
Forderung durchgesetzt	18,2	10	12,1
Forderung nicht durch-gesetzt	19	23	33
Teilerfolg	6,6	56	48,5
Betrieb einer Ein-richtung	32,2		

39 Die folgenden Aussagen beruhen auf folgenden Daten (Kartei):

Art des Erfolges	Zielsetzung der Bürgerinitiativen						
	Ver-kehr	soz. Be-reich	Bebau-ung	Abfall besei-tigung	Grün-planung	Info-laden-zentren	Son-stige
Forderung durch-gesetzt	10	4	4	1	—	—	3
Forderung nicht durchgesetzt	2	1	12	3	2	—	3
Teilerfolg	3	—	1	1	2	—	1
Betrieb einer Einrichtung	—	34	—	—	—	5	—

Udo Kempf

Bürgerinitiativen — Der empirische Befund

Die Literatur über Bürgerinitiativen ist fast nicht mehr übersehbar. Einzelfallstudien sind eindeutig in der Überzahl, aber auch theoretische Abhandlungen fehlen nicht. Bei dieser mittlerweile beachtlichen Fülle ist es umso erstaunlicher, daß es bislang kaum ein systematisch erschlossenes empirisches Material über Bürgerinitiativen gibt. Analysen, die einen umfassenden repräsentativen Überblick über die vielfältigen Erscheinungsformen und Ausprägungen der Bürgerinitiativen geben, liegen bislang nicht vor.

Obwohl die Bürgerinitiativbewegung Mitte der sechziger Jahre begann, müssen wir uns bis heute mit insgesamt 6 veröffentlichten Erhebungen über Bürgerinitiativen in der Bundesrepublik Deutschland begnügen. Vier von ihnen wurden 1972/73 durchgeführt, eine basiert auf einer Befragung aus dem Jahre 1974, eine erfolgte 1975/76:

— Die Untersuchung des bayerischen Staatsministeriums des Innern aus dem Jahre 1973 über 380 Bürgerinitiativen;[1]
— die Analyse einer Forschungsgruppe an der Freien Universität Berlin über 61 Bürgerinitiativen, die im Frühsommer 1972 durchgeführt wurde;[2]
— die Untersuchung „Bürgerinitiativen im Ruhrgebiet" aus dem Jahre 1973, zwar die bislang ausführlichste empirische Analyse über Bürgerinitiativen, aber auf einer relativ schmalen Materialbasis (35 Bürgerinitiativen sandten den Fragebogen zurück);[3]
— eine Umfrage des Deutschen Instituts für Urbanistik (DIU), die 1972/73 einen besonderen Themenbereich untersuchte: das Verhältnis zwischen Gemeindeverwaltungen und 1 403 Bürgerinitiativen;[4]
— der Bericht: Bürgerinitiativen im Bereich von Kernkraftwerken,

durchgeführt vom Battelle-Institut in Ludwigshafen und im Landkreis Emmendingen;[5]
— eine Analyse über 629 Bürgerinitiativen aus 21 Großstädten der Bundesrepublik, die auf Erkenntnissen diverser Polizeidirektionen beruht und hier zum ersten Mal veröffentlicht werden kann.[6]

Sieht man einmal von der Umfrage des Deutschen Instituts für Urbanistik aufgrund der dort vorherrschenden speziellen Frage ab, so sind die bisher zur Verfügung stehenden, wissenschaftlich abgesicherten Daten über diesen neuen Partizipationsstrang der sechziger und siebziger Jahre recht bescheiden. Auch die beiden bislang durchgeführten Meinungsumfragen über Bürgerinitiativen[7] aus dem Jahre 1973 können das bisher herrschende empirische Defizit über Bürgerinitiativen kaum ausgleichen. So differieren z. B. bei den beiden Meinungsumfragen die Prozentzahlen über eine aktive Beteiligung der erwachsenen Bevölkerung an Bürgerinitiativen zwischen 12 % (Emnid) und 3 % (Infas). Auch über die Zahl der in der Bundesrepublik bestehenden Bürgerinitiativen gibt es erhebliche Differenzen: So schwanken die Zahlen zwischen 5 000 und 50 000,[8] wobei die letzte Zahl wohl eindeutig zu hoch gegriffen sein dürfte.

Die Frage, warum bisher so wenig empirisches Material über Bürgerinitiativen zusammengetragen werden konnte, liegt einmal an dem Fehlen einer allgemein akzeptierten Definition über Bürgerinitiativen, zum anderen an ihrer relativen Kurzlebigkeit und ihrer wenig ausgeprägten internen Organisationsstruktur mit Mitgliederlisten etc.

Um trotzdem zu einigermaßen auch empirisch abgesicherten generalisierbaren Aussagen über Bürgerinitiativen zu kommen, sollen im folgenden die o. g. empirischen Untersuchungen unter drei Gesichtspunkten miteinander verglichen werden:
a) Gründung und Entstehungsursachen von Bürgerinitiativen,
b) Binnenstruktur von Bürgerinitiativen,
c) Adressaten von Bürgerinitiativen.

a) Gründung und Entstehungsursachen von Bürgerinitiativen

Gemeinhin wird als das allgemeine Startzeichen für die Bildung von Bürgerinitiativen in der Bundesrepublik die ,,Rote-Punkt-Ak-

tion" gegen Fahrpreiserhöhungen der Hannoveraner Verkehrsbe-
triebe 1969 angesetzt. Dieser Zeitpunkt bzw. die folgenden Jahre
werden von den meisten Untersuchungen bestätigt, da nach der
Berliner Untersuchung 75 % aller befragten Bürgerinitiativen 1970
oder später gegründet worden sind.[9] Auch die Untersuchung in den
21 Großstädten konnte als Gründungsjahr für gut die Hälfte der
Bürgerinitiativen die siebziger Jahre anführen. Dabei ist eine deutliche Verschiebung zum Jahre 1975 festzustellen, das allein von
45,1 % der befragten Bürgerinitiativen, die in den siebziger Jahren
entstanden, als Gründungsjahr angegeben wurde.[10]

Auch die Analyse des DIU nennt als den entscheidenden Grün-
dungszeitraum die Jahre nach 1969, wo sich 36 % der befragten
Bürgerinitiativen 1969/70 und 30,2 % 1971 etabliert hatten.[11]

Demgegenüber scheinen die meisten untersuchten Ruhrgebiets-
initiativen ihren Gründungshöhepunkt in dem Zeitraum zwischen
1965–1970 gehabt zu haben (37,5 %), während 1971 nur noch
19,3 % und 1972 23,9 % gegründet wurden.[12]

Insgesamt deuten diese Prozentzahlen, selbst wenn sie für alle
in der Bundesrepublik existenten Bürgerinitiativen nur in geringem
Maße repräsentativ sind, darauf hin, daß im Sinne des Schlagwortes
aus Bundeskanzler Brandts Regierungserklärung von 1969 „Mehr
Demokratie wagen" in den letzten Jahren die Bürger in zunehmendem Maße bereit sind, ihre Interessen direkt zu vertreten. Ob diese
zunehmende Mobilisierung auch gleichzeitig eine wachsende Politisierung der Bevölkerung bedeutet, wird von der Berliner Analyse
verneint: „Gegenüber den vor 1970 entstandenen Bürgerinitiativen
geht der Anteil der politisch motivierten Gründungen nach 1970
zurück, insgesamt ist für 43 % eine politische Motivation bei der
Gründung feststellbar".[13]

Die übrigen Analysen äußern sich zu dieser Thematik nicht so
eindeutig, zumal es äußerst schwierig sein dürfte, die Trennungslinie zwischen politisch und nicht politisch motivierter Gründung zu
ziehen.

Hinsichtlich der Entstehungsursachen liefern alle zur Verfügung
stehenden Analysen vergleichbare Ergebnisse. Fast ausnahmslos
bildeten sich die untersuchten Bürgerinitiativen spontan und in
relativ kurzer Zeit; sie orientierten sich in der Regel an einem konkreten Ziel. Ist dieses erreicht bzw. zeichnet sich (was erheblich

seltener ist) ein totaler Mißerfolg ab, lösen sie sich relativ rasch wieder auf, wobei im ersten Fall die Bereitschaft der Mitglieder recht groß ist, sich wieder in einer neuen Bürgerinitiative zu organisieren.

Vergleichen wir die „Stoßrichtung"[14] der Bürgerbewegung, so läßt sich trotz unterschiedlicher Termini folgendes feststellen: Von den 380 Bürgerinitiativen in Bayern sind 71 % „Ein-Punkt-Bewegungen", während die übrigen eine allgemeinere Zielsetzung haben. Allerdings differiert dieses Verhältnis stark zwischen den einzelnen Regionen: In der Landeshauptstadt München gibt es 58 % Single-purpose-movements und 42 % mit allgemeinerer Zielsetzung; in den Regierungsbezirken Schwaben und Oberfranken dagegen verläuft die Verschiebung entgegengesetzt (86 % : 14 %).[15] Außerdem: 46 % der Bürgerinitiativen mit Schwerpunkt „gegen etwas" stehen in Bayern 54 % mit Schwerpunkt „für etwas" gegenüber. Von den ersteren richten sich 40 % gegen ein ganz konkretes Vorhaben und nur 6 % gegen allgemeine Zustände. Von den 54 % „für etwas" wollen wiederum 31 % ein konkretes Vorhaben verwirklichen gegenüber 23 % mit allgemeineren Zielsetzungen.

Auch diese Angaben variieren zwischen Landeshauptstadt und den eher ländlichen Regionen. So überwiegen in der Region München „bei den Bürgerinitiativen ‚für etwas' diejenigen, die ein allgemeineres Ziel verfolgen (rund 50 %)".[16]

Bei der Ruhrgebietsuntersuchung überwiegen ebenfalls die Bürgerinitiativen „für etwas", während sich diejenigen mit dem Ziel einer Verhinderung von Vorhaben (25,3 %) zum allergrößten Teil gegen Eingemeindungen bzw. gegen die kommunale Neugliederung in Nordrhein-Westfalen richten.[17]

Auch die Berliner Untersuchung kommt zu ähnlichen Ergebnissen: „23 % der Bürgerinitiativen entstanden nicht im Zusammenhang mit einem konkreten Projekt, sondern in der Absicht, auf gesellschaftliche Prozesse Einfluß zu nehmen". Dies wird am Beispiel des Bereiches Umweltschutz spezifiziert, denn mehr als die Hälfte der untersuchten Umweltschutzbürgerinitiativen (9) sind „nicht auf konkrete Maßnahmen oder Planungsvorhaben hin entstanden, sondern (wurden) von sich aus initiativ".[18]

Auch bei der Großstadtuntersuchung dominieren jene Bürgerinitiativen, die sich ein konkretes Ziel gesetzt haben: 61,8 % : 38,2 %.[19] Bei der Frage, ob sich der Schwerpunkt der Initiativen

„für" oder „gegen etwas" richtet, ist bei den 21 Großstädten festzuhalten, daß beide Bereiche etwa gleich stark genannt wurden.

Der Bericht des Battelle-Instituts vermerkt hierzu, daß es sich
bei den untersuchten Bürgerinitiativen im Bereich von Kernkraftwerken um „Einpunktbewegungen" handelt: „,Typische' soziale
Merkmale für eine Umgebung, in der (sie) entstehen, gibt es ...
nicht. Vielmehr sind Beginn und Verlauf der Auseinandersetzung
um einen Standort abhängig davon, ob der Bau eines KKW unmittelbar den Interessen der ortsansässigen Bevölkerung zuwiderläuft".[20]
Seien nämlich vom KKW negative Auswirkungen auf die eigene
materielle Lage zu erwarten, so begünstigt diese eine Ablehnung
des geplanten KKW bzw. ein Engagement in einer Bürgerinitiative.

Dieser Befund wird durch eine Umfrage des Instituts für De-
moskopie Allensbach vom September 1976 erhärtet. Denn auf die
Frage, wie sich Bürger beim Bau eines Kernkraftwerkes oder einer
Raffinerie in ihrer Nähe verhalten sollen, antworteten 58 % der
Befragten, es sei „gut", wenn sich die Bürger in solchen Fällen in
Bürgerinitiativen organisieren würden, „um sich vor den Umweltge-
fahren zu schützen."[20a]

Bei der Thematik, die als Entstehungsursachen für Bürgerinitiativen genannt wurde, ergibt sich ein weitgehend identisches Bild
(das Spezifikum der Bürgerinitiativen gegen KKW ist hier nicht
extra aufgeführt): Die DIU-Umfrage unterteilt die Thematik der
einzelnen Bürgerinitiativen nach der Konfliktträchtigkeit zwischen
Bürgerinitiativen und Verwaltung. Danach stehen an der Spitze
derjenigen Themen, bei denen es selten zu solchen Konflikten
kommt, Kindergärten und Spielplätze (16,9 %), gefolgt von Ver-
kehrsfragen (11,8 %), Randgruppen (7,1 %), kommunalen Einrichtungen (3,9 %), Kulturleben (3,3 %) und Denkmalschutz (2,5 %).
Insgesamt können 47,5 % aller Themenbereiche, mit denen sich die
befragten Bürgerinitiativen beschäftigen, als kaum oder wenig
konfliktträchtig mit der Verwaltung angesehen werden.[21]

Überdurchschnittlich häufig kommt es dagegen — so die Studie
— in folgenden Bereichen zu Konflikten: Umweltschutz (16,9 %).
„In diesen Initiativen ist das Bewußtsein sehr ausgeprägt, äußerst
wichtige Probleme müssen möglichst umfassend geregelt werden.
Entsprechend konsequent verfolgen die Initiativen daher auch ihre
Ziele".[22] Auch im Bereich der Stadtentwicklung (8 %), im Bereich

Wohnen (5,7 %) und Sanierung (3,6 %) ergeben sich häufig Konflikte. Somit ergibt sich nach der DIU-Studie: „Nur rund ein Drittel der von der Umfrage erfaßten Bürgerinitiativen greifen Probleme auf, die in mehr als der Hälfte der Fälle zur Konfrontation mit den Gemeindeverwaltungen führen können. Dies erklärt ..., warum die Beziehungen der Gemeinden zu den Bürgerinitiativen besser sind, als deren Beteiligungspolitik zunächst vermuten lassen würde".[23]

Bei den 629 Bürgerinitiativen aus 21 Großstädten wurde zwar nicht zwischen mehr oder weniger Konfliktträchtigkeit gefragt, aber die beiden genannten Themenbereiche ähneln sich stark: Wohnen, Stadtentwicklung, Bebauungs- sowie Sanierungspläne (33,6 %), Umweltschutzfragen (14,7 %), Jugendfragen (11,9 %), Kindergärten/Spielplätze (10,5 %), verkehrsrechtliche Probleme (9,6 %). Der bayerische Bericht nennt folgende Themen: „39 % der Bürgerinitiativen richten sich gegen Planungen der Öffentlichen Hand. Sie setzen sich zusammen aus: 10 % gegen Straßenplanung, 12 % gegen Bauplanungen, 5 % gegen Flughafenplanungen, je 2 % gegen Planungen der Bundesbahn und der Bundeswehr und 8 % gegen Planungen im Rahmen der kommunalen Gebietsreform".[24]

Anders geordnet können 43 % der in Bayern befragten Bürgerinitiativen dem Bereich Umweltschutz und 42 % sozialen und kulturellen Angelegenheiten (besonders Kindergärten und Schulfragen) zugeordnet werden.

Die Schwerpunkte der im Ruhrgebiet befragten Bürgerinitiativen liegen in den Bereichen Bauleitplanung (15,8 %), sonstige Gemeinschaftseinrichtungen (15,1 %) (außer Schulen, Kindergärten u.ä. mit 12,3 %), Verkehr (13,57 %), Industrie/Gewerbe (8 %) u.ä.[25]

Bei einem Vergleich zwischen Stoßrichtung und Thematik der Initiativen zeigt sich, daß die Verhinderung von Vorhaben im Zusammenhang mit der kommunalen Neugliederung und mit Industrieproblemen vorherrscht. Bei Schulen, Kindergärten und Gemeinschaftseinrichtungen dominiert die „Förderung" oder „Erhaltung von Vorhaben".[26]

Die Berliner Forschungsgruppe faßt ihr Ergebnis so zusammen: Die 61 erfaßten Bürgerinitiativen „arbeiten in den Aktionsbereichen Wohnen, Bildung, Umweltschutz, Verkehr-, Regional-, Industrieplanung, Soziales, Frauenemanzipation, Kommunikation, politi-

sches System, Gesundheit und Militär; alle agieren also in der Repro-
duktionssphäre. Der Wohnsektor (einschließlich Stadtplanung
u.ä., U.K.) ist mit rund 40 % der Bürgerinitiativen am stärksten
vertreten; weitere Schwerpunkte sind der Bildungsbereich (16 %),
Umweltschutz (15 %) sowie Verkehrs-, Regional- und Industrieplanung (12 %). Für den Aktionsbereich Wohnen läßt sich eindeutig
eine positive Korrelation mit der Gemeindegröße nachweisen, ...
d.h., daß die Relevanz des Problembereichs Wohnen mit der Gemeindegröße abnimmt".[27]

Zusammenfassend läßt sich festhalten, daß die überwiegende
Mehrheit der befragten Bürgerinitiativen ihren Schwerpunkt eher in
Großstädten und Ballungsgebieten hat; hier geht es „in etablierten
Stadtgebieten"[28] besonders um die Verhinderung von Abrißgenehmi-
gungen oder um Denkmalschutz. In den städtischen Sanierungsgebieten überwiegen Planungsprobleme. In ländlichen Gemeinden
stehen Aktionen gegen einzelne Bau- oder Planungsmaßnahmen
(Eisenbahnstrecken, Autobahn, Flugplatzerweiterung, Kernkraftwerke) im Vordergrund, da durch solche Bauvorhaben meistens eine
Gefährdung der Umwelt oder der Erwerbsstruktur dieser Gebiete
befürchtet wird.

b) Zur Binnenstruktur von Bürgerinitiativen

Die Demonstrationen von Kernkraftgegnern, die zu zigtausenden
auf die Baustellen zogen, sich regelrechte Schlachten mit der Poli-
zeit lieferten und — wie im badischen Wyhl — Bauplätze besetzten,
haben häufig den Blick für die realen Mitgliederzahlen in Bürgerinitiativen verstellt. Diese Bürgeraktionen können wegen ihrer spezifischen, oft länderübergreifenden Thematik und ihrer Zusammenschlüsse nicht als Vergleichsmaßstab für die Anzahl der in Bürgerinitiativen Tätigen herangezogen werden.

Um jedoch auch diesen Bereich in die Synopse mit einbeziehen
zu können, soll hier der quantitative Umfang der Bürgerinitiative
in Wyhl für den Zeitraum August 1973 (praktisch ihr erstes öffentliches Auftreten) und dem Erörterungstermin im Juli 1974 herangezogen werden, nicht jedoch die spektakuläre Bauplatzbesetzung
im Februar 1975, an der nach dem Polizeibericht etwa 7—8 000

Personen beteiligt waren, nachdem ca. 200 Demonstranten die Sperren durchbrochen hatten.

So nahmen im August 1973 ca. 200 Personen an einer Informationsfahrt mit Booten durch das bedrohte Landschaftsschutzgebiet Taubergießen teil. Ungefähr ein Jahr später verfolgten 400 Mitglieder der Bürgerinitiativen den vom Stuttgarter Wirtschaftsministerium durchgeführten Erörterungstermin. Zwischen diesen beiden Daten hatten die Bürgerinitiativen etwa 90 000 Unterschriften gesammelt.[29] Hierzu vermerkt der Bericht: „In Ausmaß, Form und Beteiligung der angesprochenen Bevölkerung an Aktionen der Bürgerinitiativen zeigen sich wesentliche Unterschiede zwischen Stadt und Land: Während im ländlichen Gebiet (also Wyhl, U. K.) die Bürgerinitiativen große Teile der Bevölkerung für ihre Ziele mobilisiert haben, ist dies den Bürgerinitiativen im Ballungsgebiet (Ludwigshafen, U. K.) bisher nicht gelungen. Ihre Aktivitäten beschränkten sich bisher auf Information der Öffentlichkeit und Diskussion mit Kontrahenten".[30]

Die Berliner Untersuchung setzt die Mitgliederzahl der Bürgerinitiativen überwiegend bei ca. 20 Personen an: „46 % aller Gruppen gaben ‚bis zu 20' und 23 % ‚21 bis 50' Mitglieder an. Diese Größenordnung ermöglicht noch persönliches Kennen aller Mitglieder, damit eine für Bürgerinitiativen optimale Kommunikationsstruktur. Nur 3 Bürgerinitiativen haben 50—200, 9 über 200 Mitglieder ... Ein Zusammenhang ist zwischen der Mitgliederzahl und den Erfolgen der Bürgerinitiativen festzustellen; mit den Mitgliederzahlen steigt in relativ hohem Maß auch die Erfolgsquote".[31]

Auch die vom DIU befragten Bürgerinitiativen nannten in der Regel 20 bis 30 Mitglieder, zu denen je nach der Thematik ca. 200 bis 1 000 sympathisierende Anhänger stießen.[32]

In Bayern wurden ähnliche Werte festgestellt: „Stellt man (nur) auf die ‚aktiven' Mitglieder der Bürgerinitiativen ab, so ergibt die Schätzung (bei 380 ausgewerteten Bürgerinitiativen) eine Zahl von etwa 15 000",[33] mit anderen Worten ca. 40 Mitglieder.

Im Ruhrgebiet besaßen 10 von 33 ausgewerteten Bürgerinitiativen (= 30,3 %) 20—100 aktive Mitglieder; mehr als 100 Personen umfaßten 4 (= 12,1 %), weniger als 20 Mitglieder umfaßten immerhin 15 Bürgerinitiativen (= 45,5 %).[34]

Nun besagt aber die Größe einer Initiative im allgemeinen wenig über deren Aktivität oder Durchsetzungsvermögen aus. (Eine solche Korrelation wird auch nur von der Berliner Studie nachgewiesen; die anderen sind in diesem Punkt sehr viel zurückhaltender.) Gelingt es nämlich einem kleinen aktiven Kern, eine möglichst große Zahl von Sympathisanten zu mobilisieren, dürften Erfolgschancen gegenüber dem Adressaten ähnlich hoch sein wie bei Bürgerinitiativen mit einem großen Kern.

Daß in Großstädten die Zahl der Mitglieder höher liegt als in kleinstädtischen Gemeinden, ist wahrscheinlich aber nicht unbedingt zwingend, sondern richtet sich nach dem Grad der Betroffenheit der Angesprochenen. Für Großstädte liefert die Großstadtuntersuchung folgendes als repräsentativ anzusehendes Bild:[35]

Größenordnung nach Anhängern:	Anzahl	%
Bürgerinitiativen bis 100 Anhänger	324	73,7
Bürgerinitiativen mit 100—500 Anhängern	82	18,7
Bürgerinitiativen mit 500—1 000 Anhängern	16	3,7
Bürgerinitiativen mit mehr als 1 000 Anhängern	17	3,9
	439	100,0

Obwohl diese Zahlen nicht eindeutig mit den übrigen vergleichbar sind, liegen sie doch innerhalb der übrigen empirischen Aussagen über die personelle Stärke von Bürgerinitiativen.

Die Frage des Abbröckelns ihrer aktiven Mitglieder während der durchschnittlichen Lebensdauer von ca. 12 Monaten wird aus den Untersuchungen nicht ersichtlich. Man kann jedoch davon ausgehen, daß ein personeller Erosionsprozeß umso geringer ist, je größer und schneller sich (Teil-) Erfolge der Bürgerinitiativen abzeichnen.

Hinsichtlich ihrer sozialen Zusammensetzung sind Bürgerinitiativen „Bürger-Initiativen"; d. h., es handelt sich um Gruppen, die sich überwiegend aus dem Bürgertum rekrutieren. „Es dürfte wohl unbestritten sein, daß diese Schicht im Hinblick auf die geforderten Verhaltensweisen weitaus reaktionsfähiger als die soziale Unterschicht ist", beschreibt Horst Zilleßen[36] dieses Phänomen. P. C. Mayer-Tasch merkt hierzu an: „Daß sich auch in den Bürgerinitiativen nur ein vergleichsweise kleiner Teil der Bürgerschaft zur aktiven

Anteilnahme an der Gestaltung des politischen Lebens zusammenfinden kann und wird, ist unverkennbar. Es sind dies in erster Linie die vielfach sogenannten Sozialaktiven — jene Bürger also, denen aufgrund von Herkunft, Bildung, Temperament und Neigung das Maß an Artikulationsfähigkeit und Artikulationsbereitschaft zugewachsen ist, das regelmäßig als Voraussetzung jeder wirksamen Selbstbehauptung im sozialen und politischen Leben angesehen werden muß ... Das Wissen um zahllose Gefährdungen der psychischen und physischen Integrität des Menschen durch Fehlentwicklungen unserer technisierten Kultur senkt gerade bei den in den Bürgerinitiativen überrepräsentierten ... Angehörigen der Bildungsschicht die sozio-politische Reaktionsschwelle und eröffnet somit die Möglichkeit (vergleichsweise) frühzeitiger Initiierung von Gegenmaßnahmen".[37] So berichtet die Berliner Untersuchung, daß bei den von ihr befragten Bürgerinitiativen 47 % Freie Berufe (Juristen, Architekten u.ä.), 31 % Angestellte waren und 38 % aus dem Erziehungsbereich kamen. Arbeiter wurden nur 8 mal genannt.[38] Zu einem ähnlichen Ergebnis gelangte die Ruhrgebietsuntersuchung, wo rund 37 % der Mitglieder Selbständige und Kaufleute, 38 % Angestellte waren. Nur in ca. 4 % der Initiativen dominierten Arbeiter.[39]

Aus dieser mittelständischen Überrepräsentation von Bürgerinitiativen nun eine einseitige Ausrichtung des von eben diesen Bürgerinitiativen artikulierten Gemeinwohlanspruchs zugunsten solcher Schichten ableiten zu wollen, läßt sich empirisch nicht nachweisen. Hinweise und Aktionsformen gegen Umweltverschmutzung, Verunstaltung der Landschaft oder Zerstörung unersetzbaren Kulturguts kommen bekanntlich der Gesamtbevölkerung zugute und nicht nur einer spezifischen Sozialschicht. Unverkennbar ist jedoch, daß die Arbeit der Bürgerinitiativen u.a. dadurch erleichtert wird, daß sich ihre Mitglieder kennen, die gleiche Sprache sprechen, spontan arbeiten und auf ein bestimmtes Ziel zur Erreichung oder Verhinderung ausgerichtet sind.

Im Bereich der Wyhler Untersuchung ergibt sich auf Grund der Betroffenheit ein von den genannten Ergebnissen differenzierteres Bild: 1. zeichnen sich die „Leiter der Bürgerinitiativen" durch höhere Schulbildung oder Hochschulabschluß aus, sind in der Regel Freiberufliche oder Selbständige und zwischen 35 und 50 Jahre alt. 2. stammen die Mitglieder bzw. die aktiv Mitarbeitenden aus den

verschiedensten Bevölkerungsgruppen: „Nicht bestätigt werden
konnte die These, daß Angehörige der Mittelschicht ‚überall die
führende Rolle einnehmen‘. Der Wert von Aktionen und Aktivitäten einzelner Mitglieder ... bemißt sich weniger ausschließlich am
Bildungsgrad des Mitglieds als vielmehr am Stellenwert seiner Aktivitäten für die Ziele der Bürgerinitiativen“.[40] Winzer und Bauern
bildeten somit das Rückgrad dieser Bürgerinitiativen in Wyhl.

c) Adressaten von Bürgerinitiativen

Nahezu alle Definitionsversuche[41] von Bürgerinitiativen sind
sich — trotz zahlreicher ideologischer und inhaltlicher Unterschiede
— darin einig, daß diese Initiativen sich in offener oder geschlossener
bzw. vereinsmäßiger Organisation spontan bilden, um gegen offen-
sichtliche und typische Mißstände in ihrer unmittelbaren Umgebung
anzugehen oder bei Planungsentscheidungen, durch die sie sich
betroffen fühlen, mitzuwirken. Das Gegenüber ist also in den allermeisten Fällen die Verwaltung. Landesregierungen oder gar die
Bundesregierung sind erst im Zusammenhang mit den Aktionen
gegen Kernkraftwerke von Bürgerinitiativen direkt angesprochen
worden.[42] Dies galt nach dem Battelle-Bericht auch für die Bürgerinitiativen gegen KKW.

Erst als die Mitglieder der Wyhler Bürgerinitiativen erkannten,
daß der kommunale Gesprächspartner weder fähig noch willens war,
den Bürgerinitiativen entgegenzukommen, verlagerte sich die Ge-
sprächsebene. Durch die Platzbesetzung im Februar 1975 wurden
neue Fakten geschaffen, die nunmehr die Landesregierung zum
Adressaten machten.

So spektakulär diese Aktionen mit ihrem jeweiligen Massenaufge-
bot an Demonstranten auf der einen Seite und von Polizeibeamten
auf der anderen Seite auch waren, so ändert dies generell nichts
daran, daß Adressat und Gesprächspartner der Bürgerinitiative die
kommunale Verwaltung ist.

Dementsprechend ergibt die Untersuchung in den 21 Großstädten,[43] daß 78,1 % der befragten Bürgerinitiativen ausschließlich
lokale Bedeutung hatten.

	Anzahl	%
rein örtliche Bedeutung, Wirkungsbereich innerhalb einer Gemeinde bzw. eines Stadtteils	492	78,1 %
Wirkungsbereich im Gemeindeverbund bzw. Landkreis	73	11,6 %
Wirkungsbereich landesweit	29	4,7 %
bundesweite Aktionen	35	5,6 %

Auch die Berliner Untersuchung kommt zu dem Ergebnis, nur 10 % der von ihr befragten Bürgeraktionen hätten sich nicht an die Verwaltung gewandt. Die Ruhrgebietsanalyse bestätigt ebenfalls diese Zahlen, denn nur 6 % aller Initiativen hatten keine Verbindung zur Verwaltung.[44]

In Bayern bewegten sich 59 % aller untersuchten Initiativen im kommunalen Zuständigkeitsbereich, 26 % im Wirkungsbereich des Landes und 8 % in dem des Bundes. Nur 6 % waren ohne direkten Bezug zu einem öffentlichen Zuständigkeitsbereich.[45]

Vergleicht man die Ziele mit dem Adressatenkreis von Bürgerinitiativen, so ist dieses Ergebnis nur einleuchtend; denn der überwiegende Prozentsatz der von den Bürgerinitiativen aufgegriffenen Thematik kann nur im Zusammenwirken mit der örtlichen Verwaltung im Sinne der Antragsteller gelöst werden. Über das Verhältnis zwischen Gemeindeverwaltungen und Bürgerinitiativen sowie über ihre Zusammenarbeit bzw. Gegnerschaft gibt die DIU-Studie Auskunft. Sie setzt als Datum für einen Wandel in den Beziehungen zwischen Verwaltung und Bürgerinitiativen die Verleihung des Theodor-Heuss-Preises durch Bundespräsidenten Heinemann an Bürgerinitiativen im Jahre 1973, der den „Mündigen Bürger" zum Leitbild einer lebendigen Demokratie erhob.[46] Darüber hinaus zeigte sich für die Verwaltung, daß die „Nichtanerkennungspolitik" der Gemeindeverwaltungen das Mobilisierungspotential der Bürgerinitiativen eher stärkte als verminderte. „Die Bürgerinitiativen", so die DIU-Studie, „waren zu einer Bewegung geworden, so daß sie sich nicht mehr einfach ignorieren ließen". Hinzu kam die allseitig anerkannte Forderung, die Bürger müßten verstärkt am kommunalen Planungsprozeß beteiligt werden.

Zwar ergab die Studie, daß heute Bügerinitiativen nicht mehr grundsätzlich von der Verwaltung abgelehnt werden, daß aber doch immer wieder Einwände gegen sie erhoben werden: So verlören sie häufig das Gemeinwohl aus dem Auge,[47] verminderten die Effizienz der Verwaltung, verzögerten oder komplizierten den kommunalen Entscheidungsprozeß. „Die Haltung, die die Gemeindeverwaltungen heute gegenüber Bürgerinitiativen einnehmen, ist eher zwiespältig. Auf der einen Seite haben sie sich mit ihrer Existenz abgefunden. Sie anerkennen sie sogar ... Diese abstrakte Kenntnis in die Praxis umzusetzen, fällt ihnen auf der anderen Seite aber immer noch sehr schwer — trotz aller sicherlich nicht zu leugnender Ansätze, das Problem Bürgerbeteiligung zu bewältigen".[48]

Hier versuchen die Verwaltungen nun — und das bestätigen nahezu alle empirischen Untersuchungen — die Bürgerinitiativen für ihre eigene Politik zu vereinnahmen, um weniger Partizipation von Bürgern zu verwirklichen, als vielmehr Bürgerbeifall zu erzeugen, der dann als Untermauerung und als Alibifunktion zur Realisierung von kommunalen Projekten und Entscheidungen dienen soll. „Eine aktive Kooperationspolitik verfolgen sie nur gegenüber jenen Initiativen, bei denen sie nicht Gefahr laufen, Abstriche von eigenen Positionen machen zu müssen".[49]

Das Verhältnis zwischen Parteien und Bürgerinitiativen ist durchaus ambivalent. In jüngerer Zeit vergeht kaum ein Parteitag oder eine Sitzung von Parteiführungsgremien, auf denen nicht auch das Phänomen Bürgerinitiativen angesprochen wird. Grundsätzlich ist der Tenor solcher Äußerungen bei den großen Parteien zumindest seit Mitte der siebziger Jahre positiv.[50] Bürgerinitiativen werden von den Parteien — hauptsächlich in Stellungnahmen gegenüber der Öffentlichkeit — als Folge einer „Entpolitisierung" der Parteien und einer „Entfernung der Parlamente von den eigentlichen politischen Fragestellungen" (so der frühere CDU-Generalsekretär Kurt Biedenkopf[51]) angesehen: Der Bürger werde nicht geführt, sondern verwaltet, wogegen er sich wehre. „Mit der Bürgerinitiative durchbricht er den Kreislauf der Entpolitisierung und zwingt die Beteiligten zur Rückkehr zur politischen Fragestellung. Er ist nicht länger bereit, einer scheinbaren Sachgesetzlichkeit zu folgen, die sich an die Stelle von Politik gesetzt hat und das Leben zu mechanisieren droht".[52]

Die Parteien dürften somit das Problem erkannt haben, daß Bürgerinitiativen personell mittlerweile fast gleich stark sind wie die großen Parteien in der Bundesrepublik und daß durchaus eine realistische Chance besteht, in Bälde die Mitgliedszahlen der Parteien zu übertreffen. Ob daraus und aus ihrem Verständnis als Volksparteien mit dem Zwang, im Vorfeld politischer Entscheidungen unterschiedliche Interessen zu integrieren und zu einer Übereinstimmung zu führen, die Bürgerinitiativen für die Parteien eine reale Gefahr werden können,[53] ist fraglich, denn die Parteien scheinen sich auf das ihnen zunächst als Konkurrenzmöglichkeit auftretende Phänomen Bürgerinitiative allmählich einzustellen. Ihre Bereitschaft, berechtigte Anliegen von Bürgerinitiativen aufzugreifen und in am Gemeinwohl ausgerichtete Entscheidungen zu integrieren, wächst zusehends.[54]

Das vorhandene Material ist in der Frage der Beziehungen zwischen Bürgerinitiativen und Parteien noch geringer als zu den anderen hier angesprochenen Bereichen. Nur die Berliner Untersuchung, der Battelle-Bericht und die Befragung in 21 Großstädten geben hierzu Auskunft. Danach besteht keine typische Beziehung zwischen Bürgerinitiativen und politischen Parteien, denn zu allen Bundestagsparteien bestehen Kontakte; aber — so der Battelle-Bericht — „jede Ausrichtung an einer Partei oder politischen Richtung (wird) abgelehnt. Vielmehr wird der überparteiliche Charakter von den Bürgerinitiativen (im Bereich von KKW) als wesentliche Bedingung für eine erfolgreiche Tätigkeit angesehen".[55]

Zwar hat die Berliner Studie festgestellt, daß ausgesprochene Negativbeziehungen zur FDP am geringsten, zur SPD am ausgeprägtesten sind; insgesamt jedoch haben drei Viertel aller befragten Bürgerinitiativen zu den im Bundestag vertretenen Parteien Kontakt.[56]

Auch die Frage nach Beziehungen zu extremistischen Parteien zeigt, daß es sich hier nur um einen sehr geringen Prozentsatz handelt: Ca. 5 % bei der Berliner Untersuchung, wobei die Autoren jedoch anmerken, daß die Quote der informellen Beziehungen zur

DKP wesentlich höher liegen dürfte, und 16 % bei der Großstadtuntersuchung, wobei in diesem Fall allerdings die Bewertungskriterien viel zu grobrastig erscheinen.[57]

Insgesamt erscheint aber das vorhandene Material zu dieser Frage zu wenig repräsentativ, als daß es generalisierbare Aussagen erlauben kann. Bei den anderen Komplexen dagegen dürften die dort erhobenen Daten für die Mehrzahl aller Bürgerinitiativen repräsentativ sein, denn Unterschiede ergaben sich — von wenigen Ausnahmen abgesehen — weder bei den in den Jahren 1972/73 durchgeführten Befragungen noch bei der Analyse von 1975/76. Abschließend ist jedoch zu bemerken, daß sich gut fundierte Aussagen erst bei einer quantitativ viel größeren, über die gesamte Bundesrepublik verteilten Umfrage erstellen lassen.

Anmerkungen

1 *Bayerisches Staatsministerium des Innern* (1973).

2 *R. P. Lange* (1973), S. 247—286.

3 *B. Borsdorf-Ruhl* (1973).

4 *P. von Kodolitsch* (1975), S. 264—278.

5 *Battelle-Institut* (1975), (hier zitiert: Battelle-Bericht).

6 Bürgerinitiativen in der Bundesrepublik Deutschland, Referat auf der Tagung der Polizei-Führungsakademie vom 7.—9. April 1976 in Hiltrup, verfaßt von Polizeipräsident *H.-O. Balmes* (Ludwigshafen), hier zitiert als Großstadtuntersuchung.

7 Emnid Informationen, Nr. 11/12 (1973), S. 7 und Infas-Report vom 23. Juli 1973.

8 Diese Angabe findet sich bei *Uwe Thaysen*, in: Stenographische Niederschrift der Veranstaltung der deutschen Vereinigung für Parlamentsfragen e. V. vom 19.10.1977: Bürgerinitiativen — Hilfe oder Gefahr für Parteien und Parlament? S. 7; hier in ähnlicher Form abgedruckt S. 133 ff.

9 Berliner Untersuchung, a. a. O., S. 261.

10 Großstadtuntersuchung, a. a. O., S. 12.

11 *P. v. Kodolitsch*, a. a. O., S. 269.

12 *Borsdorf-Ruhl*, a. a. O., Tab. I 18.

13 Berliner Untersuchung, a. a. O., S. 262.

14 So *Th. Ellwein*, in: *ders., E. Lippert, R. Zoll* (1975).

15 *Bayerisches Innenministerium*, S. 6/7.

16 Ebd., S. 7.

17 *Borsdorf-Ruhl*, a. a. O., Tab. I 10 + 11.

18 Berliner Untersuchung, a.a.O., S. 263.

19 Großstadtuntersuchung, a.a.O., S. 13/14.

20 Battelle-Bericht, a.a.O., S. I/II.

20 a *Institut für Demoskopie Allensbach*: Umfrage „Bürgerinitiativen" vom September 1976.

21 *v. Kodolitsch*, a.a.O., S. 273 f.

22 Ebd., S. 275.

23 Ebd., S. 275.

24 *Bayerisches Innenministerium*, S. 6.

25 *Borsdorf-Ruhl*, a.a.O., Tab. I 1.

26 Ebd., Tab. I 10.

27 Berliner Untersuchung, a.a.O., S. 262.

28 *Ellwein*, a.a.O., S. 148.

29 Battelle-Bericht, a.a.O., S. 165.

30 Ebd., S. 168.

31 Berliner Untersuchung, a.a.O., S. 265.

32 *v. Kodolitsch*, a.a.O., S. 272.

33 *Bayerisches Innenministerium*, S. 4.

34 *Borsdorf-Ruhl*, a.a.O., Tab. III 63.

35 Großstadtuntersuchung, a.a.O., S. 16.

36 *H. Zilleßen* (1974), S. 9.

37 *P. C. Mayer-Tasch* (1976), S. 84 f. und 93.

38 Berliner Untersuchung, a.a.O., S. 265 f.

39 *Borsdorf-Ruhl*, a.a.O., S. 80.

40 Battelle-Bericht, a.a.O., S. 150 und 200.

41 Vgl. dazu in diesem Band das Vorwort und die Beiträge von *S. Haffner, O. Gabriel*; außerdem *A. Werner*, in: *H. G. Wehling* (1975).

42 Vgl. hierzu die sog. „Offenburger Erklärungen", geschlossen zwischen der Landesregierung Baden-Württemberg, der Kernkraftwerk-Süd-GmbH und den badisch-elsässischen Bürgerinitiativen am 31.1.1976, abgedruckt in: Gewaltfreie Aktion, Heft 26/27, 4. Quartal 1975/1. Quartal 1976, S. 21 ff.

43 Großstadtuntersuchung, a.a.O., S. 15.

44 *Borsdorf-Ruhl*, a.a.O., S. 81.

45 *Bayerisches Innenministerium*, S. 7.

46 *v. Kodolitsch*, a.a.O., S. 266.

47 Vgl. hierzu u.a. *H.-J. Vogel* (1974), S. 37.

48 *v. Kodolitsch*, a.a.O., S. 267.

49 Ebd., S. 271.

50 Vgl. hierzu u.a. die Rede des früheren CDU-Generalsekretärs *Kurt Biedenkopf* auf dem Bundesparteitag der CDU in Düsseldorf 1977, *Herbert Wehner*, in: Die Zeit vom 18.3.1977, *Hans Dietrich Genscher*: Grundsatzrede des Bundesvorsitzenden der FDP auf dem 27. ordentlichen Bundesparteitag vom 19./20.11.1976, 10 Thesen der Jungen Union Südbaden: Bürgerinitiativen: Herausforderung der parlamentarischen Demokratie, Freiburg 1977.

51 *Biedenkopf*, a. a. O.

52 Ebd.

53 Vgl. *U. Thaysen*, a. a. O., S. 18 ff.

54 Vgl. hierzu: Zum Thema: Bürgerinitiative als Problem von Staat und Gesellschaft, hrsg. v. der CDU-Bundesgeschäftsstelle, Beschluß des Bundesaus-
   schusses der CDU vom 28.11.1977.

55 Battelle-Bericht, a. a. O., S. IV und 151.

56 Berliner Untersuchung, a. a. O., S. 279.

57 Ebd., S. 280 und Großstadtuntersuchung, a. a. O., S. 15 f.

V. Literaturüberblick — Literaturverzeichnis

Wolfgang Welz

Literaturüberblick

Ziel dieses Literaturüberblickes ist es, dem „Nicht-Fachmann" eine erste Orientierung in der bald unüberschaubaren Literatur zur Bürgerinitiativbewegung zu ermöglichen. Daher sind nur die für den derzeitigen Diskussionsstand wichtigsten Publikationen berücksichtigt worden, wobei neben der Relevanz auch die Frage der „Zugänglichkeit" ein Auswahlkriterium bildete. Empirische Untersuchungen wurden nicht berücksichtigt. Hierzu sei auf den Beitrag von *Udo Kempf* in diesem Band verwiesen.

Analysen und Fallstudien

Immer noch aktuell, obgleich vielfach schon zu den „Klassikern" der Bürgerinitiativliteratur gerechnet, ist der von *Heinz Grossmann* herausgegebene Sammelband (Grossmann 1971). Er läßt die in Bürgerinitiativen aktiv engagierten Personen über Schul- und Erziehungsprobleme, über Frauenemanzipation am Beispiel des Widerstandes gegen den Paragraphen 218, über Obdachlosigkeit und über Mieteraktionen berichten. Zusammen mit den Anmerkungen des Herausgebers zu den einzelnen Beiträgen und dem einzigen theoretischen Beitrag, der Analyse von *Claus Offe* mit dem Titel „Bürgerinitiativen und Reproduktion der Arbeitskraft im Spätkapitalismus", in der Offe die Bürgerinitiativen als „bürgerliche Selbsthilfeaktionen" und „Frühwarnsysteme für die Verwaltung" kritisiert, ist dieser Band nicht als Leitfaden, sondern als „Arbeitspapier" konzipiert worden. Erfreulich ist die realistische Einschätzung der Erfolgsaussichten von Bürgerinitiativen und der Versuch, das distanzierte Verhältnis der

Linken zu den Bürgerinitiativen zumindest ansatzweise zu behandeln.

Ausgangspunkt des Buches von *Brigitte Höbel* u. *Ulrich Seibert* (Höbel/Seibert 1973) ist die Erkenntnis, daß soziale Probleme und Konflikte weitgehend auf gesellschaftliche Ursachen zurückführbar sind. Die daraus abgeleitete Notwendigkeit kollektiver Konfliktbearbeitung wird dabei am Beispiel der Sozialarbeit näher erläutert, wobei neben der Darstellung der Funktionen von Bürgerinitiativen und Gemeinwesenarbeit auch eine Einschätzung ihrer Möglichkeiten versucht wird. Fragwürdig scheint uns das Resümee der Autoren, daß „Gemeinwesenarbeit nur als Dienstleistung für Bürgerinitiativen eine Berechtigung hat". Der ein Jahr später erschienene Band „*Bürger initiativ*" (Butz u.a., 1974) erhebt den Anspruch, sich um einen Überblick zu bemühen und gleichzeitig auch ein „Handbuch" zu sein.

Daß gerade dieser Anspruch nicht erfüllt wird, liegt daran, daß hier die ordnende Hand eines Herausgebers fehlt, der in einer Einleitung oder einem Vorwort erläutert, warum gerade diese Beiträge aufgenommen wurden und in welcher Beziehung sie zueinander stehen. Ebenso vermißt man neben der Vorstellung der Autoren ein Literaturverzeichnis, sowie bei einigen Beiträgen Verweise auf benutzte oder weiterführende Literatur.

Erfreulich jedoch die Meinungsvielfalt der einzelnen Beiträge, in denen versucht wird, die für die Bundesrepublik neuartige Form der Bürgerbeteiligung durch Analysen und Fallstudien darzustellen.

Der von *Hans-Eckehard Bahr* herausgegebene Sammelband (Bahr 1972) enthält erste Teilergebnisse eines interdisziplinär zusammengesetzten Forschungsteams, welches im Rahmen der Friedensforschung eine „erste empirische Erkundung individueller und institutioneller Grundbedingungen von kommunaler Partizipation mit überregionaler Wirkung" leisten will. An Hand von vier Hypothesen über Chancen und Konsequenzen von Partizipation im Reproduktionsbereich versuchen Bahr und Mitarbeiter eine nähere Bestimmung von Bürgerinitiativen und Möglichkeiten ihrer Institutionalisierung. In den beiden anderen Teilen des Buches, dem „analytischen" und dem „prospektiven" Teil, werden dann am Beispiel von Fallstudien „Ohnmachtserfahrungen" und „Aktivierungen" geschildert. Lesbar wird dieser an sich empfehlenswerte Band in erster Linie wohl nur für „Fachleute" sein, da das stellenweise hohe Abstraktionsniveau, die Überfrachtung mit Fachtermini sowie der Verzicht auf eine „harmonisierende Endredaktion", durch welchen ein Zusammenhang oft nur schwer erkennbar ist, den Benutzer vor manches Problem stellen wird.

Das „Handbuch" von *Hanspeter Knirsch und Friedhelm Nickolmann* (Knirsch/Nickolmann 1973) verliert vor allem durch Schwächen im analytischen Teil. So werden zur Klassifizierung und Differenzierung von Bürgerinititiven äußerst fragwürdige Ergebnisse noch unkritisch aufgenommen (S. 18–20) und auch die Einschätzung der Chancen von Bürgerinitiativen läßt wichtige Aspekte wie mögliche Institutionalisierung und das „Risiko" einer Integration in das bestehende politische System außer acht. Durch den praktisch-organisatorischen Teil des Buches jedoch, der wichtige Hinweise für bestehende oder künftige Bürgerinitiativen enthält, ist es zumindest als Handbuch empfehlenswert.

„Der aktive Bürger als rechts- und politikwissenschaftliches Problem" ist der Untertitel des von *Peter Cornelius Mayer-Tasch* veröffentlichten Buches (Mayer-Tasch 1976), der damit zugleich andeutet, unter welchen Aspekten das „soziopolitische Phänomen" Bürgerinitiativen analysiert werden soll.

Entstehungsgeschichte, soziopolitische Ursachen, Strategie und Taktik sowie Legalität und Legitimität von Bürgerinitiativen sind die zentralen Themenbereiche dieser bislang umfassendsten Veröffentlichung zur Bürgerinitiativbewegung.

Abgerundet wird dieses überzeugende Buch durch eine Prognose über die Zukunft der Bürgerinitiativbewegung, die von Mayer-Tasch für den Bereich der Entscheidungsvorbereitung sehr positiv eingeschätzt wird.

Einen Forschungsauftrag der „Kommission für wirtschaftlichen und sozialen Wandel", die 1971 von der Bundesregierung berufen wurde, stellt das Buch von *Thomas Ellwein* und seinen Mitarbeitern dar (Ellwein/Lippert/Zoll 1975). Ziel dieser Studie ist es, an Hand noch nicht publizierter theoretischer Erkenntnisse und empirischer Daten eine Analyse der nichtparlamentarischen politischen Beteiligung am Beispiel von Bürgerinitiativen in der Bundesrepublik zu leisten. Sehr gut ist die kritische Auseinandersetzung der Autoren mit der Begrenztheit des Kommissionsauftrages (die Untersuchung

sollte sich lediglich auf die nichtparlamentarische politische Beteiligung im Reproduktionsbereich beschränken) sowie mit der unzu-
reichenden theoretischen Vorbereitung des Projektes von der Seite
der Kommission.

Noch aus der Anfangszeit der bundesrepublikanischen Bürgerinitiativbewegung stammen die in der „Offenen Welt" (Partizipation
1970) veröffentlichten Aufsätze, deren gemeinsame Intention es ist,
auf die für die modernen Gesellschaften strukturelle Notwendigkeit
einer breiteren Partizipation an politischem Kulturbesitz hinzuweisen. Bürgerinitiativen als eine mögliche Partizipationsform tragen
zur Stärkung und Verbesserung der politischen Kultur bei und stützen damit zugleich die staatlichen Institutionen ab. Wenn auch diese
These durch die praktischen Erfahrungen mit Bürgerinitiativen in
den letzten Jahren schon widerlegt zu sein scheint, so ist dennoch
festzuhalten, daß von einem Ende der Bürgerinitiativbewegung keine
Rede sein kann und daher auch die Relevanz dieser Aufsätze immer
noch unbestreitbar ist.

Gleichfalls einen wichtigen Beitrag für die Diskussion über Bürgerinitiativen bildet der Aufsatz von *Horst Zilleßen* (Zilleßen 1974 a),
der den politischen Stellenwert von Bürgerinitiativen durch eine
„demokratietheoretische Ortsbestimmung" zu ermitteln sucht. Sein
Fazit: Bürgerinitiativen erstreben einen Ausbau der plebiszitären
Komponente der modernen Demokratie, in der bislang die repräsentative Komponente ein Übergewicht besaß.

Dokumentationen

Einen wichtigen Beitrag zur Öffentlichkeitsarbeit von Bürgerinitiativen stellen Dokumentationen dar, die meist von Personen heraus-
gegeben werden, die selbst in einer Initiative aktiv mitarbeiten. Als
Gründe für die Veröffentlichung werden vor allem genannt: „Anleitung zum Handeln", „Sympathiewerbung", „Bilanz der geleisteten
Arbeit" oder auch „Möglichkeit zur Überprüfung theoretischer Arbeiten". Aufgrund der Ähnlichkeit im Aufbau und der Gründe der
Veröffentlichung sollen hier nur zwei Dokumentationen exemplarisch vorgestellt werden.

Obwohl sich nur ein Sechstel aller in der Bundesrepublik bekannten Bürgerinitiativen mit dem Thema „Kernenergie" beschäftigt, findet man zu dieser Thematik die meisten Dokumentationen.

Von den neueren Publikationen ist hier vor allem der von *Bernd Nössler* und *Margret de Witt* herausgegebene Band (Nössler/de Witt 1976) zu nennen, in dem über dreißig Autoren aus verschiedenen Perspektiven über ihre Erfahrungen und Erlebnisse im Widerstand gegen die Errichtung des Kernkraftwerkes Wyhl berichten. Insgesamt ein Buch, welches einen guten Einblick in die Arbeit einer Bürgerinitiative ermöglicht, erfreulich ist die Offenheit der Autoren, auch interne Querelen und Widersprüche nicht zu verheimlichen.

Die Besetzung eines Bombenübungsplatzes durch die Bevölkerung ist Gegenstand der von *Sabine Eckstein* veröffentlichten Dokumentation (Eckstein 1974). Hervorzuheben ist hier der Bericht über die Konkurrenzsituation zweier Bürgerinitiativen und über die Polarisierungstendenzen, die sich zwischen der „Notgemeinschaft gegen den Bombenübungsplatz Nordhorn-Range" und „den Kämpfenden" abzuzeichnen begannen.

Abschließend soll noch auf die Dokumentationen hingewiesen werden, die von der *Stiftung „Die Mitarbeit"* publiziert werden. Die Stiftung fördert ausgewählte Initiativen aus dem soziokulturellen und umweltpolitischen Bereich. Sie führte u.a. 1975 eine Fragebogenaktion bei 75 Initiativen durch, deren Arbeit von ihr gefördert und veröffentlicht worden war (Stiftung „Die Mitarbeit", Am Vogelsang 18, 5628 Heiligenhaus).

Literaturverzeichnis

Ackermann, P. (Hg.): Politische Sozialisation, Opladen 1974

Aich, P. (Hg.): Wie demokratisch ist Kommunalpolitik? Gemeindeverwaltung zwischen Bürgerinteressen und Mauschelei, Reinbek 1977

Aktion Gemeinsinn (Hg.): Initiativen für Kinder — Was Erwachsene tun können, um unsere Welt kinderfreundlicher zu machen, Bonn-Bad Godesberg 1974

Aktionsgemeinschaft für Umweltschutz Darmstadt e.V. (Hg.): KKW-Fibel, Hamburg-Westberlin 1977

Aktionsgemeinschaft Westend e.V.: Ende oder Wende — Westend, Frankfurt 1969

Albers, H. u.a.: Materialien zur kommunalpolitischen Bildung, Bonn 1976

Albertin, L. u.a.: Partizipation und Verwaltungsorganisation, Bonn 1978

Almond, G. A./Verba, S.: The Civic Culture, Political Attitudes and Democracy in Five Nations, Boston 1965

von Alemann, U. (Hg.): Partizipation —Demokratisierung — Mitbestimmung, Opladen 1975

Andritzky, W.: Zum Strukturwandel von Umweltbürgerinitiativen, in: Neue Politik 1/1978

Arbeitsgemeinschaft für Umweltfragen (Hg.): Umweltforum 1977, Bonn 1977

Armbruster, B./Leisner, R.: Bürgerbeteiligung in der Bundesrepublik, Göttingen 1975

von Armin, H. H.: Gemeinwohl und Gruppeninteressen — Die Durchsetzungsschwäche allgemeiner Interessen in der pluralistischen Demokratie, Frankfurt 1977

Bahr, E.: Die Grenzen der Bürgerinitiativen, in: Dröscher/Funke/Theilen (1977)

Bahr, H.-E., (Hg.): Politisierung des Alltags. Gesellschaftliche Bedingungen des Friedens, Berichte und Analysen, Darmstadt/Neuwied 1972

—, Neue Friedensbewegung in der Provinz? Initiativen gegen lokale Strukturgewalt, Frankfurter Hefte, H. 1, 1977, S. 19 ff.

Barschel, U.: Bürgerinitiativen und parlamentarische Parteiendemokratie, in: Zeitschrift für Rechtspolitik, Jg. 10, 1977

Battelle-Institut: Bürgerinitiativen im Bereich von Kernkraftwerken, Bericht für das Bundesministerium für Technologie, Bonn 1975

Battelle-Institut: Einstellung und Verhalten der Bevölkerung gegenüber verschiedenen Energiegewinnungsarten, Frankfurt 1977

Battis, U.: Bürgerinitiativen als Gegenstand der Gesetzgebung, in: Zeitschrift für Parlamentsfragen, H. 2, 1975, S. 139 ff.

—: Rechtsfragen der Partizipation, in: Arch + Jg. 7, 1975, S. 35 ff.

Beeretz, R. / de Witt, S.: Wyhl. Unterlagen und Erläuterungen zum Prozeß, Freiburg 1977

Benedict, H. J.: Initiativen gegen Atomkraftwerke, in: Kursbuch 50, Berlin 1977, S. 179 ff.

Bermbach, U. (Hg.): Theorie und Praxis der direkten Demokratie, Köln/Opladen 1973

—: Bürgerinitiativen — Instrumente direkter Demokratie, Thesen zur Aktivierung und Organisierung fragmentierten bürgerlichen Bewußtseins, in: Öster. Zeitschrift für Politikwissenschaft, H. 4, 1974, S. 547 ff.

—: Thesen zur Rolle und Funktion von Bürgerinitiativen im Spätkapitalismus, in: Narr (Hg.) (1975), S. 335 ff.

Biedenkopf, K. H./von Voss, R. (Hg.): Staatsführung, Verbandsmacht und innere Souveränität. Von der Rolle der Verbände, Gewerkschaften und Bürgerinitiativen in der Politik, Stuttgart 1977

Bilstein, H./Troitzsch, K. G.: Bürgerinitiativen — Chancen politischer Einflußnahme, in: Gegenwartskunde, H. 3, 1972, S. 268 ff.

Blümel, W.: ,Demokratisierung der Planung' oder rechtsstaatliche Planung?, in: Festschrift für Ernst Forsthoff zum 70. Geburtstag, hrsg. von R. Schnur, 2. Aufl., München 1974, S. 9 ff.

—: Planung und Verwaltungsgerichtsbarkeit, in: Deutsches Verwaltungsblatt, H. 18, 1975, S. 695 ff.

Böckenförde, E.-W.: Die politische Funktion wirtschaftlich-sozialer Verbände und Interessenträger in der sozialstaatlichen Demokratie, in: Der Staat, 15. Band, 1976, S. 458 ff.

Bone, J.: Direkte Aktionen gegen Umweltverschmutzung, Anwohner blockieren englisches Industriewerk, in: Gewaltfreie Aktion, H. 12, 1972.

Bocklet, R.: Bürgerbegehren und Bürgerentscheid, in: Politische Studien, H. 213, 1974, S. 31 ff.

Borghorst, H.: Bürgerbeteiligung in der Kommunal- und Regionalplanung, Leverkusen 1976

Boström, I./Günter, R. (Hg.): Arbeiterinitiativen im Ruhrgebiet, Berlin-West 1976

Borsdorf-Ruhl, B.: Bürgerinitiativen im Ruhrgebiet, Essen 1973

Bracher, K. D.: Gegenwart und Zukunft der Parlamentsdemokratie in Europa, in: ders.: Deutschland zwischen Demokratie und Diktatur, Bern u.a. 1964

Brake, K./Fassbinder, H./Petzinger, R.: Basisdemokratie versus gewerkschaftliche Orientierung?, in: Arch + Jg. 7, 1975, H. 28, S. 54 ff.

Braun, G.: Aktionskomitee „Kind im Krankenhaus", in: Grossmann (Hg.), 1971, S. 54 ff.

Breitling, P./Kammeier, H. D./Loch, G.: Tübingen, erhaltende Erneuerung eines Stadtkern, München 1971

Briese, V.: Bürgerinitiativen als Gegenstand der Partizationsforschung: Schwierigkeiten und Konsequenzen von Definitionen (Arbeitspapier, vorgelegt vom Arbeitskreis „Parlamente, Parteien, Wahlen" der Deutschen Vereinigung für Politische Wissenschaft auf der Koblenzer Tagung am 16./17.11. 1974, Manuskript) 1974

Brösse, C.: Raumordnungspolitik, Berlin/New York 1974

Brunse, H.: Sylt, Wiesbaden 1975

Büchner, P.: Schulreform durch Bürgerinitiative — Möglichkeiten und Grenzen von Gesamtschulversuchen, München 1972

Büchner, P./Scheffer, U./Schrey, B.: Bürgerinitiativen im Ausbildungssektor, in: betrifft: Erziehung, H. 12, 1972, S. 19 ff.

Bürgerinitiativen in Bayern: Bestandsaufnahme des Bayer. Staatsministeriums des Inneren, Aktenzeichen I B 1-3000-72/1

Bürgerinitiativen in Stuttgart: Gemeinderatsdrucksache Nr. 904, 1974

Bürgerinitiative Umweltschutz Unterelbe: Brokdorf: Der Bauplatz muß wieder zur Wiese werden, Glückstadt 1977

Büro für Stadtsanierung (Hg.): Sanierung für wen? Berlin 1971

Buchholz, W.: Probleme einer ökologisch orientierten Umweltstrategie, in: Jäger/Mühleisen (1976), S. 63 ff.

Bund Naturschutz in Bayern e.V.: Memorandum zur Frage des forcierten Ausbaus der Kernenergiegewinnung, München 1974

Bundesministerium für Raumordnung, Bauwesen und Städtebau: Bürgerinitiativen bei der Planung von Wohnung, Wohnumwelt und Stadt, Schriftenreihe des Bundesministerium Städtebauliche Forschung, Nr. 03.039, Bonn 1965

Burckhardt, L.: Artikulation heißt Partizipation, in: Stadtbauwelt 23/1969, S. 183 ff.

Busche, E./Dahl, P.: Rettet die Garstedter Heide, Fischerhude 1977

Busse, M. H./Nelles, W.: Überblick über die Formen politischer Beteiligung, in: v. Alemann (Hg.), (1975), S. 79 ff.

Butz, W./Dzuck, K./Haffner, S. u.a.: Bürger initiativ, Stuttgart 1974

Dahrendorf, R.: Demokratie aus der Basis, in: liberal, H. 7, 1972, S. 514 ff.

Dauber, H./Verne, E. (Hg.): Freiheit zum Lernen. Alternativen zur lebenslänglichen Verschulung, Reinbek 1976

Lantscher, R.: Bürgerinitiativen: Modell Maxvorstadt München, Gelnhausen/ Freiburg 1974

Daigeler, H.W.: Die Beteiligung des Einzelnen an der Leitung des Gemeinwesens in der Demokratie und Kirche, Zürich 1973

Die Mitarbeit 1963—1973: Zehn Jahre Förderung staatsbürgerlicher Mitverantwortung, Heiligenhaus b. Düsseldorf 1973

Dienel, P. C.: Partizipation an Planungsprozessen als Aufgabe der Verwaltung, in: Die Verwaltung, H. 2, 1971 a, S. 151 ff.

—: Bürgerinitiativen und Selbstverwaltung. Zur Partizipation an Planungsprozessen, in: Der aktive Bürger. Utopie oder Wirklichkeit? Ein Cappenberger Gespräch, Köln/Berlin 1971 b, S. 16 ff.

—: Die Planungszelle, Opladen 1978

Dittberner, J.: Bürgerinitiativen als partielles Partizipationsbegehren, in: Zeitschrift für Parlamentsfragen, H. 2, 1973, S. 194 ff.

Dittberner, J./Ebbighausen, R. (Hg.): Parteiensystem in der Legitimationskrise, Studien und Materialien zur Soziologie der Parteien in der Bundesrepublik Deutschland, Opladen 1973

Doormann, L.: Verändert die Schule jetzt, Weinheim/Basel 1976

Doran, C./Hintz, M. O./Mayer-Tasch, P. C.: Umweltschutz — Politik des peripheren Eingriffs. Eine Einführung in die Politische Ökologie, Darmstadt/ Neuwied 1974

Drerup, H./Fölling, W.: Schwierigkeiten mit Bürgerinitiativen — Zur Funktion von Aktionsgruppen im Reproduktionsbereich, in: Neue Praxis, 1975, H. 2, S. 85 ff.

Dreyer, G.: Absolute Sicherheit oder verbrannte Erde: Der Kampf gegen das Atommüll-Zentrum im Emsland, Hamburg 1977

Dröscher, W./Funke, K./Theilen, E.: Energie, Beschäftigung, Lebensqualität, Bonn 1977

Ebbighausen, R.: Die Krise der Parteiendemokratie und die Parteiensoziologie, Berlin 1969

Ebel, H.-R.: Vorschläge für die einheitliche Durchführung von Hearings auf kommunaler Ebene, in: Staats- und Kommunalverwaltung, 20. Jg., 1974, S. 168 ff.

Ebert, T.: Gewaltfreier Aufstand. Alternative zum Bürgerkrieg, Frankfurt 1970
—: Ziviler Widerstand, Fallstudien aus der innenpolitischen Friedens- und Konfliktforschung, Düsseldorf 1970
—: Mit Bürgerinitiativen zur antikapitalistischen Strukturreform? Ursprung und Zukunft eines basisdemokratischen Prozesses, in: Gewaltfreie Aktion, 1972, H. 12, S. 1 ff.
—: Von den Bürgerinitiativen zur Ökologiebewegung, in: Vorgänge, Nr. 27, 1977, S. 64 ff.

Eckert, R.: Politische Partizipation und Bürgerinitiative, in: Partizipation (1970), S. 30 ff.
—: Umweltschutz und Exekutive, in: Jäger/Mühleisen (Hg.) (1976), S. 75 ff.
—: Emanzipation durch Bürgerinitiativen, in: Günter Hartfiel (Hg.): Emanzipation — Ideologischer Fetisch oder reale Chance?, Opladen 1973, S. 325 ff.

Eckstein, S.: Nordhorn-Range, Bürgerinitiativen zwischen Anpassung und Widerstand — Der Kampf gegen den Nato-Bombenübungsplatz, Frankfurt 1974

Eisfeld, D.: Die Stadt der Stadtbewohner, Stuttgart 1973

Ellwein, T.: Politische Verhaltenslehre, Stuttgart 1968

Ellwein, T./Lippert, E./Zoll, R.: Politische Beteiligung in der Bundesrepublik, Göttingen 1975

Emnid-Information 11/12, 1973

Etzioni, A.: Die aktive Gesellschaft, Opladen 1975.

Euchner, W.: Zur Dialektik von Mobilisierungsstrategien in gesellschaftsverändernder Absicht, in: Narr (Hg.) (1975), S. 325 ff.

Evers, H. U.: Das Recht der Raumordnung, München 1973

Faßbinder, H.: Kapitalistische Stadtplanung und die Illusion demokratischer Bürgerinitiative, in: Probleme des Klassenkampfes, Sonderheft 1, 1971
—: Bürgerinitiativen und Planungsbeteiligung im Kontext kapitalisitscher Regionalpolitik, in: Kurbuch 27, Berlin 1972, S. 68 ff.

Fechner, E.: Die Interessen der Nichtorganisierten, in: Die politische Verantwortung der Nichtpolitiker, München 1964, S. 67 ff.

Feblan, K. P.: Bürgerinformation im politischen Willensbildungsprozeß, Göttingen 1975

Fischer, K.: Regionalplanung unter bürgerschaftlicher Beteiligung? in: Raumordnung und Raumforschung, H. 1, 1974, S. 37 ff.

Flach, K.-H.: Bürgerinitiative und repräsentative Demokratie, in: liberal, H. 14, 1972, S. 254 ff.

Fraenkel, E.: Deutschland und die westlichen Demokratien, 5. Aufl. Stuttgart 1973

Freitag, R.: Bürgerinitiativen und Medien, Paderborn 1975

Friebel, H.: Initiativ- und Aktionsgruppen, Köln 1977

Frey, R. (Hg.): Kommunale Demokratie. Beiträge für die Praxis der kommunalen Selbstverwaltung, Bonn-Bad Godesberg 1976

Fromme, F. K.: Bürgerinitiativen, Eine neue Verbandsspielart, in: Die Politische Meinung, H. 174, 1977, S. 39 ff.

Gabriel, O. W./Labonte, H.P.: Zur Analyse kommunaler Machtstrukturen, in: Albers et al., (1976)

—: Mängelanalysen des politischen Willensbildungsprozesses auf lokaler Ebene. Ein Beitrag zur institutionellen Krise der kommunalen Selbstverwaltung, in: Albertin et al. (1978)

Gaul, E.: Die Petition, Karlsruhe 1975

Gladitz, N.: Lieber heute aktiv, als morgen radioaktiv, Berlin 1976

Glaser, H. (Hg.): Urbanistik. Neue Aspekte der Stadtentwicklung, München 1974

Gnädinger, F.J.: Sozialdemokratie und Bürgerinitiativen, in: Neue Gesellschaft H. 10, 1976, S. 834 ff.

Göb, R.: Kommunalpolitik mit neuen Zielen?, Akutelle Planungsverwirrung und Zukunftsbewältigung, in: Die neue Ordnung in Kirche, Staat, Gesellschaft, Kultur, H. 1, 1976, S. 9 ff.

Görlitz, A.: Der politische Deutsche, Paderborn, 1967

Gorschenek, G. (Hg.): Grundwerte in Staat und Gesellschaft, München 1977

Greuban, R.-R. u.a.: Politikanalyse am Beispiel des Verstädterungsproblems, in: PVS, H. 3, 1971, S. 413 ff.

—: Bürgerinitiativen im parlamentarischen Regierungssystem, in: liberal, H. 11, 1974, S. 826 ff.

Greiffenhagen, M. (Hg.): Demokratisierung in Staat und Gesellschaft, München 1973 a

—: Emanzipation, Hamburg 1973 b

Greven, M.: Thesen zur Dialektik der Planung im Kapitalismus oder: Über die Ambivalenz gesellschaftlicher Prozesse in der bürgerlichen Gesellschaft, PVS, H. 3, 1975, S. 303 ff.

Greven, M./Guggenberger, B./Strasser, J.: Krise des Staates?, Zur Funktionsbestimmung des Staates im Spätkapitalismus, Neuwied und Berlin 1976

Greven, M.: Parteien und politische Herrschaft, Meisenheim 1976

Grimminger, H.: Hausbesetzungen in Frankfurt. Chronik eines Konflikts, seine politischen und ökonomischen Hintergründe und Konsequenzen, in: Beiträge zur Konfliktforschung, H. 3, 1976, S. 91 ff.

Gronemeyer, M.: Lernfeld Bürgerinitiativen, in: Radius, März 1975

—: Motivation und politisches Handeln, Hamburg 1976

Gronemeyer, R.: Integration durch Partizipation, Frankfurt 1973

—: Bürgerinitiativen und Produktionsbereich, in: liberal, H. 1, 1974, S. 842 ff.

Grossmann, H. (Hg.): Bürgerinitiativen. Schritte zur Veränderung?, Frankfurt 1971

Gruen, V.: Die lebenswerte Stadt, München 1975

Grubl, H.: Ein Planet wird geplündert. Die Schreckensbilanz unserer Politik, Frankfurt/M. 1975

Günter, R./Hasse, R. (Hg.): Handbuch für Bürgerinitiativen, Westberlin 1976

Günter, R.: Bürgerinitiativen, hg. von der Bürgerinitiative Stadtentwicklungsforum Bonn, Bonn (o. J.)

Günter, R. u. M.: Bürgerinitiativen, in: Bauwelt, H. 49, 1971, S. 1986 ff.

Guggenberger, B.: Herrschaftslegitimierung und Staatskrise, in: Greven/Guggenberger/Strasser (1975), S. 9 ff.

—: Sind wir noch regierbar? Zur Dialektik von Stärke und Schwäche des modernen Staates, in: Kaltenbrunner (Hg.): Der überforderte schwache Staat, Freiburg 1975, S. 30 ff.

—: Überdruß an der Demokratie. Die Anrufung der Basis, in: Guggenberger (1975), S. 103 ff.

—: Wohin treibt die Protestbewegung?, Freiburg 1975

Guggenberger, B./Veen, H.-J./Zunker, A.: Parteienstaat und Abgeordnetenfreiheit. Zur Diskussion um das imperative Mandat, München 1977

Hättich, M.: Parteien als Integrationssysteme, in: Strukturprobleme des lokalen Parteisystems, Studien zur Kommunalpolitik, Bd. 6, Bonn 1975

Haag, F./Krüger, H./Schwärze, W./Wild, J. (Hg.): Aktionsforschung, München 1972

Habermas, J.: Legitimationsprobleme im Spätkapitalismus, Frankfurt 1973

—: Politische Beteiligung – ein Wert an sich? in: Matz (Hg.) (1973), S. 316 ff.

Hartfiel, G.: Emanzipation – Ideologischer Fetisch oder reale Chance?, Opladen 1975

Hartisch, A.: Verfassungsrechtliches Leistungsprinzip und Partizipationsverbot in Verwaltungsverfahren, Berlin 1975

Haungs, P.: Die Bundesrepublik – ein Parteienstaat?, in: Zeitschrift für Parlamentsfragen, H. 4, 1973, S. 502 ff.

von Hase, D./Troscheit, P.: Bibliographie Bürgerinitiativen und Partizipation, Berlin 1973

Haumann, H. (Hg.): Vom Hotzenwald bis Wyhl – Demokratische Traditionen in Baden, Köln 1977

Hegner, F.: Entstehungsbedingungen von Bürgerinitiativen im Spannungsfeld von Bürgern und Verwaltung, in: Matthöfer (Hg.) (1977)

Heidtmann-Frohme, S./Schultz, J.: Sozialplanung in Sanierungsgebieten, Aufsätze, Materialien und Planungsunterlagen, Berlin 1975

Heitmeyer, W./Klauser, R.: Öffentlichkeitsarbeit von Bürgerinitiativen — eine Fallstudie, in: Gegenwartskunde, H. 4, 1975, S. 425 ff.

Helmke, W./Naßmacher, K. H.: Organisierte und nichtorganisierte Öffentlichkeit in der Kommunalpolitik, in: R. Frey (Hg.) (1976), S. 182 ff.

Hennis, W.: Probleme der Regierbarkeit, in: Die politische Meinung, H. 169, 1976, S. 85 ff.

—: Parteienstruktur und Regierbarkeit, in: *ders./P. Graf Kielmannsegg/U. Matz* (Hg.): Regierbarkeit. Studien zu ihrer Problematisierung, Bd. 1, Stuttgart 1977, S. 150 ff.

Hereth, M.: Die Freiheit des Bürgers zum Handeln, in: Aus Politik und Zeitgeschichte B 5/1972

Hesse, J. J.: Stadtentwicklungsplanung: Zielfindungsprozesse und Zielvorstellung, Stuttgart 1972

Hessel, D. T.: Fibel für soziale Aktion, Gelnhausen/Berlin/Freiburg 1973

Höbel, B./Seibert, U.: Bürgerinitiativen und Gemeinwesenarbeit, München 1973

Höhn, M./Randerath, C.: Entwicklung einer Initiative in einem Arbeiterstadtteil des nördlichen Ruhrgebiets, in: Demokratische Erziehung, H. 6, 1976, S. 689 ff.

Hoffmann, P./Patellis, N.: Demokratie als Nebenprodukt, Versuch einer öffentlichen Planung, München 1971

Hoffmann, H.: Repräsentation, Studien zur Wort- und Begriffsgeschichte von der Antike bis ins 19. Jhd., Berlin 1974

Hofmann, G.: Biblis-Bürgerinitiativen in Wächterfunktion, in: Neue Stimme, H. 11, 1976, S. 4 ff.

Hofmann, R.: Totalisierung und Differenzierung. Die neuerliche Krise des demokratischen Prinzips, in: Zeitschrift für Politik, H. 4, 1973, S. 327 ff.

Haller, W.: Kommunale Selbstverwaltung als Politik. Ein Curriculum für den Bereich der Erwachsenenbildung, in: Materialien zur politischen Bildung, H. 4, 1975, S. 44 ff.

Horn, K.: Über den Zusammenhang von Angst und politischer Apathie, in: Marcuse (1968), S. 59 ff.

Hübner, P.: Landtagsausschuß für Bürgerinitiativen, in: Zeitschrift für Parlamentsfragen, H. 2, 1972, S. 199

Hüfner, A.: Aktion Roter Punkt, München 1969

Infas: Umweltpolitisches Bewußtsein 1972. Eine Untersuchung des Instituts für angewandte Sozialwissenschaft, Berlin 1973

Jäger, W. (Hg.): Partei und System, Stuttgart 1973

Jäger W./Mühleisen, H. O. (Hg.): Umweltschutz als politischer Prozeß, München 1976

Jünemann, B.: Umweltschutz als politischer Prozeß — Das Kernkraftwerk Wyhl, in: Jäger/Mühleisen (Hg.) (1977), S. 111 ff.

Jungk, R.: Der Atomstaat, München 1977

Kainrath, W.: Demokratisierung der Stadtplanung, in: Die Zukunft, H. 7, 1973

Kaltenbrunner, K. G.: Kapitulation des Bürgers, München 1977

Kamberger, K.: Eine Arbeitsgemeinschaft für Bürgerinitiative, in: Blätter für deutsche und internationale Politik, H. 10, 1970, S. 1014 ff.

Kaufmann, F. X. (Hg.): Bürgernahe Gestaltung der sozialen Umwelt, Probleme und theoretische Perspektiven eines Forschungsverbundes, Meisenheim 1977

Keller, G.: Raumordnungspolitik und Altstadtsanierung. Eine Untersuchung zum Problem räumlicher Disparitäten, Frankfurt 1977

Kempf, U.: Bürgerinitiativen – neue Formen politischer Beteiligung. Reihe Kontrovers, Bonn 1974

Kevenhörster, P. (Hg.): Lokale Politik unter exekutiver Führerschaft, Meisenheim 1977

Kielmannsegg, P. Graf: Demokratieprinzip und Regierbarkeit, in: Hennis/ Graf Kielmannsegg/Matz (1977), S. 118 ff.

Kirchheimer, O.: Der Wandel des westeuropäischen Parteisystems, in: Ziebura (Hg.) (1965), S. 341 ff.

Kirchhof, P.: Staatsrechtslehrertagung 1974. Thema: Organisierte Einwirkungen auf die Verwaltung – Zur Lage der zweiten Gewalt, in: Deutsches Verwaltungsblatt, H. 4, 1975, S. 139 ff.

Klockhaus, R.: Ein Beitrag zur Analyse politischer Apathie, in: Kölner Zeitschrift für Soziologie und Sozialpsychologie, Jg. 22, 1970, S. 520 ff.

Klose, H. M.: Die Unregierbarkeit der Städte, in: Aus Politik und Zeitgeschichte, B 41/1975

Kluber, H.: Die Gemeinden im bundesdeutschen Verfassungsrecht, Göttingen 1974

Knigge, R.: Infrastrukturinvestitionen in Großstädten, Stuttgart 1975

Knirsch, H./Nickolmann, F.: Die Chance der Bürgerinitiativen. Ein Handbuch, Wuppertal 1976

Knorr, T.: Gruppendynamische Methoden der Öffentlichkeitsarbeit im Städtebau, Meisenheim 1974

Köser, H. (Hg.): Der Bürger in der Gemeinde, Kommunalpolitik und politische Bildung, Bonn 1978

von Kodolitsch, P.: Gemeindeverwaltungen und Bürgerinitiativen. Ergebnisse einer Umfrage, in: Archiv für Kommunalwissenschaften, H. 2, 1975, S. 264 ff.

Konrad-Adenauer-Stiftung (Hg.): Materialien zur kommunalpolitischen Bildung, Bonn 1976

Korte, H. (Hg.): Zur Politisierung der Stadtplanung, Düsseldorf 1971

Krahmer, U.: Bundesbaugesetz-Novelle, Wo bleibt die Bürgerbeteiligung, in: Arch. + ,H. 30, 1976, S. 25 ff.

Kraus, M.: Hinweis auf eine Schwierigkeit im Verhältnis von Partizipation und parlamentarischer Rechtsstaatlichkeit, in: Arch. +, H. 21, 1974, S. 43 ff.

Kremendahl, H.: Pluralismustheorie in Deutschland – Entstehung, Kritik, Perspektiven, Leverkusen 1977 *von Krockow, Ch. Graf*: Bürgerinitiative als Bildungsproblem, in: Offene Welt 97/98, 1968

Kube, E.: Den Bürger überzeugen, Stuttgart, Berlin, Köln, Mainz 1974

Kursbuch 50: Bürgerinitiativen/Bürgerprotest − eine neue vierte Gewalt, Berlin 1977

Laage, G.: Umwelt und Mitbestimmung, München 1973

Lammert, N.: Lokale Organisationsstrukturen innerparteilicher Willensbildung. Fallstudie am Beispiel eines CDU-Kreisverbandes im Ruhrgebiet, Bonn 1976

Lange, R.-P. (Hg.): Zur Rolle und Funktion von Bürgerinitiativen in der Bundesrepublik und West-Berlin. Eine Analyse von 61 Bürgerinitiativen, in: Zeitschrift für Parlamentsfragen, H. 2, 1973, S. 247 ff.

Lauritzen, L. (Hg.): Mehr Demokratie im Städtebau, Hannover 1972

Lauschmann, E.: Grundlagen einer Theorie der Regionalpolitik, Hannover 1973

Lehmbrock, J.: Städtebau − eine politische Aufgabe. Anmerkungen eines Architekten, in: Aus Politik und Zeitgeschichte, B 28/1975

Lehmbruch, G.: Parteienwettbewerb im Bundesstaat, Stuttgart u. a. 1976

Leibholz, G.: Parteienstaat und repräsentative Demokratie, in: Deutsches Verwaltungsblatt, 1951, S. 1 ff.

−: Die Repräsentation in der Demokratie, Berlin 1973

Lepsius, M. R.: Parteiensystem und Sozialstruktur: Zum Problem der Demokratisierung der deutschen Gesellschaft, in: Wirtschaft, Geschichte und Wirtschaftsgeschichte. Festschrift zum 65. Geburtstag von Friedrich Lütge, Stuttgart 1966

Leuenberger, T./Schilling, R.: Die Ohnmacht des Bürgers, Frankfurt 1977

Loewenberg, G.: Parlamentarismus im politischen System der Bundesrepublik Deutschland, Tübingen 1969

Lohrbacher, M.: Kommunale Planung und Bürgermitwirkung, in: Aus Politik und Zeitgeschichte, B 27/1976

Löwenthal, R.: Prolog: Dauer und Verwandlung, in: ders./H. P. Schwarz (Hg.): Die zweite Republik, Stuttgart 1974, S. 9 ff.

Mantl, W.: Repräsentation und Identität, Wien/New York 1975

Marcuse, H.: Aggression und Anpassung in der Industriegesellschaft, Frankfurt 1968

Maier, H./Oberreuter, H. (Hg.): Pluralismus, in: Reihe Politische Bildung, H. 1, 1977

Malz, F.: Taschenwörterbuch der Umweltplanung. Begriffe aus Raumforschung und Raumordnung, München 1974

Malecki, J.: Gemeinwesenarbeit und Bürgerinitiative, Notizen zur Binnenstruktur und Bürgerinitiativen, in: Neue Praxis, H. 1, 1977, S. 80 ff.

Marr, H.: Die Massenwelt und ihre Form. Zur Soziologie der deutschen Gegenwart, Hamburg 1934

Matthöfer, H. (Hg.): Bürgerbeteiligung und Bürgerinitiativen, Argumente in der Energiediskussion, Bd. 3, Villingen 1977

Matz, U. (Hg.): Grundprobleme der Demokratie, Darmstadt 1973

Maurer, U.: Sozialdemokratie und Bürgerinitiativen, in: Neue Gesellschaft, H. 9, 1974, S. 732 ff.

Mayer-Tasch, P.C.: Die Bürgerinitiativbewegung, Reinbeck 1976

Mayntz, R.: Funktionen der Beteiligung bei öffentlicher Planung, in: Demokratie und Verwaltung, Berlin 1972, S. 341 ff.

McHale, J.: Der ökologische Kontext, Frankfurt 1974

Menke-Glückert, P.: Bürgerinitiativen als innenpolitisches Problem, in: liberal, H. 11, 1974, S. 806 ff.

—: Bürgeranwälte — Beamte von morgen, Stuttgart 1975

Mez, L./Wilke, M. (Hg.): Der Atomfilz — Gewerkschaften und Atomkraft, Berlin 1977

Mez, L.: Bürgerproteste und Theorie, in: Kursbuch 50, Berlin 1977, S. 101 ff.

Milbrath, L.: Political Participation — How and why do People get involved in Politics, Chicago 1965

Mitscherlich, A.: Die Unwirtlichkeit unserer Städte, Frankfurt 1965

Moldenhauer, B./Wüstenhagen, H.H.: Atomindustrie und Bürgerinitiativen gegen Umweltzerstörung, Köln 1976

Mommsen, G.: Brokdorf — ... Wie denkt die Bevölkerung?, Hamburg 1977

Moßmann, W.: Der lange Marsch von Wyhl nach Anderswo, in: Kursbuch 50, Berlin 1977, S. 1 ff.

Müller, J.H.: Methoden zur regionalen Analyse und Prognose, Hannover 1976

Muncke, G.: Zur Demokratisierung des kommunalpolitischen Entscheidungsprozesses, in: Zeitschrift für Parlamentsfragen, H. 2, 1972, S. 230 ff.

Murswieck, A. (Hg.): Staatliche Politik im Sozialsektor, München 1976

Nagel, A.: Die Aktivierung bürgerlicher Willensbildung (Sammlung), Schriesheim 1974

Nagel, A.: Ansätze zu einer Theorie der Bürgerinitiative, vervielfältigtes Manuskript eines Vortrages, der auf dem Kongreß der Friedrich-Naumann-Stiftung über „Bürgerinitiativen und Demokratie" (23.—25.3.1972) gehalten wurde.

Naumann, M. (Hg.): Ein Konzern hält die Luft an, München 1976

Narr, W.D. (Hg.): Politik und Ökonomie — autonome Handlungsmöglichkeiten des politischen Systems, Opladen 1975

—: (Hg.): Auf dem Weg zum Einparteienstaat, Opladen 1977

Narr, W.D./Offe, C. (Hg.): Wohlfahrtsstaat und Massenloyalität, Köln 1975

Naschold, F.: Organisation und Demokratie, Stuttgart, 2. Auflage 1971

Naßmacher, K.H.: Parteien im kommunalpolitischen Zielbildungsprozeß, in: Österreichische Zeitschrift für Politikwissenschaft, H. 4, 1972, S. 39 ff.

Neumann, S.: Die Parteien der Weimarer Republik, Stuttgart 1965

Nickolmann, F.: Bürger, Bürgerinitiativen, Parteien und Staat, in: Vorgänge, H. 27, 1977, S. 46 ff.

Nie, N./Verba, S.: Participation in America. Political Democracy and Social Equality, New York u.a. 1972

Nössler, B./de Witt, M. (Hg.): „Wyhl", Freiburg 1976

Öblinger, T./Matzka, M.: Demokratie und Verwaltung als verfassungsrechtliches Problem, in: Österreichische Zeitschrift für Politikwissenschaft, H. 4, 1975, S. 445 ff.

Ökologiegruppe Frankfurt: Kleines Handbuch für Atomkraftwerksgegner, München 1977

Obst, R.: Wyhl — Analyse einer Bürgerbewegung gegen Kernkraftwerke, Frankfurt 1976

von Oertzen, H. G. (Hg.): Demokratisierung und Funktionsfähigkeit der Verwaltung, Stuttgart, Berlin, Köln, Mainz, 1974

Oeser, K.: Progressive und reaktionäre Bürgerinitiativen, in: Butz u.a. (1974), S. 17 ff.

Oeser, K. und Zilleßen H. (Hg): Kernenergie — Mensch — Umwelt, Köln 1976

Offe, C.: Strukturprobleme des kapitalistischen Staates, Frankfurt 1972

—: Bürgerinitiativen und Reproduktion der Arbeitskraft im Spätkapitalismus, in: ders.: Strukturprobleme des kapitalistischen Staates, Frankfurt 1972, S. 157 ff.

—: Bürgerinitiative: Eine neue Form politischer Opposition, in: Gewaltfreie Aktion 4/1972

—: Das pluralistische System von organisierten Interessen, in: Varian (Hg.) (1973), S. 368 ff.

Olson, M.: Die Logik des kollektiven Handelns. Kollektive Güter und die Theorie der Gruppen, Tübingen 1968

Ostrogorski, M.: Democracy and organisation of political parties, Vol. 12, Chicago 1964

Otto, K.: Bürgerbeteiligung beim Umweltschutz, in: Demokratische Gemeinde, H. 4, 1976, S. 302 ff.

Pankoke, E.: Kommunale Beteiligung als Problem der Verwaltungsorganisation, in: Die Verwaltung, Bd. 4, 1971, S. 395 ff.

—: Politische Partizipation und liberale Demokratie, in: liberal, H. 5, 1972, S. 354 ff.

Partizipation. Aspekte bürgerlicher Kultur, Opladen 1970

Pawlik, D. (Hg.): Die KAZ-Story: Strategien städt. Kulturpolitik am Bsp. „Kommunkations- und Aktionszentrum (KHZ) in Göttingen", Göttingen 1976

Pehnt, W. (Hg.): Die Stadt in der Bundesrepublik, Stuttgart 1974

Pelinka, A.: Dynamische Demokratie, Stuttgart 1974

Pflaumer, H.: Bürgernahe Verwaltung?, in: Politische Studien, H. 202, 1972, S. 134

Prokol-Gruppe: Berlin. Der sanfte Weg. Technik in einer neuen Gesellschaft, Stuttgart 1976

Radkau, J.: Atompolitik ohne Alternative (Literaturbericht), in: Neue politische Literaur, H. 3, 1977, S. 309 ff.

Radtke, G.: Teilnahme an der Politik, Bestimmungsgründe der Bereitschaft politischer Partizipation. Ein empirischer Beitrag, Leverkusen 1976

Raschke, P.: Vereine und Verbände zur Organisation von Interessen in der Bundesrepublik Deutschland, München 1978

Rasehorn, T.: Bürgerinitiativen – Probleme und Aufgaben, in: Recht und Politik, H. 2, 1975, S. 95 ff.

Rausch, H. (Hg.): Zur Theorie und Geschichte der Repräsentation und Repräsentativverfassung, Darmstadt 1968

Rausch, H./Stammen, T. (Hg.): Aspekte und Probleme der Kommunalpolitik, München 1974

Reckmann, P.: Soziale Aktion, Strategie und Methodik, Stein/Nürnberg 1971

Rehbinder, E./Burgbacher, H.-G./Knieper, R.: Bürgerklage im Umweltrecht, Berlin 1972

Riese, H.P.: Bürgerinitiative für die Menschenrechte, Frankfurt/Main 1977

Richter, H. E.: Die Gruppe – Hoffnung auf einen Weg, sich selbst und andere zu befreien, Reinbek 1972

Rinsche, G.: Erwartungen des Praktikers an die lokale Politikforschung, in: P. Kevenhörster (Hg.) (1977)

Rodenstein, M.: Bürgerinitiative – ein neues Phänomen politischer Beteiligung, in: Arch + Jg. 7, 1975, S. 44 ff.

Roth, F.: Roter Punkt Watzeviertel, Frankfurt 1975

Rudolph, D.: Bürgerinitiative – Chancen und Gefahren, in: Auftrag und Engagement der Mitte, München 1974, S. 127 ff.

Schäfer, G.: Basisbewegung am Beispiel „Häuserkampf", in: „links", Mai 1973

Schäfers, B.: Planung und Öffentlichkeit, Düsseldorf 1970

Scharpf, F.: Demokratie zwischen Utopie und Anpassung, Konstanz 1970

Schilling, R. P.: Planung als öffentlicher Vorgang, in: Bauwelt 38/39, 1969, S. 192 ff.

Schluchter, W.: Bürgerdialog und Partizipation. Zur Untersuchung des Battelle-Institutes in Frankfurt, Technologie und Politik, H. 7, 1977

Schmölders, G.: Staatsbürger oder Untertan? Zur Krise zwischen Bürger und Staat, München 1973

Schönfeldt, O. (Hg.): Und alle lieben Heinrich Heine, Köln 1972

Schulte, H.: Bürgerinitiative Wyhl zerreißt einen Schleier, in: Neue Stimme, H. 11, 1976, S. 4 ff.

Schultz, U. (Hg.): Umwelt aus Beton oder Unsere unmenschlichen Städte, Reinbek b. Hamburg, o. J.

Schulz-Heising, J.: Effizienz und Bürgernähe von Behörden, in: Transfer 1977, H. 3

Schumacher, H. G.: Legitimation und Partizipation von Bürgerinitiativen, Umweltschutz in der Energiediskussion – Möglichkeiten und Grenzen, in: Matthöfer (Hg.) (1977)

Schumann, H. G. (Hg.): Die Rolle der Opposition in der Bundesrepublik Deutschland, Darmstadt 1976

Schuppert, G. F.: Bürgerinitiativen als Bürgerbeteiligung an staatlichen Entscheidungen, in: Archiv des öffentlichen Rechts, Bd. 102, Heft 3, 1977,
S. 369 ff.

Schwoeren, M.: Vom legalen Protest zum zivilen Ungehorsam, Bürger gegen das
geplante Atomkraftwerk in Kaiseraugst, in: Gewaltfreie Aktion, H. 24/25,
1975, S. 49 ff.

Seippel, A.: Stadtteilarbeit im Ruhrgebiet, Stein b. Nürnberg 1976

Sontheimer, K.: „Bürgerinitiativen", in: Sontheimer/Röhring (Hg.): Handbuch
des politischen Systems der Bundesrepublik Deutschland, München 1977

Steffani, W.: Parlamentarische Demokratie — Zur Problematik von Effizienz,
Transparenz und Partizipation, in: ders. (Hg.): Parlamentarismus ohne
Transparenz, Opladen 1977, S. 17 ff.

—: Pluralismus — Konzeptionen, Positionen, Kritik, in: Maier/Oberreuter
(1977)

Steiner, J.: Bürger und Politik. Empirisch theoretische Befunde über die pol.
Partizipation der Bürger in Demokratien und besondere Berücksichtigung
der Schweiz und der Bundesrepublik, Meisenheim 1969

Sternberger, D.: Nicht alle Staatsgewalt geht vom Volke aus, Stuttgart, Berlin,
Köln, Mainz 1971

Sternstein, W.: Die Strategie von Bürgerinitiativen im Kampf gegen Atomkraftwerke, in: Neue Politik, H. 5, 1976, S. 58 ff.

—: Die Grenzen der Macht, Das Lehrstück Wyhl, in: Gewerkschaftl. Mh.,
H. 2, 1976, S. 76 ff.

—: Was wird auch Wyhl? Verhandlungen zwischen der Landesregierung von
Baden-Württemberg, der Kernkraftwerk Süd GmbH (KWS) und den badisch-elsässischen Bürgerinitiativen, in: Neue Politik, H. 7, 1976, S. 15 ff.

Stobbe, D.: Bürgerinitiativen integrieren, in: Gewaltfreie Aktion, H. 15, 1973,
S. 29 ff.

Stolleis, M.: Gemeinwohl und Minimalkonsens — öffentliche und private Interessen, in: Aus Politik und Zeitgeschichte, B 3/1978

Streeck, S. u. W.: Parteiensystem und Status quo, Frankfurt 1972

Strohm, H.: Friedlich in die Katastrophe, Hamburg 1975

Stuckmann, H.: Bürgerinitiativen als Schulen der Demokratie, in: Neue Stimme, H. 11, 1976, S. 4 ff.

Szanula, V.: Partizipationsausweitung in sozialen Entscheidungsprozessen. Zur
Diskussion über das Problem der „Demokratisierung", in: Aus Politik u.
Zeitgeschichte, B 48/1976

Thaysen, U.: Parlamentarisches Regierungssystem in der Bundesrepublik
Deutschland, Hamburg 1976

Thränhardt, D.: Die Gemeinden in Abhängigkeit von Bund und Ländern, in:
Rausch/Stammen (Hg.) (1974)

Tillmann, B.: Politikverflechtung zwischen Zentralinstanz und lokaler Ebene,
in: Frey (Hg.) (1976), S. 66 ff.

Turczak, W. P.: Bürgerinitiativen — Möglichkeiten der Partizipation an Ent-
scheidungsabläufen, in: Der Gemeindetag, Jg. 28, 1975, S. 120 ff.

Ueltzhöffer, J.: Die kommunale Machtelite und der politische Willensbildungsprozeß in der Gemeinde, in: Wehling (Hg.) (1975), S. 95 ff.

Ulram, P. A.: Planungspartizipation als Öffentlichkeitsarbeit der Verwaltung. Zur Wiener Stadtentwicklungsplanung, in: Österr. Zeitschrift für Politikwissenschaft, H. 4, 1977, S. 205 ff.

Umweltschutz aktuell, Bonn 1975

von Unruh, Ch.: Diskussionsbeitrag, in: „Der aktive Bürger" – Utopie oder Wirklichkeit: Ein Cappenberger Gespräch, Bd. 6, 1971

Urbane Information, Urbane Bürgerinitiativen, Urbanistik Verlag, H. 2, 1970

Varain, H.J. (Hg.): Interessenverbände in Deutschland, Köln 1973

Vilmar, F.: Strategien der Demokratisierung, Bd. 1 Theorie der Praxis, Bd. 2 Modelle und Kämpfe der Praxis, Neuwied 1973

Vogel, H.-J.: Städte im Wandel, Stuttgart 1971

—: Wenn Bürger was wollen – auch Bürgerinitiativen haben ihre Grenzen, in: Kempf (1974), S. 37 ff.

Vogt, H.: Parlamentarische und außerparlamentarische Opposition, Opladen 1972

Vorgänge: Bürgerinitiativen, H. 27, 1977

Wallraff, G.: Was wollt ihr denn, Ihr lebt ja noch: (Chronik einer Industrieansiedlung), Reinbek 1976

Waterkamp, R.: Raumordnung und Infrastrukturpolitik, in: Aus Politik und Zeitgeschichte, B 16/1971

—: Interventionsstaat und Planung, Raumordnung, Regional- und Strukturpolitik, Köln 1973

—: Planung, EDV und Bürgerbeteiligung, in: Demokratische Gemeinde, H. 6, 1975, S. 449 ff.

Weber, J.: Die Interessengruppen im politischen System der Bundesrepublik Deutschland, Stuttgart 1977

Wehling, H.G. (Hg.): Kommunalpolitik, Hamburg 1975

Werner, A.: Bürgerinitiativen – Versuch einer Bestandsaufnahme theoretischer Positionen und empirischer Befunde, in: Wehling (Hg.) (1975), S. 254 ff.

Wüstenhagen, H.-H.: Bürgerinitiativen Umweltschutz, in: liberal, H. 11, 1974, S. 837 ff.

Wüstenhagen, H.-H.: Bürgerinitiativen, Atomenergie und Wissenschaft, in: Blätter für deutsche und internationale Politik, H. 12, 1976, S. 1340 ff.

Wüstenhagen, H.-H./Scheuthle, K.: Bürger gegen Kernkraftwerke, Wyhl – der Anfang?, Reinbek b. Hamburg 1975

Wulf, Ch. (Hg.): Friedenserziehung in der Diskussion, München 1973

Ziebura, G. (Hg.): Beiträge zur allgemeinen Parteienlehre, Darmstadt 1969

Zilleßen, H.: Bürgerinitiativen im repräsentativen Regierungssystem, in: Aus Politik und Zeitgeschichte, B 12/1974 a

—: Ernsthafte Kontrahenten der Verwaltung, in: Umwelt, Bd. 4, H. 2, 1974 b, S. 40 ff.

—: Umweltkrise und Partizipation. Perspektiven der öffentlichen Beteiligung im politischen Entscheidungsprozeß, in: Politik und Kultur, H. 4, 1975, S. 10 ff.

—: Bürgerinitiativen — Bürgerbeteiligung, in: Arbeitsgemeinschaft für Umweltfragen (Hg.) (1977 a)

—: Energiepolitik — Dialog mit dem Bürger?, in: Aus Politik und Zeitgeschichte, B 27/1977 b

Zimpel, G.: Der beschäftigte Mensch. Beiträge zur sozialen und politischen Partizipation, München 1970

—: Selbstbestimmung oder Akklamation?, Stuttgart 1972

Zoll, R.: Wertheim III. Kommunalpolitik und Machtstruktur, München 1974

Personenregister

Sachregister

Autorenverzeichnis

Udo Bermbach, Dr. phil., geb. 1938, Professor am Seminar für Sozialwissenschaften der Universität Hamburg.

Peter C. Dienel, Dr. theol., geb. 1923, Professor für Soziologie an der Gesamthochschule Wuppertal.

Thomas Ellwein, Dr. jur., geb. 1927, Professor für Politikwissenschaft an der Universität Konstanz, Vorsitzender der Deutschen Vereinigung für Politische Wissenschaft.

Erhard Eppler, Dr. phil., geb. 1926, 1968—1974 Bundesminister für wirtschaftliche Zusammenarbeit, seit 1976 Vorsitzender der SPD-Fraktion im Landtag von Baden-Württemberg.

Oscar W. Gabriel, Dr. rer. pol., geb. 1947, Akad. Rat am Institut für Politikwissenschaft der Universität Mainz.

Bernd Guggenberger, Dr. phil., geb. 1946, Wissenschaftlicher Assistent am Seminar für Wissenschaftliche Politik der Universität Freiburg.

Sebastian Haffner, Dr. jur., geb. 1907, emigrierte 1938 nach England, war dort als politischer Journalist tätig, hauptsächlich für den "Observer". 1954 als Deutschlandkorrespondent dieser Zeitung nach Berlin zurückgekehrt, wurde er 1961 Kolumnist der „Welt", 1963 bis 1975 des „Stern".

Peter Haungs, Dr. phil., geb. 1939, Professor für Politikwissenschaft an der Universität Trier.

Roman Herzog, Dr. jur., geb. 1934, Professor, Minister für Kultus und Sport des Landes Baden-Württemberg.

Wolfgang Jäger, Dr. phil., geb. 1940, Professor für Wissenschaftliche Politik an der Universität Freiburg.

Udo Kempf, Dr. phil., geb. 1943, Dozent für Politische Wissenschaft an der Pädagogischen Hochschule Freiburg.

Paul von Kodolitsch, Dr. phil., geb. 1940, wissenschaftlicher Mitarbeiter am Deutschen Institut für Urbanistik.

Helmut Köser, Dr. habil., geb. 1940, Priv. Doz. und Akad. Rat am Seminar für Wissenschaftliche Politik der Universität Freiburg.

Theo Schiller, Dr. phil., geb. 1942, Professor für Politikwissenschaft an der Philipps-Universität Marburg.

Kurt Sontheimer, Dr. phil., geb. 1928, Professor für Politische Wissenschaft am Geschwister-Scholl-Institut der Universität München.

Winfried Steffani, Dr. phil., geb. 1927, Professor für Politische Wissenschaft an der Universität Hamburg.

Uwe Thaysen, Dr. phil., geb. 1940, Professor für Politikwissenschaft an der Pädagogischen Hochschule Niedersachsen — Abteilung Lüneburg; Chefredakteur der ZEITSCHRIFT FÜR PARLAMENTSFRAGEN.

Günter Trautmann, Dr. phil., geb. 1941, Wiss. Rat und Professor für Politische Wissenschaft an der Universität Hamburg.

Wolfgang Welz, geb. 1952, Mitarbeiter am Seminar für Wissenschaftliche Politik der Universität Freiburg.

Horst Zilleßen, Dr. rer pol., geb. 1938, Leiter des Sozialwissenschaftlichen Instituts der evangelischen Kirchen in Deutschland.

Karl Ernst Wenke / Horst Zilleßen

Neuer Lebensstil — verzichten oder verändern?

Auf der Suche nach Alternativen für eine
menschlichere Gesellschaft

1978. 412 Seiten. Folieneinband

Die Anfang der siebziger Jahre angelaufene breite öffentliche Diskussion über die Probleme der Umweltzerstörung und die Forderungen
nach Verbesserung der Lebensqualität haben nicht nur in der Bundesrepublik, sondern in allen westlichen Industrieländern in der jüngsten
Zeit einen neuen Schwerpunkt erhalten: Es wird die These vertreten,
daß die heute zu lösenden Probleme weitreichend sind, daß nur eine
grundlegende Revision — ein Neuer Lebensstil — ausreichende Ansätze
zur Lösung bietet.
In diesem Band werden die wesentlichen Argumente für einen Neuen
Lebensstil diskutiert; außerdem bietet der umfangreiche Dokumen-
tationsteil praktische Ansätze und Möglichkeiten zur Realisierung
Neuer Lebensstile.

Peter C. Dienel

DIE PLANUNGSZELLE

Der Bürger plant seine Umwelt
Eine Alternative zur Establishment-Demokratie

1977. 276 Seiten. Folieneinband

Das Konzept der ,,Planungszelle entstand Ende der 60er Jahre. Seit
1971 wurde es in zahlreichen Versuchen mit Erfolg praktisch erprobt.
Die ,,Planungszelle'' ist ein neues Instrument der Bürgerbeteiligung.
Sie besteht aus einer Gruppe von Bürgern, die nach dem Zufallsprinzip
ausgewählt und gegen Entschädigung von ihren Arbeitsverpflichtungen
freigestellt werden. Die Gruppe bearbeitet in einer vorgegebenen Zeit
bestimmte Planungsaufgaben von öffentlichem Interesse mit dem
Ziel, bürgernahe Problemlösungen zu finden.
Das Buch beschreibt das Konzept der Planungszelle, die Schritte seiner
Durchführung, die Anwendungsbereiche und die Erfolgschancen.
Robert Jungk nannte die ,,Planungszellen''-Konzeption eine ,,inter-
national beachtete ,soziale Erfindung' auf dem Gebiet der demokratischen Mitbestimmung''.

Westdeutscher Verlag